심리학의 오해 10판

HOW TO THINK STRAIGHT ABOUT PSYCHOLOGY(10th Ed)

Authorized translation from the English language edition
HOW TO THINK STRAIGHT ABOUT PSYCHOLOGY, 10th Edition,
ISBN: 0205914128 by Stanovich, Keith E., published by Pearson Education, Inc.,
Copyright ⓒ 2013, 2010, 2007 Pearson Education, Inc.

All rights reserved. No part of this book may be reproduced or transmitted
in any form or by any means, electronic or mechanical,
including photocopying, recording or by any information storage retrieval system,
without permission from Pearson Education, Inc.
KOREAN language edition published by Hyean Publishing Company, copyright ⓒ 2013

KOREAN translation rights arranged with PEARSON EDUCATION, INC.,
through Eric Yang Agency, SEOUL, KOREA

이 책의 한국어판 저작권은 EYA(Eric Yang Agency)를 통한
Pearson Education Inc. 사와의 독점계약으로 도서출판 혜안에 있습니다.
저작권법에 의하여 한국 내에서 보호를 받는 저작물이므로
무단전재와 복제를 금합니다.

심리학의 오해 10판

HOW TO THINK STRAIGHT ABOUT PSYCHOLOGY(10th Ed)

키이스 스타노비치 지음
신 현 정 옮김

혜안

지은이 서문 | 10판을 출판하면서

How to think straight about psychology 10판에 어떤 커다란 구조적 개정은 없다. 이미 전판에서 장(章)들을 재편성하였기 때문이다. 각 장의 내용과 순서는 그대로 남아 있다. 이 책을 개관해준 분들 그리고 독자들의 요청에 따라서 10판도 9판과 거의 동일한 분량으로 개정하였다. 독자들은 책이 두꺼워지는 것을 원치 않았으며, 실제로 두꺼워지지도 않았다. 나는 이 책에서 사용하는 사례들을 최신의 것들로 계속해서 교체하고 개정해왔다(물론 독자들이 흥미를 느낄 수 있는 것들로 말이다). 몇몇 오래된 사례들을 보다 최신의 연구와 논제들로 대체하였다. 언급하는 다양한 개념과 실험결과들에 적절한 최신의 연구들을 인용하고자 많은 노력을 기울였다. 상당히 많은 새로운 연구들을 이 판에서 인용하였다(정확하게 172개의 연구들을 새롭게 인용하였다!). 따라서 독자들은 모든 사례와 개념들에 관한 최신 참고문헌들을 계속해서 찾아볼 수 있다.

이 책의 목표는 예전과 동일하다. 즉, 학생들이 심리학 주제를 보다 잘 이해할 수 있도록 도와주는 비판적 사고기술을 소개하려는 것이다. 지난 15년 동안 미국의 대학에서는 비판적 사고의 교육을 점차적으로 강조하여 왔다(Abrami et al., 2008 ; Sternberg, Roediger, & Halpern, 2006). 실제로 몇몇 주립대학교에서는 비판적 사고기술을 강조하는 교과과정으로의 개편을 제도화하기도 하였다. 그렇기는 하지만, 이와 동시에 다른 교육학자들은 비판적 사고 기술이 특정한 학문내용과 분리되어서는 안 된다고 주장하고 있다. *How to think straight about psychology*는 이 두 가지 추세를 결합한 것이다. 교수가 현대심리학이라고 하는 풍부한 내용을 가지고 비판적 사고를 가르칠 수 있는 기회를 가질 수 있도록 설계되었다.

독자들로부터의 조언을 환영하며 다음의 이메일 주소로 코멘트를 보내주기를 바란다(keith.stanovich@utoronto.ca).

대부분의 사람들에게 알려져 있지 않은 지식이 있다. 이 정보는 다양한 형태로 존재하는 인간 행동과 의식에 관한 것이다. 인간 행동을 설명하고 예측하며 통제하는 데 이 정보를 사용할 수 있다. 이 지식에 접근할 수 있는 사람들은 다른 사람들을 이해하는 데 이 지식을 사용한다. 이 사람들은 그 지식을 가지고 있지 않은 사람들에 비해서 타인의 행동과 사고를 결정하는 것이 무엇인지에 대해 보다 완벽하고 정확한 생각을 가지고 있다.

놀랍게도 이렇게 알려져 있지 않은 지식이 바로 심리학이라는 분야이다!

내가 심리학이라는 분야가 잘 알려져 있지 않다고 말할 때 의미하는 것은 무엇이겠는가? 여러분도 생각하겠지만, 이 진술을 액면 그대로 받아들이라고 의도하는 것은 아니다. 서점에 가보면, "심리학"이라고 표지가 붙은 큰 서가가 있다. 텔레비전과 라디오 토크쇼는 정기적으로 심리학 주제를 다룬다. 잡지 기사들은 다양한 주제에 관하여 설파하는 심리학자라고 부르는 사람들을 인용한다. 그럼에도 불구하고 심리학 분야가 알려져 있지 않다는 사실에는 중요한 의미가 담겨 있다.

외현적으로 보기에는 대중매체의 상당한 주의를 끌고 있음에도 불구하고, 심리학이라는 학문은 대부분 일반대중에게 장막으로 가려져 있다. 대중매체를 통해서 일어나고 있는 "심리학" 지식의 전달은 대체로 착각이거나 오류이다. 서점의 "심리학" 서가에서 볼 수 있는 대부분의 책들은 심리학계에서는 전혀 존재 위치가 없는 사람들이 쓴 것이라는 사실을 인식하는 사람은 거의 없다. 대중매체가 "심리학자"라는 딱지를 붙여주고 있는 많은 사람들이 미국심리학회나 심리과학회에서 심리학자로 인정하지 않는 사람들이라는 사실을 인식하는 사람도 거의 없다. 겉으로 보기에 심리학 "전문가"인 듯 보이는 많은 사람들이 심리학이라는 영역이 지식을 축적해나가는 데 아무런 공헌도 하지 못하였다는 사실을 인식하는 사람도 거의 없다.

"심리학" 주제에 쏟아 붓는 대중매체의 요란스러운 관심은 단지 부정확한 정보를 제공한다는 것 이상의 문제를 야기한다. 심리학 영역에서 진정으로 성장해가는 데이터베이스를 흐리게 만드는 역할도 담당한다. 일반대중은 어느 것이 심리학이고 어느 것이 심리학이 아닌지를 확신할 수가 없으며, 심리학 주장을 독자적으로 평가할 능력도 없다. 설상가상인 점은 평가능력이 없거나 심리학 주장은 평가할 수 있는 것이 아니라고 생각하는 일반대중과 기득권적인 이해관계를 맺고 있는 사람들이 많다는 사실이다. 심리학은 "아무 것이나 괜찮다"는 식의 후자의 견해는 이 책에서 논의할 환상 중의 하나이며, 특히 일반대중에게 값비싼 대가를 치르게 하는 것이다. 많은 사이비과학은 수십억 달러에 해당하는 시장을 가지고 있으며, 인간 행동에 관한 주장을 경험적으로 검증할 수 있다는 사실을 일반대중이 깨닫지 못하고 있다는 사실에 기생하고 있다. 또한 일반대중은 이러한 사이비과학(예컨대, 점성술, 심령외과수술, 속독법, 바이오리듬, 치료적 접촉, 역치하 자조 테이프, 촉진적 의사소통, 영혼 탐정 등)이 내놓는 많은 주장들을 검증하였으나,

하나같이 거짓으로 판명되었다는 사실도 인식하지 못하고 있다. 이 책에서 논의하겠지만, 사이비과학의 시장이 존재한다는 사실은 세상을 떠들썩하게 만드는 보도에만 치중하는 대중매체의 성향으로 인해서 더욱 악화되고 있다. 이러한 성향은 다른 어떤 과학보다도 심리학에 불리하게 작용하며, 그 이유를 이해하는 것이 심리학에 대해서 올바르게 생각하는 방법을 배우는 중요한 부분이 된다.

그렇기 때문에 이 책은 장차 심리학 연구자가 될 사람들보다는 더 큰 집단, 즉 심리학 정보의 소비자 집단을 대상으로 잡는다. 목표로 삼는 집단은 심리학에 입문하는 학생들과 대중매체를 통해서 심리학 주제에 관한 정보를 필연적으로 접해오면서 어떻게 그 타당성을 평가할 수 있는 것인지를 고심해온 일반 독자들이다.

이 책은 표준적인 심리학 입문서가 아니다. 심리학 연구가 찾아낸 사실들의 목록을 개관하지 않는다. 실제로 모든 사람들에게 대학에서 개설한 심리학개론 강의를 들으라고 말하는 것은 대중매체에서 심리학을 부정확하게 묘사하는 것에 대한 궁극적 해결책이 되지 못한다. 정규교육을 받기 위해 대학에 갈 만한 시간과 돈 또는 여유가 없으면서도 심리학에 본격적인 관심을 가지고 있는 일반인들이 많다. 보다 중요한 사실은 대학 수준의 심리학을 가르치는 교수들이 심리학이라는 과학에 입문하는 학생들에게 진정으로 이해시켜야 하는 과제를 성공적으로 수행해내지 못한다는 사실을 인정할 수밖에 없다는 점이다. 실패하는 이유는 흔히 개론 수준의 강의가 이 책이 목표하고 있는 비판적 분석능력을 가르치지 않는다는 데 있다. 교수로서 우리는 지나치게 내용 가르치기, 즉 진도 나가기에 매달리게 되는 경우가 흔하다. 대중매체에서 다루는 심리학과 같은 주제를 논의하기 위해 교수계획표에서 조금만 벗어나게 되면, 약간의 죄의식을 느끼게 되고 학기가 끝날 때까지 "모든 주제를 다루지" 못할는지도 모른다는 걱정을 하게 된다.

 일반적인 심리학개론서를 보라. 요즈음 많은 개론서들은 600 내지 800쪽 분량을 다단 편집으로 빽빽하게 채워놓고 있으며, 출판된 문헌에서 문자 그대로 수백 편 이상의 논문들을 인용하고 있다. 이러한 내용을 담고 있는 교재가 본질적으로 잘못된 것은 물론 아니다. 단지 심리학의 지식체계가 증가하고 있다는 사실을 반영하는 것뿐이다. 그렇기는 하지만 여기에는 부작용도 있다. 흔히 교수들은 학생들에게 수많은 이론과 사실 그리고 실험들을 주입시키는 데 바쁘다보니, 학생들이 심리학을 공부할 때 가지고 들어오는 근본적인 물음과 오해들을 다루지 못하게 된다. 교수(그리고 개론서의 저자)들은 이러한 물음과 오해를 직접 다루기보다는, 학생들에게 심리학의 경험적 내용을 충분하게 제시함으로써 학생들이 자신의 물음에 대한 답을 스스로 이끌어낼 것을 소망하기 십상이다. 그 소망이란 교수가 여러 영역의 경험적 연구들을 논의하는 과정에서 그 물음들에 대해 암묵적으로 답하였다는 사실을 학생들이 깨달을 것이라는 희망이다. 이러한 소망은 너무나 자주 좌절에 직면한다. 학기말에 공부한 내용을 최종적으로 개관할 때 또는 개인면담 시간에 교수는 첫 강의시간이라면 예상할 수 있지만 심리학을 14주 동안 소개한 후에는 예상할 수 없는 질문을 듣고는 쇼크를 받아 낙담하게 된다. "그렇지만 심리학 실험은 실제가 아니잖아요. 실험이 우리에게 알려주는 것은 무엇인가요?", "심리학은 화학과 같은 진정한 과학은 될 수 없잖아요, 안 그런가요?", "그런데 저는 TV에 나오는 심리치료사가 우리 교과서에 나와 있는 것과는 반대되는 말을 하는 것을 들었거든요.", "내 생각에 이 이론은 멍청해요. 내 남동생은 이 이론의 주장과는 반대되는 행동을 하거든요.", "심리학은 단지 상식일 뿐이지 않은가요?", "불안이 무엇인지는 누구나 다 아는데, 그것을 정의하느라 애쓰는 이유가 무엇인가요?" 많은 학생들에게 있어서 심리학의 내용을 들여다 보는 것으로는 이러한 질문에 대한 답을 암묵적으로 도출해낼 수 없다. 이 책에서 나는 이러한 질문과 언급에 깔려 있는 혼란들을 명확하게 다루고자 한다.

불행하게도 연구결과들은 일반적인 심리학개론 강의가 심리학에 입문하는 학생들이 가지고 있는 많은 오해를 거의 교정해주지 못한다는 생각을 지지하고 있다(Keith & Beins, 2008 ; Kowalski & Taylor, 2009 ; Standing & Huber, 2003 ; Taylor & Kowalski, 2004). 이렇게 불행한 사실이 이 책을 집필해야만 하는 근거를 제공하고 있다. 심리학도들은 심리학 정보를 독자적으로 평가할 수 있게 해주는 비판적 사고 기술에 관한 확실한 교육이 필요하다.

여러 해가 지나 심리학개론의 강의 내용을 잊어버리게 된 후에도 학생들은 심리학 주장을 평가하기 위하여 이 책에서 다루는 근본 원리들을 여전히 사용하게 될 것이다. 학생들은 에릭슨의 발달단계를 오래 전에 망각한 후에도 대중매체에서 접하는 새로운 심리학 정보를 평가하기 위해서 이 책에서 소개하는 사고의 도구들을 사용하고 있을 것이다. 일단 획득하면 이러한 기술은 지식에 관한 주장을 평가하는데 평생에 걸쳐 도움이 되는 도구가 될 것이다. 사고기술은 첫째, 그럴 듯해 보이는 것을 우선적으로 개략적으로나마 평가할 수 있는 능력을 제공한다. 둘째, "전문가" 견해의 신뢰도를 평가하는 기준을 제공한다. 복잡한 사회에서는 전문가 견해에 의존할 필요성이 항상 존재하기 때문에, 전문가 신뢰성의 평가 능력은 지식을 획득하는 데 필수불가결한 것이 된다. 어느 분야의 지식체계이든 이러한 비판적 사고 기술을 적용할 수 있지만, 심리학 영역에서 특히 중요하다. 심리학 영역은 대중매체가 너무나도 엉터리로 보여주고 있기 때문이다.

많은 심리학자들은 자신의 영역에 대해 밀물과 같이 밀려드는 엉터리 정보를 저지하려는 노력에 비관적이다. 불행하게도 이러한 비관론이 자주 정당화되기도 하지만, 심리학에 대한 "소비자 안내서"격인 이 책을 쓰게 된 동기는 심리학자들이 이 문제를 자기충족적 예언이 되도록 만들어서는 안 되겠다는 생각 때문이었다.

나는 *How to think straight about psychology*의 여러 판을 만들어낼 수 있는 기회를 기꺼이 받아들이기는 하였지만, 불행하게도 이 책이 존재해야 하는 이유는 초판을 쓸 때나 지금이나 변한 것이 아무 것도 없다. 심리학에 대한 대중매체의 소개도 예전과 똑같이 잘못되어 있으며, 심리학개론을 수강하는 학생들도 예전과 똑같은 오해들을 가지고 강의실에 들어온다. 따라서 모든 후속 판들의 목표는 동일한 채로 남게 되었다. 점점 더 많은 심리학 교수들이 이러한 목표를 공유하고 있다. 스탠포드 대학교의 심리학자 로저 쉐퍼드(Roger Sheperd, 1983)도 이 책의 초판을 쓰도록 동기화시킨 모든 걱정거리를 그대로 되풀이하고 있다 : "심리학을 전공하는 대부분의 학부생들이 과학자의 길을 걷지는 않겠지만, 이들이 대중매체에서 끊임없이 제시하는 사회과학의 '발견'들에 대한 불완전하고 어리숙하며 혼란스럽거나 과장된 보도를 비판적으로 평가할 수 있는 능력을 획득하기를 희망한다. … 인간 행동과 심리 현상은 단순히 상식을 통해서 심지어는 점성술과 같은 비경험적 사이비 과학에 의존해서도 충분히 이해할 수 있다는 광범위하게 퍼져 있는 잘못된 생각은 우리에게 끊임없는 도전거리를 던지고 있다"(855쪽).

이 책의 목표는 짤막하나마 비판적 사고기술을 소개함으로써 학생들이 심리학 주제를 보다 잘 이해하고 나아가서는 자신들이 살아가고 있는 세상에서 일어나는 사건들을 보다 잘 이해하도록 도와주려는 데 있다.

감사의 글

전 판에서 감사를 표했던 많은 사람들이 계속해서 이 책을 위한 아이디어를 제공해주었다. 그렇기는 하지만, 제임스 메디슨 대학교의 Richard West를 꼽지 않을 수 없겠다. 그는 이 책을 계속해서 개정하는 데 엄청나게 중요한 공헌을 하였다. 자상한 학자이자 진정한 친구의 지적·정서적 지원에 크게 감사드린다.

다른 여러 학자들도 이 판과 전판들에 대해서 값진 피드백을 주었다. 여기에는 아메리칸 리버 대학의 Wayne Bartz, 뉴햄프셔 대학교의 Christopher Bauer, 텍사스 A&M 대학교의 Ludy Benjamin, 신시내티 대학교의 Angela M. Birkhead-Flight, 노던 아리조나 대학교의 Virginia Blankenship, 노던 켄터키 대학교의 Edward C. Chang, 웨스트버지니아 웨슬리안 대학의 Michael C. Choban, 위니펙 대학교의 James Clark, 아리조나 대학교의 Jim Coan, 알래스카 패시픽 대학교의 Ellen Cole, 조지아 사우스웨스턴 주립대학교의 Ellen Cotter, 버클리 소재 캘리포니아 대학교의 Anne Cunningham, 에딘버러 대학교의 Ian Deary, 세인트 제비어 대학교의 Julie Deisinger, 브록 대학교의 David DiBattista, 하이델베르크 대학의 Wallace Dixon, 사던 코네티컷 주립대학교의 Mark Fineman, 브록포트 소재 뉴욕 주립대학교의 Herbert Fink, 롱비치 시립대학의 Heinz Fischer, 럿거스 대학교의 Ronald Gandelman, 노던 아이오와 대학교의

Michael Gasser, 사우스웨스턴 대학교의 Traci A. Giuliano, 퍼듀 대학교의 William Granziano, 볼드윈-월러스 대학의 Nancy J. Gussett, 아드리안 대학의 Gordon Hammerle, 오크랜드 대학교의 Randy Hansen, 레전트 대학교의 William L. Hathaway, 인디아나 대학교의 George Heise, 그랜드 래피즈 전문대학의 Albert Heldt, 메트로폴리탄 주립대학교의 Dori Henderson, 노틀담 대학교의 George Howard, 판샤위 대학의 Barry Kendall과 Bernie Koenig, 고센 대학의 Victor Koop, 뉴사우스웨일즈 대학교의 Andy Kwong, 샬롯 소재 노스 캐롤라이나 대학교의 P. A. Lamal, 칼라마주 시립대학의 Stephen Louisell, 앵커리지 소재 알래스카 대학교의 Gwen Lupfer-Johnson, 제네서 소재 뉴욕 주립대학교의 Margaret Matlin, 버지니아 대학교의 Douglas Mook, 요크 대학교의 Timothy Moore, 캔자스 대학교의 Edward Morris, 새크라멘토 소재 캘리포니아 주립대학교의 Joseph E. Morrow, 아이오와 주립대학교의 Michael O'Boyle, 위스콘신 대학교의 Blaine Peden, 다트마우스 대학교의 John F. Pfister, 하이파 대학교의 Sam Rakover, 하네만 대학교의 Richard Redding, 워털루 대학교의 Michael Ross, 엘리자베스타운 대학의 John Ruscio, 그랜드밸리 주립대학교의 Walter Sa, 프레스크 아일 소재 메인 대학교의 Allen Salo, 사우스다코다 대학교의 Frank Schieber, 벨레뷰 대학의 Jillene Grover Seiver, 미네소타 대학교의 Marjorie Semonick, 하이파 대학교의 David Share, 노스웨스턴 대학교의 Jeffrey Sherman, 브리티쉬 컬럼비아 대학교의 Linda Siegel, 시카고 소재 일리노이 대학교의 Norman Silverman, 워싱턴 대학교의 Frank Smoll, 윌리엄스 대학의 Paul Solomon, 미조리 대학교의 Mike Stadler, 요크 대학교의 Maggie Toplak, 스포카니폴스 시립대학의 Larry Vandervert, 래스브리지 대학교의 John Vokey, 마틴 대학의 Carol Wade, 토론토 대학교의 Marty Wall, 볼드윈-월리스 대학의 Barbara Wanchisen,

버지니아 대학교의 Toni G. Wegner, 노스웨스턴 대학교의 Edward Wisniewski, 새크라멘토 소재 캘리포니아 주립대학교의 Murray S. Work, 길포드 출판사의 Edward Zuckerman이 들어 있다.

오클랜드 대학교의 Ted Landau, Larry Lilliston, Dean Purcel과 함께 했던 방법론 교수법에 대한 많은 논의에서 얻은 통찰들이 이 책에 포함되었다. 최근의 여러 판을 개관하여 특히 도움을 많이 주었던 분들은 웨스트버지니아 웨슬리안 대학교의 Michael Choban, 브록 대학교의 David DiBattista, 골든웨스트 대학의 Steven Isonio, 엘리자베스타운 대학의 John Ruscio, 프레스크 아일 소재 메인 대학교의 Allen Salo, 오클랜드 대학교의 Cindy Sifonis, 네브라스카 웨슬리안 대학교의 Michael Tagler, 그리고 스톤힐 대학의 Chris Ward이다.

마지막으로 나의 아내 Paula J. Stanovich에게 감사의 글에서 관례적으로 언급하는 정서적 지원 이상의 것에 대해서 감사드리고 싶다. 모든 사람들에 대한 그녀의 관심, 특히 불행한 사람들에 대한 관심은 그녀를 알고 있는 모든 사람에게 영감을 준다. 부부로서 우리 둘이 공유하는 견해는 모든 인간은 자신의 모든 잠재력을 발휘할 기회를 가져야만 한다는 것이다. 이 책은 내가 그러한 기회를 가져왔다는 사실을 증명한다. 나의 아내는 이러한 기회가 모든 장애자들에게까지 충분히 확장될 수 있는 날을 앞당기기 위해서 오늘도 매진하고 있다.

옮긴이 서문

　대학에서 심리학을 가르칠 때 가장 어려움을 느끼는 과목이 비전공생들을 위한 교양심리학과 심리학과에 입학한 신입생들을 위한 심리학개론이다. 마음 心 이치 理, 두 글자에 막연한 호기심과 매력을 느껴 교양심리학을 수강신청 하였거나 심리학과에 입학한 학생들은, 비록 지금까지 한 번도 공식적으로는 심리학을 공부해본 적이 없음에도 불구하고, 스스로 심리학에 대해서 어느 정도 알고 있다고 생각하거나 아니면 소위 감(感)을 가지고 있다는 편견을 가지고 있기 십상이기 때문이다.

　이것은 심리학에 관심을 갖는 일반인들에 있어서도 마찬가지다. 서점의 심리학 서가에 꽂혀 있는 책들 중에서 지그문트 프로이트로 대표되는 정신분석학과 관련된 책 한두 권, 그리고 스스로 심리학이라고 자처하지만 전혀 심리학적이지 않은 심령에 관한 책들을 보고는 그것이 바로 심리학의 전형이라고 생각하는 경우가 다반사이다.

　과학으로서의 정통심리학을 처음 집하는 학생들에게 심리학을 강의하거나 일반인들에게 심리학을 소개·설명할 때 역자가 가장 먼저 하는 말 중의 하나는 "심리학에 대한 지금까지의 생각과 편견을 버리고, 마치 물리학이나 화학과 같은 자연과학 분야를 새롭게 배울 때와 같은 자세로 강의를 들어주십시오"라는 말이다. 강의 첫머리에 이런 소리를 들으면, 대부분의 수강생들은 "심리학에 대해 미리 알고 있는 것이 무엇이 나쁘냐? 그렇다면 예습도 하지 말라는 것이냐?"는 듯이 아주 의아한 눈으로 나를 쳐다보는 경우가 많다. 물론 강의를 하는 나의 중요한 과제 중의 하나는 학기말이 되었을 때 학생들이 처음에 가졌던 의혹의 눈초리를 호기심과 흥미의 눈초리로 바꾸어놓는 것이다. 그러나 많은 심리학 연구가 보여주는 바와 같이 사람들의 생각이나 태도를 바꾸어놓기는 생각처럼 그렇게 쉬운 일이 아니다.

　현실적인 문제도 만만치가 않다. 대학의 교양과목은 일주일에 두 시간 또는 많으면 세 시간이 배정되어 있다. 한 학기가 대체로 16주 전후인데, 국경일이나 공휴일 아니면 대학의 다른 행사라도 있는 날과 겹치면 빼먹기가 일쑤이다. (대학교수의 한 사람으로 희망컨대, 일단 학기가 시작되면 방학을 할 때까지는 강의와 연구를 방해할 수 있는 제반 행사가 대학에서 개최되지 않는 날이 오기를 바란다.) 게다가 중간고사와 학기말고사를 치르는 주가 있게 마련이어서, 실제로 강의가 진행되는 기간은 10주 정도밖에 되지 못하는 경우가 허다하다. 일반인들을 대상으로 하는 강의는 이것보다도 훨씬 짧을 수밖에 없다.

　심리학의 영역과 그 연구내용의 광범위성을 고려할 때, 이렇게 짧은 시간 동안에 과학 심리학의 대한 모든 오해와 편견도 불식시키고 또한 그 연구내용도 소개·이해시키기는 아무리 우수한 교수라고 하더라도 거의 불가능에 가깝다. 전자에 치중하다보면 후자를 설명할 시간이 모자라고, 그 역도 마찬가지다. 대부분의 심리학개론서들이 연구 분야와 내용을 중심으로 체제화 되어 있기 때문에, 일반적으로 강의도 교재 내용을 중심으로 진행되기 십상이다. 그러다 보면 학기가 끝났을 때, 과연 학생들의 오해와 편견이 불식되었을까에 대해서 의구심이 남는 경우가 많다.

스타노비치(K. E. Stanovich)의 저서 *How to Think Straight About Psychology*가 바로 이러한 고민거리를 해소시켜줄 수 있는 좋은 책이라고 생각된다. 실제로 학생들에게 교재 이외의 읽을거리로 주어서 좋은 반응을 얻었다. 차제에 학생들이나 일반인들이 원서로 읽어야하는 부담을 덜어주기 위해서 시간을 내어 번역을 시도하였다. 이 책의 목표는 단순히 심리학의 연구내용을 소개하는 것이 아니다. 심리학에 대한 오해와 편견을 불식시키고, 나아가서 심리학 연구를 바라다보는 비판적 사고능력을 배양시키려는 것이다. 이러한 점에서 볼 때, 대학에서 심리학을 처음 공부하는 학생들뿐만 아니라 인간의 문제에 관심을 가지고 있는 사람이라면 누구나 한 번쯤 읽어보기를 권하고 싶다. 책의 내용 중에는 미국문화의 예들이 자주 소개되어서 우리에게는 익숙하지 않은 부분이 없는 것도 아니지만, 저자가 독자들에게 전달하려는 의도를 손상시키지 않는 한 원문에 충실하고자 하였다.

6판을 번역하면서

1994년에 스타노비치의 초판(1986년)을 번역하고 8년의 세월이 흘렀다. 그 사이 원본은 여섯 차례나 개정판이 출간되었는데도, 역자의 게으름과 무관심으로 인해서 개정된 역서를 만들어야 한다는 암묵적·윤리적 책무를 다하지 못하였다. 행여나 이 사실을 알고 있는 독자가 있다면 그저 송구스러울 뿐이다.

그나마 다행스러운 것은(순전히 번역을 해야 하는 사람의 입장에서만) 지금까지 다섯 차례나 개정되었지만, 초판의 기본 틀 자체가 변하지는 않았다는 점이다. 저자는 초판부터 지금까지 최근의 연구내용과 논제들을 보완하면서, 초지일관하여 과학 심리학의 연구 내용을 통하여 비판적 사고능력이란 어떤 것인가를 독자들에게 제시하고자 시도하고 있다. 아마도 십여 년 사이에 일반인들의 심리학에 대한 오해가 거의 변하지 않았다는 실망스러운 사실을 반영하는 것이겠다.

　초판을 번역한 후에 많은 분들로부터 격려와 비판을 받았었다. 책을 읽고 심리학이 이렇게 흥미진진하며 엄격한 학문인지 정말 몰랐다며, 독일로 심리학을 공부하러 가기로 결정하였다는 편지를 보내온 어느 비심리학과 학생, 심리학과를 다니기는 하였지만, 심리학에 대해서 실망하고 있었는데, 이 책을 읽고 나서 심리학이라는 학문이 어떤 것인지 다시 생각하게 되었으며, 그래서 대학원에 진학하게 되었다는 학생, 당신이 뭐길래 내가 흠모하여 마지않는 프로이트를 이렇게 혹독하게 비판하느냐고 항의 전화를 해 온 어느 시민(나는 원저자가 아님에도 불구하고, 스타노비치를 대신하여 혼이 났다. 그 분이 이 개정판을 보시면 더욱 화가 나지 않을까 은근히 걱정된다). 심리학에 개인적인 관심이 있었는데, "심리학의 오해"라는 제목이 주의를 끌어서 사서 읽어보았더니, 용어와 제시한 예들이 생소해서 읽기가 어려웠다. 역자인 당신이 너무 무성의하거나(각주로라도 설명을 해야 하는데) 지나치게 자기중심적이지 않았느냐고 질책성 편지를 주신 분도 있었다. 모든 분들에게 감사드린다. 도움을 받았던 화가 났던, 모든 분들이 나의 번역서에 관심을 가져주신 결과이니 말이다.

　아무튼 원저의 내용을 손상시키지 않으면서 가독성을 높일 수 있도록 번역하느라 애를 썼다. 그리고 다양한 수준의 독자층을 고려하여, 필요하다고 생각되는 부분에는 가능한 한 각주를 달아보려고 애를 써보았다. 흔히 각주는 읽어보려니 귀찮고, 읽지 않고 넘어가려니 찜찜해서 책 읽는 것 자체를 포기하게 만들기도 한다. 본문을 읽는 데 아무런 문제가 없는 독자들이라면, 모든 각주는 무시하고 넘어가기 바란다. 혹시 용어 자체가 무슨 뜻인지 혼란스럽거나, 남의 나라 문화에 익숙하지 않아서 내용 파악이 어려운 경우에만 참고하면 되겠다. 그나저나 나 자신의 한계를 넘어서지 못하니 엉성하기 짝이 없는 표현과 오역이 없을 수 없다. 많은 지적을 해주시기를 다시 한 번 기대할 뿐이다.

경제성이 없는 줄 뻔히 알면서도 이 책을 기꺼이 출판해준 나의 막역한 친구 오일주 선생과 혜안 여러분에게 감사드린다.

2002년 봄을 보내면서

10판을 번역하면서

10년 전에 이 책의 6판을 번역하면서 늘어놓았던 변명을 다시 늘어놓아야 할 판이다. 어느덧 세월은 훌쩍 지나가고 이미 10판이 출판되었으니 이를 어쩌랴. 또 다시 게으름을 들먹이기조차 민망하다. 더 이상 외면한다면 후학들을 마주 할 면목도 없을 판이다. 시간을 쪼개어 겨울방학동안 짬짬이 작업을 하여 이제야 또다시 졸고를 마련하게 되었다.

오랫동안 들여다볼 기회가 없었던 6판 번역본을 다시 들추어보니, '혹시나'가 '역시나'이다. 본디 번역이 어려운 작업이기는 하지만, 한국어는 틀림없으되 영어를 그저 한국어로 일대일 대응시킨 것과 같은 엉성한 표현이 난무한다. 이번에는 제대로 표현해보자고 다짐하였지만, 나의 의지와 능력은 정비례하는 것이 아니니 여전히 '그 밥에 그 나물'이 되지 않을까 걱정이 앞선다. 그래도 없는 것보다는 있는 것이 낫다고 자위하면서 또다시 용감하게 개정판을 내놓게 되었다.

번역은 가능한 한 원본에 충실하면서도 가능한 한 가독성을 높일 수 있도록 하였다. 영어의 수동문은 한국어에서 수동 표현이 꼭 필요한 경우가 아닌 한 능동문으로 표현하고자 애를 써보았다. 그렇지만 어느덧 미국식 표현에 물이 들고 말았기에 얼마나 올바르게 표현하였는지는 쉽게 판단할 수 없다. 원본의 내용만으로는 일반 독자들이 이해하기 어렵거나 오해할 소지가 있다고 판단한 경우에는(물론 대부분이 주관적 판단이다) 여기저기에 각주를 이용하여 내용을 보완하였다. 독자들에게 도움이 되기 위한 것인데, 읽기를 방해하지나 않을는지 모르겠다. 아무튼 무엇이든 독자들께서 피드백 주시기를 고대한다(hjshin@pusan.ac.kr).

2013년 3월 금정산 새벽벌 한 귀퉁이에서
신 현 정

목 차

지은이 서문 | 10판을 출판하면서 5
감사의 글 12
옮긴이 서문 15

1. 심리학은 활동적이고 건강하다 | 그리고 여러 과학 속에서 잘 해내고 있다 27
    프로이트 문제 27
    현대심리학의 다양성 32
        다양성의 함의 34
    과학에서의 통합성 37
    그렇다면 과학이란 무엇인가? 41
        체계적 경험주의 42
        공개적으로 검증 가능한 지식 : 반복 가능성과 동료연구자 개관 44
        경험적으로 해결 가능한 문제 : 검증 가능한 이론의 탐색 48
    심리학과 민속지혜 : "상식"의 문제 52
    젊은 과학으로서의 심리학 60
    요약 62

2. 반증가능성 | 머리에 살고 있는 난쟁이 관리인을 물리치는 방법 63

　　이론과 반증가능성 기준 64

　　　　노크리듬 이론 67
　　　　프로이트와 반증가능성 69
　　　　난쟁이 관리인 73
　　　　모든 확증이 동등한 것은 아니다 76
　　　　반증가능성과 민속지혜 78
　　　　실수를 저지를 수 있는 자유 79
　　　　생각은 값싼 것이다 84

　　과학에서의 오류 : 진리에 접근하기 87

　　요약 92

3. 조작주의와 본질주의 | "그런데 박사님. 도대체 이게 무슨 뜻이죠?" 95

　　왜 과학자는 본질주의자가 아닌가? 95

　　　　본질주의자는 단어 의미에 대해 논쟁하기를 좋아한다 97
　　　　조작주의자는 개념을 관찰 가능한 사건과 연계시킨다 98
　　　　신뢰도와 타당도 101
　　　　직접적인 조작적 정의와 간접적인 조작적 정의 105
　　　　과학 개념은 진화한다 107

　　심리학에서의 조작적 정의 110

　　　　인간적 힘으로서의 조작주의 115
　　　　본질주의자의 물음과 심리학의 오해 119

　　요약 123

4. 증언서와 사례연구 증거 | 가짜약 효과 그리고 어메이징 랜디(Amazing Randi) 125

　　사례연구의 위상 128

　　증언서가 무가치한 이유 : 가짜약 효과 131

　　"생생함" 문제 137

단일사례의 압도적 영향　144
어메이징 랜디 : 불에는 불　147
증언서는 사이비과학에 여지를 제공한다　151

요약　162

5. 상관관계와 인과관계 | 토스터 방법에 의한 산아제한　165

제3변인 문제 : 골드버거와 펠라그라병　167

골드버거 증거가 더 우수한 이유　168

방향성 문제　174

선택 편향　177

요약　185

6. 대상을 통제하기 | 클레버 한스의 사례　187

스노우와 콜레라　189

비교, 통제, 그리고 처치　191

실험 처치와 결합된 무선 할당이 진정한 실험을 정의한다　193
통제집단의 중요성　198
경이로운 말, 클레버 한스의 사례　206
1990년대의 클레버 한스　209
변인들을 들추어 분리해내기 : 특수한 조건　216
직관물리학　220
직관심리학　223

요약　220

7. "그렇지만 이것은 실제 삶이 아니잖아요!" | "인위성" 비판과 심리학　229

왜 자연 상황이 항상 필요한 것은 아닌가?　229

"무선 표본" 혼란　232

무선 할당과 무선 표본의 구분 233
  이론주도 연구와 직접 응용의 대비 234

 심리학 이론의 응용 243

  "대학 2년생" 문제 248
  실제 삶 문제와 대학 2년생 문제의 재조망 254

 요약 256

8. 아인슈타인 증후군 극복하기 | 수렴적 증거의 중요성 257

 연계성 원리 258

  소비자 규칙 : 연계성 원리의 위반에 유념하라 260
  "위대한 도약" 모형 대 점진적 종합 모형 263
  수렴적 증거 : 결함을 극복한 진보 266
  심리학에서 수렴적 증거 270

 과학적 합의 278

  연구방법과 수렴성 원리 281
  보다 강력한 연구방법으로의 진보 283

 절망에 대한 조언 287

 요약 292

9. "마법의 탄환"을 향한 터무니없는 추구 | 중다 원인의 논제 293

 상호작용 개념 296

 단일 원인 설명의 유혹 301

 요약 306

10. 인간 인지의 아킬레스건 | 확률적 추리 307

 "아무개" 통계 311

확률적 추리와 심리학의 오해 314

확률적 추리에 관한 심리학 연구 317

    확률 정보의 불충분한 사용 319
    표본크기 정보 사용의 실패 322
    노름꾼의 오류 326
    통계학과 확률에 대한 첨언 331

요약 334

11. 심리학에서 우연의 역할 335

우연사건을 설명하려고 시도하는 경향성 335

    우연사건의 설명 : 착각상관 그리고 통제착각 341

우연과 심리학 345

    우연한 동시발생 346
    개인적 동시발생 352

오류를 감소시키기 위해 오류를 인정하기 : 임상적 예언 대 집단통계적 예언 355

요약 368

12. 이중고난의 과학 369

심리학의 이미지 문제 370

    심리학과 사이비심리학 371
    자조 문헌 375
    처방전 지식 378

심리학과 다른 학문 분야들 382

우리 자신의 최대의 적 385

모두가 심리학자 아닌가? 행동의 암묵 이론 395

심리과학에 대한 저항원 398

마무리 406

참고문헌　409

찾아보기　435

1

심리학은 활동적이고 건강하다
그리고 여러 과학 속에서 잘 해내고 있다

프로이트 문제

길가는 사람 100명을 세워놓고 생존 여부에 관계없이 한두 명의 심리학자 이름을 대보라고 묻고는 그 결과를 기록해 보라. 물론 필 맥그로(Phil McGraw)나 웨인 다이어(Wayne Dyer)[1] 등과 같은 "대중매체 심리학자"들이 거명될 가능성이 크다. 그러나 만일 대중매체 심리학자와 통속 심리학자들을 제외하고 심리학 지식에 인정할 만한 공헌을 한 심리학자만을 고려해본다면, 이러한 비공식 조사의 결과는 의심의 여지가 없을 것이다. 지그문트 프로이트(Sigmund Freud)[2]가 일등을 차지

---

[1] 맥그로(Phillip Calvin McGraw)는 미국에서 2002년부터 시작한 「Dr. Phil」이라는 이름이 텔레비전 토크쇼 진행자로 널리 알려져 있다. 1990년대 후반에 오프라 윈프리 쇼에 출연하면서부터 대중적 명성을 얻었다. 다이어(Wayne Walter Dyer)는 미국의 소위 자조 서적(self-help book)의 저자이자 강연자로, 투나잇쇼와 같은 토크쇼에 자주 출현함으로써 대중적 명성을 얻었다. 두 사람 모두 미국인들에게는 가장 널리 알려진 대중심리학자들이지만, 심리학 연구라는 측면에서 심리학계에 기여한 것은 별로 없다.

[2] 프로이트(Sigmund Freud, 1856~1939)는 소개가 필요 없을 만큼 유명한 오스트리아의 정신과 의사로서 정신분석의 창시자이다. 프로이트는 의식과 무의식, 리비

할 것은 명약관화하다. 그 다음으로 한참 처져서 스키너(B. F. Skinner)³⁾가 이등을 차지할 것이다. 그 밖에 신경이 쓰일 정도로 주목을 끄는 심리학자는 없을 것이다. 따라서 프로이트는 대중매체에 출연하는 통속 심리학자들과 함께 일반인들의 마음속에서 심리학을 규정하고 있다.

프로이트의 악명은 심리학 분야에 대한 일반대중의 생각에 엄청난 영향력을 발휘해왔으며, 많은 오해를 불러일으키기도 하였다. 예컨대, 많은 심리학개론 수강생들은 미국심리학회(American Psychological Association : APA)의 회원 중에서 프로이트의 정신분석학에 관여하고 있는 회원을 모두 합쳐 보아도 전체의 10%도 되지 않는다는 사실을 알고는 놀라게 된다. 또 다른 주요 심리학회인 심리과학회(Association for Psychological Science : APS)⁴⁾의 경우에는 5%에도 훨씬 못 미치고

도와 타나토스, 방어기제, 자유연상, 꿈의 해석, 외디푸스 콤플렉스와 엘렉트라 콤플렉스 등, 인간 심성에 관한 매혹적인 성격의 구조와 발달에 관한 이론을 제안하였다. 20세기에 심리학이 비약적으로 발전하면서 프로이트의 많은 아이디어들이 가지고 있는 결함들이 드러나게 되었는데, 특히 이 책에서 강조하고 있는 반증가능성이라는 측면에서 심각한 결함을 보이게 되었다. 오늘날에는 심리학보다 인문학과 일부 사회과학 분야에서 더 각광을 받고 있다.

3) 스키너(Burrhus Frederic Skinner, 1904~1990)는 미국의 행동주의 심리학자로 심리학이 과학의 일원이 되는데 혁혁한 공로를 세웠다. 그가 개발하였기에 흔히 "스키너 상자"라고 부르는 장치는 오늘날에도 동물 연구에서 가장 많이 사용하는 실험도구이다. 2002년에 심리학자들을 대상으로 실시한 조사에서는 20세기에 가장 영향력이 큰 심리학자로 선정되기도 하였다. 학부에서 문학을 전공할 만큼 글 솜씨도 뛰어나 21권의 책과 180편의 논문을 발표하였다.

4) 미국심리학회(APA)는 1892년에 창립하여 현재 54개 분과를 거느린 전 세계에서 규모가 가장 큰 심리학자들의 모임이다. 회원 수가 전 세계적으로 137,000명을 넘어서고 있으며, 역자도 APA의 회원으로 활동하고 있다. 1988년에 창립한 심리과학회(APS)는 APA가 지나치게 임상활동에만 치중하는 심리학자들에 의해 주도됨에 따라서, 과학 심리학을 지향하는 심리학자들을 이들과 차별화하며, 연구와 응용 그리고 인류복지의 증진에 대한 관심사를 증진시키고 보호하겠다는 기치를 표방하고 있다. 현재 전 세계적으로 23,500명 이상의 과학 심리학자들이 APS에서 활동하고 있다.

있다(Engel, 2008). 한 가지 대표적인 심리학 개론서(Wade & Tavris, 2008)는 그 분량이 700쪽을 넘지만, 프로이트나 정신분석을 언급한 내용은 단지 15쪽에 불과하며, 그나마 15쪽조차도 비판을 담고 있기 십상이다("많은 경험 지향적 심리학자들은 대부분 프로이트 계열의 개념들을 기각하였으며 오늘날에도 여전히 기각하고 있다", 19쪽). 심리학의 추세에 관한 조사를 수행한 연구자들은 "지난 수십 년에 걸쳐서 정신분석학 연구는 주류 과학 심리학에서 거의 무시되어왔다"고 언급하는 것으로 현재의 상황을 요약하고 있다(Robins, Gosling, & Craik, 1999, 117쪽).

요컨대 현대심리학은 (대중매체와 몇몇 인문학 영역과 같이) 지그문트 프로이트의 생각에 강박적으로 집착하지 않으며, 그의 생각에 의해서 정의되지도 않는다. 프로이트의 연구는 현대심리학자들이 관심을 갖는 다양한 유형의 주제와 데이터 그리고 이론들에서 지극히 작은 부분일 뿐이다. 심리학 연구와 이론이라는 거대한 집합체는 최근 노벨상을 수상한 다섯 명의 심리학자[데이비드 후벨(David Hubel), 다니엘 카네만(Daniel Kahneman), 허버트 사이몬(Herbert Simon), 로저 스페리(Roger Sperry), 그리고 토스텐 위젤(Torsten Wiesel)],[5] 그리고 미국과학재단

---

[5] 후벨과 위젤(David Hubel & Torsten Wiesel)은 시각시스템의 정보처리에 관한 연구로, 그리고 스페리(Roger Sperry)는 좌우 대뇌반구의 기능적 전문화에 관한 연구로 1981년에 공동으로 노벨 생리학(의학)상을 수상하였다. 예컨대, 후벨과 위젤은 대뇌피질 후두엽(뒤통수 부분의 피질영역)의 신경세포들이 일종의 시각 자질탐지기(visual feature detector)로 작용한다는 사실을 발견하였다. 스페리는 좌우반구를 연결하는 뇌량을 질단한 간질환자들을 대상으로 좌우반구에 서로 다른 정보를 제공하고 그 정보에 대해 특정 반응을 하도록 요구함으로써 각 반구의 기능을 규명하는 연구를 수행하였다. 사이몬(Herbert Simon)은 경제조직에서 이루어지는 의사결정과정에 대한 선구자적 연구로 1978년 노벨 경제학상을 수상하였다. 경제학자냐고? 물론 아니다. 사이몬은 오늘날 심리학을 주도하는 개념틀(과학사학자 토마스 쿤의 표현을 쓴다면, 패러다임)인 정보처리 패러다임의 출발과 확립 그리고 발전에 혁혁한 업적을 쌓은 인지심리학자이다. 워낙 유능한 학자이어서 인지심리학 연구뿐만 아니라, 컴퓨터과학, 과학철학, 경제학

(NSF)의 전임 이사장[리처드 애트킨슨(Richard Atkinson)[6]]들이 수행한 연구들을 포괄하고 있다. 그러나 이들은 모두 일반인들에게는 거의 알려져 있지 않다.

현대심리학에서 프로이트의 중요성이 엄청나게 과장되었다는 사실은 지극히 불행한 일이다. 설상가상으로 프로이트의 연구방법은 현대심리학자들이 연구를 수행하는 방법을 전혀 대표하지 못한다. 실제로 프로이트가 사용하였던 연구방법들은 심리학 연구에 대하여 지극히 잘못된 인상을 초래한다. 예컨대, 프로이트는 통제를 가한 실험(controlled experiment)을 전혀 사용하지 않았는데, 제6장에서 보게 되겠지만, 이 방법 즉 통제를 가한 실험이야말로 현대심리학자들의 방법론 병기 창고에 들어 있는 가장 강력한 무기인 것이다. 프로이트는 사례연

등에까지 관심분야를 확장하였던 것이다. 만일 노벨 심리학상이 있었다면, 그 상을 받았을 가능성이 매우 크다. 카네만(Daniel Kahneman)은 사이몬에 이어서 2002년에 노벨 경제학상을 수상한 심리학자이다. 그는 판단과 의사결정, 행동경제학에 관한 연구로 널리 알려져 있다. 1996년에 서거한 트버스키(Amos Tversky)와 함께 발견법(heuristic)과 인지 편향에 의한 인지과정과 오류의 토대를 확립하고, 노벨상의 근거가 되었던 전망이론(prospect theory)을 발전시켰다. 만일 트버스키가 생존하였더라면 공동으로 노벨상을 수상하였을 것이 틀림없다. 2011년에는 *Thinking, Fast and Slow*를 출간하였는데, 우리나라에서도 2012년에 『생각에 대한 생각』(김영사)이라는 제목으로 번역 출간되어 많은 지식인들 사이에서 베스트셀러로 자리 잡고 있다. 독자들도 한 번 읽어보기를 강력하게 권한다.

6) 애트킨슨(Richard Atkinson)은 1950년대 중반부터 1980년까지 미국 스탠포드 대학교 심리학과 교수로 재직하면서 기억과 인지에 관한 괄목할 만한 연구를 수행하였다. 1960년대 후반에 쉬프린(Richard Shiffrin)과 함께 제안한 기억모형(감각기억-단기기억-장기기억)은 현재도 기억연구의 기본 틀로 자리 잡고 있다. 미국과학재단(National Science Foundation : NSF) 이사장, UCSD 총장(chancellor), UC 총장(president)을 역임하였다. 참고로 미국대학들은 많은 분교를 가지고 있는데, 각 분교의 총장을 chancellor라고 부르며, 본교의 총장을 president라고 부른다. 물론 분교라고 해서 우리처럼 본교보다 못한 것은 절대 아니다. 우리가 잘 아는 UCLA를 굳이 우리말로 표현한다면 "캘리포니아대학교 로스앤젤레스 분교"가 되겠지만, 우리의 경우와 같은 분교는 아니다.

구(case study)가 이론의 진위를 가려줄 수 있다고 생각하였다. 어째서 이 생각이 잘못된 것인지를 제4장에서 보게 될 것이다. 심리치료 사가(史家)인 엥겔(Engel, 2008)이 지적한 바와 같이, "만일 프로이트 자신이 과학자이었더라면, 그가 널리 퍼뜨린 정신분석은 괴상망측한 과학이었을 것이다. … 정신분석이 이론과 가설을 포함하고 있기는 하였지만, 경험적 관찰방법을 가지고 있지 못하다"(17쪽).

마지막으로 프로이트 연구에서 한 가지 결정적인 문제점은 이론과 행동 데이터 사이의 연계에 관한 것이다. 제2장에서 보게 되겠지만, 하나의 이론이 과학적인 것으로 간주되기 위해서는 이론과 행동 데이터 간의 연계가 최소한의 요구조건을 만족시켜야만 한다. 프로이트 이론은 이러한 기준을 충족시키지 못하기 십상이다(Dufresne, 2007 ; Engel, 2008). 요컨대, 프로이트는 자신의 정교한 이론을 구성함에 있어서 그 이론을 지지하기에 충분하지 못한 데이터베이스(사례연구와 내성 introspection)에 의존하였다. 프로이트는 복잡한 이론 구조를 구축하는 데만 초점을 맞추었을 뿐, 현대심리학자들처럼 그러한 이론 구조가 신뢰롭고 반복 가능한 행동 관계에 근거한 것인지를 확신하지 못하였다. 요약컨대, 프로이트의 연구 스타일에 친숙한 것이 현대심리학을 이해하는 데 심각한 장해물이 될 수 있다.

이 장에서는 프로이트의 문제를 두 가지 방식으로 다룰 것이다. 첫째, 현대심리학의 다양성을 예시함으로써, 프로이트가 차지하고 있는 지극히 협소한 위치가 명백해질 것이다. 둘째, 광범위하게 다양한 영역에 걸친 심리학 연구에 공통적인 특성들을 논의할 것이다. 프로이트 연구에 관한 뜻하지 않은 지식으로 인해서 현대심리학의 유일한 통합적 특성, 즉 과학적 방법을 사용함으로써 행동을 이해하려는 탐구 여행이라는 특성이 일반대중에게는 가려지고 말았다.

현대심리학의 다양성

실제로 현대심리학에는 엄청나게 다양한 내용과 조망이 존재한다. 이러한 다양성은 하나의 학문영역으로써 심리학의 응집성을 현저하게 감소시키고 있다. 미국심리학회(APA)의 우수 교수상을 수상하였던 헨리 글라이트만(Henry Gleitman, 1981)은 심리학이 "한쪽 끝은 생물과학의 영역에서부터 다른 쪽 끝은 사회과학의 영역과 경계를 이루는 엉성하게 결합된 지적 왕국"(774쪽)이라고 특징짓고 있다.

심리학이 믿을 수 없을 만큼 광범위하고 다양한 연구들로 구성된다는 사실을 이해하는 것은 심리학의 본질을 파악하는 데 결정적으로 중요하다. 이러한 다양성에 대한 몇 가지 구체적인 예를 제시하는 것만으로도 이 사실을 예증할 수 있겠다. APA에는 54개의 분과가 있으며,[7] 각 분과는 심리학의 특정한 연구영역이나 특정한 응용분야를 대표한다 (<표 1.1> 참조). <표 1.1>을 보면, 심리학자들이 연구하는 주제의 범위, 연구에 수반되는 연구방법과 장치의 범위, 그리고 연구하는 행동

---

[7] 이 책의 초판이 출판되었던 1986년에는 미국심리학회의 분과가 42개였으나, 6판이 출판되었던 2001년에는 10개의 분과가 늘어나 52개가 되었으며, 10판이 출판된 2013년 현재는 2개 분과가 더 늘어나 모두 54개의 분과가 존재하고 있다. 분과의 존재 여부와 이름도 시대의 흐름에 따라 조금씩 변하고 있다. 미국심리학회에 관한 상세한 정보는 http://www.apa.org에서 찾아볼 수 있다. 참고로 1946년 대한민국 최초의 학회인 조선심리학회로 출발하여 1948년 지금의 이름으로 개명한 한국심리학회(Korean Psychological Association : KPA)에는 현재 12,000여 명의 회원이 활발하게 활동하고 있다. 이 책의 초판을 우리말로 번역하였던 1994년 당시 한국심리학회에는 8개의 산하학회가 있었고, 6판을 번역하였던 2003년에는 11개로 늘어났으며, 10판을 번역한 2013년 현재는 14개의 산하학회가 존재하고 있다(임상심리학회, 상담심리학회, 산업 및 조직심리학회, 사회 및 성격심리학회, 발달심리학회, 인지 및 생물심리학회, 문화 및 사회문제심리학회, 건강심리학회, 여성심리학회, 소비자광고심리학회, 학교심리학회, 법정심리학회, 중독심리학회, 코칭심리학회). 한국심리학회에 관한 상세한 정보는 http://www.koreanpsychology.or.kr에 접속하면 찾아볼 수 있다.

의 다양한 측면들을 알 수 있다. 심리학자들의 또 다른 대규모 조직인 심리과학회(APS)도 APA 못지않은 다양성을 보이고 있다. 실제로는 <표 1.1>이 심리학 내의 다양성을 충분하게 표현하지 못하고 있다. 각 분과가 세부적인 전공영역인 것과 같은 인상을 주기 때문이다. <표 1.1>에 기술된 54개 분과 각각은 엄청나게 다양한 하위영역들을 포함하고 있는 광범위한 연구영역인 것이다! 요컨대, 심리학 분야에 포함된 주제의 다양성은 아무리 과장하려고 해도 실제의 다양성을 다 포괄하기가 쉽지 않다.

〈표 1.1〉 미국심리학회의 분과

1. 일반심리학
2. 교수심리학
3. 실험심리학
5. 평가, 측정 및 통계
6. 행동신경과학 및 비교심리학
7. 발달심리학
8. 성격 및 사회심리학
9. 사회문제의 심리학적 연구
10. 심미학, 창의성 및 예술심리학
12. 임상심리학
13. 자문심리학
14. 산업 및 조직심리학
15. 교육심리학
16. 학교심리학
17. 상담심리학
18. 공공심리학
30. 심리최면
31. 주정부 심리학회
32. 인본주의심리학
33. 정신지체
34. 인구 및 환경심리학
35. 여성심리학
36. 종교심리학
37. 아동, 청년 및 가족치료
38. 건강심리학
39. 정신분석
40. 임상 신경심리학
41. 법심리학
42. 개업심리학자회
43. 가족심리학
44. 동성애에 관한 심리학 연구
45. 소수민족에 관한 심리학 연구

19. 군대심리학	46. 대중매체심리학
20. 성인발달과 노화	47. 운동 및 스포츠심리학
21. 응용 실험 및 공학심리학	48. 평화심리학
22. 재활심리학	49. 집단심리학 및 집단 심리치료
23. 소비자심리학	50. 약물중독
24. 이론 및 철학심리학	51. 남성심리학
25. 행동 분석	52. 국제심리학
26. 역사심리학	53. 임상아동심리학
27. 지역사회심리학	54. 소아심리학
28. 심리약리학 및 약물남용	55. 약물치료
29. 심리치료	56. 외상심리학

* 현재 4분과와 11분과는 존재하지 않음.

다양성의 함의

많은 사람들은 인간 행동의 모든 측면을 하나로 묶어주고 설명해주는 거창한 심리학 이론을 배울 것이라는 희망을 가지고 심리학 공부에 임한다. 그러한 희망은 실망으로 변하기 십상인데, 심리학이 거창한 하나의 이론을 가지고 있는 것이 아니라, 단지 행동의 제한된 측면만을 다루는 많은 상이한 이론들을 가지고 있기 때문이다(Griggs, Proctor & Bujak-Johnson, 2002). 심리학의 다양성은 이론적 통합이라는 과제가 지극히 어려운 것이라는 사실을 입증하고 있다. 실제로 많은 심리학자들은 그러한 통합이 불가능하다고 주장하기도 한다. 그렇지만 또 다른 심리학자들은 심리학 내에서 통합을 모색하고 있기도 하다(Cacioppo, 2007a, 2007b ; Cleeremans, 2010 ; Gray, 2008 ; Henriques, 2011 ; Sternberg, 2005). 예컨대, 하나의 학문분야로서 심리학의 응집성은 지난 20여 년에 걸쳐 진화심리학자들의 이론적 노력 덕분으로 증진되어왔다. 진화심리학자들은 인간의 심적 과정을 친족 확인, 배우자 선택, 협력, 사회교환, 그리고 자녀 양육 등과 같은 중차대한 진화적 기능을 담당하는 기제로 간주함으로써 심적 과정의 통합적 개념화를 시도해왔다(Buss, 2005, 2011 ; Cartwright, 2008 ; Ellis & Bjorklund, 2005 ; Geary, 2005, 2008). 마찬가지로 카시오포(Cacioppo, 2007b)도 사회인지신경과학(social cognitive neuroscience)[8])과 같은 하위분야가 심리학 내의 다양한 전문영역들을 -이 경우에는 인지심리학, 사회심리학, 그리고 신경심리학- 함께 묶어준다는 사실을 지적하고 있다.

어떤 연구자들은 심리학의 다양성이 이 학문에 기저하는 힘을 반영하는 것으로 받아들인다(Cacioppo, 2007a ; Gray, 2008). 예컨대, 카시오포(2007a)는 심리학이 소위 중핵 학문(hub discipline)이라고 주장한다. 즉, 심리학은 그 연구결과가 다른 많은 학문 분야에 이례적이라고 할 만큼 광범위한 함의를 갖는 과학이라는 것이다. 그는 다른 과학 분야와 비교할 때 심리학 연구결과들이 다른 과학에 지극히 광범위한 함의를 갖는다는 사실을 보여주는 증거들을 인용하고 있다.

심리학 주제의 응집성이라는 논제에 어떤 입장을 취하든지 간에, 모든 심리학자들은 이론적 통합이 지극히 어려운 일이라는 데 동의하고 있다. 이론적 통합이 결여되어 있음으로 인해서 몇몇 비판자들은 심리학이 이루어놓은 과학적 진보를 혹평하기도 한다. 이러한 비판은 흔히 모든 과학이 거창한 통합이론을 가지고 있어야만 한다는 잘못된 생각에

---

8) 사회인지신경과학(social cognitive neuroscience)은 전통적인 사회인지와 인지신경과학 분야의 이론과 방법 그리고 통찰을 통합하고자 시도하는 새롭게 출현한 분야이다. 사회인지와 인지신경과학 분야는 모두 정보처리 패러다임에 근거하여 행동에 기저하는 정보처리 기제를 밝히고자 시도하지만, 상반된 접근방향을 취한다. 후자는 시공간 주의, 작업기억 등과 같은 특정 심적 능력을 신경계의 구조와 기능과 접목시킨다는 목표를 가지고 두뇌를 연구하는 반면, 전자는 특정 행동을 일으키는 사회적·인지적·정서적 동인을 밝히기 위하여 사람에 초점을 맞춘다.

서 유래한다. 이것이 잘못된 생각인 까닭은 다른 많은 과학들도 통합적 개념화를 결여하고 있기 때문이다. 하버드 대학교의 심리학 교수이었던 윌리엄 에스티즈(William Estes, 1979)[9]는 이 사실을 다음과 같이 강조하였다:

> 실험심리학자들이 처해 있는 입장은 특이한 것이 아니며, 확신컨대 심리학에만 특수한 것도 아니다. 물리학은 20세기 초반에 학부생들을 가르칠 때조차도 여러 분야로 분할되었다. 따라서 나는 역학, 열역학, 광학, 음향학, 그리고 전기역학이라는 대학의 여러 강좌를 통해서 물리학에 접하게 되었다. 이와 유사하게 화학도 무기화학, 유기화학, 물리화학, 그리고 생화학이라는 전공분야로 가지를 뻗쳐왔으며, 이들 세부분야 사이에는 오늘날 심리학의 하위분야 사이에 의사소통이 없는 것 못지않게 의사소통이 이루어지지 않는다. 두 경우 모두 단일화는 추상적인 수학이론 수준에서만 재현되어왔다. 의학도 마찬가지로 세부전공으로 쪼개져왔으나, 심리학과 마찬가지로 새로운 단일화가 지금까지 나타나지 않고 있다. (661~662쪽)

일단 학문분야의 구조를 결정하는 사회적 요인과 역사적 요인들의 함의를 인정하게 되면, 모든 분야가 통합되어야만 한다고 주장하는 것이 비논리적이라는 사실을 깨달을 수 있다. 실제로 많은 학자들은 "심리학"이라는 용어가 주제의 응집성을 함축하는데, 주제의 응집성은 심리학의 특징이 아니라고 주장해왔다. 그 결과로 미국의 많은 유수대학

---

[9] 에스티즈(William Estes, 1919~2011)는 20세기 심리학을 대표하는 실험심리학자 중의 한 사람으로, 학습과 기억이론에 혁혁한 공헌을 세웠다. 대표적으로 그의 자극-표집 이론(stimulus-sampling theory)은 오늘날 정량적 학습이론의 고전으로 남아 있다. 하버드 대학교에서 은퇴하고 1999년부터 미국 인디아나 블루밍턴에 소재한 인디아나 대학교 심리학과에서 80세가 넘은 연세에도 불구하고 진정한 명예교수로 활약하다 2011년에 작고하였다.

들이 학과의 이름을 심리과학과(Department of Psychological Sciences)로 개명해왔다(Jaffe, 2011 참조). "과학"(sciences)이라는 용어는 이 장이 전달하려는 두 가지 중요한 메시지를 담고 있다. 복수로 표현하고 있다는 사실은 지금까지 논의해온 심리학 내용의 다양성이라는 점을 반영한다. 또한 심리학 분야 어디에서 통합성을 찾아야 할 것인지를 보여준다. 즉, 내용에서가 아니라 방법론에서 통합성을 찾아야 한다는 것이다. 연구자들이 통합성을 발견하기를 희망할 수 있는 영역이 바로 방법론이다. 그런데 심리학자들이 지식을 확장시키기 위하여 사용하는 방법론이 바로 심리학을 가장 오해하게 만드는 영역이기도 하다.

과학에서의 통합성

단지 심리학은 인간행동에 관심을 갖는다고 말하는 것만으로는 심리학을 다른 학문분야들과 차별화 시킬 수 없다. 다른 많은 전문가 집단과 학문분야들, 예컨대 경제학, 법학, 사회학, 역사학, 정치학, 인류학, 그리고 여러 문학들을 포함한 분야들도 부분적으로는 인간행동에 관심을 갖는다. 이 측면에서는 심리학이 전혀 독특하지 않다.

현실적 적용도 심리학이라는 학문에 아무런 독특성을 제공하지 못한다. 예컨대, 많은 대학생들이 심리학을 전공하려는 이유는 사람들을 도와주고 싶다는 갸륵한 목표를 가지고 있기 때문이다. 그러나 사람들을 도와주는 것은 믿을 수 없을 만큼 많은 학문분야에서의 응용영역이 된다. 예컨대, 사회복지학, 교육학, 간호학, 업무진단과 치료, 신체치료, 경찰학, 인적자원학, 언어치료 등을 들 수 있다. 마찬가지로 상담을 통해서 사람들을 도와줄 수 있는 응용전문가들을 길러낸다는 목표가 심리학이라고 불리는 학문의 존재를 요구하는 것은 아니다. 상담을 통하여 사람들을 도와주는 것은 교육학, 사회복지학, 경찰학, 간호학, 신학, 업무진단과 치료 등의 분야에서 이미 잘 확립되어 있는 영역이다.

오직 두 가지 사실만이 심리학을 독립된 학문분야로 정당화시켜준다고 할 수 있다. 하나는 심리학이 인간과 동물의 모든 행동을 과학적 기법을 가지고 연구한다는 사실이다. 다른 하나는 이러한 지식으로부터 유도해내는 응용기법들이 과학에 기반을 두고 있다는 사실이다. 만일 이것이 참이 아니라면, 심리학이 존재할 이유가 없게 된다.

심리학은 일반대중에게 두 가지를 보장하고자 시도한다는 점에서 다른 행동과학 분야들과 어느 정도 차별화 된다. 하나는 심리학이 내놓는 행동에 관한 결론들이 과학적 증거에서 도출된다는 점이다. 다른 하나는 심리학의 현실적 적용이 과학적 방법을 통해서 도출되어왔으며 또한 과학적 방법으로 검증된다는 점이다. 심리학이 이러한 두 가지 목표에서 벗어난 적이 있는가? 매우 자주 그러한 일이 벌어진다(Lilienfeld, 2007 ; Lilienfeld, Rusco, & Lynn, 2008). 이 책은 어떻게 그러한 목표를 보다 잘 달성할 수 있는 것인지에 관한 것이다. 제12장에서 심리학자들이 적합한 과학기준을 충족시키지 못함으로써 자신의 정당성을 스스로 손상시키는 문제를 다룰 것이다. 아무튼 원리상으로는 이 두 가지가 심리학을 독자적 학문분야로 정당화시켜주는 기준이다. 만일 심리학이 이러한 목표를 추구할 가치가 없는 것이라고 결정하게 된다면, 즉 과학기준에 충실하고자 원하지 않는다면, 백기를 들고 심리학의 다양한 관심사들을 다른 학문분야에 헌납하는 것이 적절할 것이다. 심리학은 지적 관심사를 추구하는 학문분야로서 철저하게 군더더기가 될 뿐이기 때문이다.

그렇다면 심리학을 이해하려는 사람이 취해야만 하는 무엇보다도 우선시 되는 중요한 단계는 심리학의 정의속성(defining attribute)이 행동에 관한 데이터기반 과학연구라는 사실을 깨닫는 것이라는 점이 명백해진다. 이 사실이 가지고 있는 모든 함의를 포착하는 것이 심리학을 올바르게 생각하는 능력을 발달시키는 첫 단계가 되기 때문에, 이 책의 나머지 부분은 그 함의를 다루는 것이 될 것이다. 역으로 사람들이 심리학에 관한 생각에서 오해를 불러일으키게 되는 일차적 원인은 심리학이 과학이라는 사실을 깨닫지 못하는 데 있다. 예컨대, 심리학과 무관한 사람들이 심리학은 과학이 아니라고 목청을 높이는 경우를 아주 흔하게 목격하게 된다. 어째서 이러한 일이 그토록 자주 일어나는 것일까?

심리학은 과학이 될 수 없다고 일반대중을 호도하려는 시도는 다양한 원천에서 유래한다. 후속 장들에서 논의하게 되겠지만, 심리학에 관한 많은 오해들은 엉터리 사이비심리학을 조달하는 작자들이 의도적으로 조장하고 있다. 오늘날의 사회에서는 무엇이든지 심리학일 수 있으며 심리학의 주장을 평가할 수 있는 합리적 잣대는 존재하지 않는다고 일반대중을 호도함으로써 이득을 취하는 사이비과학 신념체계를 이용한 엄청난 사업이 성장해왔다. 이렇게 호도함으로써 과학적 증거에 근거하지 않거나 아니면 많은 경우에 가용한 많은 증거와 상치되는 수십억 달러에 달하는 자가치료 사업의 수많은 기법들과 함께, "최면을 통한 체중 감소법", "당신의 숨겨진 염력을 발달시키자", "잠자면서 프랑스어를 배운다" 등등을 선전해댈 수 있는 완벽한 분위기가 만들어지는 것이다.

과학 심리학에 저항하는 또 다른 원천은 의심받지 않는 권위와 "상식"이 오랫동안 지배하여 온 영역으로 과학이 확장되는 것에 반대하려는 경향성에서 유래한다. 역사는 자연세계를 설명하는 데 있어서 철학적 사변, 종교적 칙령, 또는 민속지혜를 사용하기보다는 과학을 이용하려는 시도에 일반대중이 우선적으로 저항하였던 많은 사례들을 보여준다. 모든 과학은 지금처럼 발달하기까지 저항의 시기를 극복해왔다. 갈릴레오와 동시대를 풍미했던 학자들은 그의 새로운 망원경을 들여다보기를 거부하였는데, 그 이유는 목성에 달이 존재한다는 사실이 그들의 철학적·종교적 신념에 위배되기 때문이었다. 인간의 해부학적 구조에 대한 이해가 수세기 동안 쩔뚝거리듯이 더디게 진보할 수밖에 없었던 이유는 시체를 절단하는 것을 일반대중과 기독교가 모두 금지하였기 때문이었다(그 당시 기독교적 견해는 우리의 신체가 "신의 영역"이라는 것이었다. Grice, 2001 참조). 찰스 다윈은 끊임없이 비난받았다. 폴 브로카(Paul Broca)[10])가 설립한 인류학회는 프랑스에서 반대에 부딪혔는데, 인간에 대한 지식이 국가를 파멸시킨다고 생각하였기 때문이었다.

인간에 관한 지식을 축적하려는 모든 과학적 시도는 거센 저항을 불러일으켰다. 그러나 과학 연구를 통해서 인간성을 모독하는 것이 아니라 지식의 영역을 확장함으로써 인간의 성취에 공헌할 수 있다는 사실을 깨닫게 됨에 따라서, 이러한 저항이 결국에는 사라지게 되었다. 오늘날 천문학자들이 작성한 은하계의 지도나 멀리 떨어져 있는 별들의 구조에 관한 난해한 이론들이 우주에 대한 우리의 경외심을 파괴한다고 믿는 사람이 어디 있겠는가? 오늘날 사회에서 사용가능한 건강관리법을 인간의 시체를 합법적으로 해부할 수 없었던 시대에 사용하던 방법으로

---

10) 브로카(Pierre Paul Broca, 1824~1880)는 프랑스의 외과의사로서, 두뇌 좌반구 전두엽의 아래쪽 영역이 언어표현을 관장하는 중추라는 사실을 밝힌 것으로 잘 알려져 있다. 그는 뇌손상을 입고 심각한 언어표현 장애를 나타낸 Tan이라는 환자가 사망한 후(이 환자가 뇌손상 후 말할 수 있었던 유일한 표현이 '탄'이었기 때문이다. 본명은 Leborgne이었다), 그의 뇌를 해부하여 손상된 부위를 확인하였다. Tan의 뇌는 미라로 만들어져 프랑스 파리의 한 박물관에 보관되어 있다고 한다.

대체할 사람이 있겠는가? 별이나 인간 시체에 대한 경험적 태도로 인해서 인간성이 훼손된 것은 아니다. 보다 최근에는 다윈의 진화론이 유전학과 생물학의 놀라운 발전의 토대를 마련해주었다. 그렇기는 하지만 우리가 인간의 본질과 그 기원에 접근하게 되면 구태의연한 반대의 잔재는 여전히 남아 있다. 미국에서 몇몇 정치가들은 아직도 공립학교에서 창조론을 가르쳐야 한다고 계속해서 압력을 가하며, 여론조사를 보면 (비록 유럽인과 캐나다인들은 그렇지 않다고 하더라도) 상당한 비율의 미국인들이 인간은 자연선택에 의해서 진화하였다는 과학적 사실을 받아들이지 않는다는 것을 알 수 있다(Barnes, Keilholtz, & Alberstadt, 2008 ; Frazier, 2009, 2010 ; Laden, 2008). 진화생물학이 과학적 성취의 장구하고도 인상적인 기록을 가지고 있음에도 불구하고 아직도 일반대중의 반대에 직면하고 있다면, 인간에 관해 오랫동안 유지되어 온 신념을 최근에야 과학적 탐구의 대상으로 끌고나온 심리학을 현재 일반대중이 그 타당성을 부정하려고 한다고 해서 무슨 놀라운 일이겠는가?

그렇다면 과학이란 무엇인가?

심리학이 무엇인지를 이해하기 위해서는 과학이 무엇인지를 이해하여야 한다. 우선 과학이 아닌 것은 무엇인지를 다루는 것으로부터 시작해보자. 첫째, 과학은 주제에 의해 정의되지 않는다. 우주의 어떠한 측면도 과학 분야의 발달에서 정당한 목표물이 될 수 있다. 여기에는 인간 행동의 모든 측면들도 포함된다. 우주를 "과학적" 주제와 "비과학적" 주제로 분할할 수는 없다. 전체 역사를 통해서 인간을 과학 연구의 영역 밖에 놓아두려는 강력한 세력들의 시도가 있어왔지만, 앞으로 보게 되듯이 이러한 시도는 성공하지 못하였다. 과학 분야로서의 심리학을 부정하려는 반작용은 아마도 이러한 낡은 투쟁의 현대판 잔재를 나타내는 것이겠다.

과학은 또한 특정한 실험도구의 사용에 의해서 정의되지도 않는다. 시험관, 컴퓨터, 전자장치, 또는 연구자의 하얀 실험복이 과학을 정의하는 것은 아니다. 이것들이 과학의 부속물들이기는 하지만 결정적 자질은 아니다. 오히려 과학이란 우주의 작동을 심도 있게 이해하도록 이끌어가는 사고방식과 관찰방식을 일컫는 것이다.

이 장의 나머지 부분에서는 과학을 정의하는 중요하고도 상호 관련된 다음과 같은 세 가지 특징들을 논의할 것이다 : (1) 체계적 경험주의의 사용, (2) 공개적 지식의 생산, 그리고 (3) 해결 가능한 문제의 고찰. 논의는 각각의 특징들을 분리해서 다루게 되겠지만, 이 세 가지가 응집력 있는 보편구조를 형성하도록 연계되어 있다는 사실을 유념하기 바란다. (과학의 보편적 특징에 관한 보다 상세한 논의를 보려면, 이 책 마지막 부분에 있는 참고문헌 목록에서 Bronowski, Haack, Medawar, Popper, 그리고 Sagan의 저서와 논문들을 참고하기 바란다.)

체계적 경험주의

사전에서 경험주의(empiricism)라는 단어를 찾아보면, "관찰에 근거한 입장"을 의미한다는 사실을 알게 될 것이다. 과학자들은 관찰한 것을 살펴봄으로써 세상에 관한 사실들을 찾아낸다. 이 말이 당연한 것처럼 들리게 된 것은 지난 두 세기동안 과학적 태도가 확산되어왔다는 사실을 반영한다. 과거에는 이것이 그렇게 당연한 것으로만 보이지 않았다. 갈릴레오의 사례를 회상해보기 바란다. 갈릴레오는 자신의 망원경을 사용하여 목성 주위를 돌고 있는 달들을 보았다고 주장하였는데, 그 당시의 학자들은 단지 일곱 개의 "천체"만이 존재할 뿐이라고 생각하고 있었다(다섯 개의 행성, 태양, 그리고 지구를 돌고 있는 달). 그 당시에는 순수한 사색이나 권위에 호소함으로써 지식을 가장 잘 획득할 수 있다는 생각이 지배하고 있었다. 당대의 몇몇 학자들은 갈릴레오의 망원경을 들여다보기를 거부하였다. 다른 학자들은 그의 망원경이 사기를 치도록 고안되었다고 말하였다. 또 다른 학자들은 그 망원경이 지구에서는 작동하지만 천체에서는 작동하지 않는다고 주장하였다(Shermer, 2011). 다른 천문학자인 프란세스코 시지(Francesco Sizi)는 갈릴레오를 공박하려고 애를 썼는데, 관찰에 근거한 것이 아니라 다음과 같은 주장을 통해서였다:

> 머리에는 일곱 개의 창문이 있다. 두 개의 콧구멍, 두 귀, 두 눈, 그리고 입이다. 마찬가지로 하늘에는 두 개의 길성(吉星), 두 개의 흉성(凶星), 두 개의 발광체, 그리고 홀로 희미하고 중성적인 수성이 있다. 이 사실 그리고 일곱 개의 금속 등과 같이, 일일이 세기도 지겨울 만큼 많은 자연의 유사한 현상들로부터 우리는 행성의 수가 필연적으로 일곱 개라는 사실을 얻게 된다. … 더군다나 오늘날의 유럽 국가들은 물론이고 유태인과 다른 고대국가들도 일주일을 칠일로 분할하는 것을 채택하며, 일곱 개의 행성으로부터 그 이름을 따왔다. … 게다가 위성이라는 것은 맨눈에는 보이지도 않기 때문에 지구에 아무런 영향을 미칠 수 없으며 쓸모없는 것이고 따라서 존재하지도 않는다. (Holton & Roller, 1958, 160쪽)

말하려는 요점은 이 주장이 우스꽝스러울 정도로 바보스럽다는 것이 아니라, 이것을 실제 관찰에 대한 적절한 반박으로 간주하였다는 점이다! 지금 우리가 웃어넘길 수 있는 것은 단지 과거의 사건을 되돌아봄으로써 무엇인가 이득을 얻을 수 있기 때문이다. 우리가 불쌍한 시지(Sizi)보다 앞서게 된 것은 경험적 접근의 힘을 증명한 지난 3세기에 불과하다. 만일 경험주의 시대가 없었더라면, 현대를 살고 있는 우리들 중에서도 많은 사람들이 위와 같은 주장에 고개를 끄덕이면서 그를 부추겼을 수도 있다. 그렇다. 경험적 접근은 필연적으로 명백한 것이 아니며, 과학이 지배하는 사회에서조차 경험주의를 자주 가르쳐야만 하는 이유가 바로 여기에 있는 것이다.

그렇지만 순수하고 단순한 경험주의로는 충분하지 않다. 이 절의 제목이 **"체계적 경험주의"**라는 점에 주목하기 바란다. 관찰은 좋은 것이고 필요한 것이다. 그러나 자연계에 대해서 아무 생각 없는 비구조화된 관찰은 과학 지식으로 이끌어가지 못한다. 아침에 깨어날 때부터 그날 밤 잠자리에 들 때까지 행한 모든 관찰을 기록해 보라. 다 마쳤을 때 여러분은 상당히 많은 사실들을 갖게 될 것이지만, 세상에 관한 위대한 이해를 갖게 되지는 않을 것이다. 과학적 관찰을 **체계적**이라고 말하는 이유는 그것이 구조화되어서 관찰의 결과가 세상에 기저하는 본질에 대해 무엇인가를 드러내주기 때문이다. 일반적으로 과학적 관찰은 이론주도적(theory-driven)이다. 즉, 세상의 본질에 관한 각기 다른 설명들을 검증한다. 구조화되었기 때문에 관찰결과에 근거하여 어떤 이론은 지지되고 다른 이론은 부정되는 것이다.

공개적으로 검증 가능한 지식 : 반복 가능성과 동료연구자 개관

과학 지식은 특수한 의미에서 공개적이다. **공개적**이라고 해서 이것이 시청 홍보판에 게시되는 것을 의미하는 것은 물론 아니다. 이 용어를 사용하는 특수한 의미는 과학 지식이 특정 개인의 마음속에만 존재하는 것이 아니라는 사실을 지칭하는 것이다. 보다 중요한 의미에서 과학 지식은 비판과 경험적 검증을 위해 공개적으로 과학자 집단에 제출되어야만 비로소 존재하는 것이다. "특수한" 것으로 간주되는 지식, 즉 특정 개인의 사고과정 영역으로서 다른 사람이 들여다보거나 비판할 수 없는 지식은 과학 지식의 지위를 결코 얻을 수 없다.

과학은 공개적 검증 가능성이라는 생각을 **반복검증**(replication)의 절차를 통해 구체화시킨다. 하나의 발견을 과학영역에서 고려 대상으로 간주하기 위해서는 다른 과학자들이 동일한 실험을 수행하여 동일한 결과를 얻을 수 있는 방법으로 과학계에 소개해야만 한다. 그렇게 하였을 때 비로소 그 결과는 반복검증 되었다고 말하게 된다. 과학자들은 공개적 지식이라는 생각을 정의하기 위하여 반복검증을 이용한다. 반복검증이야말로 특정한 발견이 단지 특정 연구자의 오류나 편파에 의한 것이 아니라는 사실을 확신할 수 있게 해준다. 요컨대, 한 결과가 과학계에서 받아들여지려면, 원래의 연구자가 아닌 다른 사람들에 의해서 반복될 수 있어야 한다. 이러한 방식으로 연구결과를 소개하게 되면 공개적인 것이 된다. 즉, 더 이상 최초 연구자만의 소유물이 아니라 다른 연구자들이 자신들의 방식으로 연구결과를 확장하거나 비판하거나 아니면 응용할 수 있게 되는 것이다.

시인 존 도니(John Donne)는 "어느 누구도 고립무원의 외딴 섬이 아니다"라고 천명하였다. 과학에서는 어느 연구자도 외딴 섬이 아니다. 모든 연구자는 과학계와 그 지식베이스에 연계되어 있다. 과학이 누가적으로 성장할 수 있도록 만들어주는 것이 바로 이러한 상호연계인 것이다. 연구자들은 현재 알려져 있는 것을 넘어서기 위해서 기존 지식 위에 끊임없이 새로운 지식을 쌓는다. 모든 연구자들이 사용할 수 있도록 기존 지식을 진술하고 있을 때에만 이 과정은 가능한 것이다.

여기서 **공개적으로 검증 가능한 지식**이라 함은 과학계의 다른 연구자들이 반복검증하고 비판하며 확장시킬 수 있는 방식으로 과학계에 제시한 연구결과들을 의미한다. 이것은 과학자뿐만 아니라 소비자의 입장에서 대중매체가 소개하는 과학정보를 평가해야만 하는 일반인들에게도 상당히 중요한 기준이 된다. 제12장에서 보게 되겠지만, 사이비과학의 야바위꾼과 그 종사자들을 합법적인 과학자들과 구분할 수 있는 한 가지 중요한 방법은 전자가 흔히 과학계의 논문 출판과 동료들의 비판과 평가라는 정상적인 통로를 피하고 자신들의 "발견물"을 가지고 직접 대중매체로 나아간다는 점이다. 타당성이 명확하지 않은 과학적 주장이 제기되었을 때 일반인들에게 항상 작동하는 한 가지 철벽같은 기준은 다음의 질문을 던지는 것이다: "이 발견은 어떤 형태이든 동료연구자들의 개관절차를 채택하는 공인된 전문 과학잡지에 발표된 적이 있는가?" 이 질문에 대한 답은 거의 항상 사이비과학의 주장과 진정한 과학적 주장을 구분해줄 수 있다.

동료연구자 개관(peer review)이란 전문잡지에 게재 신청된 논문을 여러 동료연구자들이 비판적으로 평가하여 그 평가결과를 편집장에게 제출하는 절차를 말한다. 편집장은 일반적으로 그 전문잡지가 다루고 있는 특정 전문영역에서 상당한 연구경력을 가지고 있는 과학자이다. 편집장은 평가결과가 논문의 출판을 보장하는지, 보완적 실험과 통계 분석을 수행한 후에 출판하도록 할 것인지, 아니면 연구를 잘못 수행하였거나 별 볼일 없는 것이어서 퇴짜를 놓을 것인지를 결정한다. 대부분의 전문잡지들은 각 호마다 편집방침을 제시해놓고 있기 때문에 그 잡지가 동료연구자 개관을 시행하고 있는지를 쉽게 확인할 수 있다.

동료연구자 개관이 이루어지는 과학 전문잡지에 실린 모든 정보가 필연적으로 옳다는 것은 아니며, 적어도 그 정보는 동료연구자 집단의 비판과 세밀한 분석이라는 기준을 만족시켰다고 할 수 있다. 이것은 최소한의 기준일 뿐이지, 결코 절대적인 기준은 아니다. 대부분의 과학 분야가 질적 수준에서 상당한 차이를 갖는 많은 전문잡지들을 출판하기 때문이다. 많은 과학 아이디어들은 최소한의 기준을 만족시키면 합법적인 문헌에 출판될 수 있다. 단지 좁은 영역의 데이터와 이론만이 과학에서 출판될 수 있다는 생각은 잘못이다. 흔히 사이비 교정법과 치료법을 조달하는 작자들이 이러한 생각을 시사하는데, 이들은 "정통과학"의 음모로 인해서 자신들의 과학적 출구가 봉쇄 당해온 것이라고 대중매체와 일반대중들을 설득시키려고 애쓴다. 여기서 잠시 심리학과 같은 학문분야에 얼마나 많은 합법적 출구가 존재하는지를 보도록 하자. 미국심리학회의 *PsycINFO*라는 데이터베이스는 2,000개가 넘는 전문잡지의 논문들을 요약하고 있다(물론 영문으로 논문을 발표하는 잡지들만을 다룬다). 대부분의 잡지들은 동료연구자 개관을 채택하고 있다. 불완전하지만 합법적인 거의 모든 이론과 실험들이 이렇게 광범위하고 다양한 출구들을 통해서 출판될 수 있는 것이다.

다시 한 번 언급하지만 동료연구자 개관을 시행하는 심리학 잡지에 발표된 모든 아이디어들이 필연적으로 타당한 것은 아니다. 나는 앞에서 이것이 최소한의 기준일 뿐이라는 사실을 강조하였다. 그렇지만 핵심은 어떤 아이디어, 이론, 주장 또는 치료법이든지 특정 과학 분야에서 동료연구자 개관을 시행하는 문헌에 게재되지 못한다는 사실이 상당한 진단적 가치를 갖는다는 점을 지적하려는 것이다. 특히 증거도 없으면서 대중매체의 선전을 통해서 자신의 주장을 공개하려고 한다는 사실 자체는 **그 아이디어나 이론 또는 치료법이 사기라는 확실한 징표**가 된다. 예컨대, 2005년에 공립학교 생물 교과목에서 창조론을 가르치려는 시도에 관한 미국 펜실베이니아 소송에서, (창조론에서 주장하는) 지적 설계를 주창하는 증인 중의 한 사람은 "십여 년 전부터 지적 설계에 관한 동료연구자 개관 연구를 수행하자는 운동이 있어왔음에도 불구하고, 그러한 연구를 하나도 언급할 수 없다"(Talbot, 2005, 68쪽)는 사실을 인정하고 말았다.

동료연구자 개관의 절차는 학문영역에 따라서 약간씩 차이가 있지만, 그 기저에 깔려 있는 근거는 동일하다. 동료연구자 개관은 과학이 객관성과 공개적 비판의 태도를 제도화하는 한 가지 방법이다(반복검증이 또 다른 방법이다). 아이디어와 실험설계는 평가를 위해 비판적인 다른 동료연구자들에게 제시하는 애타는 과정을 겪는다. 이러한 비판과정에서 살아남은 아이디어들이 공개적 검증가능성이라는 기준을 이제 막 충족시키기 시작한 것이다. 동료연구자 개관이 결코 완벽한 것은 아니지만, 우리가 가지고 있는 유일한 소비자 보호책이 바로 이것이다. 이것을 무시하는 것은 우리 자신을 엄청난 액수에 달하는 사이비과학 사업의 농간에 휘둘리도록 만드는 것이 되어버린다. 사이비과학 사업은 자신의 목적을 달성하기 위하여 대중매체를 아주 익숙하게 조정하고 있다(제12장 참조). 후속 장들에서는 과학 심리학의 진정한 연구수행에 내재하고 있는 억제와 균형의 묘를 무시함으로써 치러야만 하는 엄청난 대가들을 보다 상세하게 논의할 것이다.

경험적으로 해결 가능한 문제 : 검증 가능한 이론의 탐색

과학은 해결할 수 있는 또는 상술할 수 있는 문제들을 다룬다. 이 말은 과학자들이 다루는 유형의 물음은 현재 사용가능한 경험적 기법만 있다면 잠재적으로 답할 수 있는 물음이라는 뜻이다. 만일 현재 가용한 경험적 기법으로는 해결할 수 없는 문제이거나 검증할 수 없는 이론이라면, 과학자들은 그 문제나 이론을 공략하지 않는다. 예컨대, "보육원에서 구조화된 언어 자극을 받은 3세 아동이 그렇지 않은 아동보다 읽기교육을 받을 준비가 일찍 이루어지는가?"라는 물음은 대표적인 과학적 물음의 하나이다. 이 물음은 현재 가용한 경험적 방법을 통해서 답할 수 있는 것이다. "인간은 생득적으로 선한 것인가 아니면 악한 것인가?"는 경험적 물음이 아니기 때문에 과학 영역에 포함되지 않는다. 마찬가지로 "삶의 의미는 무엇인가?"도 경험적 물음이 아니며 과학 영역을 벗어나게 된다.

과학은 세상에서 일어나는 특정 현상들을 설명하기 위하여 이론들을 제안하고, 그러한 이론으로부터 예언을 도출하고, 그 예언을 경험적으로 검증하며, 검증결과에 근거하여 이론을 수정해감으로써 진보한다. 이 절차는 다음과 같이 나타낼 수 있다 : 이론 → 예언 → 검증 → 이론 수정. 따라서 과학자들이 **해결 가능한 문제**라는 용어를 사용할 때 의미하는 것은 **"검증 가능한 이론"**이 된다. 하나의 이론을 검증 가능하게 만들어주는 것은 무엇인가? 이론은 자연세계에서 관찰 가능한 사건에 대한 특정한 함의를 가지고 있어야만 한다. 이것이 바로 **경험적 검증 가능성**의 의미이다. 검증 가능성 기준은 흔히 **반증가능성 기준**(falsifiability criterion)이라 표현하며, 이것이 제2장의 주제이다.

과학자들이 경험적으로 해결 가능한 물음을 붙들고 늘어진다고 말한다고 해서 본실석으로 상이한 유복의 물음들이 해결 가능하거나 해결 불가능하다는 사실을 함축하는 것은 아니며 그러한 구분이 영원히 고착되어 있다는 사실을 함축하는 것도 아니다. 사실은 정반대이다. 이론과 경험적 기법들이 정교해짐에 따라서 현재는 해결 불가능한 문제가 해결 가능해질 수도 있다. 예컨대, 수십 년 전까지만 해도 역사가들은 토마스 제퍼슨이 자기 노예였던 샐리 헤밍스가 낳은 아이의 아버지였는지에 대한 논란거리가 경험적으로 해결 가능한 문제라고 생각하지 않았다. 그러나 유전공학이 진보함에 따라서 1998년에 이 문제는 해결 가능하게 되었으며, 제퍼슨이 에스톤 헤밍스 제퍼슨의 아버지였을 가능성이 매우 높다는 사실을 지적하는 논문이 *Nature*[11])에 게재되었다 (Foster 등, 1998).

이것이 바로 과학이 발달하는 방식이며 새로운 과학이 존재하게 되는 방식인 것이다. 현재 해결 가능한 문제가 어떤 것이냐에 대해서 의견 일치가 이루어지지 않을 여지는 항상 많다. 흔히 과학자들은 특정한 문제와 관련하여 이 점에서 견해를 달리한다. 따라서 모든 과학자들이 해결 가능성 기준에는 동의하는 반면, 특정 문제에의 적용에서는 동의하지 않을 수 있다. 노벨상 수상자인 피터 메더워(Peter Medawar, 1967)[12])는 『해결가능성의 예술(*The Art of Soluble*)』이라고 이름 붙인 그의 저서에서, 과학에 수반된 창의성이란 인간 지식의 미개척지에서 결국 경험적 기법에 무릎 꿇게 될 문제를 찾아내는 것이라는 사실을 예시하고 있다.

심리학 자체도 해결 불가능에서 해결 가능으로 발전해간 많은 좋은 예들을 제공하고 있다. 수백 년 동안 누군가 경험적 방법을 가지고 접근할 수 있다는 사실을 깨닫기 전까지는 사변적 주제로 남아 있었던 많은 물음들이 있다(예컨대, "어떻게 아이들은 모국어 말하는 것을 배우게 되는 것인가?", "과거에는 기억했던 것을 망각하는 이유는 무엇

---

11) 단행본 및 전문잡지 이름은 이탤릭체로 표현한다.
12) 메더워(Peter Medawar, 1915~1987)는 아랍계 혈통을 가진 브라질 태생의 영국 면역학자이다. 1960년에 피부 이식에 관한 연구로 노벨 의학상을 수상하였으며, 그의 연구는 오늘날 장기 이식술의 초석이 되었다. 또한 그는 과학과 철학에 관한 많은 기념비적인 저서를 남겼다.

인가?", "어떻게 집단 속에 들어 있는 것이 개인의 행동과 사고를 변화시키는 것인가?" 등등). 이러한 깨달음이 서서히 증가함에 따라서 심리학은 다양한 주제 영역에 들어 있는 행동에 관한 물음들의 집합으로 합쳐지게 되었다. 점진적으로 심리학 주제들은 철학으로부터 분리되기 시작하였으며, 독자적인 경험적 학문분야로 진화하였다.

인지심리학자 스티븐 핀커(Steven Pinker, 1997)는 어떻게 무지함이 **물음**(problem)과 **미스터리**(mystery)로 분할될 수 있는지를 논의하고 있다. 물음의 경우에는 답이 가능하다는 사실을 알고 있으며, 아직은 답할 수 없다고 하더라도 그 답이 어떤 모양새를 갖출 것인지 안다. 미스터리의 경우에는 그 답이 어떤 모습으로 나타날 것인지조차도 머리에 그려볼 수 없다. 이러한 용어를 사용한다면, 과학이란 미스터리를 물음으로 전환시키는 과정이라고 할 수 있다. 실제로 핀커(1997)는 서문에서 "심상에서부터 낭만적 사랑에 이르기까지 마음에 관한 수많은 미스터리들이 최근 물음으로 격상되었기 때문에"(ix쪽) 자신의 책[13]을 집필하였다고 적고 있다.

---

13) Steven Pinker(1997), *How the Mind Works*, New York : Norton. 이 책은 마음이란 무엇인가, 이렇게 마음이 진화되어있는가, 어떻세 마음이 보고, 생각하고, 느끼고, 웃고, 상호작용하고, 예술을 사랑하고, 삶의 미스터리에 대해서 고민하는지에 대해서 인지심리학자로서의 경험적 데이터에 근거한 자신의 생각을 정리한 고급 교양인들을 위한 과학 서적이다. 영어에 문제가 없더라도 분량이 만만치 않아서 쉽게 읽기가 어려운데, 다행히 2007년에 『마음은 어떻게 작동하는가』(김한영 역, 도서출판 소소)라는 제목으로 번역판이 출판되었다. 인간 마음의 속내에 관심이 있다면 그리고 시간적 여유가 있다면 누구나 한번쯤 읽어 볼 만한 책이라는 생각이다.

심리학과 민속지혜 : "상식"의 문제

사람들은 너나 할 것 없이 자기 자신과 타인들에 관한 생각 그리고 사람들 간의 상호작용을 지배하는 행동에 대한 암묵적 모형을 가지고 있다. 실제로 여러 사회심리학자, 성격심리학자, 그리고 인지심리학자들은 이러한 암묵적 심리 이론들의 본질을 연구하고 있다. 사람들이 그 이론의 내용을 명백하고 논리적인 형태로 진술하는 경우는 거의 없다. 오히려 그 이론에 주의를 기울이게 되거나 아니면 그 이론이 어떤 면에서 심각하게 도전 받을 때라야 비로소 그 존재를 깨닫게 되는 것이 일반적이다. 행동에 관한 사람들의 개인 모형은 진정한 이론이 갖추어야만 하는 방식으로 응집적인 것이 아니다. 오히려 설명이 필요하다고 느낄 때 끄집어내게 되는 인간 행동에 대한 일반 원리나 훈계 또는 상투적인 말 등을 담고 있는 잡동사니 가방을 가지고 있을 뿐이다. 인간 행동에 대한 이러한 상식적 지식의 문제점은 대부분이 자체적으로 상호 모순적이라서 반증 불가능 하다는 데 있다(반증가능성의 원리가 다음 장의 주제이다).

흔히 사람들은 하나의 행동 사건을 설명하는 데 있어서 과거에 그와 동일한 유형의 사건에 대한 설명으로 써먹었던 속담과는 상반되는 상투적 표현을 제시하기도 한다. 예컨대, 대부분의 사람들은 "행하기 전에 잘 살펴라"(Look before you leap)를 말하거나 들어왔다. 여기에는 내가 때때로 희미하게나마 기억하고 있는 다음과 같은 훈계성 속담을 예외로 한다면, 유용하고도 직접적인 충고가 들어 있다 : "주저하는 자는 잃는다"(He who hesitates is lost). "헤어지면 더욱 그리워진다"(Absence makes the heart grow fonder)는 환경 사건에 대한 정서 반응을 꽤나 잘 예측하는 표현이다. 그렇다면 "안 만나면 마음도 멀어진다"(Out of sight, out of mind)는 어떻게 되는 것인가? 그리고 만일 "서두르면 일을 그르친다"(Haste makes waste)라면, 어째서 "시간은 아무도 기다려주지 않는다"(Time wait for no man)라고 충고한단 말인가? "사공이 많으면 배가 산으로 올라간다"(Too many cooks spoil the broth)라는 예외를 인정한다면 어떻게 "백지장도 맞들면 낫다"(Two heads are better than one)는 속담이 거짓일 수 있겠는가? 만일 "불쌍해지는 것보다는 안전한 것이 낫다"(It's better to be safe than sorry)라고 생각한다면, 어째서 "모험을 하지 않으면 아무 것도 얻지 못한다"(Nothing ventured, nothing gained)라고도 믿는 것인가? 그리고 만일 "양극은 당긴다"(Opposites attract)라면, 어째서 "유유상종"(Birds of a feather flock together)이란 말인가? 나는 많은 학생들에게 "오늘 할 일을 내일로 미루지 말라"(Never put off until tomorrow what you can do today)라고 충고하여왔다. 그런데 가장 최근에 충고를 해주었던 학생은 내가 이렇게 말하는 것을 들은 적이 없었으면 하고 바라고 있다. 그 학생의 문제에 대해서 나는 "일이 닥치기도 전에 걱정하지 말아라"(Cross the bridge when you come to it)라고 충고하였기 때문이다.

이와 같이 진부한 상투적 표현들이 가지고 있는 대단한 호소력은 행동에 대한 암묵적 "설명"으로 함께 묶임으로써 부정할 수 없는 것이 되고 만다. 세상에서 어떤 사건이 벌어지든지 간에 이것들 중에서 어느 하나는 그 사건을 설명하는 데 인용할 수 있다. 모든 사람들이 스스로 인간행동과 성격에 대한 우수한 판단자라고 생각하게 되는 이유가 바로 여기에 있다. 무슨 일이 있어나든지 간에 모든 사건에 대한 설명을 가지고 있는 것이다. 민속지혜는 부정될 위험에 결코 노출되지 않는다는 의미에서 비겁한 것이다.

사회학자 던칸 와츠(Duncan Watts, 2011)가 자신의 저서에 『모든 것은 자명하다 – 일단 답을 알고 있는 한에 있어서』(*Everything is Obvious – Once You Know the Answer*)14)라는 제목을 붙인 이유가 바로 민속지혜는 "사후 약방문식" 지혜라는 사실 그리고 진정한 예언력이라는 의미에서 쓸모가 없다는 사실이다. 와츠는 사회학자 라자르스펠트(Paul Lazarsfeld, 1949)의 고전적 논문을 논의하고 있는데, 그는 이미 60여 년 전에 "사회과학은 우리가 이미 알고 있지 못한 것을 아무 것도 알려주는 것이 없다"는 진부한 비판을 다루고 있다. 라자르스펠트는 2차세계대전에 참전하였던 600,000명의 군인들을 대상으로 수행한 대규모 조사에서 얻은 일련의 결과를 제시하였다. 예컨대, 농촌 출신이 도시 출신보다 군대에 복무하는 동안 우수한 정신 상태를 유지하였다는 것 등이다. 사람들은 이 조사의 모든 결과를 지극히 당연한 것으로 간주하는 경향이 있다. 예컨대, 이 사례에서 사람들은 농촌 출신들이 거친 자연환경에 익숙하였을 것이고 따라서 군대 생활 여건에 보다 잘 적응하였을 것이 명백하다고 생각하는 경향이 있다. 다른 모든 결과에 대해서도 마찬가지다. 사람들은 그 결과들도 지극히 자명하다고 생각한다. 여기서 라자르스펠트가 일격을 날리고 있다. 모든 결과는 애초에 진술한 것과는 정반대라고 천명한 것이다. 예컨대, 실제로는 도시 출신이 농촌 출신보다 복무하는 동안 정신적으로 더 건강하였다는 것이다. 이 이야기가 제공하는 결정적인 교훈은 사람들이 정반대되는 결과도 얼마나 쉽게 설명할 수 있는지를 깨닫는 것이다. 만일 실제 결과를 먼저 들었더라면 사람들은 도시 출신들이 사람들로 북적이는 비좁은 조건에서 그리고 위계적

---

14) 이 책 *Everything is Obvious – Once You Know the Answer*는 2011년에 『상식의 배반(뒤집어 보고 의심하고 결별하라)』(정지인 역, 생각연구소)라는 멋진 제목으로 번역판이 출판되었다. 방바닥에 배를 깔고 손쉽게 읽을 수 있는 책은 아니지만 상식의 한계와 본질, 직관의 오용과 실패 사례를 통해 누구도 의심해 본적 없는 '상식'의 치부를 파헤치고 있다.

권위 하에서 일하는데 익숙하기 때문에 그러한 결과를 예상하였다고 말함으로써 설명해버리려는 경향을 가지고 있다. 사람들은 정반대되는 결과에 대한 설명을 얼마나 쉽게 궁리해낼 수 있는 것인지를 결코 깨닫지 못하는 것이다.

따라서 사람들이 가지고 있는 암묵적 심리이론은 부정될 수 없는 경우가 많다. 다음 장에서 부정될 수 없다는 사실이 그러한 이론을 무가치하게 만드는 이유를 보게 될 것이다. 그런데 또 다른 문제는 민속신념이 어떤 구체성을 띠고 있어서 경험적으로 검증 가능할 때 일어난다. 문제는 심리학 연구들이 행동에 관한 많은 문화적 신념들을 경험적으로 검증해보면 엉터리로 판명된다는 사실을 보여준다는 데 있다.

엉터리 민속신념(또는 "상식")의 사례들을 찾아보는 것은 어려운 일이 아니다. 예컨대, 공부를 잘 하거나 독서를 많이 하는 아동이 사회적으로나 신체적으로는 미숙하다는 생각을 보자. 이 생각은 전혀 맞지 않는 것임에도 불구하고 이 사회에서 계속해서 통용되고 있다. "상식적" 민속신념과는 정반대로 독서를 많이 하고 학구적인 사람들이 독서하지 않는 사람들보다 신체적으로도 튼튼하고 사회적 관계도 원만하다는 엄청난 양의 증거들이 있다(Zill & Winglee, 1990). 예컨대, 학업성적이 우수한 아이들이 열등한 아이들에 비해 또래들로부터 인정받을 가능성이 훨씬 높다. 독서를 많이 하는 사람은 그렇지 않은 사람에 비해서 운동을 하거나 조깅을 하거나 캠핑을 하거나 등산을 하거나 자동차 수리를 즐길 가능성이 더 높다.

행동에 관한 많은 민속신념들이 스스로 생겨나서는 자생하고 있다. 예컨대, 1990년대에 걸쳐서 우리 사회와 학교에서는 낮은 자존심이 공격성의 원인이라는 민속신념이 만들어졌다. 그러나 경험적 연구들은 공격성과 낮은 자존심 사이에 아무런 연계가 없다는 사실을 지적하여왔다(Baumeister, Campbell, Krueger, & Vohs, 2003, 2005 ; Krueger, Vohs, & Baumeister, 2008). 만약 있다면, 정반대의 관계가 있는 것으로 보였다. 즉, 공격성은 높은 자존심과 보다 자주 연합되었다. 마찬가지로 지난 20년에 걸쳐 한 가지 극단적인 대중적 가설은 학업성취의 문제가 낮은 자기존중감의 결과라는 것이었다. 실제로는 자기존중감과 학업성취 간의 관계는 교육자와 부모가 가정한 것과는 그 방향이 정반대일 가능성이 높은 것으로 판명되고 있다. 높은 자기존중감으로 이끌어가는 것이 바로 학교에서의 (그리고 삶의 다른 측면에서도) 우수한 성취인 것이지 그 반대가 아닌 것이다.

민속지혜의 또 다른 상식적 표현인 "자녀가 부모에게 행복을 가져다준다"를 생각해보자. 만일 이 진술을 은퇴라는 관점에서 자녀의 효과를 바라다보는 방식을 지칭하는 데 사용한다면, 어느 정도 참일 수도 있다. 실제로 사람들은 자녀가 자신들에게 상당한 행복을 가져다준 것으로 회상한다. 문제는 사람들이 한 사건을 회상하는 관점을 그 사건의 실제 경험과 혼동하는 경향이 있다는 것이다. 자녀를 갖는 것에 대한 두 가지 조망이 지극히 상이한 사례로 판명되고 있다. 자녀를 갖게 된 것을 노년에 회상하는 것은 실제로 사람들을 행복하게 만들어준다. 그렇지만 (돌이켜 생각하는 것과는 달리) 현재진행중인 순간순간의 행복이라는 측면에서 자녀는 실제로 사람들을 덜 행복하게 만든다. 오늘날 사람들이 다양한 시점에서 얼마나 행복한지를 살펴보는 소위 경험 표집 기법(experience-sampling method)을 사용한 상당한 문헌들이 존재하며(Brooks, 2008 ; Gilbert, 2006 ; Gorchoff, John, & Helson, 2008 ; Lyubomirsky & Boehm, 2010 ; Wargo, 2007), 이 연구들을 보면 예컨대, 결혼이 행복을 증진시키는 경향이 상당하다는 사실을 알 수 있다. 또한 부모의 행복은 맏이의 출생과 함께 감소한다는 사실도 알 수 있다. 행복은 맏이가 청소년기에 도달할 때까지 약간 반등한 다음에 더 아래로 떨어진다. 부부의 행복은 막내가 집을 떠날 때에야 비로소 자녀가 없던 수준으로 되돌아간다.

요컨대, "자녀가 부모에게 행복을 가져다준다"는 민속지혜를 과학적으로 분석해보면 상당히 복합적인 것으로 나타난다. 이것은 회고적 견지에서만 참이다. 즉, 자녀가 마침내 분가를 하고 그들을 키워냈다는 성취감을 인식할 수 있을 때 비로소 "자녀는 행복을 가져오는 것이다!" 그렇지만 이 진술이 함축하고 있는 의미는 이것이 아니다. 자녀를 갖는 것은 바로 이 순간, 지극히 가까운 미래에 행복을 가져다준다는 것을 의미하는 데 사용되기 십상이다. "민속지혜"가 어처구니없게도 엉터리로 판명된 경우가 바로 이것이다.

민속지혜가 엉터리로 판명된 또 다른 사례가 선다형 시험문제에서 이미 선택한 답에 대해서 확신이 없을 때 답을 수정해서는 절대 안 된다고 학생들에게 주는 상식적 충고이다. 대부분의 학생들은 답을 확신할 수 없을 때 답을 수정해서는 안 된다고 생각할 뿐만 아니라, 심지어는 바론의 GRE 자습서(Barron's Guide to GRE)[15]는 "답을 바꾸고자 결정할 때는 신중을 기하라. 경험에 따르면 답을 바꾼 많은 학생들이 정답을 오답으로 바꾼다"고 충고하고 있다(Kruger, Wirtz, & Miller, 2005, 725쪽). 이 충고는 명명백백하게 엉터리이다. 이 충고가 엉터리인 까닭은 답을 고치는 것이 점수를 떨어뜨린다는 민속신화가 완전히 엉터리이기 때문

---

15) GRE는 Graduate Record Examination의 약자로, 미국과 여러 영어권 국가들의 대학원에 입학하려는 학생들을 평가하는 시험이다. 언어 추론과 수리 추론, 비판적 사고, 그리고 분석적 작문 능력을 측정하는 일반시험과 자연과학을 중심으로 전공과목의 지식을 측정하는 과목시험이 있다. 물론 심리학도 과목시험을 치르는 분야 중의 하나이다. Barron's Guide는 GRE를 준비하는 학생들이 참고서적으로 사용하는 대표적인 자습서 중의 하나이다. 역자도 먼 옛날 이 책을 공부하였던 기억이 가물가물한데, 현재는 19판이 나와 있다.

이다. 실제 연구는 선다형 문제의 답에 의심이 들 때 처음의 답을 수정하는 것이 더 좋다는 사실을 보여주어 왔다(Kruger et al., 2005 ; Lilienfeld, Lynn, Ruscio, & Beyerstein, 2010).

민속지혜가 이성을 잃었다는 사실을 볼 수 있는 한 가지 사례는 사람들이 두뇌 능력의 10%만을 사용하고 있다는 민속신화에 들어 있다. 인지신경과학적 근거가 전혀 없음에도 불구하고(Boyd, 2008 ; Lilienfeld et al., 2010), 이 신념은 수십 년 동안 이어져왔으며 "정신적 사실"(psycho-fact), 즉 진실이 아님에도 끊임없이 반복됨으로써 일반인들이 사실이라고 생각하는 진술이 되고 말았다. 어떤 사람은 "좌뇌형"이고 다른 사람은 "우뇌형"이라는 신념이나 성격의 특정 측면은 두뇌 좌반구가 제어하며 다른 측면은 우반구가 제어한다는 신념도 마찬가지다. 현대 신경과학 연구가 두뇌 전반에 걸쳐서 미묘한 좌우반구 전문화를 보여주기는 하지만, "좌뇌형"이나 "우뇌형"이라는 이름으로 이 아이디어가 상당히 대중화된 것은 필연적으로 난센스이다. 특히 우리의 두뇌는 통합적인 방식으로 작동한다는 결과에 비추어볼 때 그렇다(Lilienfeld et al., 2010 ; Radford, 2011).

민속신념이 항상 증거에서 자유로운 것은 아니다. 때로는 상반된 증거가 널리 알려지게 됨에 따라서 변하기도 한다. 예컨대, 수년 전까지 아동에 대해서 널리 통용되던 상투적 표현 중의 하나가 "빨리 익으면 빨리 썩는다"(Early ripe, early rot)이었다(Fancher, 1985, 141쪽). 이 상투적 표현은 아동기의 조숙이 성인기의 비정상과 관계있다는 신념을 반영하는 것이며, 신동(神童)이었던 아이가 어른이 되어서 영락하고 말았다는 많은 일화를 먹고사는 신념이었다. 이 경우에는 민속신념이 엉터리임을 증명하는 심리학 증거를 대중문화가 받아들였으며, 이제는 이와 비슷한 유형의 민속지혜를 더 이상 들을 수 없게 되었다.

위의 마지막 예는 오늘날 통용되는 "상식"에도 신중을 기해야만 한다는 경고를 담고 있다. 어제의 상식이 오늘의 몰상식으로 전락하는 경우를 흔히 볼 수 있기 때문이다. 결국 상식이란 "모든 사람이 아는 것"이지 않겠는가? 물론 그렇다. 그렇다면 모든 사람은 여성이 투표권을 가져서는 안 된다는 사실을 알고 있는데, 그런가? 모든 사람은 미국 흑인에게 읽기를 가르쳐서는 안 된다는 사실을 알고 있는데, 그런가? 모든 사람은 장애자는 사회에 모습을 보이지 못하도록 수용기관에 집어넣어야 한다는 사실을 알고 있는데, 그런가? 실제로 150년 전만 하더라도 이 모든 신념은 "모든 사람이 아는 것"이었다. 물론 이제는 과거의 이런 상식이 검증받지 않은 가정에 근거한 신념으로써 몰상식에 해당한다는 사실을 인식하고 있다. 이러한 예들을 통해서 우리는 심리학이 상식에 대항해서 수행하는 역할을 알 수 있다. 심리학은 상식이 근거를 두고 있는 가정(假定)들의 경험적 기반을 검증한다. 앞의 많은 예들을 통해서 보았던 것처럼, 그 가정들을 검증해보면 엉터리로 판명되는 경우가 많다. 논의하였던 예들로부터 그리고 필요하다면 인용할 수 있는 더 많은 예들로부터 많은 민속지혜에 대한 경험적 검증자로서 심리학의 역할이 현재 널리 통용되고 있는 많은 문화적 신념들과 갈등을 초래하는 경우가 많다는 사실을 알 수 있다. 심리학은 안락함을 제공하는 민속신념이 더 이상 안락한 것이 아니라는 "달갑지 않은 소식"의 전달자이기 십상이다. 많은 사람들이 메시지를 무시할 뿐만 아니라 메시지 전달자와도 멀리 하려고 한다는 사실은 별로 놀라운 일이 아닐 것이다.

젊은 과학으로서의 심리학

경험주의에 근거한 심리학에 대한 반대는 항상 있어왔다. 겨우 100여 년 전만 해도 영국의 캠브리지 대학교는 정신물리학 실험실을 설치하는 데 반대하였다. 그 이유는 이러한 주제의 연구가 "인간의 정신을 저울 위에 올려놓음으로써 종교를 모독하기 때문"이라는 것이었다(Hearst, 1979, 7쪽). 심리학이 자신의 물음들을 경험적으로 해결 가능한 것으로 정립하려는 투쟁은 지극히 최근에야 승리를 거둘 수 있었다. 그렇기는 하지만 과학이 진보함에 따라서 심리학자들은 인간에 관하여 집요하게 집착하여온 신념이라는 주제들을 보다 많이 다루게 될 것이다. 오늘날 심리학자들은 도덕 추리의 발달, 낭만적 사랑의 심리학, 인종 편견의 본질, 기도의 효능성, 그리고 종교적 신념의 심리적·사회적 결정요인 등과 같이 상당한 논쟁을 불러일으킬 수 있는 주제들을 연구하고 있다. 아동기 성행위 연구는 상당한 논란을 불러일으켰다(Lilienfeld, 2010 ; Rind, 2008). 혹자는 이러한 영역에서의 경험적 연구를 거부하기도 하지만, 이들 영역 모두에서 과학적 진보가 이루어지고 있다.

미국심리학회 회장을 역임하였던 제럴드 쿠처(Gerald Koocher, 2006)는 자신의 회장 기고문 중의 하나에 "심리과학은 정치적으로 정당하지 않다"(Psychological Science is not Politically Correct)는 제목을 붙임으로써 심리학 연구의 본질에 관하여 용감한 경종을 울렸다. 이 글에서 쿠처는 비만의 원인, 정치적 태도의 결정인, 종교와 성적 행동 간의 관계, 그리고 지역 폭력 등과 같은 주제에 관한 연구를 논의하였다. 그가 지적한 것은 이러한 주제 각각에 관한 연구결과들이 논란을 불러일으켜왔지만, "심리과학이 자유주의자들이나 보수주의자들이 견지하는 정치적 정당성 기준에 맞출 수는 없다"(5쪽)는 것이다.

심리학은 하나의 학문분야로서 승리할 수 없는 상황에 빠지기 십상이다. 한편으로 어떤 사람들은 심리학을 과학이라고 부르는 것에 반대하며 심리학자들이 행동에 관한 경험적 사실들을 확립할 수 있다는 사실을 부정한다. 다른 한편으로 심리학이 밝혀내는 사실들이 자신의 신념을 위협할까 두려워서 특정 영역의 인간 행동에 관한 연구를 반대하는 사람들이 있다. 스키너 계통의 심리학자들은 끊임없이 이러한 상반된 비판에 직면한다. 예컨대, 비판자들은 행동주의자들이 구성한 강화 법칙이 인간 행동에는 적용되지 않는다고 주장해왔다. 이와 동시에 다른 비판자들은 강화 법칙이 사람들을 엄격하고도 비인간적으로 통제하는 데 사용될 것이라고 걱정한다. 따라서 행동주의자들은 자신들이 구성한 법칙의 적용 가능성을 부정하는 비판자들 그리고 그 법칙이 너무나 쉽게 적용될 수 있다고 항의하는 비판자들에 직면하고 있는 것이다!

　이와 같은 사례들이 발생하는 이유는 비교적 젊은 과학인 심리학이 과거에는 연구를 기피해왔던 행동 측면에 관한 사실들을 이제 막 밝혀내기 시작하였기 때문이다. 과학으로서의 심리학이 가지고 있는 상대적 젊음은 많은 사람들이 심리학에 관하여 혼란을 겪는 이유를 부분적으로 설명해준다. 그렇기는 하지만 지난 수십 년 동안 심리학은 과학이라고 부르는 상호 연계된 지식구조 속에 확고하게 자리 잡게 되었다. 이제 독자들이 접하게 될 심리학에 관한 거의 모든 혼란스러운 생각의 원천은 바로 이 사실을 제대로 인식하지 못한다는 데 있다.

요약

　심리학은 공통 개념들로 함께 묶기 어려운 광범위한 주제들을 관장하는 엄청나게 다양한 학문분야이다. 심리학을 하나로 통합시켜주는 것은 행동을 이해하기 위해서 사용하는 과학적 방법들에 있다. 과학적 방법은 규칙들의 엄격한 집합이 아니다. 오히려 몇 가지 지극히 보편적인 원리들로 정의된다. 가장 중요한 세 가지 원리를 보면, (1) 과학은 체계적 경험주의의 방법들을 사용한다. (2) 공개적으로 검증 가능한 지식을 목표로 한다. 그리고 (3) 경험적으로 해결가능하고 검증 가능한 이론을 내놓는 물음들을 추구한다(다음 장의 주제이다). 체계적 경험주의를 정의하는 구조화되고 통제된 관찰이 이 책의 여러 장에 걸친 주제이다. 과학은 동료연구자 개관과 같은 절차 그리고 반복검증과 같은 기제를 통해서 지식을 공개적인 것으로 만든다.
　심리학은 젊은 과학이기 때문에 소위 민속지혜와 갈등을 일으키기 십상이다. 이러한 갈등은 모든 새로운 과학에서 전형적으로 일어나지만, 그 갈등을 이해함으로써 학문으로서의 심리학을 바로 겨냥하는 적대감들을 설명하는 데 도움을 받을 수 있다. 상식적 지혜에 의문을 던진다는 특성이 심리학을 흥미진진한 분야로 만들어준다. 많은 사람들이 심리학이라는 학문에 인상을 찡그리기도 하는데, 그 이유는 오랜 세월동안 의심 없이 받아들여져 왔던 "상식"을 실제로 검증할 능력을 보유하고 있기 때문이다.

2

반증가능성
머리에 살고 있는 난쟁이 관리인을 물리치는 방법

    1793년 황열병이라는 무서운 전염병이 미국 필라델피아 지역을 강타했다. 그 당시 필라델피아에서 활동하던 선도적인 의사 중의 한 사람이 독립선언서의 서명자였던 벤저민 러쉬(Benjamin Rush)였다. 러쉬는 황열병이 창궐한 후 문자 그대로 수천 명에 달하는 환자들을 치료할 수 있는 몇 명 안 되는 의사 중의 한 사람이었다. 러쉬는 고열을 수반하는 질병은 상당한 출혈로 치료하여야 한다고 주장하는 의학 이론에 집착하고 있었다. 그는 이 치료법을 많은 환자에게 적용하였는데, 여기에는 이 병에 걸렸을 때의 자기 자신도 포함되었다. 비판자들은 이 치료법이 황열병보다도 더 위험하다고 주장하였다. 그러나 러쉬는 전염병이 지나간 후에도, 비록 자신의 몇몇 환자들이 사망하였음에도 불구하고 자기 치료법의 효과를 더욱 확신하게 되었다. 그 이유는 무엇인가?

    한 작가는 러쉬의 태도를 다음과 같이 요약하였다: "자기 의학 이론의 정확성을 확신하고 치료 결과에 관한 체계적 연구방법을 결여함으로써, 그는 증세가 호전된 모든 사례를 치료의 효율성 탓으로 돌렸으며, 치료에도 불구하고 발생한 모든 사망 사례를 병의 심각성 탓으로 돌렸다"(Eisenberg, 1977, 1106쪽). 다시 말해서 환자의 증세가 좋아지면 출혈 치료법이 작동하는 증거로 받아들였지만, 환자가 사망하면 환자의 증세가 너무나 심각해서 어떤 치료법도 효과가 없는 것으로 받아들였다는 뜻이다. 오늘날 우리는 러쉬의 비판자들이 옳았다는 사실을 알고 있다. 그의 치료법은 황열병 만큼이나 위험하였던 것이다. 이 장에서는 어떻게 러쉬가 잘못을 저질렀던 것인지를 논의한다. 그의 오류는 과학적 사고에서 가장 중요한 원리 중의 하나를 예시해준다. 이 원리는 심리학 주장을 평가하는 데 특히 중요성을 갖는다.

이 장에서는 제1장에서 논의하였던 과학의 보편 특성 중에서 세 번째 원리, 즉 과학자들은 해결 가능한 물음만을 다룬다는 원리를 보다 상세하게 논의할 것이다. 과학자들이 **해결 가능한 문제**(solvable problem)라고 말할 때 의미하는 것은 "검증 가능한 이론"이다. 과학자들이 검증 가능한 이론을 다루고 있다고 확신할 수 있는 방법은 그 이론이 반증 가능하다는 사실, 즉 실세계에서 일어나는 실제 사건들에 대한 함의를 갖는다는 사실을 확신하는 것이다. 어째서 **반증가능성 기준**(falsifiability criterion)이 심리학에서 그토록 중요한 것인지 그 이유를 보도록 하자.

이론과 반증가능성 기준

벤저민 러쉬는 자기 치료법의 효과를 평가할 때 한 가지 치명적인 함정에 빠지고 말았다. 그의 증거 평가방법은 자신의 치료법이 작동하지 않는다는 결론에는 결코 도달할 수 없었던 것이다. 만일 환자의 회복이 출혈 치료법(따라서 자신의 의학 이론)의 확증을 의미하였다면, 환자의 죽음은 반증을 의미하는 것이었어야만 공정한 방법이 된다. 그럼에도 불구하고 반증 사례들을 다른 방식으로 합리화하였던 것이다. 러쉬의 방식대로 증거를 해석하게 되면 과학에서 이론 구성과 검증에 관한 가장 중요한 규칙 한 가지를 위반하게 된다. 즉, 그는 자신의 이론을 반증할 수 없게 만들고 말았던 것이다.

과학 이론은 항상 그 이론으로부터 유도해낸 예언이 틀린 것으로 판명될 수 있는 방식으로 진술되어야만 한다. 따라서 특정한 이론과 관련된 새로운 증거를 평가하는 방법은 언제나 데이터가 그 이론을 반증할 가능성을 포함하고 있어야만 한다. 이 원리를 흔히 **반증가능성 기준**이라고 부르며, 과학 발전에서의 그 중요성은 칼 포퍼(Karl Popper)[1]가 아주 강력하게 주장하였다. 포퍼는 과학철학자로서, 활동하고 있는 과학자들은 그의 저술들을 광범위하게 탐독하고 있다.

반증가능성 기준은 어떤 이론이 유용한 것이 되기 위해서는 그 이론으로부터 도출한 예언이 충분하게 상세한 것이어야만 한다고 규정한다. 이론은 대단히 불리한 입장에서 출발할 수밖에 없다. 다시 말해서 어떤 사건이 일어나야만 한다고 진술함으로써, 다른 특정한 사건들은 일어나지 않을 것이라는 사실을 함축해야만 하는 것이다. 만일 후자의 사건이 일어난다면, 이론에서 무엇인가 잘못되었다는 확실한 단서를 갖게 된다. 그 이론은 수정될 필요가 있거나, 아니면 전적으로 새로운 이론을 찾아야 할 필요가 있을 수도 있다. 어떠한 방식을 취하든 진리에 더

---

[1] 포퍼(Karl Popper, 1902~1994)는 오스트리아 태생의 과학철학자로, 20세기 가장 영향력 있었던 과학철학사의 한 사람이다. 관찰-귀납의 방법론을 거부하고, 경험적 증거가 가설을 **반증**하는 방법을 통해 과학이 발전함을 주장하였다. 많은 저서를 집필하였는데, 대표적인 저서로는 『탐구의 논리』(*Logik der Forschung*, 1934), 『열린사회와 그 적들』(*The Open Society and It's Enemies*, 1945), 『역사주의의 빈곤』(*The Poverty of Historicism*, 1957), 『과학적 발견의 논리』(*The Logic of Scientific Discovery*, 1959), 『추측과 논박』(*Conjecture and Refutation*, 1963), 『객관적 지식 : 진화론적 접근』(*Objective Knowledge: An Evolutionary Approach*, 1972) 등이 있다.

가까워진 이론을 갖게 되는 것이다. 반면에 만일 이론이 어떤 것이든 가능한 관찰을 배제한다면, 그 이론은 결코 변화될 수 없으며, 진보의 가능성은 전혀 없이 현재의 사고방식에 고착되고 만다. 따라서 성공적인 이론이란 일어날 수 있는 모든 것을 설명할 수 있는 이론이 아니다. 그렇게 하게 되면 이론은 스스로 예언력을 상실하게 되기 때문이다.

이 책의 나머지 부분에서 이론의 평가를 자주 언급할 것이기 때문에 **이론**(theory)이라는 용어를 둘러싼 일반적 오해를 불식시켜야만 하겠다. 그 오해란 일반적으로 사용하는 "아니, 이것은 단지 이론일 뿐이잖아!"라는 표현에 반영되어 있다. 이 표현은 일반인들이 이론이라는 용어를 사용할 때 흔히 검증되지 않은 가설, 단순한 추측, 또는 육감 등을 의미하는 내용을 담고 있다. 이것은 과학에서 이론이라는 용어를 사용하는 방식과 전혀 다르다. 과학자들이 이론을 지칭할 때는 검증되지 않은 추측을 의미하는 것이 결코 아니다.

과학에서 이론이란 일련의 데이터를 설명하고 미래의 실험결과를 예언하는 데 사용하는 상호 관련된 개념들의 집합이다. **가설**(hypothesis)은 (보다 보편적이고 종합적인) 이론으로부터 도출한 예언이다. 현재 작동하고 있는 이론은 그 이론으로부터 도출한 많은 가설들이 확증되어 온 것들이다. 따라서 이러한 이론의 이론적 구조는 많은 관찰결과와 일치한다. 그러나 데이터베이스가 이론으로부터 도출한 가설과 상충되기 시작할 때, 과학자들은 데이터에 대한 보다 우수한 해석을 제공해주는 새로운 이론을 구성하고자 시도하기 시작한다. 따라서 과학적 논의가 이루어지는 이론은 어느 정도 확증되어온 이론이며 가용한 데이터와 상충되는 예언을 많이 내놓지 않는 이론이다. 이론은 단순한 추측이나 육감이 **결코** 아니다.

"이론"이라는 용어를 사용함에 있어서 일반인과 과학자 사이의 이러한 차이가 미국의 공립학교에서 창조론을 가르치기를 원하는 몇몇 기독교 원리주의 신봉자들에 의해서 자주 악용되기도 하였다(Miller, 2008 ; Scott, 2005). 이들의 주장은 "결국 진화란 이론일 뿐이다"이었다. 이러한 진술은 "이론"에 대한 일반인의 용법, 즉 "단순한 추측"을 의미한다. 그러나 자연선택에 근거한 진화론은 일반인이 가지고 있는 의미에서의 이론이 아니다(정반대로 일반인들의 의미로 볼 때는 진실이라고 불러야 한다. Rendall, 2005 참조). 과학적 의미에서의 이론인 것이다. 진화론은 거대하고도 다양한 데이터의 집합이 지지하고 있는 개념구조이다 (Dawkins, 2010 ; Shermer, 2006 ; Wilson, 2007). 다른 어떤 억측들과 마찬가지인 단순한 추측이 아니다. 오히려 진화론은 지질학, 물리학, 화학, 그리고 모든 측면의 생물학을 포함한 수많은 학문들의 지식과 긴밀하게 얽혀 있다. 저명한 생물학자 테오도시우스 도브잔스키(Theodosius Dobzhansky, 1973)[2]는 "생물학에서는 진화에 비추어보지 않은 것은 그 어떤 것도 의미가 없다"(Nothing in Biology Makes Senses Except in the Light of Evolution)라는 제목의 유명한 논문에서 이 점을 지적하고 있다.

노크리듬 이론

한 가지 가상적인 사례가 반증가능성 기준이 작동하는 방식을 보여줄 수 있다. 한 학생이 내 연구실 문을 노크한다. 내 연구실에 같이 있는 동료교수는 각기 다른 유형의 사람들이 노크할 때 사용하는 리듬에

---

2) 도브잔스키(Theodosius Grygorovych Dobzhansky, 1900~1975)는 러시아 태생의 위대한 유전학자이자 진화생물학자이며, 오늘날 진화적 종합을 통합하는데 중요한 역할을 수행한 인물이다. 1937년에 출판한 저서 『유전학과 종의 기원』(Genetics and the Origin of Species)에서 진화생물학과 유전학의 통합을 시도하면서, 진화를 "유전자 풀에서 대립형질의 빈도 변화"로 정의하였다.

관한 이론을 가지고 있다. 내가 문을 열기 전에 그 동료교수는 노크한 사람이 여학생이라고 예언한다. 문을 열고 보니 정말로 여학생이다. 나중에 나는 그에게 인상적이라고 말은 하겠지만, "노크리듬 이론"이 없이도 우연히 맞힐 가능성이 50%나 되기 때문에 그렇게 정색을 하고 말하지는 않을 것이다. 대부분의 대학에는 여학생이 남학생보다 더 많기 때문에 실제로는 그 가능성이 더 높다. 그는 더 정확하게 예언할 수 있다고 말한다. 또다시 노크소리가 들린다. 그는 22세가 안된 남자라고 예언한다. 문을 열고 고등학교를 갓 졸업한 남학생을 발견한다. 우리 학교에는 22세가 넘은 학생들이 많이 있기 때문에, 나는 그의 예언이 상당히 인상적이라고 말한다. 그렇지만 나는 학교에는 젊은 남학생들이 상당히 많지 않느냐고 주장한다. 나의 인정을 받기 어렵다는 사실을 알아차린 그는 마지막 검증을 제안한다. 다음번의 노크소리에 뒤이어 그는 "여자이고, 나이는 30세, 키는 160cm, 왼손에 책과 지갑을 들고 있고, 오른손으로 노크를 하였다"고 선언한다. 문을 열고 그 예언을 완벽하게 확증한 후에 나의 반응은 이제 완전히 달라진다. 동료가 속임수를 써서 그 사람들이 순서대로 내 연구실에 나타나도록 사전에 배치하지 않았다는 전제 아래, 나는 이제 완전히 인정한다고 말한다.

 내 반응에서 차이가 나타난 이유는 무엇인가? 왜 동료의 세 가지 예언은 "그럴 수도 있지"에서부터 "정말로 대단하군"에 이르기까지 각기 다른 세 반응을 초래한 것인가? 그 답은 예언의 상세함과 정확성과 관련이 있다. 예언이 상세할수록 확증될 때 더욱 강력한 인상을 남긴다. 상세화는 반증가능성과 정비례한다는 사실에 주목하기 바란다. 예언이 보다 상세하고 정확할수록, 그 예언을 반증할 수 있는 잠재적 관찰이 많아진다. 예컨대, 키가 160cm이면서 30세가 아닌 여성은 상당히 많다. 내가 나타낸 여러 반응을 통해서 암묵적으로 나는 일어나지 않을 사건의 수가 최대가 되는 예언을 하는 이론에 보다 감명 받을 것임을 보여주었다는 사실에 주목하기 바란다.

결국 좋은 이론이란 자신을 반증가능성에 노출시키는 예언을 하는 것이다. 나쁜 이론은 이런 방식으로 자신을 위험한 궁지에 빠뜨리지 않는다. 지극히 보편적인 예언을 함으로써 항상 사실일 수밖에 없도록 만들거나(예컨대, 다음에 연구실을 노크할 사람은 100세가 안되었을 것이다) 아니면 반증가능성으로부터 완벽하게 보호될 수 있는 방식으로 진술된다(벤저민 러쉬의 예에서처럼). 실제로 어떤 이론은 반증가능성으로부터 차단됨으로써 더 이상 과학적이라고 간주할 수 없게 된다. 포퍼는 과학과 비과학을 구분 짓는 기준을 정의하는 과정에서 반증가능성 원리의 중요성을 강조하고 있다. 이것이야말로 심리학 전반 그리고 제1장에서 다룬 프로이트에 관한 논의와 직접 연계된 것이다.

프로이트와 반증가능성

20세기 초엽 칼 포퍼는 어떤 과학이론들은 새로운 진보와 지식으로 이끌어 가는데 다른 이론들은 지적(知的) 정체현상으로 이끌어가는 것으로 보이게 되는 기저 원인을 탐색하였다(Hacohen, 2000). 예컨대, 전자의 사례라고 할 수 있는 아인슈타인의 일반상대성 이론은 놀라울 정도로 새로운 관찰(즉, 멀리 떨어진 별로부터 오는 빛은 태양 주위를 통과할 때 휘어진다는 관찰)로 이어졌는데, 놀라운 까닭은 많은 가능한 사건들이 그 이론의 예언과 상치되어 이론을 반증할 수 있도록 예언이 구조화되었기 때문이었다.

포퍼는 정체된 이론에서는 그렇지 않을 것이라고 추론하고는, 한 예로 프로이트의 정신분석학을 지목하였다. 프로이트 이론은 사건이 일어난 후에 인간 행동을 설명하는 복잡하기 이를 데 없는 개념 구조를 사용하고는 있지만, 사전에 그 사건을 예언하지는 못한다. 이 이론이 모든 것을 설명할 수는 있지만, 포퍼는 바로 그러한 특성이 이론을 과학적으로 공허한 것으로 만들어버리게 된다고 주장하였다. 이론이 아무런 특정한 예언도 하지 못하는 것이다. 프로이트 이론의 지지자들은 이 이론이 개인의 사소한 행동에서부터 대규모의 사회현상에 이르기까지 지금까지 알려진 모든 인간사를 설명할 수 있도록 엄청난 시간과 노력을 경주하여 왔지만, 이론을 사후약방문식 설명의 풍부한 원천으로 만드는 데 성공한 것이 바로 이 이론으로부터 과학적 유용성을 박탈해버리고 말았던 것이다. 오늘날 프로이트의 정신분석학 이론은 현대심리학 이론으로서의 역할보다는 문학적 상상력에 관한 촉매제로 보다 큰 역할을 담당하고 있다. 심리학 내에서 이 이론이 그토록 쇠퇴하게 된 이유는 부분적으로 반증가능성 기준을 만족시키지 못하였기 때문이다 (Wade & Tavris, 2008).

이렇게 반증이 불가능한 이론의 존재는 실제적인 해악을 초래한다. 예컨대, (부분적으로 유전적인 장애인) 자폐증의 원인에 관한 설명은 정신분석학적 설명으로 인해서 막다른 골목에 갇히고 말았다. 정신분석학적 아이디어에 영향을 받은 심리학자 브루노 베텔하임(Bruno Bettelheim)은 자폐증의 원인으로 (냉장고 같이 차가운) "냉정한 어머니"라는 오늘날에는 폐기처분된 생각을 널리 퍼뜨렸으며, "유아기 자폐증을 촉진시키는 요인은 자신의 아이가 존재해서는 안 된다는 부모의 소망"이라고 생각하였다(Offit, 2008, 3쪽). 이러한 아이디어는 해악을 초래하였을 뿐만 아니라 자폐증 연구를 방해하기도 하였다.

또 다른 사례로 투렛 증후군(Tourette syndrome)의 역사를 살펴보자. 이 증후군은 특징적으로 돼지처럼 꿀꿀거리거나 개처럼 짖어대는 발성 증상, 말 반복증(echolalia : 다른 사람의 말을 불수의적으로 반복하는 증상), 그리고 외설 반복증(coprolalia : 음담패설의 강박적인 반복) 뿐만 아니라, 안면 경련과 신체의 어디에서나 일어나는 근육 경련을 일으키는 질병이다. 투렛 증후군은 중추신경계의 기질성 질환이며, 오늘날에는 약물치료를 통해서 치료효과를 보는 경우가 많다(Scahill et al., 2006 ; Smith, Polloway, Patton, & Dowdy, 2008). 역사적으로 투렛 증후군 환자들은 박해를 받아왔다. 중세기에는 종교집단들이 마귀로 간주하였으며, 상당히 최근까지도 푸닥거리의 대상이 되어왔다(Hines, 2003). 특히 이 질병의 원인과 치료에 관한 이해가 1921년부터 1955년까지 상당히 지체되고 말았는데, 이 시기에는 투렛 증후군에 관한 설명과 치료를 정신분석학적 개념화가 주도하였던 것이다(Kusher, 1999 참조). 수많은 학자들은 이 증후군에 대한 반증 불가능한 정신분석학적 설명을 제안하였다. 그 결과로 모호하기 짝이 없는 설명들이 과다하게 팽창하여 이 증후군의 본질을 흐리게 만드는 개념적 혼탁성을 초래하였으며, 정확한 이해를 향한 과학적 진보를 차단하고 말았다. 예컨대, 쏜톤(E. M. Thornton, 1986)은 다음과 같이 진술하고 있다.

> [투렛 증후군은] 대뇌 질환 연구에 대하여 정신분석학이 미친 역행적 효과에 관한 고전적인 사례이다. 라 투렛은 이 증후군이 대뇌의 퇴화과정 때문인 것으로 간주하였다. 금세기 전반부에 프로이트 이론이 유행하게 됨에 따라서, 이 증후군에 대한 관심사가 대뇌로부터 멀어지고 말았다. … 이러한 퇴행적 움직임의 결과로 환자들은 신경과 의사 대신에 (일반적으로 정신분석학적 입장을 취하고 있는) 정신과 의사에게 보내짐으로써, 신체검사와 분석이 수행되지 않았던 것이다. (210쪽)

사피로 등(Shapiro, Shapiro, Bruun, & Sweet, 1978)은 자신의 환자가 "안면경련

을 멈추려하지 않는 이유는 안면경련이 성적 쾌감의 원천이 되며, 무의식적 성적 추구의 표현이기 때문"이라고 생각한 한 정신분석학자의 사례를 소개하고 있다. 다른 정신분석학자는 안면경련이 "수음의 상동적인 대응물이며 … 성감과 연계된 리비도가 신체의 다른 부위로 대치된 것"으로 간주하였다. 세 번째 정신분석학자는 안면경련을 "항문 변태성욕적 수준에서 일어나는 전환 증상"으로 간주하였다. 네 번째 정신분석학자는 투렛 증후군 환자가 "자기애적 지향성뿐만 아니라 강박적 특성"을 가지고 있는 것으로 생각하였으며, 환자의 안면경련은 "감정 증후군, 즉 의도적인 감정에 대한 방어를 나타낸다"고 생각하였다.

실제로 이러한 사례들은 수도 없이 많으며, 무지에 의한 과신이 전형적으로 나타난다. 발달심리학자 제롬 케이건(Jerome Kagan, 2006)은 "프로이트의 사도로서 투렛 증후군 환자를 한 번도 본 적이 없는 산도르 페렌찌(Sandor Ferenczi)가 어떻게 투렛 증후군 환자의 빈번한 안면경련이 수음 욕구가 억압된 결과라고 기술하면서 위에서 기술한 정신분석학자들과 똑같이 심각한 실수를 저질렀는지"(179쪽)를 보여주고 있다.

결과적으로 초래된 이론적 상황에 대한 사피로 등(1978)의 다음과 같은 요약은 반증가능성 기준을 무시함으로써 야기되는 악영향을 잘 보여주고 있다:

> 실제로 이러한 유형의 정신분석학적 이론화는 근거를 그대로 놔두지 않는다. 안면경련은 전환 증세이지만 히스테리는 아니며, 항문기적이며 동시에 호색적이고, 자의적인 동시에 강박적이며, 기질적인 동시에 역동적 근원을 갖는다. … 이러한 심리학적 이름붙이기, 진단, 그리고 치료가 불행하게도 일반적으로는 아무런 자책감도 없이 상당히 독단적인 태도와 함께, 그리고 상당한 해악을 가진 채, 환자와 그의 가족에게

행해졌던 것이다. … 이러한 논문들은 뒤따르는 광범위한 영향으로 인해서 이 증후군의 이해와 치료에 불행한 영향을 미치고 말았다. (39~42, 50, 63쪽)

투렛 증후군의 치료와 이해에서의 진보는 연구자들이 정신분석학적 "설명"이 공허한 것이라는 사실을 깨닫기 시작함으로써 비로소 시작되었다. 정신분석학적 설명은 마치 사건들을 설명하는 것처럼 보였기 때문에 유혹적이었다. 실제로 사건이 일어난 후라면 모든 것을 설명해냈다. 그러나 이들이 제공한 설명은 실제에 있어서는 이해하였다는 착각만을 불러일으켰을 뿐이었다. 사건이 일어난 후에 모든 것을 설명하려고 시도함으로써 그 이상의 진보를 향한 문을 닫아버렸던 것이다. 진보는 이론이 모든 것을 예언하는 것이 아니라 세상에 관한 특정 사건이 일어나기 전에 그 사건에 관하여 우리에게 알려주는 세부적인 예언을 할 때 비로소 이루어지는 것이다. 물론 그러한 이론으로부터 도출한 예언은 틀릴 수 있지만, 그것은 약점이 아니라 바로 강점인 것이다.

난쟁이 관리인

반증 불가능한 개념화는 우리가 주제로부터 초연해질 때, 특히 (벤저민 러쉬의 예에서처럼) 역사를 돌이켜볼 수 있는 기회를 갖게 될 때 쉽게 인식할 수 있다. 또한 반증 불가능한 개념화는 사례가 명백하게 꾸며진 것일 때 쉽게 탐지할 수 있다. 예컨대, 내가 행동을 통제하는 두뇌의 기저 기제를 발견하였다는 사실은 잘 알려져 있지 않다. 여러분들은 머지 많아서 이 발견에 관한 글을 읽을 수 있을 것이다(동네 슈퍼마켓 문 앞에 널려 있는 생활안내지에서 말이다). 두뇌 좌측반구에는 언어영역 가까이에 두 명의 난쟁이 관리인이 살고 있다. 이들은 두뇌의 여러 영역에서 일어나고 있는 전기화학적 과정들을 제어하는 힘을 가지고 있다. 요컨대, 이들은 기본적으로 두뇌에서 일어나는 모든 사건들을 제어한다. 그런데 한 가지 문제가 있다. 관리인들은 두뇌의 어떤 침투(외과적 수술, X선 등)도 탐지할 수 있는 능력을 가지고 있으며, 그러한 침투를 탐지하게 되면 사라져버리고 만다. (이들이 투명인간이 될 수 있는 능력을 가지고 있다는 사실을 깜빡 잊고 언급하지 않았다.)

　나는 확실히 초등학생에게나 적합할 만한 예를 사용함으로써 독자들의 지능을 모독하고 말았다. 그렇기는 하지만 다음 이야기를 보도록 하자. 심리학 교수로서 그리고 심리학 주제에 관한 대중 강연자로서 나는 왜 내가 지난 수십 년 동안 이루어진 초감각지각(extrasensory perception : ESP)과 사이비심리학(parapsychology)에서의 놀랍고도 새로운 발견에 대해서 강의하지 않는 것인지를 묻는 사람들을 자주 접하게 된다. 나는 그 사람들에게 그들이 이 주제에 관해서 들었던 많은 이야기들은 의심의 여지도 없이 과학적으로 인정받는 원천에서가 아니라 일반적인 대중매체에서 나온 것이라는 사실을 지적할 수밖에 없다. 실제로 몇몇 과학자들은 이러한 주장에 주목하였지만, 결과를 반복해서 얻어낼 수 없었다. 나는 청중들에게 하나의 입증된 과학적 사실로 받아들이려면 결과의 반복검증이 필수적이며, 특히 이전의 데이터나 확립된 이론과 상반되는 결과의 경우에는 더욱 그렇다는 사실을 상기시킨다.

　한 걸음 더 나아가서 나는 많은 과학자들이 ESP 연구에 분통을 터뜨렸다는 사실을 언급해준다. 한 가지 이유는 말할 것도 없이 이 분야가 사기, 야바위 행위, 그리고 대중매체의 상업적 이용 때문이기는 하지만, 과학적으로 이러한 미망(迷妄)에서 깨어나게 된 가장 중요한 이유는 마틴 가드너(Martin Gardner, 1972)가 오래 전에 ESP 연구의 Catch-22[3]라고

---

　3) 미국의 소설가 Joseph Heller가 1961년에 출판한 소설의 제목인데, 요즈음은

명명한 것 때문이다.

이것은 다음과 같이 작동한다. 한 "신봉자"(연구가 이루어지기도 전에 ESP 현상의 존재를 받아들이는 사람)가 실험실에서 ESP를 증명하였다고 주장한다. 그 현상을 확증해보기 위해서 한 "회의론자"(ESP의 존재를 의심하는 사람)를 불러들인다. 회의론자는 흔히 실험상황을 관찰한 후에 보다 많은 실험통제(제6장에서 논의할 유형의 통제)를 가할 것을 요구한다. 때로는 이러한 요구가 묵살되기도 하지만, 선의의 신봉자는 그것에 동의한다. 그런데 통제를 가하게 되면 그 현상을 시범 보일 수 없게 된다(Farha, 2007 ; Kelly, 2005 ; Milton & Wiseman, 1999 ; Park, 2008 ; Wiseman, 2011). 회의론자는 이 사실에 근거하여 원래의 증명은 부적절한 실험통제 때문에 일어난 것이며 따라서 받아들일 수 없는 것이라고 정확하게 해석하지만, 통제 상황에서 현상을 시범보일 수 없음에도 불구하고 신봉자는 원래의 증명을 타당하지 않은 것으로 간주하지 않는다는 사실을 발견하고는 놀라움을 금치 못하기 십상이다. 오히려 신봉자는 ESP의 Catch-22를 들먹인다. 즉, 염력은 미묘하고 민감하며 쉽게 와해된다고 주장한다. 회의론자의 "부정적인 마음의 동요"가 "염력"의 와해에 책임이 있었을 수도 있다. 염력은 회의론자의 부정적 기운이 제거될 때 회생될 수 있다는 것이다.

실험에서 ESP의 증명 실패를 이러한 방식으로 해석하는 것은 논리적으로 난쟁이 관리인에 관한 나의 이야기에 유추할 수 있는 것이다. ESP는 난쟁이 관리인이 작동하는 방식과 동일하게 작동한다. ESP는 여러분이 그것을 주의 깊게 관찰하기 위해서 침입하지 않는 경우에

모순된 규칙 따위에 얽매어 꼼짝 못하도록 진퇴양난에 빠진 상태를 나타내는 용어로 사용되기도 한다. 우리나라에서는 1995년에 『캐치-22』(안정효 역, 실천문학사)라는 제목으로 번역본이 출판되었다.

한해서만 존재한다. 여러분이 침입하면 이것은 사라지고 만다. 만일 이 사실을 받아들인다면, 어떤 회의적 관찰자에게서도 이 현상을 증명할 수 없다. ESP는 단지 신봉자에게만 나타난다. 이것이 과학에서 용인될 수 없음은 말할 것도 없다. 자성(磁性) 물리학자와 비자성 물리학자(자성이 작동하는 물리학자와 작동하지 않는 물리학자)가 있을 수 없다. ESP 실험을 이러한 방식으로 해석하는 것은 난쟁이 관리인 가설이 반증 불가능한 것과 마찬가지로 ESP 가설을 반증 불가능한 것으로 만들어버린다. 결과를 이러한 방식으로 해석하는 것은 그 결과를 과학의 영역에서 몰아내는 것이다.

모든 확증이 동등한 것은 아니다

반증가능성 원리는 한 이론의 확증을 어떻게 보아야 할 것인지에 관해 중요한 함의를 갖는다. 많은 사람들은 훌륭한 과학 이론이란 계속해서 확증되어 온 이론이라고 생각한다. 즉, 일반적으로 한 이론의 평가에서 결정적인 것은 단순히 확증 증거의 양이라고 생각한다. 그러나 반증가능성의 생각은 한 이론이 확증되었던 횟수만이 중요한 것이 아니라는 중요한 함의를 가지고 있다. "노크리듬 이론"이라고 꾸며낸 사례가 예증하고 있는 것처럼, 모든 확증이 등가적인 가치를 가지고 있는 것이 아니기 때문이다. 확증의 비중은 예언 자체가 잠재적인 반증에 노출되는 정도에 달려 있다. 매우 상세하여 잠재적으로 반증가능성이 높은 예언(예컨대, 여자이고 나이가 30세이며, 키는 160cm이고, 책과 지갑을 왼손에 들고 오른손으로 노크를 한다)의 확증은 현실적으로 반증 불가능한 20개 예언(예컨대, 100세가 넘지 않은 사람이다)의 확증보다도 큰 비중을 갖는다.

따라서 확증 증거의 **양**(quantity)뿐만 아니라 확증 사례의 **질**(quality)도 따져보아야만 한다. 증거 평가를 위한 도구로서 반증가능성 기준을 채택하는 것이야말로 연구 결과의 소비자들로 하여금 쉽게 받아들일 수는 있지만 결국에는 필연적으로 세상의 본질과 그 세상에 살고 있는 사람들의 본질을 심층적으로 이해하려는 탐색을 방해하는 비과학적이고 만병통치적인 엉터리 이론의 유혹에 저항할 수 있도록 도와준다. 실제로 그렇게 이론적으로 막다른 골목은 결코 반증될 수 없기 때문에 흔히 유혹적인 것이 사실이다. 그것은 현대세계라고 하는 거친 바다 한가운데 떠 있는 안정된 섬과 같은 것이다.

포퍼는 다음과 같은 사실을 자주 지적하여왔다.

> 이러한 이론들이 상당한 심리적 호소력을 갖게 되는 비밀은 모든 것을 설명할 수 있는 능력에 있다. 어떠한 일이 일어나든지 간에 그것을 이해할 수 있다는 사실을 사전에 알고 있다는 것은 지적 성숙감을 제공해줄 뿐만 아니라, 보다 중요하게는 세상에 안정적으로 적응하고 있다는 정서감을 제공한다. (Magee, 1985, 43쪽)

그러나 그러한 안정감의 획득이 과학의 목적은 아니다. 지적 안정감이라는 보상은 지적 정체감이라는 대가를 치러야만 얻을 수 있는 것이기 때문이다. 과학은 과거에 가졌던 신념이 틀린 것임을 보여줄 수 있는 방식으로 경험적 검증을 받게 함으로써 끊임없이 그 신념에 도전하여 깨뜨리는 기제인 것이다. 과학의 이러한 특성이 (제1장에서 논의한 바와 같이) 소위 민속지혜나 상식과 갈등을 일으키게 만들며, 특히 심리학에서 그렇다.

반증가능성과 민속지혜

심리학은 민속지혜가 제공하는 편안함을 위협한다. 과학으로서의 심리학은 반증으로부터 보호받고 있는 설명에 만족하고 뒷짐만 지고 있을 수 없기 때문이다. 심리학의 목표는 대안적 행동 이론들을 경험적으로 검증하여 잘못된 것을 제거하려는 것이다. 명시적으로 명백하게 진술하여 경험적 검증을 받을 수 있는 민속지혜의 측면들이 환영받는 것은 물론이며, 많은 측면들이 심리학 이론으로 구체화되었다. 그렇지만 심리학은 사건이 일어난 후에는 무엇이든지 설명할 수 있는 있지만 사건이 일어나기 전에는 아무 것도 예언할 수 없는 설명체계의 편안함을 추구하지는 않는다. 변할 수 없도록 설계되어 있으며 세대와 세대를 통해서 끝없이 전달되는 민속지혜의 체계를 심리학은 결코 용인하지 않는다. 이 사실을 학생들이나 일반인들로부터 숨기려는 노력은 자충수를 두는 꼴이다. 불행하게도 심리학을 가르치는 사람과 대중화시키는 사람들은 민속지혜에 대한 심리학의 위협이 야기하는 불편함을 깨닫고는, 때때로 "여러분은 흥미진진한 것들을 배우게 될 터인데, 걱정하지는 말아라. 심리학은 여러분이 굳게 믿고 있는 것에 대항하지는 않을 것이다"라는 의미를 함축하는 애매한 엉터리 메시지를 전달함으로써 그러한 불편함을 완화시키려고 애를 쓴다. 이것은 잘못이다. 그렇게 되면 과학과 심리학 모두에 대한 혼란만을 가중시킬 뿐이다. 심리학은 사람들이 상당한 정서를 표출하는 성행동, 지능, 범죄, 경제행동, 결혼의 영향, 자녀 양육, 그리고 다른 많은 주제들에 관한 사실을 정립한다. 이러한 주제에 관한 연구가 누군가를 당혹스럽게 만드는 무엇인가를 찾아내는 데 실패한다면, 오히려 그러한 실패가 놀라운 것이 될 것이다.

과학은 개념적 변화를 추구한다. 과학자들은 세상은 어떠어떠해야만 한다고 지시하는 기존 신념에 대항하여 세상을 실제의 모습대로 기술하고자 시도한다. 현대 사조에서 위험천만한 추세는 사람들을 세상의 본질로부터 보호해야만 하며 진리에 대처할 준비가 되어 있지 않은 일반대중을 보호하기 위해서는 무지(無知)라고 하는 보호막이 필요하다는 생각이다. 심리학은 다른 과학과 마찬가지로 사람들을 진리로부터 차단시킬 필요가 있다는 생각을 거부한다.

한 걸음 더 나아가서, 만일 인간 행동에 관한 잘못된 견해를 견지하고 있는 사람들로 둘러싸여 있다면 우리 모두 패배자가 되고 만다. 우리의 세계는 교육, 범죄, 건강, 산업 생산성, 아동 보호, 그리고 다른 많은 중요한 논제에 대한 대중의 태도에 의해서 만들어진다. 만일 이러한 태도가 행동에 대한 부정확한 이론의 산물이라면, 우리 모두는 피해를 입을 수밖에 없다.

실수를 저지를 수 있는 자유

과학자들은 반증가능성 원리가 가지고 있는 가장 자유분방하고 유용한 함의 중의 하나가 과학에서의 실수는 결코 죄악이 아니라는 사실을 확인해왔다. 철학자 다니엘 데닛(Daniel Dennett, 1995)[4]은 과학의 요체가 "공개적으로 실수를 저지르는 것, 즉 다른 사람들이 수정을 도와줄 것이라는 희망을 가지고 모든 사람들이 볼 수 있는 실수를 저지르는 것"이라고 천명해왔다(380쪽). 데이터가 이론과 일치하지 않을 때 그

---

4) 데닛(Daniel Clement Dennett III, 1942~)은 미국 철학자이자 인지과학자로, 진화생물학과 인지과학과 관련된 철학적 문제에 초점을 맞추고 지금도 활발하게 활동하고 있다. 강력한 무신론자 중의 한 사람이며, 리처드 도킨스(Richard Dawkins), 샘 해리스(Sam Harris), 그리고 작고한 크리스토퍼 히친스(Christopher Hitchens)와 함께 "새로운 무신론의 4대 기수" 중의 한 사람이다.

이론을 끊임없이 수정하는 과정을 통해서 과학자들은 집단적으로 세상의 본질을 보다 잘 반영하는 이론에 도달하게 되는 것이다.

　실제로 개인 수준에서도 반증가능성 원리를 사용할 수만 있다면 일상생활에서의 대처방식도 크게 개선할 수 있다. 이 절의 서두에서 **자유분방**(liberating)이라는 단어를 사용한 이유가 바로 이것이다. 이 단어에는 특정한 의도를 반영하는 개인적 의미가 내포되어 있다. 여기서 전개한 생각들은 과학을 넘어서는 함의를 가지고 있기 때문이다. 우리의 신념이 세상의 증거와 상치될 때 그 증거를 부정하고 역기능적인 생각에 막무가내로 집착하기보다는 그 신념을 수정하는 것이 옳다는 사실을 이해할 수만 있다면, 사회 문제와 개인 문제들이 지금보다 훨씬 줄어들 것이다.

　여러분은 다른 사람과 뜨거운 논쟁을 벌이고 있는 순간에, 예컨대 여러분이 열띤 반론을 제기하면서 자신의 견해를 옹호하고 있는 순간에, 어떤 결정적인 사실이나 증거에 대해서 잘못을 저지르고 있었다는 사실을 깨달은 적이 얼마나 있는가? 그럴 때 여러분은 어떻게 하였는가? 한 발 물러서서 여러분이 잘못된 가정을 하고 있었으며 상대방의 해석이 보다 정확한 것으로 보인다는 사실을 인정하였는가? 아마도 그렇지 않았을 것이다. 만일 여러분이 다른 사람들과 다르지 않다면, 처음의 실수를 옹호하기 위해서 끊임없는 합리화에 몰입했을 것이다. 패배를 인정하지 않으면서 논쟁에서 벗어나려고 노력하였을 것이다. 여러분이 잘못 생각하였다는 사실을 인정하는 것은 최후의 일이 될 것이다. 따라서 그 논쟁에서 여러분과 상대방 모두는 어느 생각이 진리에 보다 근접한 것인지에 대해서 더 많은 혼란을 느끼게 된다. 만일 논박이 (과학에서 행해지는 것처럼) 공개되지 않는다면, 만일 참인 신념과 거짓인 신념 모두가 똑같이 격렬하게 옹호된다면, 그리고 (이 예에서와 같이) 만일 논쟁의 결과에 대한 정확한 피드백이 주어지지 않는다면, 본질과 신뢰롭게 조화를 이루는 신념을 얻을 수 있는 방법은 없게 된다. 이것이 바로 그토록 많은 사적인 대화와 공개적 논쟁이 혼란스럽게 되는 이유이며, 심리학이라는 과학이 소위 상식에 비해서 행동의 원인을 보다 신뢰롭게 보여줄 수 있는 근거가 되는 이유이다.

만일 우리 신념이 역사에 의존적이라는 사실, 즉 그 신념은 단지 우리가 언제 어디서 성장하였는지에 따라서 초래되는 것이라는 사실을 이해한다면, 증거에 직면해서 우리 신념을 보다 쉽게 바꿀 수 있을 것이다. 그러나 연구 결과는 많은 사람들이 이 사실을 과소평가한다는 것을 보여준다. 필자는 신념의 역사적 수반성을 포착하는 사람들의 능력을 평가하도록 설계된 질문지를 가지고 데이터를 수집해왔다. 질문지의 한 가지 문항 예는 다음과 같으며, 응답자들은 강력하게, 보통, 또는 약간 동의하거나 동의하지 않는다고 반응해야 한다 : "비록 나의 환경(가정, 이웃, 학교)이 달랐더라도, 지금과 동일한 종교적 견지를 가지고 있었을 것이다." 물론 종교가 환경에 수반되는 신념의 고전적 사례라는 사실은 말할 것도 없다(예컨대, 기독교는 유럽과 아메리카 대륙에, 이슬람교는 아프리카와 중동에, 그리고 힌두교는 인도에 밀집되어 있다). 그럼에도 불구하고, 필자와 동료들은 여러 연구에서 대학생 집단의 대략 40~45%가 자신의 종교적 견해는 역사적 상황(부모, 국가, 교육 등)에 의해서 조성된 것이라는 사실을 부정한다는 결과를 반복적으로 얻어왔다.

과학에서 반증하는 태도가 유용한 까닭은 과학이 처음부터 완벽한 이론을 조준하기보다는 틀린 가설을 배제시킴으로써 발달하기 때문이며, 특히 이러한 태도는 어떤 문제를 연구하는 초기 단계에서 중요하다. 실제로 삶의 많은 영역에서도 마찬가지다. 흔히 최선의 수행은 어떤 것이어야 하는지를 구체화시키기는 어렵지만, 수행 오류는 훨씬 용이하게 지적할 수 있는 것이다. 수필가 닐 포스트만(Neil Postman, 1988)은 의사가 "완벽한 건강"을 정의하기는 어렵지만, 그럼에도 불구하고 질병을 찾아내는 데는 꽤나 유능하다는 사실을 지적한다. 마찬가지로, 변호사는 "완벽한 정의(justice)"를 정의하는 것보다 부당성을 지적하는 데 상당한 유능성을 보인다. 바로 이러한 이유로 인해서 반증하는 태도가 과학자들에게 유용한 것이다. 특히 연구의 초기 단계에서는 잘못된 것에 초점을 맞추는 것, 즉 잘못된 신념을 제거하는 데 초점을 맞추는 것이 과학자가 취해야 할 매우 유용한 접근법이기 십상이다.

많은 과학자들은 과학 연구를 수행하는 과정에서 오류를 범하는 것이 정상적이며, 과학 발전에서의 실제 장해요인은 자신의 신념이 틀린 것으로 판명될 수도 있는 상황에 노출시키지 않으려고 하는 인간의 선천적인 성향이라는 점을 이해하는 것이 중요하다는 사실을 입증하여 왔다. 과학자들은 이러한 경향성을 배격해야 하며, 노벨상 수상자인 피터 메더워(1979)는 과학자들에게 "한 가설이 참이라는 신념의 강도는 그것이 참인지 아니면 거짓인지의 여부와는 아무런 관계가 없다"(39쪽)는 사실을 명심함으로써 이러한 경향성을 배격해야만 한다고 천명하였다.

메더워가 설파하고 있는 것을 다음과 같이 생각할 수 있다. 코미디언 스티븐 콜버트(Stephen Colbert)는 2005년 10월 17일에 방영된 자신의 토크쇼에서 "진실다움"(truthiness)이라는 용어를 만들어 사용하였다(Zimmer, 2010). 진실다움이란 "어떤 대상의 자질이 실제로 그렇다는 사실을 시사하는 아무 증거도 없이 참인 것처럼 느껴지는 것"이다(Manjoo, 2008, 189쪽). 메더워가 언급하고 있는 것은 과학이 진실다움을 배격해야 한다는 것이다. 진실다움이 그 어느 때보다도 만연해 있는 현대 사회에서 이것은 과학을 터무니없는 것으로 만들기 십상이다.

심리학에서 가장 명망있는 과학자들 대부분은 메더워의 충고, 즉 한 가설이 참이라는 신념의 강도는 그것이 참인지 아니면 거짓인지의 여부와는 아무런 관계가 없다는 충고를 받아들여 왔다. 아자르(Azar, 1999)는 저명한 실험심리학자인 로버트 크라우더(Robert Crowder)의 경력에 관한 글에서 그의 절친한 동료인 마자린 바나이(Mahzarin Banaji)의 다음과 같은 말을 인용하고 있다 : "그 친구는 내가 알고 있는 가장 덜 방어적인 과학자이지요. 자기 이론이 취약점을 가지고 있다거나 아니면 실험결과가 제한적이거나 문제점이 있다는 사실을 보여줄 수 있는 방법을 누군가 찾아낸다면, 그 친구는 환희에 들떠서는 그 사람하고 자기 이론을 장사지낼 계획을 세울 겁니다"(18쪽). 아자르(1999)는 어떻게 크라우더가 전범주적 음향 저장(precategorical acoustic storage)이라고 부르는 기억성분에 관한 이론을 개발하고는 자신의 이론을 반증하는 연구들을 신중하게 설계하였는지에 대해서 기술하고 있다. 내과의사 제롬 그룹맨(Jerome Groopman, 2009)은 질병의 진단 과정에서 반증적 태도가 얼마나 실용적이고 유용한 것인지를 다음과 같이 기술하고 있다 : "따라서 의사는 의학의 역사에서 자신이 추출한 데이터의 품질과 중요성을 의심하는 것을 배우게 됩니다. … 가장 유익한 순간은 자신이 틀렸다는 사실이 입증되고, 자신이 알고 있는 것보다 더 많은 것을 알고 있다고 믿으면서 염두에 두고 있는 진단과 상반되는 핵심 정보를 잘못 기각하거나 환자는 두 가지 이상의 질환을 앓고 있다는 사실을 고려하지 못하였다는 사실을 깨닫는 순간입니다"(26쪽).

다윈보다 훨씬 앞서서 아리스토텔레스는 "어떤 하나의 생각을 받아들이지 않으면서도 그 생각을 즐길 수 있는 것이야말로 교양 있는 사람의 징표이다"라고 말하였다. 경제학자 존 메이나드 케인즈(John Maynard Kaynes)는 대공황 시절에 자신을 비판하는 사람에게 "사실이 변할 때 나는 내 생각을 바꿉니다. 선생은 어떻게 하십니까?"라고 응답함으로써 반증적 태도를 보다 유머러스하게 예증하였다(Malabre, 1994, 220쪽).

그러나 반증적 태도가 항상 모든 과학자들이 연구를 수행하는 방식을 특징지어야만 하는 것은 아니다. 세상에 관한 지식을 밝히는 과학의 독특한 힘은 과학자들이 예외적이라고 할 만큼 도덕적이기 때문이 아니라(즉, 철저하게 객관적이고, 결과 해석에서 결코 편파적이지 않기 때문이 아니라) 오류를 범하는 과학자들이 억제와 균형의 과정, 즉 다른 과학자들이 항상 그들의 오류를 비판하고 제거해주는 과정에 묶여있기 때문에 생겨나는 것이다. 철학자 다니엘 데닛(2000)은 모든 과학자들이 로버트 크라우더와 같은 객관성을 나타낼 필요는 없다고 주장함으로써 동일한 논지를 펼치고 있다. 데닛(2000)은 다음과 같은 사실을 강조한다 : "과학자들은 자신이 다른 사람들과 마찬가지로 나약하고 오류에 빠지기 쉽다는 사실을 받아들이지만, 자신 그리고 자신이 속한 집단에서 발생하는 오류의 원천을 인식함으로써, 자신의 결과를 오염시키려는 유혹과 편견을 강제로 차단시키도록 자신의 두 손을 묶어버리는 정교한 시스템을 고안해왔다"(42쪽). 과학의 힘은 과학자들이 특별히 도덕적이어서가 아니라 서로가 상대방의 지식과 결론을 끊임없이 반복 확인하는 사회적 과정에서 나오는 것이다.

생각은 값싼 것이다

앞에서 민속지혜를 검증한다는 생각에 관한 논의는 반증가능성 원리가 가지고 있는 또 다른 흥미진진한 추론, 즉 생각은 값싼 것이라는 추론을 가능하게 해준다. 구체적으로 표현하면 특정 **유형**의 생각들이 싸구려라는 뜻이다. 생물학자이며 과학 작가인 스티븐 굴드(Stephen J.

Gould, 1987)[5]는 이 사실을 다음과 같이 예증한다.

> 15년 동안 매달 칼럼을 씀으로써 나는 비전문가들과 과학의 모든 측면에 대해서 엄청난 교신을 하게 되었다. … 나는 한 가지 공통적인 오해가 다른 모든 오해들을 압도한다는 사실을 발견하였다. 사람들은 자기들이 혁명적인 이론, 즉 과학의 경계를 확장시킬 이론을 개발하였다고 주장하는 편지를 보내온다. 일반적으로 대여섯 쪽에 걸쳐 빽빽하게 적혀져 있는 그 이론들은 우리가 던질 수 있는 심오한 궁극적 물음들에 대한 사색들이다. 삶의 본질은 무엇인가? 우주의 기원은 무엇인가? 시간은 언제 시작되었는가? 등등. 그런데 생각은 값싼 것이다. 지능을 가진 사람이라면 누구든지 아침식사를 하기 전에도 대여섯 가지의 생각을 해낼 수가 있다. 과학자들도 궁극적 물음들에 대해서 자신의 생각을 지어낼 수 있다. 우리는 그렇게 하지 않는다(오히려 그러한 생각을 사적인 생각으로 국한시켜버린다). 그 생각들을 검증하여 옳고 그른지의 여부를 결정할 수 있는 방법을 고안해낼 수 없기 때문이다. 원리적인 문제로써, 긍정될 것인지 아니면 부정될 것인지도 알 수 없는 멋져 보이기만 하는 생각이 도대체 과학에 어떤 도움을 주겠는가? (18쪽)

굴드의 마지막 물음에 대한 답은 "전혀 도움이 되지 않는다"이다.

---

[5] 굴드(Stephen Jay Gould, 1941~2002)는 미국의 고생물학자, 진화생물학자, 과학사가이다. 1972년 닐스 엘드레지(Niles Eldredge)와 함께 단속평형설(theory of punctuated equilibrium)을 발표함으로써 상당한 학문적 업적을 남겼다. 그는 가장 널리 읽히는 교양과학 작가이기도 하다. 한국어로 번역 출판된 그의 저서 중에는 *Ever Since Darwin*(1977 ;『다윈 이후 : 생물학 사상의 현대적 해석』, 홍동선 외 역, 사이언스북스, 1999), *The Panda's Thumb*(1980 ;『판다의 엄지』, 김동광 역, 세종서적, 1998), *Full House: The Spread of Excellence From Plato to Darwin*(1996 ;『풀하우스』, 이명희 역, 사이언스북스, 2002), *The Mismeasure of Man*(1981 ;『인간에 대한 오해』, 김동광 역, 사회평론, 2003) 등이 있다.

굴드가 싸구려라고 말하고 있는 유형의 생각은 우리가 이미 칼 포퍼의 견해에 관하여 논의할 때 언급하였던 것들이다. 너무나 거창하고 복잡하며 "애매모호"하기 때문에 무엇이든지 설명하는 데 사용할 수 있는 거대 이론(grand theory) 말이다. 이러한 이론은 변화하거나 폐기될 의도를 가지고 있지 않다는 점에서 정서적 지지(포퍼를 다시 한 번 인용한다면 "세상에서 안전하게 방향을 잡고 있다는 정서감")를 받도록 구성된다. 굴드는 이러한 이론들이 아무리 편안함을 제공한다고 하더라도 과학의 목표라는 측면에서는 쓸모없는 것임을 확인시켜 주고 있다. 과학은 창의적 노력이지만, 창의성은 개념 구조를 경험적 데이터라고 하는 한계에 적합하도록 맞추어나가는 작업인 것이다. 이것은 험난한 작업이다. 이러한 유형의 사고, 즉 실제 세계를 설명하는 사고는 결코 싸구려가 아니다. 바로 이것이 훌륭한 과학 이론을 얻기가 그토록 어려운 이유이며, 만들어내기는 엄청 쉽지만 반증할 수 없는 사이비과학 신념체계들이 우리 사회에 만연하고 있는 이유인 것이다.

  과학 이론은 세상과 교류한다. 과학 이론은 반증 가능하다. 특정한 예언을 하는 것이다. 실제로 진정한 과학적 설명을 내놓는 이론을 구성하는 것은 엄청난 작업이다. 그렇지만 과학이 작동하는 보편 논리를 이해하는 것은 그렇게 어려운 일이 아니다. 실제로 아동들을 위하여 집필된 과학적 사고의 논리에 관한 책들도 많이 있다(Binga, 2009 ; Bower, 2009 ; Dawkins, 2012 ; Epstein, 2008 ; Swanson, 2001, 2004).

과학에서의 오류 : 진리에 접근하기

　반증가능성 원리를 설명하는 맥락에서 우리는 과학 발전의 한 가지 단순한 모형을 개략적으로 기술하였다. 이론을 제안하고 그 이론으로부터 가설을 도출한다. 가설은 이 책의 나머지 부분에서 논의할 다양한 기법을 가지고 검증한다. 만일 실험이 그 가설을 확증한다면, 그 이론은 어느 정도 힘을 얻게 된다. 만일 실험이 그 가설을 반증한다면, 어떤 면에서든지 그 이론을 변경하거나 아니면 보다 우수한 이론을 위하여 폐기시켜야만 한다.

　물론 과학 지식이 잠정적이며 이론에서 유도한 가설이 틀렸을 잠재성을 가지고 있다고 말한다고 해서, 모든 것이 조금만 노력하면 쉽게 얻을 수 있다는 사실을 의미하는 것은 아니다. 과학에는 지금까지 너무나 많이 확증되어서 향후의 실험을 통해 전복될 가능성이 지극히 낮기 때문에 **법칙**(law)이라고 명명한 많은 관계들이 존재한다. 어느 날 혈액이 순환하지 않는다거나 지구가 태양을 공전하지 않는다는 사실을 찾아낼 가능성은 거의 없다. 이렇게 보편적인 사실은 우리가 논의하여온 유형의 가설이 아니다. 이 사실들은 잘 확립된 것이기 때문에 과학자들의 관심거리가 되지 않는다. 과학자들은 우주에서 진리의 가장자리에 놓여 있는 측면들, 즉 의심의 여지가 거의 없을 만큼 철저하게 확증되지 않은 현상들에만 관심을 기울이는 것이다.

　과학의 이러한 측면, 즉 과학자들이 진리의 가장자리에 놓여 있는 문제들에 치중하고 철저하게 확증된 것(소위 법칙)들을 무시한다는 측면이 일반대중에게는 상당히 혼란스러운 일이다. 마치 과학자들은 언제나 알고 있는 것보다는 알지 못하는 것들을 강조하고 있는 것처럼 보인다. 이것은 참이며, 그럴 만한 충분한 이유가 있다. 과학자들은 지식을 확장시키기 위하여 알고 있는 것의 경계 바깥으로 나아가야만 한다. 물론 이곳이 바로 불확실한 현상들이 존재하는 곳이다. 과학은 지식의 경계에 존재하는 불확실성을 감소시키고자 시도하는 과정을 통해서 진보하는 것이다. 이 사실은 과학자들이 일반대중에게 "불확실한" 사람들로 보이게 만들기 십상이다. 그렇지만 이러한 지각은 잘못이다. 과학자들은 지식의 경계, 즉 우리의 이해가 현재진행형으로 진보하고 있는 영역에 대해서만 불확실한 것이다. 반복검증을 통해서 잘 확립되어온 많은 사실에 관해서는 결코 불확실하지 않다.

과학자들이 관찰에 근거하여 이론을 반증하는 것 그리고 반증된 옛 이론을 새로운 이론으로 대치하는 것에 대해 이야기한다고 해서, 옛 이론을 구축하였던 과거의 모든 사실들을 폐기처분하는 것은 아니라는 사실도 강조해야만 하겠다(이 문제는 제8장에서 자세하게 논의한다). 정반대로 새로운 이론은 옛 이론이 설명할 수 있는 모든 사실뿐만 아니라 옛 이론이 설명할 수 없는 새로운 사실들도 설명할 수 있어야만 한다. 따라서 한 이론의 반증은 과학자들이 다시 원점으로 되돌아간다는 것을 의미하지 않는다. 새로운 복잡한 이론은 절대적으로 타당하지는 않더라도 대체로 타당할 수 있으며, 생각은 정확하게 참은 아닐지라도 진리에 점점 다가갈 수 있는 것이다(Radcliffe Richards, 2000).

공상과학 작가인 아이작 아시모프(Isaac Asimov)[6]는 "잘못의 상대

---

[6] 아시모프(Isaac Asimov, 1920~1992)는 러시아 태생의 미국 공상과학(SF) 소설가이자 저술가이다. 왕성한 저작 활동을 벌여, 500여 권이 넘는 책을 출판하였다. 무서운 로봇의 이미지를 바꾸어 친근하고 친숙한 로봇이 등장하는 과학소설을 썼으며, 로버트 하인라인(Robert A. Heinlein), 아서 클라크(Arthur C. Clarke)와 함께 SF 문학계의 '삼대 거물'로 통한다. 작품을 통해서 다음과 같은 유명한 로봇공학 3원칙을 제시하기도 했다. 첫째, 로봇은 인간에게 해를 가하는 행동을 하거나, 혹은 행동을 하지 않음으로써 인간에게 해가 가도록 해서는 안 된다. 둘째, 로봇은 인간이 내리는 명령에 복종해야 하며, 단 그 명령이 첫 번째 법칙에 위배될 때에는 예외로 한다. 마지막으로 로봇은 자신의 존재를 보호해야 하며,

성"(The Relativity of Wrong)이라고 이름 붙인 유명한 글에서 이론의 수정과정을 깔끔하게 예시하고 있다. 이 글에서 그는 지구 모양에 대한 우리의 생각이 어떻게 다듬어져왔는지에 대해서 적고 있다. 첫째, 그는 평평한 지구라는 옛날 신념이 어리석은 것이라고 생각해서는 안 된다고 경고한다. 평원(문자를 가지고 있는 최초의 문명이 시작된 곳)에서는 지구가 지극히 평평한 것으로 보인다. 아시모프는 상이한 이론들에 대한 정량적 비교가 무엇을 밝혀낼 것인지를 심사숙고해야만 한다고 역설한다. 우선 상이한 이론들이 가정하는 마일 당 곡률(curvature per mile)에 따라서 그 이론들을 표현할 수 있다.[7] 평평한 지구 이론은 마일 당 곡률이 0도라고 주장할 것이다. 우리가 알고 있는 것처럼 이 이론은 틀렸다. 그러나 어떤 의미에서는 거의 사실에 가깝다. 아시모프 (1989)는 다음과 같이 적고 있다.

아리스토텔레스 이후 한 세기 가량이 지난 후에 그리스 철학자 에라토스테네스는 태양이 상이한 위도에서 길이가 다른 그림자를 드리운다는 사실을 지적하였다(만일 지구의 표면이 평평하다면 모든 그림자의 길이

단 그 보호가 첫 번째와 두 번째 법칙에 위배될 때에는 예외로 한다.
7) 도량형은 길이, 부피, 무게 등을 재는 방법 및 그것을 재는 기구를 말한다. 나라마다 전통적으로 사용하던 도량형이 있는데, 우리나라에서 예로부터 쓰이던 도량형을 일반적으로 척관법(尺貫法)이라 부른다. 나라마다 다른 도량형을 사용하는 문제점을 해결하기 위하여 개발된 표준 도량형이 미터법이다. 미터법은 미터(m)를 길이, 리터(ℓ)를 부피, 킬로그램(kg)을 무게의 기본 단위로 하는 십진법 도량형 단위법으로, 1790년 프랑스 정치가 탈레랑의 제안에 의해 파리 과학아카데미가 만든 국제 도량형 단위계이다. 지금은 거의 모든 나라가 채택하여 과학에서뿐만 아니라 일상생활에서도 널리 사용하고 있다. 다만 미국, 미얀마, 라이베리아에서만 미터법을 사용하지 않고 있다. 따라서 미국에서 출판한 책에서 사용하는 도량형은 우리가 현재 사용하는 미터법이 아니어서 가름하기 어려울 때가 많다. 참고로 1마일은 대략 1,600미터, 1야드는 대략 0.90미터, 1피트는 대략 0.30미터, 1인치는 2.54센티미터에 해당한다.

는 동일하였을 것이다). 그는 그림자 길이의 차이에 근거하여 지구 구면의 크기를 계산하였으며, 원주가 대략 25,000마일인 것으로 나타났다. 그러한 구면의 곡률은 마일 당 대략 0.000126도에 해당하며, 이 값은 보는 바와 같이 마일 당 0도에 아주 가깝다. … 0과 0.000126이라는 지극히 미미한 차이가 평평한 지구로부터 둥그런 지구로 넘어가는 데 그토록 오랜 세월이 걸리게 된 사실을 설명해준다. 0과 0.000126과 같이 아주 미미한 차이가 그토록 중요할 수 있다는 사실을 명심하기 바란다. 그 차이는 엄청난 것이다. 만일 그 차이를 고려하지 않고 지구가 평평한 표면이 아니라 구면이라고 간주하지 않는다면, 지구의 큰 영역에 대해서 결코 정확하게 지도를 그릴 수 없게 된다. (39~40쪽)

물론 과학은 지구가 둥글다는 이론에 머물러있지 않았다. 앞에서 논의한 바와 같이, 과학자들은 끊임없이 자신들의 이론을 가능한 한 정교하게 만들고 현재 지식의 한계를 검증하고자 시도한다. 예컨대, 뉴턴의 중력 이론은 지구가 완벽한 구형이 아니라고 예언하였으며, 이 예언은 실제로 확증되었다. 지구는 적도에서 약간 튀어나왔으며, 극지방에서는 약간 평평한 것으로 판명되었다. 이러한 모양을 **편구면**(扁球面, oblate spheroid)이라고 부른다. 북극에서부터 남극까지의 직경은 7,900마일(대략 12,713킬로미터)이며, 적도의 직경은 7927마일(대략 12,757킬로미터)이다. 지구의 곡률은 (완벽한 구에서와 같이) 일정하지 않다. 마일 당 7.973인치에서 8.027인치까지 약간의 차이를 보이고 있다. 아시모프가 지적하는 바와 같이, "구면에서 편구면으로 진행되는 수정은 평면에서 구면으로 진행되는 수정에 비하면 아주 사소한 것이다. 따라서 엄격하게 말하자면 지구가 구면이라는 생각도 잘못된 것이기는 하지만, 지구가 평평하다는 생각만큼 잘못된 것은 아니다"(41쪽).

지구 모양에 대한 아시모프의 사례는 과학자들이 실수, 오류, 또는 반증 등과 같은 용어를 사용하는 맥락을 예시해주고 있다. 이러한 용어들은 검증하고 있는 이론이 모든 측면에서 엉터리라는 사실을 의미하는 것이 아니라 단지 불완전하다는 것을 의미할 뿐이다. 따라서 과학자들이 지식은 잠정적이며 미래의 발견에 의해서 변경될 수 있다고 말할 때는 바로 이러한 사례가 보여주는 상황을 지칭하고 있는 것이다. 지구가 구면이라고 믿었을 때, 과학자들은 그 이론이 언젠가는 세부사항에서 변경될 필요가 있다는 사실을 인식하였다. 그렇지만 구면으로부터 편구면으로의 변경은 지구가 구면이라는 "대체로 올바른" 생각을 유지하고 있다. 우리는 어느 날 아침에 일어났더니 지구가 육면체라는 사실을 발견하게 될 것이라고 기대하지는 않는다.

임상심리학자 스콧 릴리엔펠트(Scott Lilienfeld, 2005)는 심리학도들을 위해 아시모프의 주장을 다음과 같이 표현하고 있다.

> 과학지식은 생래적으로 잠정적인 것이며 개정될 준비가 되어 있다는 사실을 학생들에게 설명할 때, 어떤 학생들은 진정한 지식은 불가능한 것이라고 잘못 결론내리기도 한다. 특정한 포스트모더니즘 집단에 널리 퍼져 있는 이러한 생각은 보다 확실한 지식과 덜 확실한 지식을 구분하지 못하는 잘못을 저지르고 있다. 과학이 절대적 확실성을 획득할 수 없을지라도, 다윈의 자연선택 이론과 같은 어떤 과학적 주장은 명명백백하게 입증되어온 반면에, 점성술 12궁도를 떠받치고 있는 이론과 같은 것은 설득력 있게 반박되어왔다. 인지부조화 이론과 같은 다른 이론들은 여전히 과학적으로 논란을 불러일으키고 있다. 따라서 과학적 주장에는 확신도의 연속성이 존재한다. 어떤 이론은 실질적으로 참이라는 위상을 획득한 반면에 다른 이론들은 철저하게 반증되어왔다. 방법론적인 문제가 과학적 물음에 완벽하게 확실한 답을 내놓지 못하며 그러한 답은 원리상 새로운 증거로 인해서 뒤집어질 수 있다는 사실이

지식은 불가능하다는 것을 함축하는 것이 아니라 단지 그 지식은 잠정적이라는 것을 함축하고 있는 것이다. (49쪽)

과학은 확실한 지식을 내놓아야만 한다는 잘못된 생각이 과학 자체를 전복시키고자 시도하는 데 사용되기 십상이다. 고고학자 닐 슈빈(Neil Shubin)은 창조론자들이 어떻게 이러한 전술을 사용하는지를 기술하고 있다. 과학 작가 나탈리 앤지어(Natalie Angier)와의 인터뷰에서 슈빈 (2007)은 다음과 같은 사실을 지적하고 있다 : "창조론자들은 우선 과학은 사실과 확실성의 집합체라고 채색하고자 시도한 다음에, 이러저러한 '확실성'이 결국 그렇게 확실하지 않다고 공격한다. 창조론자들은 '아하! 당신은 확신할 수가 없군요. 그러니 믿을 수가 없지요. 어째서 우리가 당신을 믿어야만 하는 것입니까?'라고 부르짖는다. 아무튼 창조론자들은 무엇보다도 과학의 절대적 확실성이라는 허수아비를 구성하는 사람들이다"(20쪽).

요약

과학자들이 **해결 가능한 문제**(solvable problem)라고 말할 때 의미하는 것은 흔히 **검증 가능한 이론**(testable theory)이다. 검증 가능한 이론의 정의는 과학에서 매우 특수한 것이다. 그 이론이 반증될 가능성이 있다는 사실을 의미한다. 만일 이론이 반증될 수 없다면, 자연세계에서 일어나는 실제 사건에 대해서 아무런 함의를 가지지 못하기 때문에 쓸모없는 것이 되어 버린다. 심리학은 반증 불가능한 이론들로 오염되어 왔으며, 이것이 바로 심리학의 발전을 지체시킨 한 가지 원인이다. 좋은 이론이란 특정한 예언을 하는 이론이며, 그러한 이론은 반증될 가능성이 높다. 특정한 예언의 확증은 명확하지 않은 예언을 확증하는 것에 비해서 그 예언을 도출한 이론을 보다 강력하게 지지하게 된다. 요컨대, 반증가능성 기준이 갖는 한 가지 함의는 이론에 대한 모든 확증이 등가적이지 않다는 사실이다. 반증될 가능성이 아주 높으며 매우 구체적인 예언들을 확증해주는 이론이 선호된다. 예언이 확증되지 않는 경우에도(즉, 예언이 반증되는 경우에도), 그러한 반증은 이론 발달에서 지극히 유용하다. 반증된 예언은 이론이 폐기되거나 모순된 데이터 패턴을 설명할 수 있도록 변경되어야 한다는 사실을 지적해준다. 따라서 반증된 예언이 초래하는 이론 수정을 통해서 심리학과 같은 과학이 진리에 접근하게 되는 것이다.

3

조작주의와 본질주의
"그런데 박사님. 도대체 이게 무슨 뜻이죠?"

물리학자들은 중력이 무엇인지를 진정으로 알고 있는가? **진정으로** 말이다. **중력**이라는 용어의 진정한 **의미**는 무엇인가? 중력에 기저하는 요체는 무엇인가? 중력이라고 말하는 것이 궁극적으로 의미하는 것은 무엇인가? 여러분이 더 이상 내려갈 수 없는 바닥으로 내려갔을 때라는 것은 무슨 이야기인가?

이러한 물음들은 철학자 칼 포퍼가 **본질주의**(essentialism)라고 불렀던 과학에 대한 견해를 반영한다. 이 견해에 의하면 우수한 과학 이론이란 오직 현상에 기저하는 요체 또는 본질적 특성에 따라서 그 현상에 대한 궁극적 설명을 내놓는 이론이다. 이 장에서는 과학이 본질주의자들의 이러한 물음에 답하지 않는 이유 그리고 과학이 개념의 **조작적 정의**(operational definition)를 개발힘으로써 진보하게 되는 이유를 논의한다.

왜 과학자는 본질주의자가 아닌가?

실제로 과학자들은 본질주의자들이 추구하는 유형의 지식을 얻는다고 주장하지 않는다. 위에서 제기한 물음에 대한 적절한 답은 물리학자들이 그러한 의미에서는 중력이 무엇인지를 모른다는 것이다. 과학자들은 우주에 관한 "궁극적" 물음에 답하고자 시도하지 않는다. 생물학자 피터 메더워(1984)는 다음과 같이 언급한다.

> 과학이 답할 수 없는 물음들이 있으며, 어떠한 괄목할 만한 진보도 과학에게 답할 수 있는 권한을 부여해줄 수 없는 물음들이 있다. 그것들은 어린아이들이 묻는 질문, 즉 "궁극적 물음"들이다. … 내 마음 속에 들어 있는 그러한 물음들은 이런 것들이다: 모든 대상들은 어떻게 시작되었을까? 우리는 무엇 때문에 여기에 있는 것일까? 삶의 진의는 무엇일까? (66쪽)
> 그렇지만 과학이 이렇게 근원적인 물음에 답할 수 없다는 사실이 다른 유형의 답을 용인하게 만드는 것은 아니다. 그러한 물음이 제기될 수 있기 때문에 답할 수 있는 것이라는 사실을 당연한 것으로 받아들일 수 있는 것도 아니다. 우리의 이해라고 하는 점에 있어서, 그러한 물음에 답할 수 없는 것이다. (60쪽)
> 마지막으로 과학이 답할 수 있는 유형의 물음에 답하는 과학의 능력에는 한계가 있는 것이 아니다. … 태만과 같은 도덕적 장애를 제외한다면 어느 것도 과학의 성취를 방해하거나 중지시킬 수 없다. (86쪽)

어떤 사람, 이론, 또는 신념 체계가 궁극적 물음에 관하여 절대적인 지식을 제공한다는 주장에 과학자들이 의심의 눈초리를 보내는 이유는 과학자들이 "궁극적"인 것에 대한 물음에는 답할 수 없다고 생각하고 있기 때문이다. 과학자들은 완벽한 지식을 내놓는다고 주장하지 않는다. 과학의 독특한 강점은 과학이 오류를 범하지 않는 과정이라는 데 있는 것이 아니라, 우리 지식기반의 필연적인 오류를 제거하는 방법을 제공한다는 데 있다. 나아가서 완벽하거나 절대적인 지식을 주장하는 것은 물음 자체의 숨통을 죄는 경향이 있다. 지식에 대한 자유롭고 개방적인 추구야말로 과학 활동의 선행요건이기 때문에, 과학자들은 항상 궁극적 답을 찾아냈다는 주장에 회의를 품게 된다.

본질주의자는 단어 의미에 대해 논쟁하기를 좋아한다

본질주의자의 태도를 나타내는 일반적인 지표는 용어와 개념에 관련된 지식을 탐구하기도 전에 그 용어와 개념의 의미를 정의하는 데 집요한 관심을 보이는 것이다. "아무튼 용어부터 먼저 정의해야 한다"는 것이 본질주의자가 자주 사용하는 구호이다. "저 이론적 개념이 진정으로 의미하는 바는 무엇인가?" 이러한 생각은 한 단어가 어떤 이론에서 개념으로 사용되려면, 그 사용에 수반된 기저의 모든 언어적 문제를 완벽하고도 명확하게 이해하여야만 한다는 것을 의미하는 것으로 보인다. 실제로 이것은 과학자들이 연구하는 방식과는 철저하게 대비된다. 물리학자들은 물리세계를 연구하기에 앞서 "에너지"라는 단어를 어떻게 사용할 것인가 또는 "입자"라는 단어가 물질의 근본적인 구성성분을 이야기할 때 의미하는 요체를 진정으로 포착하고 있는가의 여부를 놓고 논쟁하지 않는다.

과학에서 개념의 의미는 그 용어와 관련된 현상에 대한 집중적인 연구가 이루어진 **이후에** 결정되는 것이지, 그러한 연구에 앞서서 결정되는 것이 아니다. 개념적 용어의 정제(精製)는 과학을 수행하는 과정에 내재하는 데이터와 이론의 상호작용에서 오는 것이며, 언어 사용에 관한 논쟁에서 나오는 것이 아니다. 본질주의는 용어들에 관한 끝없는 논쟁으로 이끌어가며, 많은 과학자들은 그러한 용어 논쟁이 과학 연구의 핵심을 혼란스럽게 만들어버린다고 생각한다. 예컨대, "생명이라는 용어의 진정한 의미는 무엇인가?"라는 물음에 관하여 생물학자인 메더워와 메더워(Medawar & Medawar, 1983)는 "진정한 의미란 존재하지 않는다. 활동하고 있는 생물학자들의 목표를 달성하는 데 도움을 주는 용법이 있을 뿐이며, 논쟁이나 언쟁의 주제가 아니다"(66~67쪽)라는 깜짝 놀랄 만한 답을 내놓고 있다. 요컨대, 언어의 분석이 아니라 현상의 설명이 과학자의 목표이다. 모든 과학 분야에서 진보의 열쇠는 본질주의를 포기하고 조작주의를 채택하는 것이며, 이것이 바로 이 장의 주제이다.

조작주의자는 개념을 관찰 가능한 사건과 연계시킨다

만일 과학에서 개념의 의미가 언어에 관한 논의에서 나오지 않는다면 도대체 어디에서 유래하는 것인가? 과학 개념의 적절한 사용에 관한 기준이 되는 것은 무엇인가? 이러한 물음에 답하려면 **조작주의**(operationism)를 논의하여야 한다. 조작주의는 과학에서 이론 구성에 필수적인 개념이며, 특히 심리학에서의 이론적 주장을 평가하는 데 중요하다.

조작주의에는 여러 가지 유형이 존재하지만, 과학 정보의 소비자에게는 가장 보편적인 방식으로 조작주의를 생각하는 것이 상당히 유용하겠다. 조작주의란 간단하게 말해서 과학 이론에서 개념은 어떤 방식으로든 측정될 수 있는 실세계의 관찰 가능한 사건에 근거를 두거나 아니면 그 사건과 연계되어야 한다는 생각이다. 개념을 관찰 가능한 사건에 연계시키는 것이 그 개념의 조작적 정의이며, 그 개념을 공개적인 것으로 만들어준다. 조작적 정의는 개념을 특정 개인의 감정이나 직관으로부터 분리시키고, 측정 가능한 조작을 수행할 수 있는 사람이라면 누구나 그 개념을 검증할 수 있게 해준다.

예컨대, "배고픔"의 개념을 "배에서 느끼는 쓰린 느낌"으로 정의하는 것은 조작적 정의가 아니다. 이 정의는 "쓰린 느낌"이라는 개인 경험과 관련되어 있기 때문에 다른 관찰자는 그 느낌에 접근할 수 없기 때문이다. 반면에 측정 가능한 음식 박탈 시간이나 혈당 수준과 같은 생리적 지표를 수반하는 정의는 조작적이다. 누구나 수행할 수 있는 관찰 가능한 측정을 수반하기 때문이다. 마찬가지로 심리학자들은 예컨대, 불안을 "내가 때때로 겪는 불편하고 긴장된 감정"으로 정의하는 것에 만족할 수 없으며, 질문지와 생리적 측정과 같은 다양한 조작으로 그 개념을 정의하여야만 한다. 전자의 정의는 신체 상태에 대한 개인적 해석과 연계되어 있기 때문에 다른 사람이 반복할 수 없다. 후자는 개념을 과학의 공개된 영역에 노출시킨다.

과학에서는 일련의 조작을 통해서 개념을 정의하는 것이지 단 하나의 행동 사건이나 과제에 근거해서 정의하는 것이 아니라는 사실을 인식하는 것이 중요하다. 여러 가지 상이한 과제와 행동 사건들이 하나의 개념으로 수렴한다(제8장에서 수렴조작이라는 생각을 상세하게 논의한다). 예컨대, 교육심리학자들은 "독서 능력"이라는 개념을 다양한 과제들을 포함하고 있는 우드콕 독서숙달 검사(Woodcock Reading Mastery Test : Woodcock, 2011)와 같은 표준화 검사에서의 수행성과에 따라 정의한다. 이 검사에서 얻는 총 독서 능력 점수는 여러 가지 다양한 하위검사에서의 수행지수들로 구성되는데, 각 하위검사는 약간씩 상이한 독서기술을 검사하지만, 모두 독서와 관련된 기술들이다. 예컨대, 덩이글을 읽고 글에서 빠진 부분에 넣을 적절한 단어를 생각해내는 능력, 주어진 단어의 동의어를 찾아내는 능력, 개별적으로 제시된 어려운 단어를 정확하게 발음하는 능력 등이다. 이러한 모든 과제에서의 성과가 종합적으로

"독서 능력"이라는 개념을 정의한다.

조작적 정의는 하나의 개념을 정의하는 방식을 실세계에서의 관찰이라고 하는 측면에서 신중하고도 경험적으로 생각하게 만들어준다. 타이핑 능력과 같이 개념적으로 단순해 보이는 것을 조작적으로 정의하고자 시도하고 있다고 상상해보라. 이것이 필요한 이유는 타이핑을 가르치는 두 가지 상이한 방법을 비교하고자 원하기 때문이라고 생각하라. 여러분이 내려야만 하는 모든 결정을 생각해보라. 물론 타이핑 속도를 측정하고자 원할 것이다. 그렇다면 타이핑할 글은 얼마나 길어야 하겠는가? 100단어 글은 너무 짧아 보이며, 10,000단어 글은 너무 길어 보인다. 그렇다면 정확하게 얼마나 길어야 하겠는가? 여러분이 생각하는 최선의 "타이핑 능력"이라는 이론적 구성체에 대응하려면 속도를 얼마나 오랫동안 유지할 수 있어야 하겠는가? 그리고 어떤 유형의 글을 타이핑해야 하는가? 숫자와 공식 그리고 변칙적인 띄어쓰기를 포함해야 하는가? 오타를 어떻게 다루고자 하는가? 타이핑 능력의 측정에는 속도와 오류를 모두 포함시켜야 할 것으로 보이는데, 그렇다면 둘을 함께 고려하는 공식은 정확하게 어떤 것이어야 하는가? 속도와 오류에 동일한 가중치를 부여하고자 원하는가, 아니면 하나가 다른 하나보다 더 중요하겠는가? 조작적 정의의 필요성은 여러분을 이 모든 사항에 관해서 신중하게 생각할 것을 요구한다. 즉, 타이핑 능력을 어떻게 개념화할 것인지에 관하여 철저하게 생각하도록 만들어준다.

식품의약품안정청(Food and Drug Administration : FDA)의 과제를 생각해보자. 이 부서는 다양한 먹거리에서 "불가피한 손상"으로 간주할 수 있는 것과 달리, 무엇을 "용인할 수 없는" 오염 수준으로 간주할 것인지를 결정해야 한다(Levy, 2009). FDA와 같은 국가기관이 이러한 사안에 관해서 주관적일 수는 없다. 검사하는 모든 음식물에서 오염물질이라는 측면에서 판단에 관한 엄격한 조작적 정의가 필요하다. 그렇기 때문에 예컨대, 다음의 유형과 같은 조작적 정의를 내놓고 있다(Levy, 2009) : 토마토 주스에서 "용인할 수 없는" 오염 수준은 100그램 당 10개 이상의 파리 알이 들어 있는 것 ; 버섯에서 "용인할 수 없는" 오염 수준은 100그램 당 길이가 2mm 이상인 애벌레가 다섯 마리 이상인 것. 지극히 개략적이기는 하지만, 철저하게 조작적이지 않은가!

신뢰도와 타당도

과학에서 개념의 조작적 정의는 **측정**(measurement)을 수반한다. 즉, 어떤 규칙에 따라서 관찰에 수치를 부여한다. 과학 작가 찰스 사이피(Charles Seife, 2010)는 일단 측정에서 수치를 사용하기 시작하면 갑자기 그 수치에 관심을 기울이기 시작한다는 사실을 지적하고 있다. 그의 주장은 숫자를 단지 추상적 기호로 사용할 때 수학자가 아닌 일반인들이 그 숫자의 특성에 관하여 관심을 기울이는 경우가 거의 없다는 것이다. 사람들은 숫자 5 자체에 관해서는 관심이 없다. 그렇지만 숫자 5가 5 "킬로그램", 5 "달러", 5 "퍼센트 인플레이션", 또는 5 "IQ 점수" 등이 되면, 갑자기 신경을 쓰기 시작한다. 사이피(2010)는 "단위가 없는 숫자는 무미건조하고 추상적이다. 단위를 붙이게 되면 의미를 획득한다. 그렇지만 이와 동시에 순수함을 상실하게 된다"(9쪽)라고 진술하고 있다. 일단 사람들이 측정에 관여하게 되면, 즉 숫자에 단위를 붙이게 되면, 갑자기 그 숫자가 "정당한" 특성을 가지고 있다고 생각하게 된다는 것이 "순수함의 상실"이라는 표현에서 사이피가 의미하는 것이다. 과학에서 숫자가 갖는 "정당한" 특성은 무엇인가? 이 물음에 대한 답은 이렇다. 과학에서 숫자가 "정당한" 특성을 갖는다는 것은 신뢰도와 타당도의 특성을 갖는다는 것이다.

개념의 조작적 정의가 유용하기 위해서는 신뢰도와 타당도를 모두 나타내야 한다. 신뢰도(reliability)란 측정도구의 일관성을 지칭한다. 즉, 동일한 개념을 여러 차례 평가할 때 동일한 측정에 도달하는지 여부이다. 신뢰도라는 과학 개념은 쉽게 이해할 수 있다. 일반인의 정의와 매우 유사하며 다음과 같은 사전적 정의와도 유사하기 때문이다 : "일관성 있게 동일한 결과를 초래하는 시스템의 속성".

어떤 것이 신뢰할 수 있는지 여부에 관하여 일반인들은 어떻게 진술하는지를 생각해보자. 매일 아침 양산에서 부산에 있는 회사까지(아니면 일산에서 서울 도심에 있는 회사까지) 버스로 출근하는 회사원을 상상해보라.[1] 버스는 오전 7시 20분에 정류장에 도착하도록 되어 있다. 특정한 주에 버스는 각기 7:20, 7:21, 7:20, 7:19, 그리고 7:20분에 도착한다. 그 주에 버스는 꽤나 신뢰할 수 있다고 말할 수 있다. 그 다음 주에는 버스가 각기 7:35, 7:10, 7:45, 7:55, 그리고 7:05분에 도착하였다면, 그 주에 버스는 지극히 신뢰할 수 없다고 말하게 될 것이다.

과학에서 조작적 정의의 신뢰도도 거의 동일한 방식으로 평가한다. 만일 한 개념의 측정이 여러 번의 측정에서 유사한 수치를 내놓는다면, 그 측정도구는 높은 신뢰도를 나타낸다고 말하게 된다. 특정한 주의 월요일과 수요일 그리고 금요일에 형식만 바꾼 동일한 지능검사를 가지고 동일한 사람의 지능을 측정하여 110, 109, 110의 지능지수를 얻었다면, 그 지능검사는 상당히 신뢰할 수 있다고 말하게 된다. 반면에 세 점수가 89, 130, 105이었다면, 그 지능검사는 높은 신뢰도를 나타내는 것이 아니다. 상이한 유형의 측정도구들이 가지고 있는 신뢰도를 평가하

---

[1] 원문은 "뉴저지에서 뉴욕 맨해튼으로 출근하는 사람"이지만, 독자들에게 친숙한 지명으로 바꾸어 표현하였다.

는 구체적인 통계기법들이 존재하며, 이 기법들은 모든 방법론 입문 교과서에서 논의하고 있다.

그렇지만 신뢰도는 일관성에 대한 것일 뿐이며 다른 어떤 것도 아니라는 사실을 명심하기 바란다. 신뢰도만으로는 조작적 정의가 타당한 것이기에 충분하지 않다. 신뢰도는 필요조건이지만 충분조건이 아니다. 한 개념에 관한 우수한 조작적 정의가 되기 위해서는 평가하는 조작이 그 개념의 타당한 측정이기도 해야만 한다. **구성타당도**(construct validity)라는 용어는 측정도구(조작적 정의)가 측정하고자 의도하는 것을 측정하는지를 지칭한다. 폴 코스비(Paul Cozby, 2012)는 자신의 방법론 교과서에서 타당도가 없는 신뢰도의 유머러스한 사례를 보여주고 있다. 여러분이 지능을 평가받는다고 상상해보라. 조사자가 여러분에게 발을 앞으로 내밀어 구두 가게에서 사용하는 것과 같은 측정도구에 집어넣으라고 말하고는 수치를 읽는다. 물론 여러분은 이것이 농담이라고 생각할 것이다. 그렇지만 이 측정도구는 방법론 교과서에서 논의하는 수많은 유형의 높은 신뢰도를 나타낸다는 사실에 주목하기 바란다. 월요일과 수요일 그리고 금요일에 거의 동일한 수치를 제공할 것이며(이것을 **검사-재검사 신뢰도**라고 부른다), 어떤 조사자가 사용하는지 관계없이 동일한 수치를 제공할 것이다(이것을 **평정자 간 신뢰도**라고 부른다).

지능의 측정도구로서 구두 장치가 가지고 있는 문제점은 신뢰도가 아니라(이 장치는 높은 신뢰도를 가지고 있다) 타당도이다. 측정하려는 개념(지능)의 좋은 측정치가 아닌 것이다. 이것이 지능의 타당한 측정치가 아니라는 사실을 알 수 있는 한 가지 방법은 우리가 지능의 측정과 관련되어 있을 것이라고 기대하는 다른 많은 변인들과 관련이 없다는 사실을 확인해보는 것이다. 구두 장치를 가지고 측정한 것은 학업성취와 관련이 없으며, 두뇌 기능에 관한 신경생리적 측정치와 무관하고, 직업

성공과 관련이 없으며, 인지심리학자들이 개발한 정보처리 효율성 측정치와도 무관하게 된다. 반면에 지능의 진정한 측정은 이 모든 것들과 관련이 있다(Duncan et al., 2008 ; Flynn, 2007 ; Sternberg & Kaufman, 2011). 심리학에서 수행하는 지능의 진정한 측정은 신뢰도뿐만 아니라 타당도를 가지고 있는 반면, 구두 장치를 이용한 지능의 측정은 신뢰도가 높지만 타당하지는 않다.

이 시점에서 독자들이 신뢰도와 타당도 간의 또 다른 조합을 궁금해 할는지 모르겠기에, 지금까지의 논의를 간략하게 요약하도록 하자. 조작적 정의에서는 신뢰도와 타당도가 모두 요구되기 때문에 높은 신뢰도와 높은 타당도를 추구한다. 신뢰도는 높지만 타당도가 낮은 도구는 아무것도 알려주는 것이 없다는 사실을 증명하기 위하여 구두 크기 지능검사를 논의하였다. 낮은 신뢰도와 낮은 타당도라는 세 번째 경우는 무용한 것이 자명하기에 논의할 가치도 없다. 그렇지만 여러분은 네 번째 마지막 조합을 궁금해 할는지 모른다. 즉, 측정도구가 타당도는 높지만 신뢰도는 낮다면 어떻겠는가? (구두 크기 사례와 같은) 낮은 타당도와 높은 신뢰도의 경우와 마찬가지로 이 경우도 아무것도 알려주지 못한다는 것이 답이다. 사실은 이러한 경우가 불가능하다고 말하는 것이 더 정확하다. 신뢰롭게 측정할 수 없다면 타당하게 측정한다고 주장할 수조차 없기 때문이다.

타당한 조작적 정의를 개발하고자 시도할 때는 어떤 개념을 측정하고자 시도하고 있는지를 정확하게 진술하는 것이 중요하다. 예컨대, 미국 풋볼리그(National Football League : NFL)는 "패스 평가"(passer rating)라고 부르는 구성체를 사용하여 쿼터백을 평가한다(Sielski, 2010).[2] 이 구성

---

2) 우리는 일반적으로 축구에 해당하는 영어 단어가 football이라고 알고 있지만, 미국인들이 말하는 football이란 럭비와 유사한 미국 고유의 단체스포츠이다.

체의 이름이 "패스 평가"라는 사실을 인식하는 것이 중요하다. 즉, 이것은 쿼터백의 평가가 아니다. "패스 평가"의 조작적 정의는 패스만을 고려하는 것이지 쿼터백이 하는 모든 것을 따지는 것이 아니기 때문이다. 구체적으로 패스 평가는 다음과 같은 네 가지를 포함한 수학공식이다 : 패스 성공률, 패스 시도 당 전진한 거리, 패스 시도 당 터치다운 횟수, 그리고 패스 시도 당 가로채기 당한 횟수. 패스 평가는 다음과 같은 것들을 포함하지 않는다 : 쿼터백 스스로 전진한 거리, 작전 능력, 승패 기록, 색(sack, 쿼터백이 상대방 수비수에게 태클을 당하여 패스를 못하게 되는 것), 펌블(fumble, 쿼터백이 태클이나 블로킹을 당하여 공을 떨어뜨리는 것), 그리고 수량화 할 수 있는 다른 많은 쿼터백 변인들. 그렇기 때문에 "쿼터백 종합평가"라고 부르는 상이한 조작적 정의를 갖는 또 다른 구성체를 개발해놓고 있다.

직접적인 조작적 정의와 간접적인 조작적 정의

개념과 관찰 가능한 조작 사이의 연계는 직접성의 정도에 있어서

우리가 말하는 축구는 soccer라고 표현한다(물론 유럽에서는 축구를 football이라고 표현하며 미국의 football은 American football이라고 부른다). 미국인들이 즐기는 4대 스포츠(미식축구, 야구, 농구, 아이스하키) 중에서도 가장 인기있는 종목이다. 최종 승자를 가리는 슈퍼볼(Super bowl) 경기가 열리는 매년 2월 첫째 일요일에는 수많은 미국인들이 미쳐 날뛴다고 해도 과언이 아닐 정도다. Ball이 아니라 bowl인 까닭은 미식축구 경기장이 사발처럼 생겼기 때문이라나. 텔레비전 중계방송 중에 내보내는 광고의 액수는 가히 전문학적인데, 이제 우리나라의 기업들도 덩치가 커져서 광고를 내보내기도 한다. 전반전이 끝나고 하프타임이 시작되는 시점에는 미국 전역의 수돗물 사용량이 순간적으로 폭등한다는 우스갯소리가 있다. 왜냐고? 중계방송을 시청하면서 신나게 맥주 등 음료수를 마셔댄 사람들이 한꺼번에 화장실로 몰려들기 때문이란다. 아무튼 우리에게 친숙한 스포츠로 대치하면 어떨까 싶기도 하였지만, 역자가 임의로 저자의 의도를 무시하는 것은 예의가 아니기에 생소하나마 그대로 번역을 시도하였다. 참고로 쿼터백은 야구의 투수 못지않게 미식축구에서 핵심적인 역할을 하는 포지션이다.

상당한 차이를 보인다. 실세계에서 관찰 가능한 조작에 전적으로 의존하여 정의되는 과학 개념은 거의 없다. 대부분의 개념은 보다 간접적으로 정의된다. 예컨대, 몇몇 개념의 용도는 일련의 조작뿐만 아니라 그 개념이 가지고 있는 다른 이론적 구성체와의 관계에 의해서 결정된다. 마지막으로 관찰 가능한 조작에 의해서는 직접적으로 정의되지 않지만, 직접적으로 정의되는 다른 개념들과 연계만 되어 있는 개념들도 있다. 때로는 이러한 개념들을 잠재적 구성체라고 부르며, 심리학에 보편적이다.

예컨대, 소위 A유형 행동패턴이 관상동맥혈전증의 발병과 연계되어 왔기 때문에 이에 대한 많은 연구를 수행해왔다(Chida & Hamer, 2008 ; Martin et al., 2011 ; Matthews, 2005 ; Suls & Bunde, 2005). 제8장에서 A유형 행동패턴에 대해 보다 상세하게 논의할 것이다. 여기서 지적하고자 하는 요점은 A유형 행동패턴이 실제로는 다음과 같은 일련의 하위개념들로 정의된다는 사실이다 : 강력한 경쟁심, 잠재된 적개심, 성급한 행동, 목표를 달성하려는 강한 추동 등. 그렇지만 A유형 행동패턴의 이러한 정의 자질(강한 경쟁심 등) 각각은 그 자체가 조작적 정의를 필요로 하는 개념이다. 실제로 이들 각각을 조작적으로 정의하기 위하여 상당한 노력을 경주해왔다. 현재의 논의에서 요점은 A유형 행동패턴이라는 개념이 조작을 통해서 직접적으로 정의되지 않은 복합개념이라는 사실이다. 오히려 이 개념은 조작적으로 정의한 다른 개념들과 연계되어 있는 것이다.

A유형 행동패턴은 간접적인 조작적 정의를 가지고 있는 개념의 사례를 제공한다. 임상심리학에서 이와 유사하게 정의하는 개념이 고통 감내(distress tolerance)라는 개념이다(Zvolensky, Vujanovic, Bernstein, & Leyro, 2010). 이렇게 거대한 개념은 조작적 측정과 보다 긴밀하게 연결된 다음과 같은 여러 가지 단순한 하위구성체들로 정의한다 : 불확실성 감내,

모호함 감내, 좌절 감내, 부정적 정서 감내, 그리고 신체적 불편함 감내.

요컨대, 이론적 개념들이 관찰과 얼마나 밀접하게 연계되어 있느냐 하는 정도에서 차이를 보이고 있기는 하지만, 모든 개념은 부분적으로나마 그러한 관찰과의 연계를 통해서 의미를 획득하는 것이다.

과학 개념은 진화한다

과학 개념의 정의는 고정된 것이 아니라 그 개념에 적용하는 관찰이 풍부해짐에 따라서 끊임없이 변화한다는 사실을 깨닫는 것이 중요하다. 만일 한 개념에 대한 최초의 조작적 정의가 이론적으로 비생산적인 것으로 판명되면, 일련의 대안적인 정의적 조작을 위하여 포기하게 된다. 따라서 과학 개념은 계속해서 진화하며, 관련 지식이 증가함에 따라서 추상성이 증가할 수 있다. 예컨대, 전자(electron)는 한 때 원자핵 주위를 돌고 있는 음전하를 띤 조그만 공으로 개념화되었다. 오늘날 전자는 특정 실험상황에서는 파동과 같은 특성을 지닌 확률밀도함수(probability density function)로 간주한다.

심리학에서 지능이라는 개념의 발달도 유사한 예를 제공한다. 처음에 이 개념은 단지 엄격한 조작적 정의만을 가지고 있었다. 즉, 지능은 심적 기능 검사로 측정한 것이다. 지능을 학업성취, 학습, 두뇌 손상, 그리고 다른 행동적·생물학적 변인들과 관련시키는 경험적 증거가 누적됨에 따라서, 이 개념은 충실해지고 확장되었다(Deary, Penke, & Johnson, 2010; Duncan et al., 2008; Sternberg & Kaufman, 2011). 오늘날 지능은 여러 가지 세부적인 정보처리 조작에 의해서 정의되는 상위수준의 구성체로 개념화한다. 이렇게 가정한 과정들은 다시 측정 가능한 수행에 근거하여 진술한 보다 직접적인 조작적 정의를 가지게 된다.

인간기억 이론에서 사용하는 개념들도 마찬가지로 진화되어왔다. 이제 심리학자들은 기억해내기(remembering)나 망각하기(forgetting)와 같은 거창한 개념들을 거의 사용하지 않는다. 대신에 보다 세부적으로 정의한 기억의 하위과정, 예컨대 단기음향기억, 영상기억, 의미기억, 그리고 일화기억 등이 가지고 있는 특성들을 검증한다. 기억해내기나 망각하기와 같은 옛날 개념들이 보다 세부적으로 규정한 조작적 개념으로 정교화 되어온 것이다.

따라서 이론적 용어들의 용도는 단어 의미에 대한 논쟁이 아니라 과학 활동을 통해서 진화한다. 이것이 과학의 조작적 태도와 본질주의자들의 절대적 정의 추구 사이에 존재하는 가장 현저한 차이 중의 하나이다. 철학자 폴 처치랜드(Paul Churchland, 1988)는 과학 개념들이 언어적 정의가 아니라 관찰 그리고 관련된 다른 개념들로부터 의미를 도출하게 된다는 생각을 다음과 같이 강조하고 있다.

"전기장"이라는 표현을 충분히 이해한다는 것은 그러한 표현이 나타나는 이론적 원리의 회로망에 익숙해지는 것이다. 집합적으로 이론적 원리들은 전기장이 무엇이고 무슨 일을 하는지를 알려준다. 이러한 예는 전형적인 것이다. 이론적 용어들은 일반적으로 이들을 응용하는 데 필요하고도 충분한 조건들을 진술하는 단 하나의 명시적 정의로부터 의미를 얻는 것이 아니다. 그러한 용어들을 포괄하는 원리의 회로망에 의해 암묵적으로 정의된다. (56쪽)

과학 개념들이 진화함에 따라서 여러 가지의 각기 다른 이론체계 속에 얽혀 들어가며 대안적인 조작적 정의를 획득하게 되는 일이 드물지 않다. 이러한 일이 일어날 때 개념에 문제가 되는 것은 아무것도 없다. 예컨대, 많은 사람들은 지능과 같은 중요한 이론적 구성체들이 한 가지 이상의 방법으로 조작적으로 정의되고 개념화된다는 사실로 인해 심리학은 인정받을 수 없다고 생각한다. 그러나 그러한 상황은 심리학에만 특수한 것이 아니며 절망하거나 지나치게 흥분할 문제도 아니다. 사실 이것은 과학에서 비교적 흔하게 일어나는 일이다. 예컨대, 열은 열역학이론으로 개념화되기도 하며 동력학이론으로 개념화되기도 한다. 물리학은 이러한 사태로 인해서 구설수에 오르지 않는다. 마찬가지로 전자를 생각해보자. 전자의 많은 특성들은 이것을 파장으로 개념화함으로써 설명된다. 그러나 다른 특성들은 입자로 간주할 때 더욱 잘 대처할 수 있다. 이러한 대안적 개념화가 존재한다는 사실이 물리학을 폐기처분하자고 제안하도록 부추기지는 않는다.

국제천문학연맹(International Astronomical Union)이 최근에 명왕성을 제외시키도록 "행성"의 개념을 재조작화 하였다는 사실을 2006년에 대중매체가 보도하였을 때, 사람들은 이러한 사실과 관련된 하나의 교훈을 얻었다(Adler, 2006 ; Brown, 2010). "행성"이라는 개념과 같이 근본적인 것처럼 보이는 것도 대안적 견해의 주제가 될 수 있다는 사실이 많은 일반대중에게는 놀라운 것이었다. 그렇지만 실제로 이것은 과학에서 보편적으로 일어나는 일이다. 이 경우에 한 집단의 천문학자들은 천체의 지질학적 구성을 강조한다. 다른 집단은 천체의 역동적 특성, 예컨대 궤도와 중력 효과 등을 강조한다. 전자의 조작적 정의는 명왕성을 행성으로 포함시키지만, 후자의 조작적 정의는 명왕성을 제외시킨다. 조작적 정의의 차이가 천문학 분야에 나쁜 인상을 남기는 것이 아니다. 단지 이 분야에서 개념을 구성하는 상이한 방식을 반영할 뿐이다. 심리학에서도 마찬가지다. 때때로 심리학에는 개념의 대안적인 조작적 정의들이 존재한다. 어떤 것을 정의하기 어렵다는 것이 진정으로 연구할 가치가 있는 무엇이 존재하지 않는다는 것을 의미하지 않는다.

심리학에서의 조작적 정의

많은 사람들은 물리학이나 화학에 대해 생각할 때 조작주의의 필요성을 이해한다. 만일 과학자가 특정 유형의 화학반응이나 에너지 또는 자성(磁性)에 대해 언급하려고 한다면, 그것들을 측정할 수 있는 방법을 가져야 한다는 사실을 이해한다. 불행하게도 심리학에 대해서 생각하고 논의할 때는 조작주의의 필요성을 인식하지 못하기 십상이다. 심리학 용어들도 직접적이든 간접적이든 과학 이론에서 유용한 설명적 구성체가 되기 위해서는 조작적으로 정의해야만 한다는 사실은 어째서 똑같이 당연하게 받아들여지지 않는 것인가?

한 가지 이유는 심리학에서 **사전편향 문제**(preexisting-bias problem)라고 불러왔던 문제 때문이다. 이 문제는 제1장에서 언급하였다. 사람들은 지질학을 공부할 때 바위의 본질에 대한 오래된 정서적 신념을 가지고 접근하지 않는다. 그러나 심리학에서는 상황이 아주 다르다. 우리는 일생에 걸쳐 스스로에게 인간 행동에 관한 "설명"을 해왔기 때문에 누구나 할 것 없이 성격과 인간 행동에 관한 직관 이론을 가지고 있다. 모든 개인 심리학 이론들도 이론적 개념들을 포함하고 있다(예컨대, 총명하다, 공격적이다, 불안하다 등등). 따라서 우리가 다른 정의를 받아들여야만 한다는 사실을 의아해하는 것은 지극히 당연하다. 비록 이러한 태도가 외형상으로는 합리적인 것처럼 보이지만, 인간 행동의 이해라는 과학적 진보에 있어서는 철저한 장해물이며, 심리학에 대하여 일반대중이 겪는 많은 혼란의 원인이기도 하다.

일반인들의 오해를 불러일으키는 가장 큰 원천 중의 하나이며 대중매체를 통해 심리학의 연구결과를 정확하게 전달하는 데 방해가 되는 가장 큰 장해물 중의 하나는 심리학의 많은 기술적(technical) 개념들을 일상 언어에서 사용하는 단어들로 표현하고 있다는 점이다. 이러한 일상 용법이 광범위한 오해의 여지를 제공한다. 심리학자들이 **지능**, **불안**, **공격성**, 그리고 **애착** 등의 용어를 이론적 구성체로 사용할 때, 그 단어들은 반드시 일반대중이 의미하는 것과 동일한 것을 의미하지 않는다는 사실을 인식하는 경우는 거의 없다.

이러한 차이점의 본질은 조작주의에 관한 앞서의 논의로부터 명백해 진다. **지능**이나 **불안**과 같은 용어들을 심리학 이론에서 사용할 때 이들의 정확한 용법은 직접적 또는 간접적인 조작적 정의의 본질이 결정한다. 흔히 이러한 정의는 매우 기술적(technical)이고, 일반적으로 상당히 세부적이며, 많은 측면에서 일반대중의 용법과는 차이를 보이기 십상이다. 예컨대, 많은 사람들은 "인지 성과 목록의 큰 표집에 대한 요인분석에서의 일차 주성분"이라는 구절을 들었을 때, 이것을 이론적 구성체인 "지능"의 조작적 정의로 인식하지 못한다.

마찬가지로 우울이란 용어가 일반대중의 용법에서는 "기분이 좋지 않아서 축 쳐진 느낌"과 같은 것을 의미하여 왔다. 반면에 우울증의 기술적 정의는 DSM(Diagnostic and Statistical Manual of Mental Disorder : American Psychiatric Association, 2000)[3]에서 10쪽 이상을 차지하고 있으며, "기분이 좋지 않다"는 것과는 엄청나게 다른 의미를 갖는다. 임상심

---

3) DSM(Diagnostic and Statistical Manual of Mental Disorders, 심리장애 진단 및 통계 편람)은 미국정신의학회(American Psychiatric Association)가 출판하는 서적으로, 전 세계적으로 심리장애의 진단에 가장 널리 사용하는 기준이며, 임상심리학자와 상담심리학자들에게는 종교의 경전과 같은 것이다. 비슷한 목적으로 WHO에서 출판하는 ICD(International Statistical Classification of Diseases and Related Health Problems, 질병 및 관련 건강 문제의 국제적 통계 분류)가 있다. DSM은 심리장애에 초점을 맞추고 있는 반면, ICD는 모든 종류의 질병을 다룬다. DSM은 1952년에 처음 출판된 뒤 DSM II(1968), DSM III(1980), DSM III-R(1987), DSM IV(1994), DSM IV-TR(2000) 등으로 다섯 차례 개정되었다. 다음 판인 DSM V는 2013년에 출판될 예정이다.

리학자의 우울은 일반인의 우울과는 동일하지 않은 것이다(Klein, 2010). 다른 과학들도 이러한 문제를 가지고 있기는 하지만, 심리학처럼 심각한 것은 아니다. "생명" 개념에 관한 앞선 논의를 회상해보라. 메더워와 메더워(1983)가 지적하는 것처럼, "문제는 '생명'이라는 용어를 다른 많은 과학 용어와 마찬가지로 일상 언어로부터 차용해서는 일상적 표현에서 나타나는 맥락과는 전혀 거리가 먼 과학적 맥락에서 사용한다는 데 있다"(66쪽).

물리학자 리사 랜달(Lisa Randall, 2005)은 어떻게 이 문제가 일반대중의 물리학 이해를 손상시키는 것인지를 논의한다. 그녀는 아인슈타인 이론에서 **상대성**(relativity)이라는 용어를 일반대중이 "모든 것은 상대적"이기 때문에 과학에는 절대적인 것이 없다는 사실을 의미하는 것으로 받아들여 왔다는 점을 지적한다. 실제로 아인슈타인 이론은 그 반대를 말하고 있는데도 말이다! 랜달은 아인슈타인 이론이 불변소와 절대소에 관한 것이라는 사실을 지적한다. 아인슈타인도 상대성 대신에 "불변소 이론"이라는 용어를 사용하였더라면 더 적절하였을 것임을 인정하였지만, 상대성이라는 용어가 너무나도 신속하게 자리를 잡고 말았다. 계속해서 랜달은 과학자들이 때때로 일상적 용어를 채택하기 때문에 물리학에서조차 용어에 관한 오해가 있으며, 어떤 단어를 전문적인 의미에서 사용하고 있는 것인지 아니면 일상적 의미에서 사용하고 있는 것인지가 일반인에게 불명확한 경우가 많다는 사실을 지적한다. 심리학에서도 마찬가지다. 심리학자와 일반인이 동일한 단어를 상이한 의미로 사용할 때, 서로 오해하게 되는 경우가 많다. 만일 심리학적 구성체를 나타내는 새로운 용어들을 만들어 사용하였더라면 그러한 혼란이 지금처럼 만연하지는 않았을 것이다. 때로는 그러한 용어들을 만들어 사용하기도 하였다. 물리학자들이 에르그(erg)와 줄(joule)이라는 용어를 가지고 있는 것과 마찬가지로 심리학자들도 부조화(dissonance)와 약호화(encoding)와 같은 용어를 가지고 있다. 실제로 이 용어들을 새롭게 만들어낸 것은 아니지만 흔히 사용하는 것이 아니기 때문에 혼란이 일어날 가능성은 매우 적다.

일반인은 이렇게 항의할 수 있다 : "그렇다면 왜 심리학자들은 이 용어들을 우리에게 강요합니까? 새로운 전문용어, 지극히 기술적인 정의, 단어의 비일상적 용법들 말입니다. 왜 그것들이 필요한 것이죠? 어째서 내가 생각하는 '지능'은 받아들일 수 있는 생각으로 논의할 수 없는 것입니까?"

여기서 우리는 심리학 연구에 대한 결정적인 오해, 즉 심리학 연구에 관한 대중매체의 보도에 반영되어 있기 십상인 오해의 전형적인 사례를 보도록 하자. 미국심리학회 1996년도 연차학술대회에 관한 어떤 전국 일간지 기사의 제목은 "Could you Repeat that in Klingon?"이었다(Immen, 1996). 이것은 "자기 자신만의 언어를 사용하는 심리학자들"이라는 의미를 담고 있다. 그 기사는 대회에서 발표한 논문의 다음과 같은 제목을 조롱하는 것이었다 : "Interpreting WJ-R and KAIT Joint Factor Analysis from Gf-Gc Theory."[4] 기자는 그 제목의 "진정한 의미에 대해 감히 생각해볼 엄두를 내지 못하였다"고 표현하고 있지만, 제대로 훈련받은 거의 모든 심리학자들은 그 제목이 지능검사 이론에서의 발전을 지칭하는 것으로 인식할 수 있다. 실제로도 그래야만 하는 것이다. Gf-Gc

---

4) 여기서 WJ-R은 Woodcock-Johnson Psycho-Educational Battery-Revised의 약자이며, KAIT는 Kaufman Adolescent and Adult Intelligence Test의 약자이다. 둘 다 일반인들에게는 지극히 생소한 미국에서 사용하는 지능검사의 일종이다. 본문에서 논문의 제목을 영문 그대로 적은 것은 우리말로 번역하기가 그지없이 껄끄럽기 때문이다. 논문 제목의 의미를 풀이하면 "WJ-R검사와 KAIT검사의 결과를 합하여 요인분석(고급 통계분석방법의 하나이다)한 결과를 Gf-Gc이론으로 해석한" 결과를 보여준다는 것이겠다.

이론5)은 지능이론에서 기술적 발달을 거듭한 이론이다. 기자가 이 개념을 예전에 들어보았을 가능성은 거의 없다. 이것은 기자가 소립자 물리학자들이 가장 최근에 확인해낸 기본 입자에 관한 세부사항들을 알고 있을 것이라고 기대할 수 없는 것과 마찬가지다. 그런데 어쩐 일인지 기술적 용어에 대한 기자의 무지(지극히 이해할 수 있는 만한 무지)가 현대심리학에게는 부정적으로 작용하고 있는 것이다. 주제가 물리학일 때는 아마도 기자들이 자신의 무지가 이해를 가로막는다는 사실을 알고 있는 것처럼 보인다. 그런데 주제가 심리학일 때는 자신들이 이해하지 못하는 것을 마치 심리학자 때문인 것처럼 행동한다.

이제 우리는 문제의 핵심에 들어왔으며, 이 문제를 해결하는 첫걸음은 앞선 논의에서의 요점, 즉 조작주의라는 생각이 심리학에만 특수한 것은 아니라는 점을 강조하는 것이다. 이것은 모든 과학의 특징이다. 대부분의 경우에 우리는 조작주의의 명백한 본질을 인식하고 쉽게 받아들인다. 만일 한 과학자가 방사능을 연구하고 있다면, 우리는 그(그녀)가 그 현상을 측정하는 관찰 가능한 방법, 즉 다른 연구자도 사용하면 동일한 결과를 얻을 수 있는 방법을 가지고 있어야 한다는 사실을 당연한 것으로 받아들인다. 이것이야말로 과학의 정의 자질의 하나인 공개적 본질을 가능하게 만들어주는 것이다. 두 명의 상이한 과학자는 동일한 조작적 정의에 동의함으로써 한 사람이 다른 사람의 결과를

---

5) Gf-Gc 이론(Theory of Fluid and Crystallized Intelligence)은 인간의 지적 능력에 대한 대표적인 위계적 요인분석 모형의 하나이다(Horn & Cattell, 1967 참조). 이 모형은 일반지능에는 두 가지 보편적 하위요인이 있다고 제안한다. 하나는 유동 지능(fluid intelligence)으로서 생물학적·신경학적 능력을 반영하며, 기존지식을 거의 요구하지 않는 새로운 상황을 수반하는 과제를 가지고 측정한다. 반면에 결정 지능(crystallized intelligence)은 일생에 걸쳐 획득한 복잡한 지식이나 전문성을 반영하며, 언어과제나 개념과제를 가지고 측정한다. 지능에 관한 심리학 연구의 개관을 보려면 R. Sternberg(1990)의 "Metaphors of Mind : Conceptions of the nature of intelligence"를 참고하기 바란다.

반복해 볼 수 있다. 그러나 다른 맥락에서는 명백해 보이는 것이 심리학을 생각할 때는 그렇게 명백해 보이지 않을 때가 많다. 지능이나 불안과 같은 개념에 대한 조작적 정의의 필요성을 인식하지 못하는 경우도 많다. 사람들이 이러한 용어들을 항상 사용하고 있기 때문이다. 사람들은 모두 그러한 용어가 의미하는 것이 무엇인지를 알고 있지 않은가?

과학자가 알아야만 한다는 의미에서가 아니라 공개적이어야 한다는 의미에서 그 답은 "아니다, 결코 알지 못한다"이다. 과학자는 다른 과학자들이 정확하게 동일한 방식으로 지능을 측정하고 그 개념에 관하여 동일한 결론을 이끌어낼 수 있는 방법을 정의할 수 있음으로 해서, 지능이 의미하는 바를 "알고 있어야만" 한다. 명시성과 정확성이라는 측면에서 이것은 일반 대화에서 상식적 이해를 달성하는 데 필요한 모호하기 짝이 없는 내포적 의미와는 전혀 다른 것이다.

인간적 힘으로서의 조작주의

우리 모두가 "알고 있는" 것에 의지할 때의 문제는 모든 직관적(즉, 비경험적) 신념체계에 퍼져 있는 문제와 동일한 것이다. 어떤 대상에 대해서 여러분이 "알고 있는" 것은 영철이가 "알고 있는" 것이나 영희가 "알고 있는" 것과는 동일하지 않을 수 있다. 누가 옳은 것인지를 어떻게 결정하는가? 여러분은 "아무튼 나는 이것을 통감하고 있고 그 느낌은 아주 강하기 때문에 내가 옳다는 것을 알고 있다"고 말할 수 있다. 그런데 여러분하고는 조금 다르게 생각하고 있는 영철이가 여러분보다도 더 강력하게 통감한다면 어쩌겠는가? 영철이도 심각하게 느끼고 있기 때문에 그도 자신이 옳다고 확신한다. 그리고 영희는 여러분이나 영철이와도 다르게 생각하고 있을 수 있으며, 영철이보다도 더 강력하게 통감하기 때문에 자신이 옳을 수밖에 없다고 주장할 수도 있다.

이렇게 단순한 풍자가 의도하는 것은 단지 과학 지식의 근본적인 측면이며 인류 역사 속에서 중요한 인간적인 힘이 되어왔던 측면, 즉 주장하는 어떤 지식의 진위 여부는 그 주장을 내놓는 개인이 가지고 있는 신념의 강도가 결정하는 것이 아니라는 점을 예시하려는 것뿐이다. 직관에 근거하는 모든 신념체계들의 문제는 이들이 상호갈등적인 주장 중에서 어느 하나를 선택할 수 있는 아무런 기제도 가지고 있지 못하다는 점이다. 모든 사람들이 직관적으로는 알고 있지만 그 직관적 주장들이 서로 갈등을 일으킬 때 누가 옳은 것인지를 어떻게 알 수 있는 것인가? 슬픈 일이지만, 역사를 돌이켜보면 그러한 갈등의 최종결과는 일반적으로 권력투쟁이라는 사실을 알 수 있다.

때때로 심리학에 대한 조작주의적 접근은 인간을 비인간화시키며 따라서 우리는 인간에 관한 견해를 직관에 의존해야만 한다는 잘못된 주장이 제기되기도 한다. 심리학자인 도널드 브로드벤트(Donald Broadbent, 1973)[6]는 진정으로 인간적인 입장이란 인간에 관한 이론적 견해를 이론가의 직관에 근거하는 것이 아니라 관찰 가능한 행동에 근거하여 수립하는 입장이라고 주장한다.

    우리는 동료가 특정 상황에서 행하거나 말하는 것을 보지 않고서는

---

6) 브로드벤트(Donald Eric Broadbent, 1926~1993)는 심리학에서 정보처리 접근(information processing approach)이 출발하는 시점에 중요한 공헌을 달성한 영국의 인지심리학자이다. 컴퓨터가 학계에 도입될 당시에 선택주의와 단기기억에 관한 이론을 제안함으로써 컴퓨터 유추를 사용하여 인지과정을 설명하고자 시도한 초기 연구자 중의 한 사람이다. 심리학도라면 인지심리학이나 지각심리학 수업시간에 그의 여과기 모형(filter model)을 비교적 상세하게 공부하게 된다. 1958년에 출판한 저서 『지각과 소통』(*Perception and communication*)은 인지심리학의 고전으로 남아 있다.

그에 대해서 아무것도 말할 수 없다. … 경험적 방법이란 차이점을 조정하는 방법이다. 만일 이 사실을 부정한다면, 불일치를 다루는 유일한 방법은 감정적인 논쟁을 벌이는 것뿐이다. (206쪽)

따라서 과학에서 인간적인 힘이란 지적 주장들을 공개시켜서 갈등적인 생각들을 모든 논쟁자들이 받아들일 수 있는 방식으로 검증할 수 있게 만드는 것이다. 제1장에서 다루었던 반복검증의 개념을 회상해보기 바란다. 이 방법은 우리 모두가 사전에 동의한 평화적인 기제를 통해서 이론들 간의 선택이 이루어질 수 있게 해준다. 과학의 공개성이라는 본질은 조작주의라는 생각에 결정적으로 의존한다. 개념들을 조작적으로 정의함으로써 그것들을 공개된 영역에 노출시키게 되면, 그 영역 속에서 연구자들이 비판하고 검증하며 개선시키고 때로는 부정하기도 하는 것이다.

심리학 개념들은 특정인의 개인적 정의에 의존할 수 없다. 개인적 정의는 보편적이지 못하거나 개인적으로 특유한 것이거나 아니면 모호한 것일 수 있다. 그렇기 때문에 심리학은 개념에 대한 모든 개인적 정의를 거부해야만 하며(예컨대, 물리학이 에너지에 대한 개인적 정의를 거부하고 기상학이 구름에 대한 개인적 정의를 거부하는 것과 마찬가지이다), 제대로 훈련받았으며 적절한 실험도구를 가지고 있는 사람이라면 누구나 수행할 수 있는 조작을 가지고 정의한 공개적으로 접근 가능한 개념을 주장해야만 하는 것이다. 심리학이 개인적 정의를 거부한다고 해서 일반인들의 접근을 차단하는 것은 아니며, 다른 모든 과학과 마찬가지로 모든 사람들이 공유할 수 있는 보편적이며 공개적으로 접근할 수 있는 지식의 탐색을 위해 분야를 개방하고 있다.

이와 같이 공개적으로 접근 가능한 지식은 오직 개념이 조작적 정의에 기초하고 있으며 단어 의미에 대한 본질주의적 논쟁의 초점이 되지 않을 때에라야 비로소 인간의 문제를 해결하는 데 사용할 수 있다. 예컨대, 몽크(R. Monk, 1990)는 어떻게 이차대전 중에 **부상 쇼크**(wound shock)라는 개념이 의학에서 문젯거리가 되어버렸는지를 기술하고 있다. 몇몇 의사들은 적혈구가 비정상적으로 높게 농축되어서 일어나는 상태로 간주하였으며, 혈장이 혈관으로부터 조직으로 흘러 들어가기 때문에 일어나는 것이라고 생각하였다. 다른 의사들은 부상 쇼크를 저혈압, 피부 탈색, 그리고 높은 맥박에 근거하여 진단하였다. 다시 말해서, 그 개념의 조작적 정의에 일관성이 없었다(심지어 개인마다 달랐다). 따라서 영국 의학연구위원회에 근무하던 그랜트라고 불리던 한 의사는 "부상 쇼크라는 바로 그 개념 자체를 버려야 하며, 그 용어를 사용하지 않으면서 사망자에 대한 상세한 조사가 이루어져야 한다. … 진단의 합의된 기반이 결여되어 있기 때문에 채택한 다양한 치료법들의 효과를 평가하는 것 자체가 불가능하다"고 제안하였다(Monk, 1990, 445~446쪽). 다시 말해서 이 개념은 도움이 되기는커녕 해악만 초래하였던 것이다. 충분한 합의에 도달한 정의를 가지고 있지 않음으로 인해서 공개적 지식(즉, 보편적으로 공유하고 동의한 지식)으로 간주할 수 없었기 때문이다.

때때로 과학에서 개념 의미의 변화는 그 개념의 과학적 이해가 비전문가의 이해와 갈등을 초래하게 만든다. 파버와 처치랜드(Farber & Churchland, 1995)는 "불"(fire)이라는 개념을 둘러싼 상황을 다음과 같이 논의하고 있다. "타고 있는 탄소물질뿐만 아니라 태양과 여러 별들에서 일어나고 있는 활동(실제로는 핵융합이다), 번개(실제로는 전기적으로 유도된 백열광이다), 북극의 오로라(실제로는 스펙트럼 방사이다), 그리고 개똥벌레의 반짝거림(실제로는 인광이다)을 유목화 하는 데 고전적 개념을 사용하였다. 오늘날의 개념 틀에서는 이 모든 것들이 산화 과정을 수반하지 않기 때문에, 어떤 것도 장작불과 동일한 유목에 포함되지 않는다. 이에 덧붙여서 산화 과정 유목에 속하는 것으로 판명된 과정들, 예컨대 녹이 스는 것, 퇴색하는 것, 그리고 신진대사 등은 처음에 불타는 것과 어떤 것도 공유하지 않는 것으로 간주되었다. 열기를 느낄 수 있는 것을 이 유목의 본질적 자질로 간주하였기 때문이었다"(1296쪽). 요컨대 캠프파이어와 녹스는 현상을 하나로 묶어주며, 이것들을 번개 현상과 분리시켜주는 산화 과정 원리가 과학자에게는 진보의 징표일 수 있지만, 일반인에게는 혼란스럽고 갈피를 잡을 수 없는 것이 될 수 있다.

본질주의자의 물음과 심리학의 오해

많은 사람들이 심리학에 접근할 때 조작주의의 생각을 포기하는 또 다른 이유는 그들이 특정한 인간 문제들에 대해서 본질주의적인 답을 찾기 때문이다. 이 장의 서두에서 제기한 다음의 물음을 회상해보라 : 중력이라는 용어의 진정한 의미는 무엇인가? 중력에 기저하는 요체는 무엇인가? 중력이라고 말할 때 궁극적으로 의미하는 것은 무엇인가? 대부분의 사람들은 물리학의 현재 이론들이 이러한 유형의 물음, 즉 현상의 궁극적인 기저 본질에 대한 지식을 요구하는 물음에 답할 수 없다는 사실을 인정한다. 최근 수세기에 걸쳐 일어난 물리학의 진보에 관한 대중적인 글에도 전혀 익숙하지 않은 사람들도 중력이 매우 복잡한 이론적 구성체이며 중력에 대한 개념적 관계와 조작적 관계가 끊임없이 유동상태로 존재해왔다는 사실을 인정한다.

그런데 위의 각 물음에서 "중력"이라는 단어를 빼고 "지능"이라는 단어를 집어넣으면, 놀라운 일이 일어난다. 갑자기 물음들 속에 상당한 의미가 스며든다. 물음들은 자연스럽고 의미충만한 것처럼 보인다. 그 물음들은 문자 그대로 답을 구걸하고 있다. 심리학자가 지능이란 바로 그 지능을 측정하는 데 사용하는 조작 그리고 다른 구성체들과의 이론적 관계로부터 그 의미가 유도되는 복잡한 개념이라고 물리학자와 같은 답을 하게 되면, 그 심리학자는 얕잡혀 보이게 되고 "진정한" 물음을 회피한다는 비난을 받기 십상이다.

요컨대, 심리학이 직면하고 있는 한 가지 문제점은 일상적으로 다른 과학에서는 제기하지 않는 본질주의적 물음들에 대한 답을 강요당한다는 점이다. 이러한 강요는 흔히 심리학 분야가 달성한 진보를 헐뜯으려는 많은 시도의 기저를 이룬다. 그렇지만 이러한 불순한 시도가 심리학 분야 자체의 장해물은 되지 못한다. 심리학자들은 다른 과학자들과 마찬가지로 본질주의적 답의 요구를 무시하고 자신들의 연구에 전념하고 있기 때문이다. 그렇기는 하지만 이러한 요구는 심리학에 대한 일반대중의 이해에는 커다란 걸림돌이 된다. 일반대중은 심리학이 아무런 진보도 이루지 못하였다는 무식하기 이를 데 없는 비판적 주장을 들을 때 심한 혼란을 겪게 된다. 그렇게 잘못된 주장에 이의를 제기하는 경우가 매우 드물다는 사실은 불행하게도 이 책의 기본 전제, 즉 심리학이 이룩한 실제 업적에 대한 일반대중의 지식은 비참하리만치 보잘것 없다는 사실이 참이라는 점을 반영하고 있다. 자세하게 고찰해볼 때, 그러한 비판은 일반적으로는 심리학이 아직 심리학의 어떤 물음에도 궁극적인 답을 제공하지 못하였다는 주장으로 귀착한다. 그 점에서는 다른 모든 과학과 마찬가지로 심리학도 아직 모자란 점이 있다는 사실을 기꺼이 인정한다.

혹자는 심리학을 포함한 모든 과학이 본질주의적 물음에 답할 수 없다는 사실을 알고는 불편해할는지도 모르겠다. 홀튼과 롤러(G. Holton

& D. Roller, 1958)는 일반대중이 물리학자들은 본질주의자의 물음에 답할 수 없다는 이야기를 들을 때 느낄 수 있는 어색함을 논의하고 있다. 홀튼과 롤러는 붕괴되는 방사능 원자의 수가 시간과 지수함수의 관계를 갖는다는 방사능 붕괴 현상을 논의하고 있다. 그렇지만 그 함수는 방사능 붕괴가 **왜** 일어나는지에 관한 물음에는 아무런 답을 주지 못한다. **어째서** 방사능 붕괴가 이 함수를 따르느냐는 일반대중의 물음에 답하는 것이 아니며, 방사능 붕괴가 **진정으로** 무엇이냐는 물음에 답하는 것도 아니다. 홀튼과 롤러는 "우리는 현대과학의 제한점, 즉 과학은 '진정으로 사물이 무엇인지'를 찾아낸다고 주장하지 않는다는 사실과 조화를 이루도록 노력해야만 한다"(219~220쪽)고 언급하고 있다. 과학 작가인 로버트 라이트(Robert Wright, 1988)는 다음과 같이 설명한다.

> 아이작 뉴턴의 중력이론에는 무엇인가 지루한 것이 있었다. … 도대체 어떻게 "떨어져 있으면서 작용한다"가 작동할 수 있단 말인가?. … 뉴턴은 이 문제를 비켜나갔다. … 뉴턴 이래로 물리학자들은 그의 방식을 추종해왔다. … 물리학자들은 사물들이 전자기 법칙이나 중력 법칙을 따르는 이유를 설명하려고 시도하지 않는 것이다. (61쪽)

마찬가지로 인간 본성에 관한 물음에 본질주의적인 답을 추구하는 사람들이 심리학을 들여다보면 필연적으로 실망하게 되어 있다. 심리학은 종교가 아니다. 심리학은 인간 행동의 모든 측면에 관한 과학적 이해를 추구하는 믿기 힘들만큼 광대한 영역이다. 따라서 심리학의 현재 설명들은 다른 대안적 설명보다는 우수하게 행동을 설명해주는 잠정적인 이론적 구성체들이다. 이 구성체들은 장차 진리에 보다 가까이 접근한 우수한 이론적 개념화로 대치될 것이 확실하다.

조작적 정의라는 생각은 심리학 이론의 반증가능성을 평가하는 데 매우 유용한 도구가 될 수 있다. 반증 불가능한 이론을 확인하는 데는 직접적이든 간접적이든지 간에 관찰 가능한 조작에 근거하지 않는 개념이 존재한다는 사실이 중요한 단서가 된다. 따라서 어떤 이론에 직접적이든 간접적이든 이론가가 조작적 연계를 제공할 수 없는 엉성한 개념이 존재한다면, 의심의 눈을 가지고 지켜보아야만 한다.

과학자들이 **경제성**(parsimony)이라고 부르는 원리가 이 문제와 부합한다. 경제성 원리란 두 이론이 동일한 설명력을 가지고 있을 때는 단순한 이론, 즉 상대적으로 소수의 개념 그리고 개념적 관계를 수반하는 이론이 우선한다는 주장이다. 상대적으로 소수의 개념적 관계를 가지고 있는 이론이 후속 검증에서 반증될 가능성이 더 높기 때문이다.

조작주의의 원리를 철저하게 파악하는 것은 과학적으로 무의미한 문제나 물음들을 인식하는 데도 도움을 준다. 예컨대, 내 파일에는 "동물은 사고하는가?"라는 제목을 가진 UPI의 전송서비스 기사가 들어 있다. 이 기사는 동물행동에 대한 최근의 실험연구를 기술하고 있다. 이 기사에서 기술하고 있는 연구에는 잘못이 없지만, 그 기사의 제목은 확실히 성가신 것이다. 이 제목은 만일 사고(思考)라는 용어에 대한 어떤 조작적 기준도 규정할 수 없다면 과학적으로 무의미한 것이며, 기사에는 그러한 기준이 아무 것도 없다. 이와 유사한 문제가 "컴퓨터는 사고할 수 있는가?"를 묻는 최근의 수많은 신문기사에도 적용된다. 어떤 조작적 기준이 없는 한, 이러한 물음은 칵테일파티의 대화거리로는 엄청나게 유용할 수 있겠지만 과학적으로는 역시 무의미한 것이다.

요약

조작적 정의는 측정할 수 있는 관찰 가능한 조작에 근거하여 진술한 개념 정의이다. 이론이 반증 가능하다는 사실을 확신할 수 있는 주요 방식중의 하나는 그 이론에 들어 있는 핵심 개념들이 반복할 수 있는 행동적 관찰에 근거하여 진술한 조작적 정의를 확실하게 가지고 있도록 만드는 것이다. 조작적 정의는 과학지식을 공개적으로 검증 가능한 것으로 만드는 중요한 기제이다. 조작적 정의가 공개된 영역에 들어 있게 됨으로써 그 정의가 규정하는 이론적 개념들이 누구에 의해서나 검증가능해지는 것이다. 이것은 특정한 사람들만이 소유하고 있으며 누구나 검증할 수 있도록 공개되지 않는 "직관적"이고 비경험적인 정의와는 다르다.

심리학은 **지능**이나 **불안**과 같은 일상대화에 들어 있는 용어를 사용하기 때문에, 그리고 많은 사람들은 이러한 용어가 의미하는 바에 대해서 기존의 편향된 생각을 가지고 있기 때문에, 이러한 용어를 조작적으로 정의해야 할 필요성을 인식하지 못하기 십상이다. 심리학은 다른 모든 과학과 마찬가지로 용어의 조작적 정의를 필수적으로 요구하지만, 사람들은 다른 과학에서는 요구하지 않는 본질주의적 물음에 대한 답을 심리학에서는 요구하는 경우가 많다. 어떤 과학도 궁극적 물음에 대한 답을 제공하지 못한다. 다른 과학과 마찬가지로 심리학도 이론에 들어 있는 개념들이 세상이 실제 존재방식을 보다 정확히게 반영할 수 있도록 끊임없이 조작적 정의를 정교화 하고자 시도하고 있는 것이다.

4

증언서와 사례연구 증거

가짜약 효과 그리고 어메이징 랜디(Amazing Randi)

    1990년대 미국에서 가장 유명한 청중 참여 텔레비전 토크쇼 중의 하나인 오프라 윈프리 쇼(Oprah Winfrey Show)[1]의 한 장면이다. 오늘의 초대손님은 인간잠재력 외디푸스 연구소의 소장을 맡고 있는 알프레드 폰티피케이트 박사이다. 오프라는 객석을 누비면서 박사의 도발적인 새로운 출생순위 이론에 대한 질문을 유도한다. 그의 이론은 한 사람의 인생경로가 출생순위가 결정하는 가족 간의 상호작용에 의해 돌이킬 수 없게끔 정해져 있다는 생각에 근거한 것이다. 토론내용은 필연적으로 이론적인 관심에서부터 청중들에게 중요한 개인 사건들을 설명해달라는 요구로 바뀐다. 박사는 군말 없이 동의한다.

---

[1] 윈프리(Oprah Winfrey, 1954~)는 흑인여성으로서 미국에서 이례적이라고 할 만큼 유명한 텔레비전 토크쇼 진행사이다. 그녀가 설립한 Harpo Production사는 매년 1억 달러 이상의 수입을 올릴 정도이다. 윈프리는 자신의 토크쇼에 출연하는 사람들에게 웬만해서는 출연료를 지급하지 않는다는 구설수에 오르기도 하였다. 아마도 출연자들이 자신의 홍보효과로 출연료를 대신하는 것이겠다. 토크쇼의 내용은 우리나라 텔레비전에서도 한 밤중에 진행하는 토크쇼와 마찬가지로 그렇고 그런 것이어서 보아도 그만 안 보아도 그만인 것들인데, 미국의 대중들은 그러한 프로그램을 무척이나 좋아하는 것으로 보인다. 그녀는 2011년 5월 이 토크쇼의 고별 방송을 했다.

예컨대, "박사님. 우리 형은 자학적으로 일에 매달립니다. 형수님과 가족은 내팽개치고 무엇보다도 일과 관련된 문제에만 비중을 두죠. 형은 인정하려고 하지 않지만 위궤양에다 음주 문제를 가지고 있죠. 형의 가족들은 2년 동안 진정한 휴가를 가본 적이 없어요. 이혼 직전인데도 신경도 쓰지 않는 것 같아요. 왜 그렇게 자학적인 삶을 선택했을까요?"

이 이야기에 대해 박사는 "댁 형님의 출생순위가 어떻게 되나요?"라고 묻는다.

"예. 제일 큰 형님이지요."

"바로 그거예요." 박사는 말한다. "지극히 흔한 일이죠. 병원에서 그러한 사례를 자주 봅니다. 이와 같은 상황에 깔려 있는 기저 역학이 발생하는 이유는 부모님이 자기 삶의 희망과 좌절을 맏이에게 전이하기 때문이죠. 무의식적인 소망의 감정 전이 과정을 통해서 아이는 부모의 희망과 좌절을 받아들이는 것이죠. 비록 부모들이 그것을 결코 말하지 않는 경우에도 말입니다. 그렇게 되면 내가 역동적 소용돌이라고 부르는 무의식적 과정을 통해서 부모의 야망은 자식의 성취라고 하는 병리적 욕구로 발현되는 것이죠."

오프라 윈프리 쇼에 참석한 청중들의 질문은 초대 손님이 자기들의 신념을 부정할 때 적대적인 태도를 보이게 되는 경우도 자주 있기는 하지만, 행동 "전문가"인 그가 전통적 지혜를 확증하는 것으로 보일 때는 그러한 사태가 일어나는 경우는 거의 없다. 그렇기는 하지만 때로는 초대 손님의 주장을 뒷받침 하고 있는 증거에 의문을 던지는 청중으로 인해서 토크쇼의 분위기가 험악해지는 경우도 있다. 여기 한 열성적이고 직선적인 청중이 참석하고 있다. "그런데 박사님. 잠깐만요. 우리 형도 맏이인데요. 부모님이 건달 같은 형은 하버드 대학에 보내주고,

나보고는 전문대학에나 가서 치과위생사가 되라는 거예요. 그런데 우리 부모님의 그 위대한 수재는 1년 만에 학교를 때려 치고 콜로라도의 어느 산꼭대기로 숨어 들어가고 말았지요. 우리가 그를 마지막으로 보았을 때 형은 힌두교의 기도문을 읊조리면서 바구니나 짜고 있었단 말입니다! 박사님이 맏이에 대해서 말하는 것은 도대체 이해할 수가 없군요."

청중들은 맞대결에 긴장하지만, 불행하게도 결국에는 항상 박사가 이기고 만다. "네, 맞아요. 댁의 형님과 같은 사례들을 많이 보아왔지요. 상담을 하다보면 그런 사람들을 자주 접하게 됩니다. 그런 사람들은 역동적 소용돌이가 단절되어 가지고는 소망의 감정 전이를 약화시키려는 무의식적 욕망을 만들어내는 사람들입니다. 따라서 개인의 삶이 관례적인 성취 야망을 거부하는 방법으로 발전하게 되는 것입니다." 고요한 정적이 뒤따르고 나서 다음 "케이스"로 넘어가게 된다.

물론 우리는 지극히 친숙한 사례를 다루고 있는 것이다. 이것은 벤저민 러쉬 문제의 또 다른 사례이다. 이러한 출생순위 "이론"은 어떠한 관찰도 그 이론을 반증할 수 없도록 구조화되어 있다. 반증 불가능한 이론이기 때문에 그 이론을 증명하기 위해 제시된 확증은 아무런 쓸모가 없는 것이다.

그러나 이 장에서 우리의 관심사는 이론 자체에 있는 것이 아니라 그 이론을 지지하기 위해서 제시하는 증거의 본질에 있다. 폰티피케이트 박사는 승거를 요구받을 때마다 자신의 "임상경험"이나 "사례연구"를 증거로 제시한다. 대중매체 심리학의 영역에서는 지극히 일상적으로 일어나는 일이다. 토크쇼와 대중서적 판매서가는 저자의 임상경험에 근거하거나 아니면 몇몇 경우에는 특정 관심인물의 비교적 체계적인 사례연구에 근거한 심리학 이론들로 가득 차 있다. 이러한 경로를 통해서 일반대중에게 제시되는 많은 치료법들은 그러한 치료법을 처치 받아서 차도가 있었다거나 치유되었다고 스스로 생각하는 사람들의 증언서에 의해서만 지지될 뿐이다. 이 장에서는 다음과 같이 심리학 정보의 소비자들에게 상당히 유용한 원리를 제안한다: 사례연구와 증언서는 심리학 이론과 치료법의 평가를 위한 증거로서는 가치가 거의 없다.

이 장에서 우리는 이것이 참일 수밖에 없는 이유를 보여줄 것이며, 심리학에서 사례연구의 적합한 역할에 대해서도 논의한다.

사례연구의 위상

사례연구는 개인이나 아주 소수의 사람들을 집중적으로 상세하게 살펴보는 연구이다. 사례연구 정보의 유용성은 전적으로 특정 영역에서 과학 연구가 얼마나 진보하였는가에 의해서 결정된다. 사례연구나 임상 경험으로부터 얻는 통찰은 특정 문제에 대한 초기 연구단계에서는 꽤 유용할 수 있다. 사례연구는 심리학에서 새로운 영역에 관한 연구를 시작할 때 주도적인 역할을 해왔다(Martin & Hull, 2006). 잘 알려진 사례가 장 피아제(Jean Piaget)의 연구이다. 피아제의 연구는 아동의 사고가 어른 사고를 적당히 손질한 저급한 수준의 것이 아니라 자체적인 구조를 가지고 있을 가능성을 제기하였다. 아동 사고에 관한 피아제 추측의 몇몇은 확증되었지만, 많은 것들은 확증되지 못하였다(Bjorklund, 2011; Goswami, 2008). 그렇기는 하지만, 지금 우리의 논의에서 중요한 것은 피아제의 많은 추측들을 어떻게 확증하였는지에 관한 것이 아니다. 오히려 중요한 것은 피아제의 사례연구가 모든 것을 입증하지 못하였다는 것이 아니라 발달심리학자들이 연구할 놀라우리만치 풍요로운 영역을 제안하였다는 사실을 이해하는 것이다. 피아제의 사례연구가 생성한 가설들에 관하여 확증 증거와 반증 증거를 제공한 것은 제5장과 6장에서 기술하는 유형의 후속 상관연구와 실험연구들이다.

사례연구가 매우 유용할 수도 있는 과학 연구의 초기단계를 벗어나서 이론검증의 보다 성숙된 단계로 접어들게 되면, 상황은 극적으로 변하게 된다. 사례연구와 증언서가 과학 연구의 후기 단계에서 유용하지 않은 까닭은 특정 이론의 검증에서 그것들을 확증하거나 반증하는 증거로 사용할 수 없기 때문이다. 사례연구와 증언서는 고립된 사건으로서 대안적 설명을 배제하는 데 필요한 비교정보를 가지고 있지 못하다.

프로이트 연구의 한 가지 제한점은 사례연구에 근거한 흥미진진한 가설들로부터 한 걸음 더 나아가서 실제 그 가설들을 **검증**하지 못하였다는 데 있다(Dufresne, 2007). 프로이트 연구에 관한 선도적 작가 중의 한 사람인 프랭크 설로웨이(Frank Sulloway)는 다음과 같이 진술하고 있다: "과학은 2단계 과정이다. 첫 번째 단계는 가설의 발전 단계이다. 프로이트는 자신이 활동하던 시절에 놀라우리만치 설득력 있고 그럴 듯한 일련의 가설들을 발전시켰지만, 진정한 과학에 필수적인 엄격한 방식의 두 번째 절차적 단계를 결코 취하지 못하였다"(Dufresne, 2007, 53쪽).

증언서는 고립된 사건이라는 점에서 사례연구와 유사하다. 증언서 증거에 의존할 때의 문제점은 시도한 거의 모든 치료법을 지지하는 증언서들이 존재한다는 것이다. 따라서 어떤 특정한 치료법을 지지하는 데 증언서를 사용하는 것은 잘못이다. 모든 경쟁적인 치료법들도 지지하는 증언서를 가지고 있기 때문이다. 물론 우리가 알고 싶어 하는 것은 어느 치료법이 최선이냐는 것인데, 증언서 증거를 사용해서는 이것을 결정할 수 없다. 심리학자 레이 닉커슨(Ray Nickerson, 1998)은 사람들이 스스로를 속이기 위해서 사용하는 인지과정에 관한 개관에서 다음과 같이 말하고 있다 : "특정한 형태의 사이비치료법을 시행하고 있는 모든 사람들은 치료의 덕을 보았다는 사실을 모든 열과 성을 다하여 증언해줄 수 있는 환자집단을 내놓을 수 있다"(192쪽). 예컨대, 기억성과나 자기존중감을 증진시킨다고 주장하는 역치하 자조 테이프(subliminal self-help audiotape : 청각적 역치 이하로 들려주는 메시지를 사용하는 테이프)는 엄격하게 통제된 연구들이 기억이나 자기존중감에 전혀 효과가 없다는 사실을 보여주고 있음에도 불구하고 엄청나게 많은 증언서들을 생성해내고 있다(Lilienfeld et al. 2010).

대안적 설명이라는 생각은 이론 검증을 이해하는 데 매우 중요하다. 실험설계의 목표는 하나의 특정한 설명을 지지하며 동시에 다른 설명들을 반증할 수 있도록 사건을 구조화하는 것이다. 반증가능성에 관하여 제2장에서 논의한 바와 같이, 과학의 진보는 수집한 데이터가 여러 설명들을 배제시킬 수 있을 때에만 비로소 이루어질 수 있다. 과학은 생각들의 자연선택을 위한 조건을 만들어내는 것이다. 어떤 생각들은 경험적 검증에서 살아남으며, 다른 생각들은 도태되고 만다. 살아남은 생각들이 진리에 더 근접한 것이다. 이것이야말로 생각들을 체로 걸러서 가장 많은 진리를 담고 있는 생각들을 찾아내는 피를 말리는 과정인 것이다. 그런데 이 과정에는 선택과 배제가 있을 수밖에 없다. 즉, 특정 이론을 지지하는 것으로 수집된 데이터가 다른 많은 대안적 설명도 똑같이 가능성이 있는 후보로 남겨 놓아서는 안 된다는 것이다. 과학자들이 그들의 실험에서 통제집단 또는 비교집단을 구성하는 이유가 바로 이것이다. 이러한 집단들은 자신의 결과를 실험집단의 결과와 비교할 때 대안적 설명들을 배제할 수 있도록 구성한다. 어떻게 이 과정을 수행하는 것인지가 여러 후속 장들의 주제가 된다.

사례연구와 증언서는 고립된 현상으로 존재한다. 특정 이론이나 치료법을 확실하게 지지할 수 있게 해주는 비교정보를 결여하고 있다. 따라서 증언서나 사례연구를 **특정** 이론이나 치료법을 지지하는 것으로 인용하는 것은 잘못이다. 만일 그렇게 하는 사람들이 그 증거는 광범위한 대안적 설명에도 개방적이라는 사실을 명확하게 지적하지 않는다면, 일반대중을 오도하는 것이 된다. 요컨대, 한 현상에 대한 고립된 증명은 상당히 잘못된 것이다. 이 사실은 가짜약 효과의 예를 고찰함으로써 상세하게 예시할 수 있다.

증언서가 무가치한 이유 : 가짜약 효과

지금까지 의학과 심리학에서 고안한 거의 모든 치료법들은 지지자들을 긁어모아 왔으며, 충심으로 그 효용성을 증언할 사람들을 생산해낼 수 있었다. 의학은 멧돼지 이빨, 악어 똥, 이집트 미라 분말, 그리고 다른 많은 상상력이 동원된 치료법들의 치유능력에 관한 증언서를 기록해왔다(Begley, 2008 ; Harrington, 2008). 실제로 처치를 가하고 있다는 단순한 시사조차도 많은 사람들로 하여금 병세가 나아졌다고 느끼게 만드는 데 충분하다는 사실이 오래 전부터 알려져 왔다.

치료적인 요소가 실제로 들어 있든 아니든지 간에, 어떠한 치료든 도움이 되었다고 보고하는 사람들의 일반적인 경향성을 **가짜약 효과**(placebo effect)[2]라고 부른다(Begley, 2010 ; Benedetti, Carlino, & Pollo, 2011 ; Buhle,

---

2) 이 책의 독자들은 그렇지 않을 것이라고 생각하지만, 가끔 오해를 하는 사람들이 있어 첨언한다. 가짜약 효과란 효과가 가짜라는 뜻이 아니라, 가짜약이 효과를 낸다는 것이다. 특정 질병, 예컨대, 두통에 의학적으로는 효과가 없다고 알려진 물질(예컨대, 생리적 식염수나 소화제)을 두통약이라고 생각하고 받아들이면 일시적이나마 정말로 나타나는 효과를 의미하는 것이다. 동일한 약물도 효과가

Stevens, Friedman, & Wagner, 2012 ; Harrington, 2008 ; Novella, 2010). 가짜약 효과라는 개념은 영화 **오즈의 마법사**(The Wizard of Oz)에서 잘 예시하고 있다. 마법사가 실제로 깡통인간에게 심장을, 허수아비에게 두뇌를, 그리고 사자에게 용기를 준 것이 아님에도 불구하고, 이들은 모두 나아졌다고 느꼈던 것이다. 사실, 의학이 진정으로 치료 효과를 가지고 있는 상당한 종류의 치료법을 발전시킨 것은 지난 한 세기에 불과하기 때문에, "지난 세기 이전까지 의학의 전체 역사는 가짜약 효과의 역사였을 뿐이다"라고까지 말하는 것이다(Postman, 1988, 96쪽).

가짜약 효과의 개념은 생의학 연구를 들여다봄으로써 예시할 수 있다. 이 분야에서 새로운 의학 처치에 관한 모든 연구들은 가짜약 효과의 통제를 포함하여야만 한다. 전형적으로, 환자 집단을 대상으로 새로운 약물의 효과를 검증할 때는 이에 상응하는 집단도 구성하여서 그 약물의 성분이 들어 있지 않은 약(가짜약)을 주게 된다. 어느 집단도 자기들에게 투여하는 것이 무엇인지를 몰라야 한다. 따라서 두 집단을 비교할 때, 가짜약 효과, 즉 새로운 치료법이 가해졌을 때 증세가 호전되었다고 느끼는 경향을 통제하는 것이다. 새로운 약물을 투여 받은 환자 중에서 증상이 완화되었다고 보고하는 환자의 비율을 보여주는 것만으로는 충분하지 않다. 통제집단이 없는 경우에는 몇 퍼센트가 약물 자체의 효용성 때문이 아니라 가짜약 효과 때문에 증상완화를 보고하는 것인지를 알 수 없기 때문이다.

가짜약 효과, 즉 가짜약을 투여 받은 후 만족스러운 효과가 있었다고

있을 것이라고 믿고 복용하는 경우와 효과가 있을까 의심하면서 복용하는 경우에 그 효과는 다를 수 있다. 효과가 있을 것이라고 믿으면 정말로 효과가 나타나는 심리적 현상이 가짜약 효과이다. 역자와 같은 무신론자에게 성경 요한복음 11장 40절의 "믿으면 하나님의 영광을 보리라"는 표현은 바로 가짜약 효과를 나타내는 것이겠다. 물론 기독교신자에게는 진정한 믿음이겠지만 말이다.

보고한 환자의 비율이 우울 정신병에서는 29%, 십이지장 궤양에서는 36%, 편두통에서는 29%, 그리고 역류성 식도염에서는 36%인 것으로 나타났다(Cho, Hotopf, & Wessely, 2005). 가짜약 효과는 매우 강력할 수 있으며, 심지어는 가짜약에 중독되어서는 자신들의 건강상태를 유지하기 위해서 자꾸만 더 많은 가짜약을 요구하는 사람들에 관한 보고들조차 있는 형편이다(Ernst & Abbot, 1999)! 괴상망측하기 짝이 없는 한 연구(Begley, 2008 참조)에서는 위장 외과수술(절개를 한 것처럼 보이지만 실제로 절개한 것은 아닌 수술)을 받은 일단의 퇴행성 관절염 환자들이 실제로 관절 수술을 받은 환자들 못지않게 통증이 완화되었다고 보고하였다. 이 결과는 (머리·가슴·목 등을 회전하는 데 관여하는 근육인) 회선근 수술을 받았던 많은 사람들이, 비록 MRI(자기공명영상)는 그 근육이 치료되지 않았다는 사실을 보여줌에도 불구하고, 통증이 사라졌다고 보고하였다는 연구와 일맥상통한다(Kolata, 2009).

이러한 사례들은 거의 50%에 달하는 의사들이 의도적으로 가짜약을 처방한다고 보고하는 사실을 설명해준다(Tilburt, Emanuel, Kaptchuk, Curlin, & Miller, 2008). 마지막으로 가짜약 효과는 기대라고 하는 맥락에 의해서 조정될 수 있다. 연구들은 값비싼 가짜약이 값싼 것보다 통증을 더 많이 완화시킨다는 사실을 입증해왔던 것이다(Waber, Shiv, Carmon, & Ariely, 2008)!

물론 약물 치료에 관한 실제 연구에서는 가짜약이 아무 것도 들어있지 않은 알약이 아니라 현재 그 치료에서 가장 잘 알려진 기존 약물을 담고 있는 알약이 된다. 실험 비교에서 찾아내려는 사실은 새로운 약물이 기존 약물에 비해서 우수한지의 여부가 된다.

우리는 의학 처방을 받을 때마다 가짜약 효과에 관한 정보를 받고 있다. 다음에 의학 처방을 받을 때는(만일 여러분이 매우 건강하다면,

할머니의 처방을 살펴보라), 그 약에 동봉된 설명서를 주의 깊게 살펴보라(아니면 제약회사의 웹사이트에서 그 설명서의 내용을 살펴보라). 그러면 처방받은 질병에서 가짜약 효과에 관한 정보를 찾아볼 수 있을 것이다. 예컨대, 필자는 편두통 치료를 위해 이미트렉스(sumatriptan succinate)[3]라고 부르는 약물을 복용하고 있다. 이 약물에 동봉된 설명서를 보면, 통제를 가한 실험이 특정 양을 복용한 환자의 57%가 두 시간 내에 통증 완화를 경험한다는 사실을 입증하였다고 적혀 있다(필자는 운이 좋게도 이 57%에 포함되어 있다). 그러나 설명서는 동일한 실험연구가 이러한 편두통의 경우에 21%의 가짜약 효과도 나타냈다는 사실도 보여주고 있다. 즉, 21%의 편두통 환자들은 이 약물이 아니라 (생리적 식염수와 같은) 다른 중성물질이 들어 있는 캡슐을 복용할 때에도 2시간 내에 완화 효과를 나타냈다.

가짜약 효과는 모든 유형의 심리치료법 속에 함축되어 있다(Lilienfeld, 2007). 정도가 약하거나 그렇게 심하지 않은 심리적 문제를 가진 많은 사람들은 심리치료를 받은 후에 차도가 있었다고 보고한다. 그러나 엄격하게 통제된 연구들은 이러한 회복률의 일부분이 가짜약 효과 그리고 흔히 **자발적 완화**(spontaneous remission)라고 부르는 단순한 시간 경과에 의한 효과가 합해진 것이라는 사실을 증명하여왔다. 도디즈(J. E. Dodes, 1997)는 다음과 같이 지적하고 있다 : "아무리 심각한 질병도 악화와 완화의 주기를 가지고 있다. 관절염과 동맥경화가 대표적인 예이다"(45쪽).

대부분의 치료는 적극적인 치료 성분과 가짜약 효과가 뒤섞여 있는데,

---

[3] Sumatriptan succinate은 편두통에 처방하는 약물이며, 이미트렉스는 이 약물을 포함하고 있는 제품명이다. 우리나라에서도 다양한 제품명으로 판매되고 있으나, 부작용이 많기 때문에 반드시 의사의 처방에 따라야 한다.

아직 그 조합을 이해하지 못하고 있는 경우가 많다. 도디즈는 가짜약에 대한 긍정적 반응이 환자의 문제가 상상적인 것임을 의미하지는 않으며, 일반대중의 믿음과는 반대로 가짜약은 해로울 수도 있다는 사실을 인식해야 한다고 다음과 같이 경고한다 : "가짜약 반응은 상상적 질병이라는 망상을 확증하거나 강화함으로써 만성적 질병에 '길들게' 만들 수 있다. 환자들은 가짜약 치료법을 채택하는 비과학적 치료사에게 의존적이게 될 수 있다"(45쪽).

심리치료의 효율성에 관한 연구에서는 흔히 가짜약 통제집단을 어떻게 정확하게 다룰 것이냐를 결정하는 것이 어려운 일이기는 하지만, 이러한 복잡한 문제가 지금 우리의 관심사는 아니다. 오히려 왜 연구자들이 진정한 치료효과를 가짜약 효과와 자발적 완화로부터 분리해내는 데 관심을 가지고 있는 것인지, 그 이유를 이해하는 것이 중요하다. 예컨대, 연구들을 보면 심리치료가 순전히 가짜약의 결과로 기대하는 것보다 높은 긍정적 효과를 갖는다는 사실을 알 수 있다(Engel, 2008 ; Shadish & Baldwin, 2005). 그렇지만 가짜약 통제집단을 사용한 실험들은 단지 개선을 보고하는 사람들의 전체 비율만을 인용하게 되면, 특정한 치료법으로만 원인을 돌릴 수 있는 개선의 정도를 지나치게 과대평가하게 된다는 사실을 입증하여왔다. 여기서 문제는 증언서가 너무나 쉽게 만들어질 수 있다는 점이다. 코넬 대학교의 심리학자 토마스 길로비치(Thomas Gilovich, 1991)는 다음과 같이 지적한다 : "신체는 스스로 치유하는 능력을 가지고 있기 때문에, 의학적 도움을 찾는 많은 사람들은 비록 의사가 아무 도움도 되지 않는 행위를 하더라도 긍정적 결과를 경험하게 된다. 따라서 기본적으로 성공률이 매우 높은 경우에는 아무런 가치도 없는 치료법조차도 효과적인 것으로 나타날 수가 있다"(128쪽). 요컨대, 어떤 치료적 중재가 가해지게 되면, **그 중재의 효율성 여부에 관계없이**,

가짜약 효과는 일어날 잠재력을 가지고 있는 것이다. 문제는 가짜약 효과가 너무도 강력한 것이어서 사용하는 치료법이 아무리 우스꽝스러운 것이라 할지라도 대규모 집단의 사람들에게 적용하게 되면, 그 치료법의 효용성을 기꺼이 증언할 사람들을 찾아내는 것은 어려운 일이 아니라는 데 있다("새벽 머리 두드리기 치료법-매일 사용해 보십시오. 그러면 한결 기분이 좋아질 것입니다! 특수 의학 실험을 거친 이 고무망치를 원하시는 분은 10.95달러를 보내십시오.").

아무튼 이와 같이 심각한 문제에 농담이나 해서는 안 되겠다. 증언서와 사례연구 증거에 무턱대고 의존하는 것은 불행한 결과를 초래할 수 있다. 투렛 증후군을 기질적 증상이라고 현대적으로 개념화하는 데 공헌한 연구팀은 사례연구에만 불합리하게 의존하는 것은 질병의 증후군에 대한 반증 불가능한 정신분석학적 설명을 영속화시키는 데 일조하게 되며, 그러한 반증 불가능한 설명은 질병의 본질을 연구하는 데 있어서 진정한 과학적 진보를 방해한다는 사실을 지적하였다는 제2장의 내용을 회상하기 바란다.

*New England Journal of Medicine*의 한 사설은 의학종사자들이 의학에서 사례연구와 증언서의 위상에 대해서 믿고 있는 바가 무엇인지를 예증하고 있다 : "예컨대, 만일 우리 잡지에 대황뿌리 식이요법을 채택하고 나서 췌장암을 극복한 환자를 기술하고 있는 논문이 게재 신청한다면, 그 사례보고서를 출판할 수 있다. 그러나 치료법을 제시하는 논문으로서가 아니라 단지 적절한 임상 상황에서 검증해야만 할 가설을 제안하는 논문으로만 출판할 수 있다. 반면에 (일반적으로 대중서적이나 잡지에 실리는) 대안적 치료법에 관한 일화들은 그러한 기록을 가지고 있지 않으며, 그 자체로는 치료효과가 있다는 주장에 대한 증거로 불충분한 것으로 간주된다"(Angell & Kassirer, 1998, 839~840쪽).

"생생함" 문제

 가짜약 효과의 존재가 어떻게 증언서를 증거로서 무가치한 것으로 만들게 되는지를 지적하는 것은 바람직한 일이지만, 증언서를 특정한 주장의 증거로 받아들여서는 안 된다는 사실을 일반대중이 이해하는 데 방해가 되는 또 다른 장해물이 있다는 사실도 인식하여야만 한다. 사회심리학자와 인지심리학자들은 인간기억과 의사결정에서 **생생함 효과**(vividness effect)라고 부르는 현상을 연구해왔다(Li & Chapman, 2009 ; Slovic, 2007 ; Stanovich, 2009 ; Trout, 2008 ; Wang, 2009). 사람들은 문제해결 또는 의사결정 상황에 직면하면 기억으로부터 주어진 상황과 관련된 것으로 보이는 정보를 인출해낸다. 따라서 문제를 해결하거나 의사결정 할 때 접근하기 용이한 사실들이 선택될 확률이 높다. 접근가능성에 강력하게 영향을 미치는 요인 중의 하나가 정보의 생생함이다.

 여기서 문제점은 어떤 일이 일어났거나 아니면 어떤 것이 참이라고 말하는 개인의 성실한 증언보다 더 생생하거나 강력한 것은 없다는 사실이다. 개인적 증언의 생생함은 흔히 보다 높은 신뢰도를 가지고 있는 다른 정보를 뒤덮어버리게 된다. 여러 가지 제품들에 관한 정보를 주의 깊게 수집하여 구매 결정을 하였건만, 마지막 순간에 우연히 친구나 광고가 다른 제품을 권유하는 바람에 선택하였던 물건을 사지 않게 되는 경우가 얼마나 많은가! 자동차 구입이 전형적인 예이다(Nisbett & Ross, 1980). 소비자보고서(Consumer Reports)에서 수천 명의 고객들을 대상으로 실시한 여론조사를 읽고는 X라는 자동차를 사기로 결정하였을 수 있다. 주요 자동차 잡지를 참조하고 전문가들도 X를 추천하고 있다는 사실을 확인한 후, 자신의 결정에 안심한다. 물론 파티에서 한 친구를 만났다가, 그 친구의 친구의 친구가 X를 구입했었는데 정말

엉터리여서 수리하는 데 상당한 돈이 들었고 그래서 다시는 그 차를 사지 않으려고 작심하였다는 이야기를 들을 때까지 말이다. 확실히 이러한 단일 데이터가 우리 결정에 막강한 영향을 미쳐서는 안 된다. 그 결정은 수천 명의 고객을 대상으로 실시한 여론조사와 여러 전문가의 판단에 근거한 것이기 때문이다. 그렇지만 이러한 단일 증거에 비중을 과대하게 부여하려는 유혹에 저항할 수 있는 사람이 도대체 몇 명이나 있겠는가?

　어느 금요일 아침 조간신문에서 다음과 같은 헤드라인 제목을 보았다고 상상해 보라 : "점보제트기 추락-413명 사망", "아니 이런. 정말 끔찍한 사건이구만!"이라고 생각할지 모르겠다. 정말로 심각한 사건이 일어난 것이다. 그런데 그 다음 주 목요일 아침에 일어나서 신문을 보니 "또 다른 점보제트기 대재앙-442명 사망"이 보도되었다고 상상해 보자. "하느님 맙소사! 또 비행기 사건이야. 정말로 끔찍하네. 도대체 우리 비행기 시스템에 뭐가 잘못된 거야!!"라고 생각할지 모르겠다. 이제 다시 다음 주 금요일 아침에 일어나 보니 "세 번째 비극적인 항공기 추락-431명 사망"이라는 제목을 본다고 상상해 보라. 부디 최선을 다해서 상상해보기 바란다. 여러분뿐만 아니라 온 나라가 제 정신이 아닐 것이다. 위원회가 구성될 것이다. 엄청난 손해배상 소송이 이루어질 것이다. 시사주간지 뉴스위크와 타임은 커버스토리로 다룰 것이다. 여러 날에 걸쳐서 텔레비전 뉴스 프로그램의 핵심 기사거리가 될 것이다. 텔레비전 다큐멘터리가 이 문제를 다루게 될 것이다. 들끓는 원성이 아수라장을 이룰 것이다.

　그런데 이것은 단지 상상 속의 문제가 아니다. 실제로 일어나는 사건이다. 점보제트기가 매주 추락하고 있다. 단지 하나의 점보제트기가 아니라 많은 소형 제트기들이 말이다. 아니 실제로는 소형 제트기들이 아니라 소형 운송수단들이 말이다. 이 수단들을 자동차라고 부른다. 미국에서는 매주 자동차를 타고 가던 대략 350명의 사람이 사망하는데, 이 숫자는 한 대의 점보제트기를 채우기에 충분한 것이다(매년 19,000명이 자동차 사고로 사망한다).[4]

매주 미국의 고속도로에서는 점보제트기 한 대 분에 해당하는 사람들이 자동차 사고로 사망하지만, **아무도 관심을 기울이지 않는다** : "점보제트기 한 대를 가득 채울 수 있는 사람들의 사망"은 대중매체에서 생생한 방식으로 다루지 않기 때문이다. 따라서 매주 자동차 사고로 사망하는 350명(오토바이 사고로 매주 또 다른 85명이 사망한다)은 우리에게 전혀 생생하지 않다. 사람들은 제트기가 추락하여 많은 사람들이 사망하였을 때 저녁식사를 하면서 그 사고에 대해 이야기하는 것처럼 자동차 사고에 대해서는 별 이야기를 하지 않는다. 점보제트기가 매주 추락하여 그때마다 350명씩 사망할 때 항공교통시스템의 안전에 대해 논쟁하는 것처럼 자동차 여행의 안전과 필요성에 대해서는 논쟁을 벌이지 않는다. 자동차 사고는 전국에 걸쳐 분산되어 있기 때문에 350명의 사망은 뉴스거리가 되지 않으며 단지 통계적 수치가 될 뿐이다. 대중매체도 350명의 사망이 한 장소에서 일어나지 않기 때문에 우리에게 그 사건들

---

4) 6판이 출판되었던 2001년 당시 미국에서 1년에 대략 23,800명이 자동차 사고로 사망하였다는데, 10여 년이 지난 지금은 19,000명으로 감소하였다. 우리나라의 경우에도 경찰청의 통계에 따르면 2003년에 7,200여 명이었던 것이 점차 감소하여 2011년에는 5,200여 명이 자동차 사고로 사망하였다. 인구 10만 명당 사망자는 2003년 15.1명에서 2011년 10.7명으로 줄어들었다. 운전자와 자동차의 수가 기하급수적으로 늘어나고 있는 상황에서 사고가 줄어든다는 것이 다행스러운 일이기는 하지만, 아직도 우리나라의 자동차 사고율과 사망률은 매우 높은 편이라고 한다. 운전자와 보행자 모두 방어 운전과 방어 보행을 하는 것이 무엇보다도 중요하겠다. 역자도 운전을 하다보면, 운전을 하면서 DMB 텔레비전 방송을 시청하는 운전자나 귀에는 헤드폰을 끼고 손으로는 휴대폰 자판을 두드리면서 앞뒤 가리지 않고 걸어가는 보행자들로 인해 혼비백산하는 경우가 비일비재하다.

을 생생하게 보도하지 않는다. 대신에 대중매체는 (그저 때때로) 숫자만을 제공한다(예컨대, 주당 350명). 이 숫자는 사람들로 하여금 심각하게 생각할 수 있게 만들어야 하는데도 불구하고 실제로는 그렇지 못하다. 자동차 운전은 우리 삶의 어떠한 다른 행위와 비교해보아도 지극히 위험한 행위이다(Galovski, Malta, & Blanchard, 2006 ; Gardner, 2008 ; National Safety Council, 2001). 그러나 운전에 수반된 이득과 비교하여 위험에 관한 전국적 토론은 한 번도 없었다. 이 정도의 사고는 상당한 거리의 운전을 요하는 전원생활이 치를 만한 가치가 있는 대가인가? 사람들은 아무런 문제점도 인식하지 못하기 때문에 이러한 물음을 결코 던지지 않는다. 문제점을 인식하지 못하는 이유는 비행기 추락의 대가를 제시하는 것처럼 생생한 방식으로 그 비용을 제시하지 않기 때문이다.

다음의 사례가 얼마나 어리석은 것인지를 생각해 보자. 한 친구가 여러분을 30킬로미터 떨어진 공항까지 태워다 주는데, 여러분은 대략 1,200킬로미터 가량 비행기를 타고 여행할 예정이다. 헤어질 때 그 친구는 "안전한 비행기 여행이 되기를 바란다"고 말할 가능성이 있다. 불행하게도 이러한 환송은 역설적인 것이 되고 만다. 여러분이 1,200킬로미터 비행기 여행을 하는 것보다 그 친구가 30킬로미터를 운전하여 다시 집으로 돌아가다가 **자동차 사고로 사망할 가능성이 세 배나 높기 때문**이다. 더 위험에 처한 사람이 덜 위험한 사람의 안전을 기원하는 이러한 비합리성을 설명해주는 것도 바로 생생함의 문제인 것이다(Sivak & Flannagan, 2003).

이러한 사례들은 단지 가상적인 것이 아니다. 2001년 9월 11일 테러리스트들의 공격이 있은 후에, 사람들이 비행기 타는 것을 두려워하였기 때문에 항공기 이용이 격감하였다. 물론 사람들은 계속해서 이동을 하였다. 그저 집에만 머무르지 않았다. 단지 다른 교통수단, 대부분의 경우에 자동차를 이용하여 이동을 하였던 것이다. 자동차 이용이 비행기보다 훨씬 위험하기 때문에, 통계 결과를 보면 이동수단을 자동차로 바꿈으로 인해서 보다 많은 사람들이 사망한 것이 확실하다. 실제로 연구자들은 2001년 마지막 달에 비행기 대신에 자동차를 이용함으로 인해서 적어도 300명 이상이 더 사망한 것으로 추정하였다(Gigerenzer, 2004, 2006). 시박과 플라나간(Sivak & Flannagan, 2003)은 운전이 얼마나 위험한 것인지를 보여주는 생생한 통계치를 얻을 수 있었는데, 만일 비행기가 자동차만큼 위험한 것이라면 9·11 테러 규모의 참사가 매달 한 번씩 일어날 것이라고 계산하였다.

미국의 연방항공국이 유아도 비행기에서 자신의 좌석에 앉을 것을 권장하면서도 이를 의무조항으로 규정하지 않은 까닭도 이 때문이다(Associated Press, 2010). 연방항공국이 그렇게 하지 않은 까닭은 만일 유아도 좌석을 구입하도록 강제하게 되면 부모들이 비행기를 이용하는 대신에 자동차를 선택할 것을 염려하였기 때문이다. 그렇게 되면 유아는 비행기에서 부모의 무릎 위에 있는 것보다 훨씬 높은 위험에 처하게 된다. 일상의 환경에서 아동이 자동차에 타고 있는 것보다 더 위험한 장소는 없다. 그럼에도 많은 부모들은 이 사실을 깨닫지 못하는 것이다.[5]

판단에서 생생함의 효과를 피하기는 어렵다. 학생들의 높은 자살률로 명성이 자자한 미국 코넬 대학교의 사례를 보자. 우리는 이 대학이

---

5) 자동차는 양날의 길이다. 이동 시간을 엄청나게 줄여주는 정밀로 편리한 도구이시만 일반적으로 생각하는 것보다 훨씬 위험한 도구이기도 하다. 특히 유아의 경우에는 자동차만큼 사망 위험이 높은 도구도 없을 것이다. 그런데도 유아를 태우고 다니면서 카시트를 설치하기는커녕, 아이가 마치 에어백이나 되는 듯이 조수석에 앉은 사람이 무릎 위에 앉혀놓고 있는 장면을 심심치 않게 목격하게 된다. 심지어 운전자가 무릎 위에 아이를 앉혀놓은 채 운전하는 모습을 볼 때는 소름이 끼칠 정도다. 우리 모두 조심해야겠다. 영어식 표현으로 아무리 조심해도 지나치지 않다.

어떻게 이러한 악명을 갖게 되었는지 의문을 던져보아야만 한다. 이 물음을 던져야만 하는 까닭은 통계적으로 이 대학은 자살률이 높은 학교가 아니기 때문이다. 실제로 이 대학의 자살률은 전국 평균의 절반도 되지 않는다(Frank, 2007). 명성은 실제 통계, 즉 코넬 대학교의 실제 자살 빈도와 아무 관련이 없다. 코넬 대학교가 빙하작용이 만들어낸 깊은 협곡의 두 면과 경계를 이루고 있는데, 그 협곡에는 두 면을 연결하는 멋진 다리들이 있다는 사실과 관련이 있는 것이다(Frank, 2007). 놀랄 것도 없이 빈번하게 일어나는 자살은 이 다리들에서 발생하며, 구조단이 협곡에서 시신을 인양할 때 교통을 차단하게 되는데, 무엇보다도 중요한 것은 자살 현장에서의 생생한 텔레비전 장면인 것이다. 약물 과용에 의한 자살은 그렇게 대중매체의 관심을 끌지 않는다. 코넬 대학교의 명성은 생생함 때문이지 통계에서 유래한 것이 아니다.

 대중매체가 제공하는 이미지의 생생함으로 인해서 사람들이 잘못 판단하는 경우가 다른 영역에서도 허다하다. 부모들을 대상으로 자기 자녀에게 일어날 수 있는 위험 중에서 어떤 것을 가장 걱정하는지를 조사한 연구들이 있다(Gardner, 2008 ; Radford, 2005 ; Skenazy, 2009). 부모들은 확률이 1/600,000에 불과한 사건인 유괴사건을 가장 걱정하는 것으로 나타났다. 반면에 자녀가 자동차 사고로 사망할 확률은 유괴될 가능성에 비해서 **수십 배 이상**이나 높은데도 불구하고, 부모들은 자동차 사고에 대해서는 훨씬 덜 걱정하고 있었다(Gardner, 2008). 마찬가지로 아동은 낯선 이에게 유괴되어 살해될 가능성보다 수영장에 빠져 익사할 가능성이 훨씬 높다(Kalb & White, 2010). 물론 유괴에 대한 공포는 대부분이 대중매체가 만들어낸 걱정거리다. 자동차 사고, (총기 사고를 포함한) 우발적 사고, 아동 비만, 그리고 성장기의 자살이 유괴나 상어의 공격과 같은 것보다 아동의 웰빙에 훨씬 큰 위협 요인이다. 그렇지만 과학 작가

댄 가드너(Dan Gardner, 2008)가 지적하는 바와 같이, "사람들은 무시무시한 시나리오에 취약한 것"이다(84쪽). 그토록 "무시무시한 시나리오"는 예컨대, 할로윈 데이(Halloween day)[6]에 독이 든 사탕을 먹고 사망한 아이에 대한 기록이 전혀 없음에도 불구하고 매년 부모들로 하여금 할로윈 데이에 독이 들어 있는 사탕을 두려워하게 만들었다. 단 한 명의 사례도 결코 없다(Skenazy, 2010).

대중매체가 만들어내는 생생함 효과로 인해서, 사람들의 위험 지각은 구제불능 상태이다. 예컨대, 대부분의 사람들은 병원에서 포도상구균에 감염되는 위험보다 당뇨병 증세의 발현을 덜 걱정한다. 전자는 1년에 단지 1,500건이 발생하는 반면에, 후자는 4,500만 명에게 위험을 초래하는데도 불구하고 그렇다(Fountain, 2006). 전자에 관해서는 우리가 개인적으로 할 수 있는 일이 아무 것도 없지만 후자에 관해서는 (섭생을 바꾸고 운동을 하는 등) 어떤 조치를 취할 수 있음에도 불구하고 말이다.

---

[6] 할로윈(halloween)은 매년 11월 1일 기독교의 모든 성인들을 기리는 종교 행사를 갖는 가톨릭교회에서 유래됐다. 기원전 5세기경 아일랜드 지방과 북부 유럽 지역은 겨울이 길어 10월 31일을 여름의 마지막으로 보고 11월 1일을 새로운 해의 첫날로 기념했다. 수확의 계절이 끝나고 어둡고 추운 겨울이 시작되는 10월 31일을 당시 사람들은 산 자와 죽은 자의 경계가 불분명해지고 죽은 사람들의 혼령이 다시 땅으로 내려와 농사를 망치게 하며 사고를 일으키고 살아 있는 사람들의 몸을 빌려 거처를 마련한다고 믿었다. 따라서 온 마을 사람들은 이 날 육체를 점령당하지 않기 위해 귀신처럼 분장을 하고 시끄럽게 마을을 돌아다님으로써 기거할 육체를 찾아 헤매는 혼령들이 놀라서 달아나게 했다. 이 풍습이 세월이 흐르면서 점차 변해 귀신이 몸에 들어온다는 의식은 약해지고 도깨비, 귀신, 마녀와 같은 복장을 하고 모여 즐기는 축제 형식으로 발전되었다. 이 풍습이 북미로 전해졌으며 오늘날 어린이들의 축제로 자리 잡게 되었다. 아이들이 온갖 복장을 하고 동네 집집마다 찾아다니며 사탕이나 과자를 얻어먹는 "트릭 혹은 트릿(Trick-or-treat)" 풍습이 생겨났다는 것이다. 최근에는 우리나라에도 남의 나라의 쓸데없는(?) 풍습이 들어와 유치원이나 영어학원 등에서 할로윈 파티를 여는 바람에 특별 의상을 마련하느라 부모들의 등골이 휘고 있다니 걱정이다.

제시방법의 생생함은 사람들이 과학적 증거 자체를 해석하는 방식에도 영향을 미칠 수 있다. 한 연구에서는 참가자들에게 심리현상에 관한 기술과 그 현상에 대한 설명을 제시하였다(Weisberg, Keil, Goodstein, Rawson, & Gray, 2008). 어떤 설명은 우수한 것이며(실제로 사용하는 심리학 개념들을 수반하였다) 다른 설명은 형편없는 것이었다(설명이라기보다는 순환론적인 방식으로 단지 그 현상을 재기술한 것이었다). 설명이 "뇌영상 결과에 따르면"과 같은 표현으로 시작할 때 두 설명(특히 형편없는 설명)의 자질에 대한 평가가 상당히 높아졌다. 마찬가지로 맥케이브와 카스텔(McCabe & Castel, 2008)은 인지신경과학에서 과학실험의 결과가 그래프 대신에 뇌영상을 포함하고 있을 때 참가자들이 그 결과를 더 신뢰할 수 있는 것으로 평가한다는 사실을 밝혔다. 요컨대, 과학 연구결과를 제시하는 방법의 생생함이 그 연구를 평가하는 방식에 영향을 미치는 것이다(Beck, 2010).

단일사례의 압도적 영향

사람들이 생생한 일화 정보에 상이하게 반응을 보이는 방식에 대해 잘 알려진 사례는 1960년대 중반에서부터 말기까지 대중매체가 베트남 전쟁을 다루었던 방식에서 볼 수 있다. 전쟁이 지지부진해지고 미군의 사망자 수가 끝이 보이지 않을 만큼 계속 늘어가게 되자, 대중매체는 그 주에 전사한 미군 병사의 숫자를 보도하기 시작하였다. 매주 그 숫자는 200명에서 300명 사이를 왔다 갔다 하였으며, 일반대중은 점차 그러한 보도에 무감각해지는 것처럼 보였다. 사태가 그렇게 되자, 어느 날 한 주요 주간지는 여러 쪽에 걸쳐서 지난주에 전사한 미군 병사들의 개별 사진들을 게재하였다. 그렇게 되자 일반대중은 어느 특정한 주에 사라져버린 대략 250명의 모습을 구체적으로 보게 되었다. 그 결과 전쟁이 초래하고 있는 희생에 반대하는 원성이 들끓게 되었다. 250명의 사진이 매주 보도되던 숫자에는 없었던 효과를 갖게 된 것이다. 아무튼 하나의 사회를 구성하고 있는 우리는 숫자를 믿지 않고 모든 것을 눈으로 직접 보려고 하는 경향성을 극복하여야만 한다. 우리 사회에 미치는 대부분의 복잡한 영향은 숫자에 의해서만 정확하게 포착할 수 있다. 일반대중이 이미지만큼이나 심각하게 숫자라고 하는 추상화에 대처하는 방법을 배우지 못하는 한, 대중의 여론은 화면에서 순간적으로 스쳐 지나가는 이미지만큼이나 변덕스러운 것이 될 것이다.

2004년에 이라크전쟁 발발 1주년이 되었을 때 미국 텔레비전 프로그램 **나이트라인**(Nightline)7)이 그동안 사망한 700명이 넘는 병사들의 이름과 사진을 방영하였을 때 동일한 역사적 사건이 반복되었다. 이것은 나이트라인 프로그램이 9·11테러 1주년인 2002년 9월 11일에 희생자들의 이름과 사진을 방영하였을 때 사용한 것과 동일한 형식이었다. 두 경우 모두 가족들의 허락을 받고 사진을 방송에 내보냈다. 그런데 전사한 병사들의 사진은 전쟁 지지자들로부터 거센 항의를 불러일으켰다. 프로그램 진행자인 테드 코펠이 전쟁에 적대적이라고 고소당했으나, 코펠은 전쟁에 반대한 적이 없었기 때문에 그 고소는 기각되었다 (CNN.com, 2004). 실제로 전사자의 수가 보도되지 않았던 것은 결코 아니다.

---

7) 나이트라인(Nightline)은 미국 ABC 방송국이 심야에 방영하는 30분짜리 뉴스 프로그램으로, 정확한 이름은 ABC News Nightline이다. KBS가 평일 오후 11시에 방송하는 "KBS 뉴스라인"이 이 프로그램을 벤치마킹한 것이라고 할 수 있으며, 전 세계의 많은 방송국들도 방영할 정도로 유명한 프로그램이다. 2005년까지는 유명한 앵커 중의 한 사람인 테드 코펠(Ted Koppel)이 진행하였으며, 지금은 세 명의 앵커가 동시에 진행한다. 이 프로그램은 2002년에 TV Guide가 선정한 가장 위대한 50개 텔레비전 프로그램에서 23위를 차지하였는데, 뉴스 프로그램으로서는 대단한 성과라고 할 수 있겠다.

700명 이상이 전사하였다는 사실은 그 시점까지 전국의 모든 신문이 매일같이 보도하였다. 그러나 이 논쟁에 가담한 양 진영은 대중들이 어떤 의미에서 그 숫자를 "처리하지" 않았다는 사실, 즉 그 숫자는 추상적인 것이기 때문에 대가를 계산하지 않고 있었다는 사실을 알고 있었다. 양 진영은 많은 사람들이 전사자들의 사진을 보았을 때에야 비로소 그 대가를 실제로 의식하게 되었다는 사실, 즉 처음으로 정보를 처리하게 되었다는 사실을 알고 있었던 것이다.

그러나 일반대중만이 생생함 문제로 괴로움을 당하는 것은 아니다. 심리학과 의학 모두에서 경험 많은 임상치료자들도 자신의 판단이 단일 사례의 압도적인 효과에 의해 흐려지는 경향성과 끊임없이 갈등을 겪고 있는 것이다. 작가인 프랜신 루소(Francine Russo, 1999)는 미국 버지니아 대학교의 종양학자인 윌리 앤더슨(Willie Anderson)의 딜레마를 소개하고 있다. 앤더슨은 통제된 실험의 주창자이며 정기적으로 자신의 환자들에게 통제된 임상실험을 실시하고 있는데, 여전히 자신의 의사결정에 정서적 영향을 미치는 현저한 단일사례에 대항하고자 악전고투하고 있다. 그는 자신의 과학적 성향에도 불구하고 "실제 사람들이 나의 눈을 빤히 쳐다보고 있을 때, 그들의 희망 그리고 그들의 희망에 대한 나의 희망사항으로 마음이 흔들리고 마는데, 이것은 정말로 **힘든** 일이다"(36쪽)라고 고백하고 있다. 그러나 앤더슨은 자신의 환자들을 위한 최선의 선택은 "나의 눈을 빤히 쳐다보고 있는 실제 사람"을 무시하고 최선의 증거가 알려주는 대로 추진하는 것이라는 사실을 알고 있다. 그리고 최선의 증거는 통제된 임상실험(제6장에서 설명할 것이다)에서 얻어지는 것이지 빤히 쳐다보고 있는 사람에게 정서적으로 반응함으로써 얻어지는 것이 아니다.

요컨대, 증언서 증거에 의존함으로써 발생하는 문제들은 항상 존재하는 것이다. 그러한 증거의 생생함은 보다 신뢰성 있는 정보를 무색하게 만들며 이해를 흐리게 만들기 십상이다. 심리학 교수들은 증언서 증거에 의존하는 것의 논리적 오류를 지적하는 것만으로는 이러한 유형의 데이터가 가지고 있는 함정을 깊이 있게 이해하는 데 충분하지 못하다는 사실을 우려한다. 그렇다면 어떻게 해야 하겠는가? 이 개념이 사람들 속에 자리 잡게 만들 수 있는 또 다른 방법은 있는 것인가? 다행스럽게도 대안적 방법, 즉 학문적 접근과는 다소 차이가 있는 대안이 있다. 이 접근방법의 요체는 생생함을 생생함으로 맞대응하는 것이다. 즉 제 꾀에 제가 스스로 빠지게 만드는 것이다! 증언서로 하여금 자기 자신의 모순으로 인해서 스스로 붕괴하게 만드는 것이다. 이러한 접근방식의 실천가가 바로 유일하면서도 의심할 여지없는 어메이징 랜디(Amazing Randi)이다!

어메이징 랜디 : 불에는 불

제임스 랜디(James Randi)는 맥아더재단의 "천재" 연구비를 받았던 마술사이자 만물박사이다. 오랜 세월동안 그는 일반대중에게 비판적 사고를 위한 기본 기술들을 가르치고자 애써왔다. 어메이징 랜디(그의 예명이다)는 "염력"의 주장을 둘러싼 협잡과 야바위 행위들을 폭로함으로써 이 일을 해내었다. 그는 염력가를 자처하는 많은 마술사와 요술쟁이들을 폭로하였지만, 특히 1970년대 염력의 슈퍼스타이었던 유리 겔러 (Uri Geller)[8]의 속임수를 폭로한 것으로 가장 잘 알려져 있다. 겔러는

---

8) 겔러(Uri Geller, 1946~)는 영국의 유태계 마술사이다. 주요 묘기인 숟가락 구부리기나 고장난 시계 고치기 등의 물리 현상을 초능력이라고 주장하면서 40여 년 동안 전 세계 텔레비전 프로그램에 출연하였다. 비판론자들은 단순한 마술 속임수라는 반론으로 맞받아쳤고 1970년대에 주목을 받은 이후 지속적으로

자신이 염력을 가지고 있다는 거창한 주장과 함께 무대에 돌연히 나타나서는 폭발적으로 대중매체를 사로잡았다. 전 세계의 신문, 텔레비전 프로그램, 그리고 주요 시사잡지들이 그의 기사를 내보냈다(유리 겔러는 책을 쓰는 등 여전히 활동하고 있다 ; Radford, 2006). 랜디는 겔러가 그의 염력 "묘기"를 보여줄 때 사용한 상투적이며 때로는 기절초풍할 정도로 간단한 속임수를 찾아내서 폭로하였다. 여기에는 열쇠와 숟가락 구부리기, 고장 난 시계의 재작동 등이 포함되었는데, 이런 것들은 우수한 마술사라면 누구나 식은 죽 먹기다. 랜디는 겔러의 속임수를 폭로한 후에도 ESP, 바이오리듬, 심령수술, 외계인, 염력에 의한 공중부양, 그리고 다른 사이비과학 이면에 감추어져 있는 오류들을 폭로함으로써 일반대중의 진실을 알 권리를 위하여 자신의 놀랄 만한 능력을 계속해서 사용하였다(Randi, 1995, 2005, 2011 ; Sagan, 1996 ; Shermer, 2011).

랜디가 사용한 부차적인 양동작전 중의 하나는 터무니없는 사건이나 공허하기 짝이 없는 주장에 관한 증언서 증거를 수집하는 것이 얼마나 용이한 일인지를 보여주는 것이다. 그의 기법은 사람들로 하여금 자신들의 증언이 설치한 덫에 스스로 빠지게 만드는 것이다. 한 라디오 프로그램에서 랜디는 또 다른 사이비과학인 바이오리듬의 인기가 무엇에 근거한 것인지를 입증해보였다(Hines, 1998, 2003). 한 여성 청취자가 매일 매일 일기를 쓰고 특별히 그녀를 위해 마련된 2개월용 바이오리듬 도표와 비교해볼 것에 동의하였다. 2개월 후에 그녀는 자신의 도표가 90% 이상 정확하였기 때문에 바이오리듬은 심각하게 받아들여야만

논란이 되었다. 나중에 제임스 랜디에 의해서 이는 모두 속임수를 이용한 거짓으로 밝혀졌다. 랜디의 결정적 비판 이후 겔러의 활동은 현저하게 줄어들었지만, 아직도 그를 염력가로 칭송하는 사람들이 없지 않다. 기억이 흐릿하기는 하지만, 1980년대 우리나라 텔레비전 방송에도 출연하여 짐짓 초능력을 시범보이는 바람에 전국이 난리법석을 떨었던 적이 생각난다.

한다는 사실을 다른 청취자들에게 알리기 위해서 다시 전화를 걸어왔다. 불행하게도 랜디는 그의 비서가 그녀의 것이 아닌 랜디의 것을 보내는 어리석은 실수를 저질렀다는 사실을 알려줄 수밖에 없었다. 그러나 그녀는 올바른 도표를 다시 평가해보는 데 동의하였고, 그 도표는 즉시 그녀에게 보내졌으며, 나중에 다시 전화를 걸기로 약속하였다. 며칠 후에 그녀가 전화를 걸어와서는 안도하였다. 그녀 자신의 도표는 정확한 것이었으며, 실제로 처음의 것보다도 정확한 것이었다. 그러나 다음 날 프로그램에서 또 다른 실수가 저질러졌다는 사실이 밝혀졌으니 이를 어쩌겠는가! 그녀에게는 그녀의 것이 아닌 랜디 비서의 도표가 보내졌던 것이다!

랜디의 바이오리듬 사기극은 실제로는 바넘효과(P. T. Barnum effect)라고 명명한 현상의 예이며(유명한 카니발과 서커스 사회자였던 바넘은 "매 순간 태어나는 바보가 있다[There's a sucker born every minute]"라는 표현을 만들었다), 심리학자들은 이 효과를 집중적으로 연구하여 (Claridge, Clark, Powney, & Hassan, 2008), 대다수의 사람들은 일반적인 성격 요약문이 자신의 성격을 정확하면서도 구체적으로 기술하고 있다고 생각한다는 사실을 찾아내었다. 아래의 인용문은 쉬머(Shermer, 2005, 6쪽)에서 발췌한 것이다.

당신은 꽤나 너그러운 사람으로 다른 사람에 대한 배려에 민감하지만, 솔직하게 말해 당신의 마음속에서 한 줄기 이기심을 느낄 때가 종종 있습니다. … 때로는 자기 감정에 너무나 충실하여 자신을 너무 많이 드러냅니다. 당신은 상황을 따져보는데 능숙하며 무엇에 관해서든 생각을 바꾸기에 앞서 증거를 보고자 원합니다. 새로운 낯선 상황에 직면할 때는 사태를 알아차릴 때까지 상당히 신중하며, 그런 다음에 자신을 갖고 행동하기 시작합니다. … 당신은 좋은 친구가 되는 방법을 알고 있습니다. 다른 사람들 앞에서 자신을 억제하는 것처럼 스스로 자제할 능력을 갖고 있지만, 실제로는 다소 불안감을 느끼기도 합니다. 대인관계에서 현재보다 조금 더 인기가 있고 편안할 수 있기를 소망합니다. 당신은 세상사에 현명하며, 독서보다는 힘든 경험을 통해서 획득한 지혜를 가지고 있습니다.

수많은 사람들은 이 요약문이 자신의 성격을 매우 정확하게 기술하고 있는 것으로 받아들인다. 그렇지만 대부분의 다른 사람들도 이 요약문이 족집게처럼 자신의 성격을 나타내고 있다고 생각한다는 사실을 스스로 깨닫는 사람은 거의 없다! 대부분의 사람들이 자신에게 적용할 수 있는 것으로 간주하는 (위의 사례와 같이) 잘 알려진 일련의 진술과 표현들이 있다. 누구나 "의뢰인"에게 그러한 진술을 개별적인 심리 "분석"으로 제공할 수 있으며, 그 의뢰인은 동일한 "성격 해독"이 모든 사람에게 주어졌다는 사실을 모른 채, 일반적으로 해독의 개별화된 정확성에 상당한 감명을 받는다. 물론 바넘효과는 손금쟁이와 점술인들을 족집게 라고 믿게 되는 신념의 근거가 된다(Kelly, 1997, 1998). 또한 바넘효과는 증언서를 생성하는 것이 얼마나 용이한지를 보여주는 사례도 제공하며, 그 증언서가 무가치한 이유도 물론 보여준다.

   랜디가 위에서 기술한 사소해 보이는 사기극을 시도하고 있는 이유는 증언서 증거의 무가치성을 사람들에게 가르쳐주기 위한 것이다. 그는 어떠한 엉터리 주장이라도 그것을 지지하는 증언서를 만들어내는 것이 얼마나 용이한 것인지를 끊임없이 증명하고 있다. 그렇기 때문에 특정한 주장을 지지하기 위해서 증언서를 보여주는 것은 무의미하다. 통제된 관찰을 통한 증거만이(제6장에서 논의한다) 주장을 실제로 검증할 수 있다.

증언서는 사이비과학에 여지를 제공한다

때때로 우리가 방금 논의한 것과 같은 사이비과학이 단지 약간의 흥밋거리를 던져주는 방법일 뿐이며 실제로는 아무런 해악도 없다는 주장이 있다. 그렇다면 도대체 우리가 걱정할 이유가 있겠는가? 몇몇 사람들이 원망적 사고(wishful thinking)에 젖어 있고, 다른 몇몇 사람들이 그것을 이용해서 푼돈을 벌고 있는 경우가 아니겠는가? 그러나 자세하게 들여다보면 사이비과학이 창궐함으로써 사회에 미치는 해악은 일반적으로 믿고 있는 것보다 훨씬 광범위하다는 사실이 드러난다.

첫째, 사람들은 경제학자들이 **기회비용**(opportunity cost)이라고 부르는 것에 대해서 생각하지 않는 경향이 있다. 한 가지를 하는 데 시간을 사용하게 되면, 다른 것을 할 수 있는 시간을 상실하게 된다. 시간을 다르게 활용할 기회를 상실한 것이다. 한 가지에 돈을 써버리면 다른 것을 하는 데 쓸 돈은 더 이상 없다. 다른 곳에 투자할 기회를 상실한 것이다. 사이비과학에는 엄청난 기회비용이 든다. 사이비과학에 시간과 돈을 낭비하면 아무것도 얻지 못하며, 보다 생산적인 시도에 투자하였을 수도 있는 시간을 낭비하게 된다.

앞서 언급한 바와 같이, 사이비과학이 창궐함으로써 사회에 미치는 해악은 일반적으로 믿고 있는 것보다 훨씬 광범위하다. 그리고 그 비용은 기회비용을 넘어 확대된다. 복잡한 테크놀로지 사회에서 사이비과학의 영향은 수많은 사람들에게 영향을 미치는 결정으로 인해서 퍼져나갈 수 있다. 즉, 여러분이 사이비과학의 생각에 동의하지 않는다고 하더라도 그러한 생각의 영향을 받을 수 있다. 예컨대, 불화물의 첨가가 충치를 유의하게 감소시킨다는 엄청난 양의 과학적 증거에도 불구하고 미국인 세 명 중 한 명은 불화물이 포함되지 않은 물을 마시고 있다(Beck, 2008

; Griffin, Regnier, Griffin, & Huntley, 2007 ; Singh, Spencer, & Brennan, 2007). 미국 질병통제센터는 수돗물에 불화물을 첨가하는 데 필요한 1달러 당 38달러의 치과 치료비용이 절감된다고 추정하고 있다(Brody, 2012). 그럼에도 불구하고 일부 지역민들이 불화물의 해로운 효과에 관한 사이비과학 음모이론을 철두철미하게 신봉하는 까닭에 불화물을 첨가하지 못하는 지역에 사는 수백만 명의 미국인들이 불필요한 충치로 고통을 받고 있다. 이러한 사이비과학 신념을 가지고 있는 소수의 사람들이 불화물을 첨가하지 못하도록 다양한 지역사회에 압력을 가함으로써 이웃사람들이 얻을 수 있는 이득을 부정해왔다. 요컨대, 소수가 가지고 있는 사이비과학 신념이 많은 사람들에게 부정적인 효과를 초래하였던 것이다.

여러분 스스로는 믿지 않는다고 하더라도 사이비과학의 영향을 받을 수 있는 또 다른 사례를 생각해보자. 주요 은행들과 포춘(*Fortune*)지가 선정한 500대 기업 중 몇몇 기업들은 인사 결정을 위해 필적학자들을 고용한다. 엄청난 증거들이 필적이 인사 결정에 무용하다는 사실을 보여주고 있음에도 불구하고 말이다(Lilienfeld et al., 2010). 엉터리 진단가를 가지고 있는 필적 단서가 경영주로 하여금 보다 타당한 기준을 무시하도록 이끌어감에 따라서 경제적 비효율성과 개인적 불공정이 초래될 수밖에 없다. 필체에 특정한 만곡선이 있다는 이유로 여러분이 정말로 원하는 직업을 갖게 될 기회를 박탈당한다는 것이 말이나 되겠는가?

불행한 사실은 이러한 사례가 드물지 않다는 점이다(Shermer, 2005 ; Stanovich, 2009). 우리 모두는 사이비과학 신념이 사회에 스며들 때 여러 가지 방식으로 영향을 받는다. 비록 우리가 그러한 신념에 동의하지 않는다 하더라도 말이다. 예컨대, 경찰청은 수사에 도움을 받기 위하여 영매를 고용한다. 연구결과를 보면 이러한 조치가 아무런 효과가 없다는 사실을 알 수 있는데도 그렇다(Radford, 2010 ; Shaffer & Jadwiszczok, 2010). 실종자를 찾는데 영매가 제공하는 정보를 사용하여 성공하였던 사례는 단 한 차례도 존재하지 않는다(Radford, 2009).

점성술과 같은 사이비과학은 오늘날 신문 칼럼, 라디오 프로그램, 도서 출판, 인터넷, 잡지 기사, 그리고 다른 여러 가지 전파수단을 동원하고 있는 거대산업이 되어 있다. 선두를 달리고 있는 점성술 잡지의 판매부수는 많은 적법한 과학 잡지의 발행부수보다도 많다. 미국 하원 노인분과위원회는 오늘날 미국 전역에서 돌팔이 의술로 낭비되는 돈이 수십억 달러에 달할 것이라고 추정하고 있다. 요컨대, 사이비과학은 수지가 맞는 사업이며, 수많은 돌팔이들의 수입은 대중들이 사이비과학을 받아들이는 것에 의존하고 있다.

몇몇 협회와 조직은 사이비과학을 몰아내는 데 심리학보다 더 공격적으로 활동해왔다. 미국의 공정거래위원회(Federal Trade Commission : FTC)는 2007년에 인포머셜9)과 유명인사들의 보증 선전을 이용하여 다이어트 약물을 판매한 네 명의 판매업자에게 수백만 달러의 벌금을 부과하였다. 벌금을 부과하면서 FTC 위원장인 데보라 플랫 마요라스는 "개인들의 증언이 과학을 대신할 수 없으며, 미국인들이 이해할 필요가 있는 것이 바로 이것입니다"라고 언급함으로써 일반대중의 각성을 환기시키고자 하였다(de al Cruz, 2007, A10쪽). 마찬가지로 의학협회는 사이비과학을 물리치고 합법적인 의료행위로부터 불법적인 의료행위를

---

9) 인포머셜(Infomercial)은 정보(information)와 광고(commercial)의 합성어이며, TV 광고의 한 유형이다. 일반적으로 몇 문에서 30분 혹은 그 이상의 긴 시간동안 진행되는 TV광고를 말한다. 일반 광고가 일반적으로 브랜드 인지도를 높이려는 목적을 가지고 있다면, 인포머셜은 즉각적인 구매를 유도하는 경우가 대부분이다. 우리나라에서도 홈쇼핑이나 케이블 채널에서 자주 사용하고 있는데, 가장 많은 것이 노인들을 대상으로 하는 보험 광고가 아닌가 싶다. 우리나라가 진작 고령화 사회(65세 이상의 인구가 전체 인구의 7% 이상인 사회)에 진입하였으며 조만간에 고령 사회(14% 이상인 사회)에 접어들 것이라는 달갑지 않은 사실을 반영하는 것이겠다.

구분해내는 데 있어서 심리학보다도 훨씬 공격적이었다. 관절염 재단에서 출판하고 하원 노인분과위원회가 파렴치한 선동꾼들을 적발하는 데 인용한 다음의 지침서를 보자:

1. 관절염을 "치료"하는 "특수"하거나 "비전(秘傳)"의 처방이나 도구를 제안하는 자.
2. 만족했던 "환자"의 "사례사"와 증언서를 사용하여 광고하는 자.
3. 신속한 또는 용이한 치료를 약속(또는 암시)하는 자.
4. 관절염의 원인을 알고 있다고 주장하면서 몸속의 "독소"들을 "제거"하고 건강을 "원기왕성"하게 만드는 것에 대해 이야기하는 자. 의사가 처방하는 수술, X레이 검진, 약물 등이 필요 없는 것이라고 말할는지도 모른다.
5. "의료기관"이 회복을 고의적으로 방해하거나 환자를 괴롭힌다고 비난하는 자. … 그러나 자신의 방법을 검증된 방식으로 증명해 보이는 것을 허용하지 않는 자.

이 목록은 기만적인 심리치료법과 주장을 골라내는 지침으로서도 매우 효과적으로 사용될 수 있다. 물론 이 장의 초점이 되는 항목 2에 주목하기 바란다. 그렇지만, 항목 1과 5가 앞에서 논의하였던 중요사항, 즉 과학은 공개적이라는 사실을 예시한다는 점에도 주목하라. 사이비과학 종사자들은 증언서를 "증거"로 제시할 뿐만 아니라, 흔히 자신들의 "지식"을 억누르려는 음모가 있다고 주장함으로써 과학의 공개적 검증 가능성이라는 기준을 회피하려고 노력한다. 이들은 자신들의 연구를 정상적인 과학의 출판 과정에 상정하기보다는, 자신들의 "발견"을 들고 대중매체로 직접 뛰어 들어가는 것을 정당화하는 데 그러한 주장을 사용한다.

위의 목록에 첨가할 수 있는 또 하나의 경고는 누군가 잘 확립되어 있는 관계를 벗어날 수 있는 방법을 제안하는 것처럼 보이는 상황을 경계하라는 것이다. 예컨대, 투자에서는 위험이 보상과 관련되어 있다는 사실이 잘 알려져 있다(투자 이득이 크려면 위험도 감수해야 한다). 다이어트의 경우에는 장기적인 체중 감소가 칼로리 섭취의 장기적 변화에 달려 있다는 사실이 잘 알려져 있다. 교육적 개입에 관해서는 장기적인 교육 효과가 장기간에 걸친 집중적인 개입 프로그램에서 나온다는 사실이 잘 알려져 있다. 요컨대, 투자 이익과 손해 위험은 상보적이고, 체중 감소와 칼로리 섭취는 상보적이며, 학습량과 개입의 강도는 상보적이다. 이 영역에서 사이비과학을 밀어붙이는 사람들은 누구나 할 것 없이 이러한 상보성을 깨뜨릴 수 있다고 주장한다. 즉, 손해 위험 없이 고수익을 얻을 수 있고, 원하는 모든 음식을 계속 먹으면서도 체중을 줄일 수 있으며, 단기간의 개입으로 학업성취를 유의하게 높일 수 있다고 주장한다. 근본적인 상보성을 피할 수 있다는 주장은 모두 사기라고 확신해도 된다. 예컨대, 여러분은 '베이비 아인슈타인'이라는 이름의 제품은 그 이름이 함축하는 것을 제공하지 않는다고 확신해도 된다(Bronson & Merryman, 2009 ; DeLoache et al., 2010).

텔레비전, 인터넷, 그리고 인쇄매체들은 심리학 영역에서라면 괴상망측하기 그지없는 주장이라도, 만일 그 주장을 받아들이는 시청자나 독자들이 있다고 생각하면, 가용한 증거와 얼마나 상치되든지 간에 그 주장을 공개적으로 선전해낸다는 사실을 깨닫는 것이 중요하다. 대중매체는 엉터리 주장과 전문가들을 뒤섞은 잡동사니를 제시한다. 즉, 합법적인 과학자들을 사이비과학 사기꾼들과 함께 엮는다. 앞으로 되돌아가서 지난 20여 년 동안 미국 텔레비전에서 상당한 인기를 끌었던 오프라 윈프리 쇼를 다시 생각해보자. 이 프로그램에는 청중과 시청자들에게 유방암에서부터 개인 자산관리에 이르기까지 다양한 주제에 관한 좋은 정보를 제공한 신망 있는 전문가들이 자주 출연하였다는 사실을 인정한다. 그렇지만 이 프로그램에는 진정한 전문가들과 어떻게 다른지를 알려주지도 않은 채 정말로 터무니없는 사기꾼들이 출연하여 동일한 주제에 관하여 허튼 소리를 해대기 십상이었다. 예컨대, 오프라 윈프리는 질병을 진단하는데 타로 카드를 사용하며, 여성의 갑상선 질병을 "목구멍에서 에너지가 막혀버린" 결과로 간주하고, 에너지가 차단된 이유는 "말하고 싶어 안달이 난 표현을 평생 동안 삼켜버렸기 때문"이라고 주장하는 사람의 대안적 치료법을 공개하였다(Kosova & Wingert, 2009, 59쪽).

수년 전에 오프라 윈프리 쇼는 무엇보다도 "모든 질병은 사고의 힘만으로 치유될 수 있다"고 전제하는 "The Secret"이라고 명명한 횡설수설에 가까운 일련의 정신의학 용어들을 공개하기도 하였다(61쪽). 그런데 이 프로그램이 방영된 후에 한 가지 까무러칠 만한 일이 벌어졌다. 킴 팅캠이라는 이름의 여성이 유방암으로 진단받았지만 자신의 주치의뿐만 아니라 찾아간 다른 의사들도 권하는 외과수술과 화학치료를 받지 않기로 하였다는 편지를 오프라에게 보냈다. 그녀는 오프라에게 수술 대신에 The Secret을 따르겠다고 말하였던 것이다. 편지 내용에 충격을 받은 오프라는 그녀를 프로그램에 출연시켜서 수술과 화학치료를 포기하지 않도록 설득하고자 애를 썼다. 킴 팅캠은 죽고 말았는데, 오프라가 자신의 프로그램에서 소개한 The Secret에 관하여 사람들이 잘못된 생각을 갖게 되었다는 사실로 그녀를 설득하고자 하였다. 오프라는 "나는 단지 이것이 하나의 도구라고 말하려든 것이지요. 이것이 모든 것에 대한 답은 아닙니다"(62쪽)라고 말하였던 것이다. 오프라여! 그렇지 않다. 그것은 도구가 아니다. 사이비과학일 뿐이다. 그리고 당신의 프로그램에서 이렇듯 과학과 사이비과학을 뒤섞었을 때, 아무리 좋은 의도를 가지고 있었다고 하더라도 킴 팅캠의 사례는 예견할 수 있는 유형의 해악인 것이다.

이렇게 비극적인 사례가 보여주는 바와 같이, 사람들이 사이비과학에 매몰됨으로써 자신에게 가용한 실제적인 치료를 이용하지 못할 수 있다. 많은 병자들이 사기성 치료법을 쫓아다니느라 시간을 허비함으로써 의학적으로 적절한 치료를 지연시키고 있다. 저명한 컴퓨터 기업가였던 스티브 잡스(Steve Jobs)[10]는 췌장암으로 진단받은 후에 자신의 주치의를 무시하고 입증되지 않은 과일 다이어트를 하고 영매를 찾아다니며 사기성 수소치료를 받느라고 9개월이나 수술을 지연시키고 말았다 (Isaacson, 2011).

마지막으로 열 살밖에 되지 않은 캔디스 뉴메이커라는 소녀의 슬픈 사례를 보도록 하자. 이 아이를 입양한 양모는 훈육 문제로 인해서 아이를 아동 애착의 치료와 훈련 협회라고 부르는 곳으로 데리고 갔다 (Shermer, 2011). 이 치료법 이면에 숨어 있는 사이비 이론에 따르면, 어떤 아이들에게는 소위 버림받음으로 인한 억압된 방기(放棄) 분노를 떨쳐버리도록 해주는 "대면"과 "억제"가 필요하다. 담요와 베개로 뒤집어씌운 후에 아이가 "재탄생"할 수 있도록 어른들이 그 위에 올라앉았다. 캔디스가 비명을 지르거든 더 세게 누르라고 어른들에게 말하였으며 아이를 "겁쟁이"라고 불렀다. 이렇듯 황당무계한 만행을 40분간 저지른 후에

---

10) 스티브 잡스(Steven Paul Jobs, 1955~2011)는 너무나도 유명한 미국의 기업인으로 1976년 스티브 워즈니악, 로널드 웨인과 함께 애플사를 창립하였다. GUI(Graphic User Interface), 마우스, 아이팟, 아이폰, 아이패드 등이 그의 아이디어이며, 이것들이 오늘날의 세상을 천지개벽시켰다고 해도 과언이 아니다. 췌장암으로 인한 건강 악화로 2011년 8월 CEO 자리에서 물러났지만, 2개월도 지나지 않아 56세라는 젊은 나이로 사망하고 말았다. 삼가 고인의 명복을 빈다.

캔디스는 조용해졌다. 질식사 하고 말았던 것이다.

사회는 사람들에게 해를 끼치는 사이비과학 시술자들에게 지나칠 정도로 관대한 경우가 많다. 이번에는 그렇지 않았다. 캔디스 치료에 관여한 모든 사람들이 죽음으로 몰고 간 무모한 아동 학대죄로 16년 형을 언도받았다. 마이클 셔머(Michael Shermer, 2011)는 비록 부검 결과에 따르면 그 아이는 "저산소 국소빈혈성 뇌병변(hypoxic-ischemic encephalopathy)이 초래한 두뇌 부종과 이탈로 인해 사망하였지만, 궁극적인 원인은 심리과학이라는 가면을 쓴 사이비과학 속임수이다. … 이 치료꾼들이 캔디스를 죽게 만든 까닭은 그들이 사악해서가 아니라 미신과 마술적 사고에 바탕을 둔 사이비과학 신념에 매달렸기 때문이다"(86쪽)라는 사실을 지적하고 있다.

사이비과학 신념이 만연할 때 어떻게 우리 모두가 상처를 받게 되는 것인지를 보여주는 명확한 사례는 자폐증이 아동 초기의 백신 접종과 관련있다는 이론이 제공하고 있는데, 이 이론은 1990년대 초기에 처음 제안되어 오늘날까지 계속 남아 있다. 이 이론은 엉터리이지만(Grant, 2011; Honda, Shimizu, & Rutter, 2005; Judelsohn, 2007; Novella, 2007; Offit, 2008; Taylor, 2006), 이 책의 어느 독자도 이러한 신념이 어떻게 발생하게 되었는지를 보거나 듣고는 놀라지 말아야겠다. 많은 아동들이 처음으로 백신 접종을 받을 즈음에 자폐증으로 진단받으며, 이 시기에 명확하게 분간할 수 있는 자폐 증상들을 보이기 시작한다(예컨대, 언어 발달의 지체, 상보적 사회관계의 어려움, 그리고 제한적인 행동 레퍼토리 등). 놀라울 것도 없이 이러한 증상을 보이는 수많은 아동들이 있다고 전제할 때, 어떤 부모들은 자식이 백신 접종을 받은 직후에 그러한 증상들을 확실하게 깨닫기 시작한다(의사의 진단을 통해서나 아니면 자신들의 관찰에 근거하여 자각하게 된다). 그렇게 되면 이 부모들이 아동의 증상과 백신 간에 연계가 있는 것이 틀림없다는 생생하고도 마음에서 우러나오는 증언을 제공하는 것이다. 그렇지만 많은 실험연구와 역학조사들은(제8장 참조) 수렴적으로 그와 같은 연계가 존재하지 않는다는 결론에 도달해왔다(Deer, 2011). 아무튼 이러한 사이비과학 신념은 관련 부모와 아이들에게 단순한 기회비용 이상의 비용을 초래하였다. 연계가 존재한다는 잘못된 신념은 백신 접종 반대운동을 야기하였던 것이다. 그 결과로 백신 접종률이 감소하였고, 접종률이 감소하지 않았을 때 예상할 수 있는 것보다 훨씬 많은 아동들이 홍역으로 입원하였으며, 일부는 사망하고 말았다(Goldacre, 2008 ; Grant, 2011 ; Judelsohn, 2007 ; Novella, 2007 ; Offit, 2008). 여기서도 교훈은 긴밀한 네트워크가 형성되어 있는 사회에서, 비록 여러분은 사이비과학 신념을 거부한다고 하더라도, 이웃의 잘못된 신념이 여러분에게 영향을 미칠 수 있다는 것이다.

정치지도자가 사이비과학을 신봉하게 되면 엄청나게 많은 사람들에게 해악을 초래할 수 있다. 남아프리카공화국에서 인종 분리 정책인 아파르트헤이트가 폐기된 후 두 번째 대통령인 타보 음베키(Thabo Mbeki)는 에이즈(AIDS)[11]는 바이러스가 초래한다는 과학적 합의를 부정하였다(Pigliucci, 2010). 이웃 국가인 보츠와나와 나미비아는 HIV에 감염

---

11) 에이즈(AIDS : 후천성 면역결핍 증후군)는 Acquired ImmunoDeficiency Syndrome의 약자로, 인체의 면역기능을 약화시키는 레트로바이러스인 HIV 바이러스에 감염되어 발병하는 전염병이다. 신체의 면역력이 저하되는 질병으로 보통 에이즈 질환으로 인한 사망과 면역력 악화에 따른 합병증으로 사망하는 경우도 있다. 의학계에서는 침팬지에서 발견되는 바이러스인 SIV가 돌연변이를 일으켜 HIV가 된 1930년대를 그 출현 시기로 보고 있다. 성관계 등의 신체적 접촉에 의해 전염되는 매우 치명적인 전염병이기에 전 세계가 철저하게 관리하는 질병 중의 하나이며, 우리나라도 예외가 아니다. 「후천성면역결핍증 예방법」이라는 법령을 마련하여 관리하고 있는데, 에이즈에 감염된 사람이 혈액이나 체액을 통해 다른 사람에게 전파매개행위를 하는 것을 금지하며, 이를 위반할 경우 3년 이하의 징역형으로 처벌하도록 규정하고 있다.

된 자국민에게 레트로바이러스를 퇴치하는 항생제를 제공하였지만, 남아공은 그렇지 않았다. 항생제를 거부함으로써 365,000명의 남아공 국민들이 사망한 것으로 추정하고 있다(Singer, 2008).

의사들은 점차 인터넷에서 돌팔이 의술이 확산되고(Offit, 2008) 이것이 초래하는 건강비용에 염려를 표명하고 있다. 맥스 코피즈(Max Coppes)는 의학에서 사이비과학이 초래하는 비용을 경고하는 서한을 *New England Journal of Medicine*에 보냈다(Scott, 1999). 그는 한 아홉 살 난 여자아이의 사례를 적고 있는데, 이 아이는 만일 암 수술을 받은 후에 화학요법을 계속했더라면 3년 이상을 더 살 수 있는 가능성이 절반은 되었다. 그런데 그 아이의 부모는 상어 연골을 이용하는 검증되지 않은 치료법을 찾아내서는 그것을 선택하고 말았다. 그 아이는 4개월 만에 죽고 말았다.

수업시간에 이 주제에 관하여 강의를 할 때는 다음과 같이 적절한 질문을 하는 사람이 반드시 있다 : "선생님은 핵심을 예증하기 위하여 방금 생생한 사례를 인용하지 않으셨습니까? 선생님이 말씀하신 것과 같은 주장을 해서는 안 되는 것 아닌가요?" 정말로 좋은 질문이며, 이 장의 주장에 수반된 몇 가지 미묘한 부분들을 상세하게 보충할 수 있게 해준다. 이 질문에 대한 답은 "그렇다. 핵심을 예증하기 위하여 생생한 사례들을 인용하였다"이다. 핵심을 **예증**하기 위한 것이지 **증명**하려는 것은 아니다. 여기서 핵심 논제는 다음과 같은 두 가지를 구분하는 것이다 : (1) 내놓는 주장 그리고 (2) 그 주장의 전달. 각각에 대해서 "이것의 근거가 생생한 증언서인가?"라고 물을 수 있다. 그 답은 다음과 같은 네 가지 상황을 내놓는다.

a. 생생한 증언서를 가지고 전달하며 생생한 증언서에 근거한 주장.

b. 증언서 없이 전달하며 생생한 증언서에 근거한 주장.
c. 생생한 증언서를 가지고 전달하며 증언서 이외의 증거에 근거한 주장.
d. 증언서 없이 전달하며 증언서 이외의 증거에 근거한 주장.

이 장에서 몇몇 논의는 '범주 c : 생생한 증언서를 가지고 전달하며 증언서 이외의 증거에 근거한 주장'에 해당한다. 예컨대, 필자는 이 장 전체에 걸쳐서 다음과 같은 주장을 확증하기 위하여 증언서가 아닌 많은 증거들을 인용하였다 : 사례연구 증거는 인과적 영향을 확증하는 데 사용할 수 없으며, 사람들의 판단은 생생한 사례들에 지나치게 큰 비중을 두고, 사이비과학은 비싼 대가를 치른다. 인용문과 참고문헌 목록에서는 각 주장에 관한 공개적 증거를 제시하였다. 그렇지만 전달이라는 목적을 위해서는 이러한 주장이 주의를 끌고 기억에 남을 만한 것이 되도록 만들기 위하여 몇 가지 생생한 사례들을 사용하였다. 핵심은 생생한 증언서 이상의 많은 증거들이 그 주장을 지지한다는 것이다. 따라서 필자는 예컨대, 사람들의 판단에서 생생한 사례들이 지나치게 큰 비중을 차지한다는 사실을 입증하기 위하여 몇몇 생생한 사례들을 사용하였다. 그렇지만 사람들의 판단에서 생생한 사례들이 지나치게 큰 비중을 차지한다는 주장에 관한 진정한 증거는 필자가 인용한 동료들이 개관하는 과학 증거에 들어 있다(예컨대, Li & Chapman, 2009 ; Obrecht, Chapman, & Gelman, 2009 ; Sinaceur, Heath, & Cole, 2005 ; Slovic, 2007 ; Wang, 2000).

이제 이 절의 핵심으로 되돌아와서 요약하도록 하자: 사이비과학의 확산은 상당한 비용을 초래한다. 그리고 어떤 유형의 증거가 한 현상에 대한 주장을 정당화하는 것인지 아니면 하지 못하는 것인지에 대한 혼란보다 더 사이비과학의 확산을 부추기는 것은 없다. 증언서는 거의 모든 주장에 관하여 그리고 사용하면 얻을 수 있다는 효과에 관하여 손쉽게 얻을 수 있는 지지 세력을 제시함으로써 사이비과학이 이처럼 횡행하고 그것을 믿게 만드는 여지를 제공하는 것이다. 심리학 정보의 소비자에게 있어서 **사이비과학을 경계하라**는 것보다 더 중요한 법칙은 없겠다. 여러 후속 장에서는 주장을 정당화하기 위해서 어떤 유형의 증거가 요구되는 것인지를 보게 될 것이다.

요약

사례연구와 증언서 증거가 심리학 연구의 최초 단계에서는 유용하다(다른 과학도 마찬가지다). 최초 단계에서는 흥미를 끄는 현상과 변인들을 찾는 것이 중요하기 때문이다. 사례연구 증거가 과학연구에서 이론을 형성하기 이전의 초기 단계에서는 유용하다고 하더라도, 이론을 제기하고 세부적인 검증을 수행하는 후기 단계에서는 거의 쓸모가 없다. 심리학에서 사례연구와 증언서 증거가 이론 검증에 쓸모없게 되는 주요 원인 중의 하나는 가짜약 효과가 존재한다는 사실에 있다. 가짜약 효과는 사람들이 어떤 치료를 받게 되면, 그 치료법이 실제로 효과적인지와 관계없이, 도움이 되었다고 보고하는 경향성을 의미한다. 가짜약 효과가 존재함으로써 심리학적(또는 의학적) 치료법의 효과를 증언서만 가지고는 증명할 수 없는 것이다. 가짜약 효과는 치료법이 무엇이든지 간에 그 효과에 대한 증언서 증거를 만들어낼 수 있게 해주기 때문이다.

이론 검증에서 증언서 증거가 무가치함에도 불구하고, 심리학 연구들은 생생함 효과로 인해 사람들이 그러한 증거에 더 많은 비중을 두기 십상이라는 사실을 지적하여왔다. 사람들은 생생하여 기억에서 쉽게 인출할 수 있는 정보에 지나치게 의존하고 있는 것이다. 대부분의 사람들에게 특히 생생한 것이 바로 증언서 증거이다. 그렇기 때문에 특정한 심리학적 주장을 정당화 할 때 그러한 증거에 과잉의존하게 된다. 실제로 증언서 증거와 사례연구 증거는 이론적 증거를 정당화하는 데 사용할 수 없다.

5

상관관계와 인과관계
토스터 방법에 의한 산아제한

오래 전에 대만에서는 피임도구 사용과 관련된 요인들에 관한 대규모 연구를 수행한 적이 있었다. 사회과학자와 의사들로 구성된 대규모 연구팀은 광범위한 행동 변인과 환경 변인에 관한 데이터를 수집하였다. 연구자들은 어느 변인들이 산아제한 방법을 채택하는 데 최선의 예언자들인지를 알아내는 데 관심이 있었다. 모든 변인들을 검증한 후에 연구자들은 피임도구 사용과 가장 강력하게 연관된 변인이 집에 있는 가전제품(토스터, 선풍기 등)의 수라는 사실을 발견하였다(Li, 1975).

이 결과가 여러분으로 하여금 십대 청소년들의 임신문제는 고등학교에서 무료로 토스터를 나누어주는 것으로 대처해야 한다고 제안하도록 유혹하지는 않을 것이다. 그렇다면 왜 여러분은 그렇게 생각하려고 하지 않는 것인가? 가전제품과 피임도구 사용 사이의 상관은 실제로 강력한 것이며, 이 변인은 측정한 많은 변인들 중에서 최선의 예언자였는데 말이다. 희망컨대, 여러분의 응답이 "중요한 것은 관계의 본질이지 강도가 아니다"라는 것이기를 바란다. 무료 토스터 프로그램의 제정은 토스터가 사람들로 하여금 피임도구를 사용하도록 만든다는 신념을 함축할 수도 있다. 우리가 이러한 제안을 어리석은 것으로 간주한다는 사실이 의미하는 것은 두 변인이 상호간에 어떤 인과적 관계가 없이도 연합될 수 있다는 사실을 인식하고 있다는 점이다.

이 예에서 우리는 피임도구 사용과 가전제품의 수가 두 변인 모두와 관련된 또 다른 변인을 통해서 연계되어 있기 때문에 그러한 관계가 존재하는 것이라고 추측할 수 있다. 사회경제적 지위(socioeconomic status : SES)가 한 가지 가능성 있는 매개변인의 후보가 될 수 있다. 우리는 SES가 피임도구 사용과 관련되어 있다는 사실을 알고 있다. 이제 우리가 알아야 할 필요가 있는 것은 사회경제적 수준이 높은 가정이 집에 보다 많은 가전제품을 가지고 있는 경향이 있다는 사실이 되며, 그렇게 함으로써 연계를 찾아낸 것이다. 물론 다른 변인들도 이러한 상관에 기여할 수 있다. 그렇지만 여기서의 요점은 가전제품의 숫자와 피임도구 사용 간에 아무리 강력한 상관이 존재한다고 하더라도 그 관계가 인과적 연계를 나타내는 것이 아니라는 점이다.

피임도구 사례는 상관관계가 인과관계를 함축하지 않는다는 이 장의 근원 원리를 쉽게 이해할 수 있도록 만들어준다. 이 장에서는 인과 추론의 도출을 차단시키는 두 가지 문제, 즉 제3변인 문제와 방향성 문제를 논의한다. 또한 선택 편향이 어떻게 제3변인 문제를 초래하는 것인지도 논의한다.

상관 증거의 한계가 토스터 사례처럼 항상 용이하게 인식할 수 있는 것은 아니다. 인과 연계가 명확한 것처럼 보일 때, 이미 강력한 편견을 가지고 있을 때, 또는 해석이 이론적 지향성의 지배를 받을 때, 상관관계를 인과관계의 증거로 취급하려는 유혹이 일어난다.

제3변인 문제 : 골드버거와 펠라그라병

20세기 초엽, 미국 남부에 사는 수많은 사람들이 펠라그라병(이태리 문둥병)이라고 부르는 질병으로 죽어갔다(매년 10만 명 정도가 희생되었다). 어지러움, 혼수상태, 고름이 나고 피부가 문드러짐, 구토, 그리고 심한 설사로 특징지을 수 있는 이 병은 그 당시에는 전염병이며 "원인미상"의 미생물이 야기하는 것으로 간주되었다. 따라서 국립 펠라그라병 연구소의 많은 의사들은 그 병이 공중위생 조건과 관련되어 있다는 증거에 영향을 받았다는 사실이 그리 놀랍지 않다. 미국 사우스캐롤라이나 스파르탄버그에서 펠라그라병이 돌지 않은 가정은 예외 없이 집에 수도시설과 우수한 하수처리시설을 갖추고 있는 것으로 보였다. 반면에 펠라그라병 환자가 있는 가정은 형편없는 하수처리시설을 갖추고 있기 십상이었다. 이러한 상관관계는 전염병이 펠라그라병 환자들의 배설물에 따른 열악한 위생조건으로 인해서 전파된다는 생각과 아주 잘 일치하였다.

이러한 해석을 혹평한 의사가 바로 조셉 골드버거(Joseph Goldberger)[1]였는데, 그는 미국 공중보건국장의 지시에 따라 펠라그라병에 대한 연구를 수차례 수행하였다. 골드버거는 펠라그라병이 부적합한 식사로 인해서 야기된다고 생각하였다. 즉, 남부에 만연하고 있는 기아가 초래한 질병이라고 생각하였다. 많은 희생자들은 지나치게 적은 양의 육류와 계란 및 우유, 그리고 많은 양의 옥수수, 거친 밀가루, 옥수수죽으로

---

1) 골드버거(Joseph Goldberger, 1874~1929)는 헝가리(지금은 슬로바키아) 출신의 유태계 의사이자 유행병학자로서, 미국 공중위생국에서 활동하였다. 가난과 질병 간의 관계에 관한 과학적 연구와 사회적 인식을 주창하였으며, 펠라그라병 예후에 관한 연구업적으로 다섯 번이나 노벨 의학상 후보에 올랐으나, 안타깝게도 수상하지는 못하였다.

특징지을 수 있는 고탄수화물과 극단적인 저단백질 식사로 연명하였던 것이다. 그는 하수처리 조건과 펠라그라병 사이의 상관관계는 어느 방향으로든지 간에 인과관계를 반영하는 것이 아니라고 생각하였다(토스터에 의한 산아제한의 예와 똑같다). 그러한 상관관계가 위생적인 수도시설을 갖춘 가정은 경제적으로 또 다른 이점을 가지고 있을 가능성이 크기 때문에 일어난 것이라고 생각하였던 것이다. 이러한 경제적 격차가 식사에도 반영되어서, 이들의 음식에는 보다 많은 동물성 단백질이 들어 있다는 것이었다.

그런데 잠깐 생각해볼 것이 있다. 어째서 골드버거는 자신의 인과추론으로 인해서 비난받지 않은 것인가? 결국 골드버거와 다른 의사들 모두 상관관계만을 가지고 있을 뿐인데, 즉 전자는 펠라그라병과 식사 사이에, 그리고 후자는 펠라그라병과 공중위생 사이에 상관관계만을 가지고 있을 뿐인데, 어째서 연구소의 의사들은 골드버거의 상관관계도 마찬가지로 잘못된 것이라고 주장할 수 없었던 것인가? 전염물질은 부적절한 하수처리 때문에 환자의 배설물을 통해 전달된다는 가설을 골드버거가 기각한 것은 어째서 정당화된 것인가? 그가 정당화되었던 이유는 내가 언급하기를 소홀히 하였던 한 가지 조그만 사건과 관련되어 있다 : 골드버거는 펠라그라병 환자의 배설물을 먹어보았던 것이다!

골드버거 증거가 더 우수한 이유

골드버거가 얻은 증거는 연구자가 단지 상관관계를 관찰하는 것이 아니라 실제로 결정적 변인에 처치를 가할 때 얻을 수 있는 유형의 것이었다(다음 장에서 보다 상세하게 논의할 실험 처치에 근거한 증거). 이러한 접근은 흔히 자연적으로는 잘 일어나지 않는 특정 조건의 설정을 수반하는데, 골드버거가 사용한 특정 조건을 부자연스러운 것이라고 비난하는 것은 그 중요성을 과소평가하는 것이다!

펠라그라병은 전염병이 아니며 환자의 체액을 통해서 전염되는 것도 아니라고 확신한 골드버거는 환자의 피를 자신에게 수혈하였다. 그는 환자의 기관지와 코에서 나온 분비물을 자신의 입을 통해 주입하기도 하였다. 골드버거의 치열한 노력을 기술한 두 연구자인 브론펜브레너와 마호니(Bronfenbrenner & Mahoney, 1975)에 따르면, 골드버거와 그의 조수들은 펠라그라병 환자의 오줌과 설사한 분비물로 반죽한 덩어리까지 먹었던 것이다! 이토록 극단적인 처치에도 불구하고 골드버거나 다른 자원자 어느 누구도 펠라그라병에 걸리지 않았다. 요컨대, 골드버거는 질병의 전염에 필요한 조건들을 만들었으나, 아무 일도 일어나지 않았던 것이다.

골드버거는 다른 사람들이 제안한 인과 기제에 처치를 가하여 그 기제는 효과가 없다는 사실을 보여주기는 하였으나, 아직 자기 자신의 인과 기제를 검증해보아야 할 필요가 있었다. 그는 미국 미시시피의 죄수농장으로부터 펠라그라병에 걸리지 않고 자신의 실험에 자원한 두 죄수 집단을 구하였다. 한 집단에게는 그가 펠라그라병의 원인이라고 의심한 고탄수화물, 저단백질 식사를 주는 반면에, 다른 집단에게는 보다 균형 잡힌 식사를 주었다. 5개월이 지나지 않아서 저단백질 집단은 펠라그라병으로 황폐해진 반면에, 다른 집단은 이 병의 아무런 징후도 보이지 않았다. 기아가 존재한다는 사실을 부정하려는 정치적 동기를 가지고 있는 사람들이나 질병을 유선석으로 설명하기를 원하는 사람들과의 오랜 투쟁기간을 거친 후에야 비로소 골드버거의 가설은 인정받을 수 있었다. 그의 가설이 다른 어떤 것보다도 경험적 증거와 일치하였기 때문이었다.

펠라그라병의 일화는 사회경제적 정책이 가용한 정보의 엉터리 해석에 근거함으로써 인류가 지불해야 하는 대가를 예시해주고 있다. 그렇다고 해서 상관 증거를 사용해서는 안 된다고 말하려는 것은 결코 아니다. 이와는 정반대이다. 많은 경우에 상관관계는 우리가 다룰 수 있는 유일한 것이며(제8장 참조), 또 다른 경우에는 우리에게 필요한 전부이기도 하다(예컨대, 목표가 원인을 결정하려는 것이 아니라 예언하려는 것일 때 그렇다). 과학자들은 흔히 문제를 해결하는 데 불완전한 지식을 사용할 수밖에 없는 입장에 서게 된다. 중요한 사실은 우리가 의심의 눈을 가지고 상관 증거에 접근하여야 한다는 점이다. 펠라그라병-하수처리 사례와 같은 예들은 심리학의 모든 분야에서 상당히 빈번하게 일어난다. 위의 예는 흔히 **제3변인 문제**(third-variable problem)라고 부르는 것을 예시하고 있다. 즉, 두 변인 간의 상관(이 경우에는 펠라그라병과 하수처리 상태 간의 상관)이 둘 간의 직접적인 인과 통로를 나타내는 것이 아니라, 두 변인 모두가 측정하지도 않은 제3변인(여기서는 식사조건)과 관련되기 때문에 일어날 수 있다는 것을 예시한다. 펠라그라병의 발생은 SES(그리고 진정한 인과변인인 섭생)와 관련되며, SES는 하수처리시설의 자질과도 관련되어 있다. 하수처리 상태와 펠라그라병 사이에 존재하는 상관을 흔히 사이비상관(spurious correlation)이라고 부른다. 사이비상관이란 측정한 두 변인 사이의 인과관계 때문이 아니라 두 변인이 측정하지 않은 제3변인과 관련되었기 때문에 나타나는 상관관계를 말한다.

보다 최근의 사례를 보도록 하자. 지난 수십 년 동안 미국에서는 공립학교와 사립학교의 상대적 효능성에 대한 논쟁이 들끓었다. 이 논쟁에서 이끌어낸 몇몇 결론은 상관 증거로부터 인과성을 추론하는 위험성을 생생하게 입증하고 있다. 사립학교와 공립학교의 효능성이라는 문제는 사회과학 연구방법을 가지고 접근할 수 있는 경험적 문제이다. 그렇다고 해서 이것이 용이한 문제라는 사실을 함축하는 것은 아니며, 단지 이것이 잠재적으로 해결가능한 과학적 물음이라는 점을 함축할 뿐이다. 사립학교의 우월성을 내세우는 모든 사람들은 암묵적으로 이 사실을 인정한다. 이들이 내세우는 대표적인 주장에는 사립학교 학생들의 성취도가 공립학교 학생들보다 앞선다는 경험적 사실이 들어 있기 때문이다. 이 사실은 논쟁거리가 되지 않는다. 교육통계가 풍부하며, 다양한 연구에 걸쳐서 대체로 일치하기 때문이다. 문제는 사립학교에서 받는 교육이 우수한 성취검사 점수의 **원인**이라고 결론내리는 데 이러한 성취도 데이터를 사용한다는 데 있다.

학력검사 결과는 많은 상이한 변인들의 함수이며, 이 변인들은 상호 상관되어 있다. 공립학교와 사립학교의 상대적 효율성을 평가하는 데는 학교 유형과 학업성취 사이의 관계보다 더 복잡한 통계들이 요구된다. 예컨대, 학업성취는 부모의 교육수준, 직업, 사회경제적 지위, 집에 소장하고 있는 장서의 수 등과 같은 집안 배경의 많은 상이한 지표들과 관련되어 있다. 이러한 특징들은 또한 자식을 사립학교에 보낼 확률과 관계가 있다. 따라서 집안 배경은 학업성취와 학교 유형 사이의 관계에 영향을 미칠 수도 있는 잠재적 제3변인이다. 요컨대, 그 관계는 사립학교의 효율성과는 아무런 관계도 없으며, 경제적으로 혜택 받은 아동들은 학업에서 우수한 성과를 보이며 사립학교에 다닐 가능성이 크다는 사실의 소산일 수도 있는 것이다.

나행이도 이와 같은 문제에 대처하도록 설계된 **중다회귀**(multiple regression), **부분상관**(partial correlation), **경로분석**(path analysis)이라고 알려진 복잡한 상관통계기법들이 존재한다(이 기법들은 부분적으로 심리학자들이 개발한 것이다). 이 통계기법들은 다른 변인들의 효과를 제거해버린 후에 두 변인 사이의 상관관계를 재계산할 수 있게 해준다.

연구자들은 이렇게 복잡한 상관기법들을 사용하여 고등학생들에 관한 대규모의 교육 통계들을 분석하였다. 이들은, 학생들의 집안 배경과 일반적인 심적 능력을 반영하는 변인들을 제거한 후에는, 학업성취와 학교 유형 사이에는 거의 아무런 관계도 없다는 사실을 발견하였다. 이들의 분석결과는 다른 연구자들도 확증하였다(Berliner & Biddle, 1995; Carnoy, Jacobsen, Mishel, & Rothstein, 2005; Hendrie, 2005).

따라서 학업성취를 증진시키는 수단으로 사립학교를 내세우는 것은 토스터 방법으로 산아제한을 하려는 주장과 동일한 것으로 나타났다. 학업성취가 사립학교와 연계되는 것은 어떤 직접적인 인과 기제 때문이 아니라 사립학교 학생들의 집안 배경과 일반적 인지 수준이 공립학교 학생들과는 확실히 다르기 때문이다.

제3변인 효과를 제거하도록 해주는 복잡한 상관통계기법들이 항상 상관관계의 강도를 감소시키는 것은 아니다. 때때로 두 변인 사이의 원래 상관관계는 제3변인을 제거한 후에도 그대로 남아 있으며, 이 사실 자체가 정보를 제공할 수 있다. 이러한 결과는 원래의 상관관계가 특정한 제3변인과의 사이비 관계 때문에 존재하는 것이 아니라는 사실을 지적한다. 물론, 이것이 또 다른 변인으로 인한 사이비 관계의 가능성들도 제거하는 것은 아니다.

고등학생이 대학에 진학할 확률은 그 학생 가정의 사회경제적 지위와 관련되어 있다는 결과를 보여주는 연구가 또 다른 사례를 제공한다. 이 결과는 실적기반 목표(merit-based goal)를 추구하는 우리 사회의 심장부를 강타하는 중요한 발견이다. 이 결과가 시사하는 바는 인생에서 성공 기회가 그 개인의 경제수준에 의해 결정된다는 것이다. 그렇지만 이러한 결론을 속단하기 전에 다른 여러 가지 대안적 가설들을 고려해보아야만 하겠다. 즉, 대학 진학과 사회경제적 지위 사이의 상관관계가 사이비일 가능성을 면밀하게 조사해보아야 한다. 제3변인으로 한 가지 명백한 후보가 학업 능력이다. 이 변인이 대학 진학과 사회경제적 지위 모두와 관련될 수 있으며, 만일 이 변인의 효과를 제거한다면, 처음 두 변인 간의 상관관계는 사라질 수도 있다. 연구자들은 학업 적성을 제거하는 적절한 통계기법을 사용하였으나 대학 진학과 사회경제적 지위 사이의 상관관계가 계속해서 유의한 것으로 남아 있었다. 따라서 높은 경제 계층의 학생들이 대학에 진학할 가능성이 크다는 사실은 전적으로 학업 적성에서의 차이 때문은 아니다. 물론 이 결과는 또 다른 변인이 처음 두 변인 사이의 관계를 유도하였을 수도 있다는 가능성을 배제시키는 것은 아니다. 그렇기는 하지만, 학업 적성과 같은 중요한 대안적 설명을 배제시킬 수 있다는 것은 실용적으로나 이론적으로나 명백히 중요한 일이다.

부분상관 기법을 사용한 또 다른 사례를 보자. 미국에서는 폭력 범죄가 북부보다는 남부에서 더 빈번하다. 앤더슨과 앤더슨(C. A. Anderson & K. B. Anderson, 1996)은 소위 **열기 가설**(heat hypothesis) 즉, "기분 나쁠 정도로 뜨거운 기온이 공격 동기를 증가시키며 (때로는) 공격 행동까지 증가시킨다"(740쪽)는 가설을 검증하였다. 놀라울 것도 없이 이들은 한 도시의 평균 기온과 범죄율 사이에서 상관관계를 찾아내었다. 그렇지만 열기 가설에 더 높은 신뢰성을 부여해주는 것은 이들이 실업률, 개인 소득, 빈곤율, 교육, 주민 수, 주민의 평균 연령, 그리고 다른 여러 가지 변인들을 통계적으로 통제하였을 때에도 기온과 폭력범죄 사이의 상관관계가 유의하게 남아 있다는 결과를 찾아냈다는 사실이다(Larrick, Timmerman, Carton, & Abrevaya, 2011도 참조하라).

방향성 문제

인과 추론을 합법적으로 정당화할 수 있는 방식으로 변인들에 처치를 가할 수 있는데도 불구하고 상관 증거에 근거하여 인과 추론을 하는 것은 결코 양해될 수 있는 일이 아니다. 그러나 심리학 주제가 수반될 때는 이러한 일이 괴로우리만치 자주 일어나며, 사회문제를 해결하는 데 있어서 심리학 지식의 중요성이 점증함에 따라서 이러한 경향성이 치르는 대가도 증가하고 있는 실정이다. 교육심리학 영역에서 잘 알려진 한 가지 사례가 이 사실을 잘 예시해준다.

대략 100여 년 전에 읽기과정에 대한 과학 연구를 시작한 이래, 안구운동 패턴과 독서능력 사이에는 상관이 있다는 사실이 알려져 왔다. 독서능력이 열등한 사람은 엉뚱한 안구운동을 보다 많이 하고, 잦은 회귀를 보이며(오른쪽에서 왼쪽으로 되돌아가는 안구운동), 한 줄 당 응시하는 횟수가 많다. 이러한 상관관계에 근거하여, 동안(動眼)근육의 미숙한 작동이 읽기문제의 원인이라고 가정하였으며, 많은 "안구운동 훈련" 프로그램들을 개발하여 초등학생들에게 실시하였다. 그러한 상관관계가 인과관계의 지표인지, 즉 잘못된 안구운동이 열등한 읽기능력의 **원인**인지를 확인하기 훨씬 이전부터 이미 제도화되어버리고 말았다.

오늘날에는 안구운동과 읽기능력 사이의 상관관계는 정반대 방향으로 작동하는 인과관계를 반영하는 것으로 알려져 있다. 잘못된 안구운동이 읽기문제를 유발하는 것이 아니다. 오히려 느린 단어 재인과 글 이해의 어려움이 잘못된 안구운동으로 이끌어가는 것이다. 아동들에게 단어를 효율적으로 재인하고 글을 잘 이해하도록 가르치게 되면, 안구운동이 점차 매끄러워진다. 반면에 안구운동을 훈련시키는 것은 아동의 읽기 이해를 증진시키는 데 아무런 역할도 하지 못한다.

10여 년에 걸쳐서, 연구들은 읽기 문제의 원인으로 단어 해독 문제와 음운처리에서의 언어 문제를 확실하게 지적해왔다(Snowling & Hulme, 2005; Stanovich, 2000; Wagner & Kantor, 2010). 읽기 장애가 안구운동 패턴의 어려움 때문인 사례는 거의 없다. 그럼에도 불구하고, 적어도 어느 정도의 규모를 가지고 있는 많은 교육구청의 물품창고를 열심히 뒤져보면, 먼지에 뒤덮여 있는 "안구운동 훈련기계"들을 찾을 수 있을 터인데, 이것들은 상관관계를 인과 가설의 증거로 간주하려는 유혹 때문에 엄청난 액수의 장비 구입비가 낭비되었음을 보여주고 있는 것이다.

이와 유사한 또 다른 예를 보자. 교육심리학과 상담심리학 분야에서 가장 널리 알려진 가설은 학업성취 문제, 약물 남용, 십대 임신, 집단 따돌림, 그리고 다른 많은 문제행동들이 낮은 자존심의 결과라는 것이었다. 연계의 인과 방향은 명백한 것이라고 가정되었다. 즉, 낮은 자존심이 문제행동으로 이끌어가며, 높은 자존심은 높은 학업성취와 다른 많은 영역에서의 우수한 수행으로 이끌어간다는 것이었다. 인과 방향에 관한 이러한 가정은 자존심을 증진시키려는 많은 교육 프로그램에 동기를 부여해주었다. 여기서의 문제점은 안구운동 예와 동일한 것이었다. 즉, 인과 방향에 대한 가정이 단지 상관의 존재에 근거하여 만들어졌던 것이다. 만일 자존심과 학업성취 사이에 관계가 존재한다면 그 방향은 반대가 될 가능성이 큰 것으로 나타난다. 즉, 학교에서(그리고 삶의 다른 여러 측면에서) 우수한 성과가 높은 자존심으로 이끌어가는 것이다(Baumeister et al., 2003, 2005; Krueger et al., 2008).

인과성 방향을 결정하는 문제는 심리학 연구에서 흔하다. 예컨대, 심리학자 조나단 하이트(Jonathan Haidt, 2006)는 이타성과 행복감 간에 상관이 존재한다는 사실을 보여주는 연구들을 논의해왔다. 예컨대,

자원봉사 활동을 하는 사람들이 그렇지 않은 사람들보다 더 행복하다는 사실을 보여주는 연구가 있다. 물론 어떤 제3변인이 이타성과 행복감 간의 연계를 설명하고 있지 않은지를 확인할 필요가 있었다. 일단 제3변인들을 제거한 후에는 연계의 **방향성**을 결정할 필요가 있었다. 행복감이 사람들을 이타적이게 만들었는가, 아니면 이타행동이 사람들을 행복하게 만들었는가(받는 것보다 주는 것이 더 즐겁다)? 제6장에서 기술할 진정한 실험의 논리를 사용하여 적절하게 통제한 연구를 수행하였을 때, 양 방향 모두 작동하는 인과관계가 존재한다는 사실을 찾아냈다. 즉, 행복감은 사람들을 더 이타적으로 만들며, 이타행동이 사람들을 더 행복하게 만든다.

지금까지의 논의에서 우리는 두 변인 사이의 단순한 상관관계에 내재하는 두 가지 대표적인 유목의 불확실성을 확인하였다. 하나는 **방향성 문제**(directionality problem)라고 부르는 것으로써 안구운동과 자존심의 사례가 예증하고 있다. 변인 A와 변인 B 사이의 상관관계는 A에서의 변화가 B에서의 변화를 초래하기 때문이라고 성급하게 결론내리기 전에, 인과관계의 방향은 B에서 A로 가는 반대 방향일 수도 있다는 사실에 주의를 기울여야 한다. 두 번째 문제는 **제3변인 문제**(third-variable problem)이며, 펠라그라병 사례(그리고 토스터-산아제한 그리고 사립학교-학업성취의 사례)가 예증하고 있다. 두 변인 사이의 상관은 어느 한 방향으로의 인과 경로를 나타내는 것이 아니라 두 변인 모두가 제3변인과 관련되어 있기 때문에 일어날 수 있는 것이다.

선택 편향

사이비상관의 가능성이 상당히 높은 상황들이 있다. 이러한 상황은 선택 편향이 일어날 확률이 높은 상황이다. **선택 편향**(selection bias)이라는 용어는 상이한 생물학적·행동적·심리적 특성을 가지고 있는 사람들이 상이한 유형의 환경을 선택함으로써 특정한 개인 변인과 환경 변인 사이에 존재하게 되는 관계를 지칭한다. 선택 편향은 환경 특성과 행동적·생물학적 특성 사이의 사이비상관을 만들어내는 것이다.

사이비상관을 생성해내는 데 선택요인의 중요성을 예증하는 직접적인 사례를 보도록 하자. 호흡기 질환으로 인한 사망자 수가 가장 많은 미국의 주 이름을 가능한 한 빨리 대보아라. 이 물음의 답은 물론 애리조나이다. (우리나라의 경우라면 공기가 맑고 따뜻한 제주도가 될 수 있겠다.) 뭐라고? 잠깐만 기다려 보라. 애리조나는 공기가 깨끗하지 않은가? 로스앤젤레스의 스모그가 그곳까지 확산되는가? 아니면 피닉스의 무계획적인 도시 확장이 그렇게 나쁜 지경으로 몰고 갔는가? 아니 결코 그럴 수는 없다. 시간적 여유를 가지고 생각해보자. 아마도 애리조나는 공기가 깨끗할 것이다. 그리고 모르긴 몰라도 호흡기 질환을 앓고 있는 사람들이 그곳으로 이주하는 경향이 있을 것이다. 그런데 그들이 애리조나에서 사망한다. 바로 그것이다. 이제 여러분은 답을 찾았다. 만일 우리가 주의하지 않는다면, 애리조나의 공기는 살인적으로 오염되어 있다고 생각하도록 만들 수도 있는 상황이 일어난 것이다.

그런데 선택 요인들이 항상 쉽게 구별될 수 있는 것은 아니다. 이들은 간과되기 십상이며, 특히 특정 유형의 인과적 연계를 보려는 욕구를 이미 가지고 있을 때는 더욱 간과되기 쉽다. 기존 편향과 결합된 유혹적인 상관 증거는 명철한 두뇌의 소유자조차도 기만할 수 있다. 몇 가지

구체적 사례들을 보도록 하자.

선택 요인을 고려하는 것이 중요하다는 사실은 지난 20년에 걸쳐서 지속되고 있는 미국교육의 자질에 대한 전국적 논쟁이 잘 예증해왔다. 이 논쟁에서 일반대중은 수많은 교육통계라는 홍수에 빠져 허우적거렸지만, 오해를 불러일으키는 선택 요인들로 가득 찬 상관 데이터로부터 인과관계를 추론하는 위험을 피할 수 있는 지침은 전혀 제공되지 않았다.

계속되는 논쟁을 통해서 특정한 정치적 입장을 취하고 있는 많은 토론자들은, 교사의 봉급 수준과 학급 크기 모두가 교육의 질에서 중요하다는 사실을 보여주는 증거가 있음에도 불구하고, 이들 간에는 아무런 관계가 없다는 증거를 제시하고자 혈안이 되었다(Ehrenberg, Brewer, Gamoran, & Williams, 2001). 제시된 한 가지 증거가 미국 50개 주 각각에서 치러진 학업적성검사(Scholastic Aptitude Test : SAT)[2] 결과이었다. 대학에 진학하려고 계획하는 고등학생들이 치른 이 검사의 평균점수는

---

2) SAT는 대부분의 미국 대학들이 신입생 선발에 활용하는 표준화된 선다형 검사이다. 이 검사는 ETS(Educational Testing Service)에서 관장하며, 매년 일곱 차례 실시한다. 검사는 3시간에 걸쳐 실시되며, 모두 일곱 영역으로 구성된다. 세 영역은 언어검사이고, 세 영역은 수학검사이며, 나머지 한 영역은 ETS가 연구 목적으로 사용하기 위한 실험영역이다. 언어와 수학검사 각각 평균이 500점이고 표준편차가 100인 환산점수로 나타내게 되며, 200점에서 800점 사이의 점수를 받게 된다. 만일 한 검사에서 700점을 받았다면, 정상분포의 특성에 근거할 때 그 학생의 점수는 100명중 2등 내지 3등 정도에 해당한다고 말할 수 있다. 미국 대학에서 신입생을 선발할 때 SAT 점수만을 고려하는 것은 아니며, 내신 성적, 추천서, 면접, 개인 신상소개서 등을 모두 고려하게 된다. 우리나라에서 실시하고 있는 수학능력시험(수능)이 궁극적으로 추구하고 있는 것이 아마도 SAT와 같은 것이겠다. 요즈음, 개인의 적성 … 운운하면서 각 대학마다 입학전형의 다양화를 추구하고 있는데, 하루 빨리 안정화되어서 수험생과 학부모에게 가하는 고문에 가까운 고통을 줄여줄 수 있었으면 좋겠다. 10년 전에 6판을 번역하면서 이 마지막 문장을 썼는데, 지금은 더 복잡해지고 더 많은 고통을 유발하고 있다는 느낌이다. 도대체 대한민국의 교육 정책은 언제나 안정되고 정상화 되려나 교육자의 한 사람으로 자괴감을 느낀다.

실제로 교사의 봉급 그리고 교육예산의 규모와 거의 아무런 관계도 보여주지 못하였다. 만일 관계가 있다면, 그 경향성은 예상하였던 방향과는 정반대되는 것으로 보였다. 교사에게 꽤나 많은 봉급을 주는 몇몇 주는 매우 낮은 평균 SAT 점수를 보였으며, 교사의 봉급 순위가 바닥에 있는 주들은 매우 높은 평균 SAT 점수를 보였던 것이다. 그러나 데이터 패턴을 자세하게 들여다보면, 선택 요인들이 얼마나 용이하게 사이비상관을 만들어낼 수 있는지에 대한 훌륭한 교훈을 얻을 수 있다.

보다 자세하게 살펴보면, 예컨대 미시시피 학생들이 캘리포니아 학생들보다 SAT에서 높은 점수를 받는다는 사실을 알 수 있다(Grissmer, 2000 ; Powell & Steelman, 1996). 실제로 그 차이는 상당한 것이다. 미시시피 학생들의 평균 점수가 100점 이상이나 높다. 미시시피 교사의 봉급 수준이 전국에서 최하위이기 때문에, 이 사실은 교사의 봉급을 삭감해야 한다고 주장하는 보수당 토론자들이 축배를 들도록 만들었다. 그런데 잠깐 기다려보라. 미시시피 학교가 캘리포니아 학교보다 우수하며 일반적인 교육 여건도 전자가 우월하다는 게 정말로 사실인가? 물론 아니다. 거의 모든 다른 객관적 지표를 보면 캘리포니아 학교가 우월하다는 사실을 알 수 있다. 이것이 사실이라면 도대체 SAT는 어떻게 된 것인가?

그 답은 선택 요인에 있다. SAT는 모든 고등학생들이 치르는 시험이 아니다. 모든 학생들이 똑같이 검사받게 되어 있는 많은 표준화 검사와는 달리, SAT는 선택 편향을 수반하고 있다. 대학에 진학하기를 희망하는 학생들만 이 검사를 받는다. 이러한 선택 요인이 검사의 평균치에서 나타나는 주간 변산(州間 變散)의 상당 부분을 설명하며, 또한 최고의 교육시스템을 갖추고 있는 몇몇 주가 SAT의 매우 낮은 평균치를 나타나게 되는 이유를 설명해준다.3)

---

3) 우리나라의 경우는 이와 조금 다르다. 거의 모든 고등학교 졸업자들이 수학능력시

선택 요인은 각 주의 SAT 점수에 두 가지 다른 방식으로 작동한다. 첫째, 몇몇 주립대학들은 SAT 점수가 아니라 ACT(American College Testing)4) 점수를 요구한다. 따라서 이러한 주에서 SAT를 친 학생들만이 다른 주의 대학에 진학하려고 계획하고 있는 학생들이다. 이러한 학생들이 일반 학생들보다 좋은 가정배경을 가지고 있고 보다 높은 학업적성을 가지고 있을 가능성이 더 크다. 바로 이것이 미시시피-캘리포니아 사례에서 일어난 사건인 것이다. 단지 4%의 미시시피 고등학생들만이 SAT를 치는 반면에 캘리포니아에서는 그 비율이 47%에 이른다(Powell & Steelman, 1996).

험을 치기 때문이다. 예컨대, 2008년 고등학교 졸업생 수는 581,921명인데, 수능 지원자 수는 584,890명이고, 2009년 졸업생 수는 576,298명인데, 지원자 수는 588,282명이었다. 졸업생 수보다 지원자 수가 더 많은 것이다. 아마도 재수생, 검정고시 출신자 등이 포함되어 있기 때문일 것이다. 대학 진학률이 80%를 훌쩍 뛰어넘는 국가는 아마도 우리나라가 유일하지 않은가 싶다(물론 정확한 조사 결과는 아니다).

4) ACT도 표준화된 선다형 대학입학 시험이다. 미국의 거의 모든 대학이 이 시험점수를 입학허가에 활용하며, 학과 배정이나 장학금 지급 여부를 결정하는 데도 많이 활용하고 있다. 영어, 수학, 읽기, 그리고 과학추론의 네 영역에 걸쳐서 총 2시간 55분 동안 시험을 치며, 매년 여섯 차례 실시한다. 각 영역 별로 1~36점 사이의 점수를 얻게 되며, 네 영역의 평균점수는 대략 21점 정도이다. SAT 또는 ACT(아니면 둘 다) 어느 점수가 필요한 것인지는 대학이 결정하는 것이기 때문에, 지원하려는 대학에 따라서 수험생은 선택적으로 시험을 쳐야 한다.
사족이 되겠지만, 말이 나온 김에 몇 마디 덧붙여본다. 우리나라는 사교육 때문에 나라가 휘청거린다고 난리다. 그런데 개인적인 의견이기는 하지만, 교육개혁을 한답시고 매년 입시 제도를 바꾸면서 수험생과 학부모들을 실험대상으로 삼는 것이 더 커다란 문제가 아닐까 싶다. 입시전쟁은 우리나라에만 있는 것이 아니다. 어느 나라이든 소위 명문대학에 진학하려는 수험생들 사이에는 상당한 경쟁이 존재한다. 흔히 '미국에서는 고등학교까지는 적성개발에 주력하지, 우리처럼 대학입시를 위해서 이렇게 난리를 피우지 않는다'는 말을 주위에서 듣는다. 부분적으로는 옳지만, 전적으로 옳은 말은 아니다. 우리 사정이 조금 더 심각하기는 하지만, 미국에서도 소위 명문대학에 진학하려는 고등학생들은 머리를 싸매고 공부하며, 각 대학이 요구하는 조건들을 만족시키기 위해서 전력투구한다. 우리의 입시전쟁을 입시축제로 승화시킬 수 있는 방법은 정말로 없는 것일까?

두 번째 선택 요인은 다소 미묘한 것이다. 우수한 교육시스템을 갖추고 있는 주에서는 많은 학생들이 고등학교를 졸업한 후에 대학에 진학하려고 한다. 그러한 주에서는 상당한 비율의 학생들이 SAT를 치는데, 여기에는 학업능력이 떨어지는 학생들도 상당수 포함된다. 자퇴율이 높고 전반적인 자질이 떨어지는 주는 대학에 진학할 꿈을 가지고 있는 학생의 비율이 훨씬 낮다. 이러한 주에서 최종적으로 SAT를 치는 학생들이란 대학에 진학할 만큼 자질이 우수한 대표적인 학생들뿐이다. 결과적으로 이러한 주의 평균 SAT 점수는 당연히 높은 비율의 학생들이 학업을 계속하려고 하는 주에 비해서 높은 경향을 보일 수밖에 없다.

SAT 점수의 오용은 또한 일반대중이 이 책에서 가르치려고 하는 간단한 방법론적 기법과 통계적 사고기술을 가지고 있지 않은 한에 있어서 통계의 오용을 수정하기가 얼마나 어려운 것인지를 보여주는 불행스러운 사례를 제공하고 있다. 미국 인디아나 대학교 교수인 브라이언 파월(Brian Powell, 1993)은 정치 칼럼니스트 조지 윌(George Will)이 쓴 칼럼을 분석하였다. 조지 윌은 이 칼럼에서 연방정부의 교육재정 지출에 반대하고 있는데, 그 이유는 높은 SAT 점수를 보이고 있는 주들이 교육에 그렇게 많은 예산을 책정하고 있지 않다는 것이었다. 파월은 특별히 높은 SAT 점수를 보인 것으로 조지 윌이 선택한 주들, 예컨대 아이오와, 노스다코타, 사우스다코타, 유타, 그리고 미네소타에서 SAT를 친 학생들의 비율이 단지 각각 5, 6, 7, 4, 그리고 10%에 불과한 반면, 미국 전제로 보면 고등학교 3학년생들의 40% 이상이 SAT를 친다는 사실을 지적하고 있다. 이러한 주에서 그렇게 소수의 학생들만이 SAT를 치는 이유는 주립대학에 입학하는 데 요구되는 검사가 ACT이기 때문이다. 다른 주의 대학에 진학하려고 계획하고 있는 학생들만이, 즉 "이름난 사립학교에 다니기가 십상인 학생들만이"(Powell, 1993, 352쪽)

SAT에 응시하는 것이다. 반면에 조지 윌이 재정지출은 높지만 낮은 SAT 점수를 보인 주의 예로 사용하였던 뉴저지에서는 76%의 3학년생들이 SAT에 응시한다. 노스다코타와 사우스다코타에서 SAT를 치는 학생들은 전체 학생의 3/4 이상이 SAT를 치는 뉴저지 학생들에 비해서 상당히 선택된 집단이라는 사실은 너무나 명백하다.

선택 효과가 존재함에도 불구하고 성급하게 결론으로 뛰어넘어가는 것은 실제의 삶에서 형편없는 선택으로 이끌어갈 수 있다. 한때 많은 여성들은 호르몬 대체요법(hormone replacement therapy : HRT)이 심장병의 확률을 낮춘다는 보고로 인해서 폐경기 이후에 이 요법을 받도록 권장 받았다. 그러나 이 결과를 얻었던 초기 연구들은 단지 HRT를 선택한 여성 집단(즉, 이 요법을 스스로 선택한 집단)을 선택하지 않았던 집단과 비교하였을 뿐이었다. (무선할당을 사용하여) 나중에 수행한 진정한 실험(제6장 참조)들은 HRT가 심장병의 가능성을 전혀 감소시키지 않는다는 사실을 찾아냈다(Bluming & Tarvis, 2009 ; Seethaler, 2009). 자기 선택한 표본들을 사용한 초기 연구들이 마치 심장병 감소 효과가 있다는 사실을 보여주는 것처럼 보였던 까닭은 HRT를 선택한 여성들이 그렇지 않은 여성들보다 신체적으로 더 활동적이며, 덜 비만하고, 흡연할 가능성이 적었기 때문이었다.

임상심리학의 한 가지 사례는 선택 편향의 문제가 얼마나 교묘하고도 "사악한" 것일 수 있는지를 입증하고 있다. 때때로 비만, 약물 복용, 그리고 흡연과 같은 여러 가지 구순적(口脣的) 중독성 질병의 치유율은 심리치료를 받지 않았던 사람들보다 받았던 사람들에 있어서 더 낮다는 사실이 찾아졌다. 물론 그 이유는 심리치료가 중독 행동의 변화에 대한 저항성을 증가시키기 때문이 아니다. 심리치료를 찾는 사람들은 그들의 증세가 거의 치유불가능하고 자가 치료가 효과 없었던 사람들이었기 때문이다. 요컨대, "중증 환자"들이 "경증 환자"들보다 심리치료를 더 많이 찾는 것이다.

와이너(Wainer, 1999)는 이차대전 중의 한 사건을 언급하고 있는데, 그 이야기는 선택 편향의 사악한 측면들을 생각나게 해준다. 그는 한 항공기 분석가에 대해서 기술하고 있다. 그 분석가는 출격하였다가 무사히 귀항한 항공기에 나 있는 총탄 자국의 패턴에 근거하여 항공기에 특수 보호판을 부착할 위치를 결정하고자 시도하고 있었다. 그의 결정은 분석한 항공기에서 총탄 자국이 나지 않았던 위치에 특수 보호판을 부착하겠다는 것이었다. 모든 항공기들이 상당히 골고루 총탄 세례를 받았을 것이라는 게 그의 기본논리였다. 귀항한 항공기에서 총탄구멍이 나 있는 위치는, 비록 그 항공기가 총탄 세례를 받았다 하더라도 추락하지 않고 귀항할 수 있다는 사실을 알려준다는 것이었다. 귀항한 항공기에서 총탄 구멍이 나지 않은 위치도 총탄 세례를 받았을 터인데, 그 위치에 총탄 세례를 받은 항공기들은 귀항하지 못하였다. 따라서 귀항한 항공기에서 총탄구멍이 없는 위치에 특수 보호판을 설치할 필요가 있다는 것이다!

사람들로 하여금 인과 추론을 하도록 상황을 설정하는데 선택 효과를 사용하기는 쉽다. 다음과 같은 것은 어떤가? 미국에서 공화당 지지자들이 민주당 지지자들보다 성을 더 즐긴다. 이것은 절대적인 사실이다. 통계를 보면 평균적으로 공화당 지지자들이 민주당 지지자들보다 자신의 성생활에 너 만족하고 있나(Blastland & Dilnot, 2009). 사람들을 더 성석으로 만드는 공화당 이념에 대해서는 어떤가?

독자들도 추측하였을 것이다. 이것은 옳지 않다. 정치가 사람들의 성생활을 변화시키지 않는다. 그렇다면 데이터를 어떻게 설명할 것인가? 두 가지가 있다. 첫째, 남성들이 여성들보다 공화당을 더 많이 지지한다. 둘째, 조사 결과를 보면 남성들이 여성들보다 자신의 성생활에 더 만족한다고 보고한다. 공화당 이념이 사람들의 성생활을 변화시키지 않는다. 단지 만족 수준이 높은 인구학적 집단(남성)이 공화당을 지지할 가능성이 높은 것이다.

"성을 좋아하는 공화당원"과 같은 사례는 언제 선택 효과가 작동할 수 있는지에 대해서 우리가 얼마나 신중을 기해야 할 것인지를 보여주고 있다. 경제학자 스티븐 랜즈버그(Steven Landsburg, 2007)는 테크놀로지 사용과 연계된 생산성을 보여주는 그토록 많은 데이터들이, 실제로는 선택 효과를 포함하고 있는 상관 데이터에 불과함에도 불구하고, 어떻게 인과적인 것으로 과잉해석하게 되는 것인지를 보여주고 있다. 기업에서 가장 생산적인 직원들은 가장 최신의 테크놀로지를 제공받은 사람이기 십상이다. 따라서 상관을 계산해보면, 생산성은 테크놀로지 사용과 정적 상관을 보이게 된다. 그런데 이 직원들의 성과를 증진시킨 것은 테크놀로지가 아니다. 그들은 이미 최신 테크놀로지를 받기 전에도 더 생산적이었기 때문이다.

선택 효과를 강력하게 함축하는 실생활의 한 가지 중요한 건강 문제는 음주가 건강에 미치는 효과에 관한 논쟁이다. 수많은 연구들이 찾아낸 사실은 조금씩 적절하게 술을 마시는 음주자들이 술고래들뿐만 아니라 비음주자들보다도 더 건강하다는 것이다(Rabin, 2009). 선택 효과에 유념하라. 독자이든 필자이든 누구도 비음주자들에게 술을 적당히 마심으로써 건강을 증진시킬 수 있다고 말하려는 유혹에 빠져들어서는 안 된다. 위와 같은 결과가 나오는 까닭은 사람들이 술을 얼마나 마시는지를 스스로 결정하는 방식으로 세 집단 중 하나를 선택하였기 때문이다. 래빈(Rabin, 2009)이 설명하고 있는 바와 같이, 술을 적당히 마시는 사람은 모든 면에서 중용을 지킨다는 사실이 밝혀져 왔다. 적절하게 운동을 하고 적절하게 먹는다. 많은 것들을 적절하게 해내는 경향이 있는 것이다. 따라서 문제는 좋은 건강으로 이끌어가는 것이 적절한 음주인지 아니면 적절한 음주 집단의 다른 모든 우수한 특성들(운동 수준, 섭식 등)인지 알지 못한다는 점이다. 선택 효과로 인해서 적절한 음주 자체가 원인이라고 말할 수 없는 것이다.

요컨대, 이 장 내용에 관해서 소비자가 가지고 있어야 할 규칙은 간단한 것이다. 선택 편향의 예를 경계하라. 그리고 데이터가 단지 상관적일 때는 즉각적인 인과 추론을 피하라. 제한적인 인과 추론을 허용하는 복잡한 상관설계가 존재하는 것이 사실이다. 또한 상관 증거는 한 가설로의 수렴을 증명하는 데 도움이 되는 것도 사실이다(제8장 참조). 그렇기는 하지만 과학 정보의 소비자로서는 인과성을 거짓으로 함축하는 상관관계에 속아 넘어가기보다는 회의론의 입장에 섬으로써 실수를 범하는 것이 차라리 낫겠다.

요약

이 장의 핵심은 두 변인 사이에 관계가 존재하는 것만으로는 한 변인의 변화가 다른 변인의 변화를 초래한다는 사실을 보장할 수 없다는 것이다. 즉, 상관관계는 인과관계를 함축하지 않는다는 사실을 보여주려는 것이었다. 상관관계를 해석할 때의 두 가지 문제점을 논의하였다. 제3변인 문제에서 두 변인 사이의 상관은 둘 간의 직접적인 인과 경로를 나타내는 것이 아니라 두 변인이 측정하지조차 않은 제3변인과 관련되기 때문에 존재하는 것일 수 있다. 만일 잠재적인 제3변인을 측정하였다면, 부분상관과 같은 상관 통계기법(제8장에서 다시 논의한다)을 사용하여 제3변인이 그 관계를 결정한 것인지를 평가할 수 있다.

상관관계의 해석을 어렵게 만드는 또 다른 문제는 방향성 문제이다. 비록 두 변인이 직접적인 인과관계를 가지고 있다고 하더라도, 상관관계의 존재가 그 관계의 방향을 나타내주지는 못한다.

선택 편향은 행동과학에서 많이 나타나는 사이비상관의 원인이 된다. 사람들이 어느 정도는 자신의 환경을 스스로 선택하기 때문에 행동 특성과 환경 변인들 사이에 상관관계를 만들어내게 된다. 펠라그라병의 사례가 예증하고 있으며 후속하는 두 장에서 집중적으로 예증하는 바와 같이, 선택 편향이 작동하고 있지 않다는 사실을 확신할 수 있는 유일한 방법은 핵심 변인들에 직접 처치를 가하는 진정한 실험을 수행하는 방법뿐이다.

6

대상을 통제하기
클레버 한스의 사례

이 장은 퀴즈로 시작한다. 그렇지만 걱정할 필요는 없다. 여러분이 앞 장에서 읽은 것과 관련된 퀴즈는 아니다. 세상에 존재하는 사물들의 관찰 가능한 운동에 관한 것으로, 우리 모두가 상당한 경험을 한 것이기 때문에 이 퀴즈는 어려운 것이 아니다. 퀴즈에는 단지 세 가지 질문이 있을 뿐이다.

첫 번째 문제를 위해서는 종이가 필요하겠다. 한 사람이 줄에 매달린 공을 머리 주위로 빙빙 돌리고 있다고 상상하라. 그 사람의 머리 위에서 내려다볼 때 공의 궤적을 나타내는 원을 종이 위에 그려 보라. 원주 위의 한 곳에 큰 점을 찍고, 그 점과 원의 중심을 선으로 연결하라. 선분과 점은 각각 특정 시점에서의 줄과 공을 나타낸다. 바로 그 순간에 줄이 끊어졌다고 상상하라. 여러분의 첫 번째 과제는 그 순간부터 공의 비행궤적을 연필로 그려보는 것이다.[1]

---

[1] 나이가 지긋한 독자라면, 어린 시절 정월 대보름 밤에 달을 보면서 숯불 등을 담은 깡통을 빙빙 돌리며 놀던 기억이 아스라하게나마 있을 것이다. 변변한 놀이 하나 없던 시절에 깡통 불놀이는 아이들에게 신명나는 장난의 하나이었다. 이것은 한국전쟁 이후 우리 전통놀이 중의 하나이었던 쥐불놀이가 아이들의

다음 문제를 위해서는 여러분이 폭격기 조종사인데, 6,000m 상공에서 시속 800km의 속도로 목표점을 향해 비행하고 있다고 상상해 보라. 문제를 간단하게 만들기 위해서 공기 저항은 없다고 가정하자. 여기서 물음은 다음 어느 지점에서 폭탄을 투하해야 목표지점에 명중시키겠느냐는 것이다 : 목표점 앞, 바로 위, 아니면 목표점을 지난 후. 목표점 앞의 특정 위치이거나, 바로 위, 아니면 목표점을 지난 특정 위치를 표시해 보라.

마지막으로 여러분이 어깨 높이에서 권총을 발사한다고 상상해 보라. 공기 저항은 없으며, 권총을 지상과 아주 평행하게 발사한다고 가정하라. 만일 권총과 같은 높이에서 떨어뜨린 탄환이 지상에 닿는 데 1.5초가 걸린다면, 초속 600m의 속도로 발사된 탄환이 지상에 닿는 데는 시간이 얼마나 걸리겠는가?

그러면 정답은? 정답은 이 장의 마지막 부분에 제시되어 있다. 그렇기는 하지만 움직이는 사물에 대한 우리 지식의 정확성이 심리학과 어떤 관계가 있는지를 이해하기 위해서는 우선 과학자들이 사용하는 실험 논리의 본질을 보다 충분하게 탐구해볼 필요가 있겠다. 이 장에서는 실험 통제와 처치(manipulation)의 원리를 논의한다.

장난으로 변형된 것이겠다. 깡통 불놀이를 생각하면 첫 번째 질문을 쉽게 이해할 수 있다.
원래 쥐불놀이는 논이나 밭두렁에 불을 놓는 정월의 민속놀이로 대보름에 앞서 첫 쥐날 밤에 농가에서 벌이는 풍속이었다. 해가 저물면 마을마다 들로 나가 밭둑이나 논둑의 마른 풀에 일제히 불을 놓아 태운다. 이날 쥐불을 놓는 데는 잡초를 태움으로써 해충의 알이나 쥐를 박멸하여 풍작을 이루려는 뜻이 담겨있다. 지금은 화재의 위험 등으로 금지되고 있지만, 지역에 따라서는 억새 태우기 축제 등으로 승화시키기도 하였다. 문제는 이것이 산불을 일으킬 수도 있다는 것이다. 실제로 2009년 정월 대보름 경남 창녕에 소재한 화왕산 억새 태우기 축제에서 산불로 네 명의 등산객이 현장에서 사망하고 수많은 사람들이 화상을 입는 사고가 발생하였다. 물론 이 축제는 아쉽지만 그 이후 폐지되고 말았다.

스노우와 콜레라

펠라그라병에 관한 연구에서 조셉 골드버거는 부분적으로 이 질병은 전염병이 아니라는 추측의 도움을 받았다. 그러나 70여 년 더 앞서서 존 스노우(John Snow)[2]는 콜레라의 원인에 관한 연구에서 이와는 정반대 되는 방식에 내기를 걸어서 이겼다(Johnson, 2007 ; Shapin, 2006). 1850년대 런던에서 반복적으로 창궐하는 콜레라를 설명하기 위해서 많은 경쟁적인 이론들이 제안되었다. 많은 의사들은 환자들이 호흡하면서 내뱉은 공기를 다른 사람들이 마시게 되면 병에 감염된다고 믿었다. 이것을 독기설(miasma theory : 오염된 나쁜 공기가 병을 일으킨다는 히포크라테스의 주장)이라고 불렀다. 반면에 스노우는 콜레라가 환자들의 배설물에 오염된 식수에 의해서 확산된다는 가설을 세웠다.

스노우는 자신의 이론 검증에 착수하였다. 다행히도(연구자에게 그렇다는 것이지 그 당시의 런던시민에게 그렇다는 것은 아니겠다) 런던에는 여러 가지 각기 다른 급수원이 있었으며, 각각은 서로 다른 지역에 식수를 공급하고 있었기 때문에 콜레라의 발생과 오염도에서 차이나는 급수원을 대응시킬 수 있었다. 그러나 스노우는 그러한 비교에 심각한 선택 편향의 위험이 있다는 사실을 깨달았다(제5장에서의 논의를 회상해 보라). 런던의 구역들은 경제 수준에서 상당한 차이를 보였기 때문에, 급수와 지역 사이의 상관은 건강에 영향을 미칠 수 있는 경제관련

---

2) 스노우(John Snow, 1813~1858)는 현대 역학(epidemiology)의 아버지로 불리는 영국의 의사로, 마취와 위생학의 선도자 중 한 사람이다. 19세기 콜레라의 독기설이 유행하던 시절에 세균설을 주장하였지만 콜레라균을 찾아내지는 못하였다. 1854년에 이탈리아의 해부학자 필리포 파치니(Fillipo Pacini)가 콜레라로 사망한 환자의 창자벽을 현미경으로 관찰함으로써 콜레라균을 발견하였으며, 1884년에 로버트 코크(Robert Koch)가 콜레라균이 콜레라를 발병시킨다는 사실을 증명하였다.

요인들, 예컨대 음식, 스트레스, 직업 위험요소, 의복과 주거의 질 등에 의한 것일 수 있었다. 요컨대, 사이비상관을 얻을 가능성이 제5장에서 논의하였던 펠라그라병-하수시설 사례의 경우와 마찬가지로 매우 높았다. 그러나 스노우가 기민하게 알아차리고는 이용할 수 있었던 한 가지 특별한 상황이 있었다.

우연히 런던의 한 구역에 무작위적인 방식으로 식수를 공급하는 두 회사가 있었다. 즉, 특정 동네에서 어떤 집들은 한 회사로부터 식수를 공급받았고, 다른 집들은 다른 회사로부터 식수를 공급받고 있었다. 이것은 급수가 시작된 초기에 두 회사가 같은 구역에서 경쟁을 벌인 결과이었다. 심지어는 좌우의 이웃집은 한 회사로부터 식수를 공급받았는데, 중간에 낀 집만이 다른 회사로부터 공급받고 있는 경우도 있었다. 따라서 스노우는 이와 같은 자연발생적인 상황에서 두 급수회사로부터 식수를 공급받고 있는 사람들의 사회경제적 지위가 거의 같거나 아니면 매우 유사한 사례를 발견하였던 것이다. 그러나 만일 두 회사의 식수가 똑같은 정도로 오염되었다면, 이러한 상황에서도 아무런 이점이 없을 수 있다. 콜레라 발생과 연합시킬 수 있는 아무런 차이도 얻을 수 없었을 것이기 때문이다. 다행스럽게도 상황은 그렇지 않았다.

지난 번 런던에 콜레라가 유행하고 난 후에, 두 회사 중 하나인 램버스사가 런던의 하수를 피하기 위하여 테임즈강 상류로 이전하였던 것이다. 그러나 다른 회사인 사우스와크 앤드 벅스홀사는 그대로 하류에 남아 있었다. 따라서 전자의 물이 후자의 물보다 훨씬 덜 오염되었을 가능성이 있었다. 스노우는 이것을 화학검사를 통해서 확인하였다. 이제 남은 것은 두 급수회사가 공급하는 가정의 콜레라 사망률을 계산하는 것이었다. 램버스사의 사망률은 1만 가구당 37명인 반면에, 사우스와크 앤드 벅스홀사의 사망률은 315명이나 되었다.

이 장에서는 어떻게 스노우 사례와 골드버거 사례 모두가 과학적 사고의 논리를 예증하는 것인지를 논의한다. 이 논리를 이해하지 못하고는 과학자들이 수행하는 일들이 신비하거나, 괴상하거나, 아니면 지독히도 우스꽝스러운 짓거리로 보일 수도 있다.

비교, 통제, 그리고 처치

많은 책들이 과학적 연구방법론이라는 주제를 다루어왔지만, 실제로 실험을 결코 수행하지도 않을 일반인들이 실험설계의 모든 세부사항과 복잡한 구조에 친숙해져야 할 필요는 전혀 없다. 과학적 사고의 가장 중요한 특징은 실제로는 이해하기 매우 쉬운 것이다. 과학적 사고는 **비교**(comparison), **통제**(control), 그리고 **처치**(manipulation)의 개념에 근거한다. 한 현상을 근본적으로 이해하기 위해서 과학자들은 세상의 여러 조건들을 비교한다. 이러한 비교가 없다면, 단지 고립된 관찰의 예들만이 남게 되며, 제4장에서 증언서와 사례연구를 논의할 때 보았던 것처럼 이렇게 고립된 관찰의 해석은 지극히 모호한 것이 된다.

엄격하게 통제된 상이한 조건에서 얻은 결과들을 비교함으로써, 과학자들은 특정 설명을 배제하고 다른 설명을 확증하게 된다. 실험설계의 **핵심 목표는 변인을 분리시키는** 것이다. 하나의 변인을 성공적으로 분리시켰을 때, 실험 결과는 설명으로 진전되었을 수도 있는 많은 대안 이론들을 제거하게 된다. 과학자들은 실험 상황을 직접 통제하거나 대안적 설명들을 검증할 수 있게 해주는 자연발생적인 특정 상황들을 관찰함으로써 최대한으로 엉터리 설명들을 제거한다.

후자의 상황은 콜레라 사례가 아주 잘 예시하였다. 스노우가 급수회사

중에서 아무 회사나 둘을 선택한 것이 아니었다. 그는 건강과 관련된 사회경제적 특징에서 엄청나게 차이나는 서로 다른 구역에 각기 다른 급수회사들이 식수를 공급할 수 있다는 사실을 알고 있었다. 단지 여러 구역에서의 콜레라 발생빈도를 관찰하는 것은 콜레라 발생에서 관찰된 차이가 왜 일어나는 것인지에 대한 많은 대안적 설명들을 방치하게 만들어버린다. 과학은 가능성은 있지만 잘못된 설명들을 제거함으로써 진보한다는 사실을 충분히 인지하고 있었기 때문에(제2장의 반증가능성에 대안 논의를 회상하기 바란다), 스노우는 사회경제적 지위라는 건강관련 변인에 근거한 많은 설명들을 배제할 수 있는 비교를 물색하여 찾아내었던 것이다.

　스노우는 다행스럽게도 대안적 설명들을 배제할 수 있게 해주는 자연발생적 상황을 발견하였다. 물론 과학자들에게는 스노우의 상황과 같은 것이 일어날 때까지 마냥 앉아서 기다린다는 것은 멍청한 짓이다. 오히려 대부분의 과학자들은 대안 가설들을 판별할 수 있는 방식으로 세계를 재구성하고자 시도한다. 그렇게 하려면, 다른 모든 관련변인들을 일정하게 유지하면서 원인이라고 생각되는 변인(스노우의 경우에는 식수의 오염도)에 처치를 가하여 상이한 효과(콜레라 발병률)가 나타나는지를 관찰해보아야 한다. 처치를 가하는 변인을 **독립변인**(independent variable)이라고 부르며 독립변인이 영향을 미칠 것이라고 생각하는 변인을 **종속변인**(dependent variable)이라고 부른다.

　따라서 최선의 실험설계는 과학자가 관심 있는 변인에 처치를 가하고 상황에 영향을 미칠 수 있는 다른 가외변인들을 모두 통제할 때 달성하게 된다. 스노우가 이렇게 하지 않았다는 데 주목하라. 그는 물의 오염도를 직접 처치할 수 없었지만, 오염도는 다르면서도 사회경제적 지위와 관련된 다른 주요 변인들은 우연하게도 통제된 상황을 발견하였던 것이다. 그렇기는 하지만 이렇게 자연적으로 발생하는 상황은 흔하지도 않을 뿐만 아니라 직접적인 실험처치에 비해서 덜 강력한 것이 된다.

조셉 골드버거는 자신이 연구하고 있는 특정 현상(펠라그라병)의 원인이라고 가정한 변인들에 직접적으로 처치를 가하였다. 그는 펠라그라병과 상관된 변인들을 관찰하고 기록하였지만, 또한 일련의 실험에서 다른 두 변인에 직접 처치를 가하였다. 단백질이 결여된 음식을 제공한 죄수집단에서는 펠라그라병이 유발되었지만, 펠라그라병 환자의 배설물을 먹은 자신과 그의 부인을 포함한 자원자 집단에서는 병이 유발되지 않았다는 사실을 회상하기 바란다. 따라서 골드버거는 자연발생적인 상관관계를 넘어서서 특수한 상황들의 집합을 만들어낸 것이다. 이 상황들은, 그의 데이터가 스노우의 것에 비해서 광범위한 집합의 대안적 설명들을 배제시켰다는 의미에서 훨씬 강력한 추론을 할 수 있도록 구조화된 것이었다. 과학자들이 한 변인에 처치를 가하고 다른 변인들을 모두 일정하게 통제하려고 시도하는 이유가 바로 이것이다. 즉, 대안적 설명을 제거하기 위한 것이다.

실험 처치와 결합된 무선 할당이 진정한 실험을 정의한다

스노우의 접근방식이 가치 없는 것이라고 말하려는 것은 아니다. 아무튼 과학자들은 직접적인 처치가 보다 강력한 추론을 생성하기 때문에 실험변인들에 직접 처치를 가하는 것을 선호한다 스노우가 사용한 두 집단, 즉 램버스사가 식수를 공급하는 집단과 사우스와크 앤드 벅스홀사가 식수를 공급하는 집단을 생각해보자. 이 지역의 식수공급 체계가 뒤섞여있다는 사실은 두 집단이 사회경제적 지위에서 대충 비슷하다는 점을 확신시켰다. 그러나 스노우가 채택한 유형의 실험설계가 가지고 있는 단점은 실험참가자 자신이 어느 집단에 들어갈 것인지를 스스로 결정하였다는 데 있다. 이들은 수년 전에 두 급수회사 중 하나와 계약을 맺음으로써 그렇게 결정한 것이다. 우리는 왜 어떤 사람은 한 회사와 계약을 맺고 다른 사람은 다른 회사와 계약을 맺었는지를 알아보아야만 한다. 한 회사가 보다 좋은 조건을 제시하였는가? 수질의 의학적 특성을 광고하였는가? 우리는 알 수 없다. 여기서 결정적 물음은 이렇다 : 제품에 대해 광고한 내용에서 서로 다른 특성에 반응을 보인 사람들이 건강과 관련된 측면에서 차이를 보일 가능성이 있는가? 이 물음에 대한 답은 "그럴 가능성이 있다"일 수밖에 없다.[3]

스노우가 사용하였던 설계는 사회경제적 지위와 명확하게 연합된 상관체들보다 더 미묘한 우연한 상관체가 존재할 가능성을 배제시킬 수 없다. 과학자들이 관심 변인들에 직접적으로 처치를 가하는 것을 선호하는 이유가 바로 이것이다. 처치가 **무선 할당**(random assignment)[4]

---

[3] 이것은 연구의 내적 타당도(internal validity)와 관련된 문제이다. 내적 타당도란 연구자가 선행 조건(독립변인)과 후속 행동(종속변인) 간의 인과관계를 진술할 수 있는 정도를 말하며, 실험 연구에서 가장 중요한 개념 중의 하나이다. 이미 오래 전에 심리학자 도널드 캠벨과 동료들(Campbell, 1957 ; Campbell & Stanley, 1966 ; Cook & Campbell, 1979)은 실험에서 내적 타당도를 위협할 수 있는 여덟 가지 요인을 제시하였는데, 이것을 내적 타당도에 대한 고전적 위협이라고 부른다. 본문에서 다루고 있는 위협요인이 그중의 하나로 선택 위협(selection threat) 요인에 해당한다. 내적 타당도라는 개념의 사용은 외적 타당도(external validity)라는 개념의 존재를 함축한다. 외적 타당도란 실험의 결과를 직접 검증하지 않은 상황(예컨대, 실제 삶)에 일반화시킬 수 있는 정도를 말한다. 보다 자세한 내용에 관심이 있는 독자라면, 심리학 연구방법론 교재를 참고하기 바란다.

[4] 예컨대, 50명의 실험참가자들을 두 집단으로 무선 할당시키려면, 거의 모든 통계학 서적의 부록에 들어 있는 난수표를 이용하거나, 컴퓨터의 난수 생성함수(random number generator)를 이용하여, 각 참가자가 두 집단 중 어느 한 집단에 할당될 확률이 항상 0.50이 되도록 한다. 이도 저도 가능하지 않으면 50개의 종이쪼가리를 만들어 25장에는 1을 나머지 25장에는 2를 써놓고 모자 속에서 잘 섞은 다음에, 보지 않고 하나씩 뽑아서 숫자 1이 나온 참가자는 첫 번째 집단에 그리고 숫자 2가 나온 참가자는 두 번째 집단에 할당하면 된다. 셋 이상의

이라고 알려진 절차(여기서는 실험참가자들이 어느 실험조건에 속할 것인가를 스스로 결정하는 것이 아니라, 실험자가 실험참가자들을 특정 실험집단에 무선적으로 할당한다)와 결합될 때, 과학자들은 데이터 패턴에 대한 실험참가자들의 특정 속성에 근거한 대안적 설명을 배제시킬 수 있는 것이다. 무선 할당은 비교하는 조건의 사람들이 모든 변인에서 대체로 등가적이라는 사실을 보장해준다. 표본 크기가 증가함에 따라서 무선 할당은 우연요인들에서의 차이를 제거시키는 경향이 있기 때문이다. 이것이 가능한 까닭은 참가자들의 할당을 실험자의 명시적 선택에 맡기는 것이 아니라 편향되지 않은 무선화 장치에게 맡기기 때문이다. 여기서 무선 **할당**은 무선 **표집**(random sampling)과 동일한 것이 아니라는 사실에 주목하기 바란다. 그 차이점은 제7장에서 논의한다.

　무선 할당은 각 참가자를 각 집단에 할당할 확률이 동일한 상태에서 실험집단과 통제집단에 할당하는 방법이다. 동전 던지기가 각 참가자를 어느 집단에 할당할 것인지를 결정하는 한 가지 방법이다. 실제 실험에서는 컴퓨터가 생성한 난수표를 가장 많이 사용한다. 무선 할당을 사용함으로써 연구자는 연구에 앞서 모든 행동 변인과 생물 변인에서 두 집단을 동일하게 만들고자 시도하는 것이다. 심지어는 연구자가 명시적으로 측정하였거나 생각해보지도 않은 변인들조차 말이다.

　집단을 사용하는 경우에도 동일한 논리를 적용하면 된다. 그런데 여기서 한 가지 명심할 점은 무선 할당이 참가자들을 집단에 할당하는 **과정**의 문제이지 **결과**의 문제가 아니라는 점이다. 무선 할당 과정을 통해서 구성한 두 집단이 집단적인 특성에서 매우 유사할 가능성이 매우 크기는 하지만, 지극히 우연히(아주 낮은 확률로 인해서) 예컨대, 집단 1에는 주로 지능이 높은 사람들이 그리고 집단 2에는 지능이 낮은 사람들이 할당될 수도 있다. 무선 할당은 독립변인의 효과만을 분리해내는 절대적으로 완벽한 방법은 아니다. 그렇기는 하지만, 현재 인간 행동을 연구하는 심리학자들이 사용할 수 있는 최선의 방법인 것이다. 이러한 점에서 반복검증의 중요성이 또다시 부각된다.

무선 할당이 얼마나 잘 작동할 것인지는 실험참가자의 수에 달려 있다. 독자들도 예상할 수 있는 것처럼 많을수록 좋다. 즉, 실험집단과 통제집단에 할당할 참가자의 수가 많을수록, 집단들은 독립변인을 처치하기에 앞서 모든 변인에서 대응될 가능성이 높다. 다행스럽게도 각 집단에 배정하는 참가자의 수가 비교적 적을 때조차도(예컨대, 20~25명) 무선 할당은 잘 작동한다.
　무선 할당의 사용은 참가자들을 두 집단에 할당하는 방식에서 어떤 체계적인 편향도 없다는 사실을 보장해준다. 두 집단은 항상 어떤 변인에서든지 꽤나 근사하게 대응되지만, 대응되지 않는 경우에도 무선 할당은 실험집단이나 통제집단 중에서 특정 집단 쪽으로의 편향을 제거시켜준다. 반복검증의 개념, 즉 동일한 결과를 얻을 수 있는지를 알아보기 위하여 실험의 모든 핵심적 자질들을 반복해보는 것에 초점을 맞추어보면, 어떻게 무선 할당이 체계적 편향의 문제를 제거하는 것인지를 이해하기가 더 쉬울 것이다.
　학령기 이전 아동에게 있어 생애 초기 풍요로운 경험의 효과에 관심이 있는 발달심리학자가 수행하는 연구를 상상해보자. 실험집단에 무선 할당된 아동들은 보육기간 동안에 심리학자가 설계한 풍요로운 활동에 참여한다. 통제집단에 무선 할당된 아동들은 동일한 기간에 전통적인 놀이 활동에 참여한다. 종속변인은 아동의 학업성취이며, 실험집단 아동이 통제집단 아동을 능가하는지를 알아보기 위하여 초등학교 1학년을 마치는 시점에서 측정한다.
　이와 같은 실험은 학업성취라고 하는 종속변인에 영향을 미칠 수 있는 모든 과외변인들에서 두 집단이 처음에는 비교적 근사하게 대응된다는 것을 보장하기 위해서 무선 할당을 사용할 것이다. 이러한 과외변인을 때로는 **혼입변인**(confounding variable)이라고도 부른다. 가능한 혼입변인으로는 지능과 가정환경 등을 들 수 있다. 무선 할당은 이 변인들에서 두 집단을 대체로 등가적이게 만들어준다. 그렇지만 특히 참가자의 수가 작을 때는 여전히 집단 간에 차이가 있을 수 있다. 예컨대, 무선 할당 후에 실험집단 아동의 평균 지능검사 점수(IQ)는 105.6이며 통제집단 아동의 점수는 101.9라면(무선 할당을 적절하게 사용하는 경우에도 이러한 정도의 차이는 일어날 수 있다), 학업성취에서 실험집단이 우수한 방향으로 나타난 차이는 풍요로운 경험 프로그램에 의한 것이라기보다는 실험집단 아동의 높은 IQ 때문이 아닐까 의심할 수 있다. 이 시점에서 반복검증의 중요성이 대두된다. 후속 연구들도 무선 할당 후에 집단 간 IQ 차이를 보일 수 있지만, 무선 할당 절차에서 체계적 편향이 없었다는 사실은 그 차이가 항상 실험집단에 유리하지는 않다는 것을 보장해준다. 실제로 체계적 편향의 부재라는 특징이 보장해주는 것은 유사한 많은 연구에 걸쳐서 IQ의 차이가 대략 절반의 경우에는 실험집단에 유리하고 나머지 절반의 경우에는 통제집단에 유리하다는 점이다. 제8장에서 이와 같은 반복 실험들을 어떻게 하나의 결론으로 수렴하도록 사용하는 것인지를 논의한다.

따라서 무선 할당 절차에는 실제로 두 가지 장점이 존재한다. 하나는 어떤 실험에서든지 표본 크기가 증가할수록 두 집단은 모든 가외변인에서 비교적 대등하다는 사실을 보장한다는 것이다. 그렇지만 대응이 완벽하지 않은 실험조차도 무선 할당에서 체계적 편향이 없었다는 사실은 원인에 관한 결론을 확신할 수 있게 해순다. 다만 그 연구가 반복검증 될 수 있는 한에 있어서 그렇다. 일련의 실험에 걸쳐 혼입변인에서의 두 집단 간 차이는 상쇄될 것이기 때문이다.

통제집단의 중요성

모든 과학은 진정한 실험이 요구하는 완벽한 통제를 가하지 못한 연구에서 이끌어낸 잘못된 결론의 사례들로 가득 차 있다. 로스와 니스벳(L. Ross & R. E. Nisbett, 1991)은 한 때 간경화증 치료법으로 유행하였던 문정맥-공정맥 교체술(portacaval shunt)에 관한 의학 연구결과를 논의하고 있다. 1966년에 그 치료법에 관한 연구들을 수합하였을 때 흥미를 끄는 결과패턴이 나타났다. 통제집단을 전혀 포함하지 않은 연구의 96.9%에서 의사들은 그 치료법이 적어도 어느 정도는 효과가 있다고 판단하였다. 통제집단이 있기는 하지만 각 조건에 무선 할당이 이루어지지 않은 연구(따라서 진정한 실험설계에 미치지 못한 연구)들은 86.7%가 적어도 어느 정도는 효과가 있는 것으로 판정하였다. 그러나 제대로 된 무선 할당에 근거한 통제집단이 있었던 연구에서는 단지 25%만을 적어도 어느 정도는 효과가 있는 것으로 판정하였다. 따라서 오늘날 전혀 효과가 없는 것으로 알려진 이 특정 치료법의 효과는 철저한 실험 통제를 채택하지 않은 연구들에 의해서 엄청나게 과대평가되었던 것이다. 로스와 니스벳(1991)은 "공식적이지 못한 절차를 사용하여 찾아낸 긍정적 결과는 '가짜약 효과'의 산물이거나 아니면 무선적이지 않은 임의적 할당이 초래한 편향의 소산"이라고 지적하였다(207쪽). 이들은 무선 할당을 사용하지 않을 때 어떻게 선택효과(제5장 참조)가 사이비 긍정효과를 초래하도록 작동할 수 있는 것인지를 논의하고 있다. 예컨대, 치료를 받도록 선택된 환자들이 "(상태가) 좋은 후보자"이거나 아니면 성원을 아끼지 않는 가족을 가지고 있는 사람들인 경향이 있다면, 이들과 통제집단 사이에는 치료 효과에 관계없이 차이가 있을 가능성이 있는 것이다.

결론에 도달하기에 앞서 비교정보를 획득할 필요성이 있다는 사실을 알아차리는 성향은 저절로 생기는 것이 아니다. 모든 과학 교육에 통제집단을 설정하는 것의 중요성을 강조하는 방법론 과목을 포함시키는 이유가 바로 이것이다. 통제집단이 별로 생생하게 보이지 않는다는 사실, 즉 결정적 변인이 빠졌다는 점을 제외하고는 실험집단과 거의 똑같게 취급한다는 사실은 그러한 집단이 얼마나 필수적인 것인지를 알아차리기 힘들게 만든다. 심리학자들은 사람들이 필수적인 비교정보(통제집단 정보)를 무시하려는 경향성에 대해서 집중적인 연구를 수행해왔다. 예컨대, 많은 연구에서 사용해온 실험 패러다임에서는(Stanovich, 2010) 실험참가자에게 어떤 실험연구에서 얻었음직한 데이터를 아래에 같이 2×2 행렬로 제시한다.

	개선효과 있음	개선효과 없음
치료	200	75
치료 없음	50	15

표의 수치들은 각 조건에 해당하는 사람의 수를 나타낸다. 구체적으로 기술하면, 치료를 받은 200명이 개선효과를 보였으며, 치료를 받은 75명은 개선효과가 없었으며, 치료를 받지 않은 50명이 개선효과를 보였으며, 치료를 받지 않은 15명이 개선효과를 보이지 않았다. 이제 각 실험참가자에게 표 내용에 근거하여 치료의 효과 정도를 표시하도록 요구한다. 많은 참가자들은 그 치료가 효과적이라고 생각하며, 상당수의 참가자들이 치료가 상당히 효과적이라고 생각한다. 참가자들은 치료를 받고 개선효과가 있는 조건에 상당히 많은 사례(200명)가 포함되어 있는 점에 주목한다. 부차적으로 참가자들은 치료를 받은 사람들 중에서

개선을 보인 사람의 수(200명)가 그렇지 않은 사람의 수(75명)보다 많다는 사실에 주목한다.

실제로는 이 실험에서 제시하고 있는 특정 치료법은 전혀 효과가 없다. 왜 효과가 없는 것인지를 이해하기 위해서는 통제집단(치료를 받지 않은 집단)의 결과를 나타내는 두 조건에 주목할 필요가 있다. 우리는 통제집단 실험참가자 65명 중에서 50명, 즉 76.9%가 치료를 받지 않고도 개선효과를 나타냈다는 사실을 볼 수 있다. 이 결과는 치료를 받은 275명 중에서 개선효과를 보인 200명, 즉 72.7%와 대비된다. 따라서 개선의 백분율이 실제로는 통제집단에서 더 크며, 이것은 그 치료가 전혀 효과적이지 않다는 사실을 지적하고 있는 것이다. 통제집단 조건의 결과를 무시하려는 경향성 그리고 치료/개선 조건에 해당하는 큰 숫자에 주목하게 되는 경향성이 많은 사람들로 하여금 그 치료는 효과적인 것처럼 보이게 만들고 만다. 요컨대, 사람들이 치료조건의 결과를 해석하는 데 있어서 통제조건의 결과가 결정적인 맥락정보가 된다는 사실에 주목하지 못하도록 만드는 것은 누워서 떡 먹기인 것이다.

불행하게도 비교 정보의 필요성으로부터 사람들의 주의를 빼앗아가는 것이 바로 대중매체들이 빈번하게 자행하고 있는 만행이다. 심리학 교수 피터 그레이(Peter Gray, 2008)는 "이혼의 지속적인 상처"라는 제목의 *Time* 기사를 제시하고 있는데, 이 기사에서는 이혼한 부모를 가지고 있던 사람들의 많은 사례사를 보도하고 있다. 이혼한 부모를 가지고 있는 많은 사람들이 나중에 어려운 삶을 살아가고 있었다. 이혼하지 않은 가정에서 살았던 사람들로 구성된 통제집단이 없는 상황에서 이 기사로부터 내릴 수 있는 결론은 물론 아무것도 없다. 이혼 가정 출신의 사람들이 이러한 부정적 결과를 표출할 가능성이 더 많다는 것을 어떻게 알 수 있겠는가? 오직 대응된 통제집단만이 비로소 이 물음에 관한 답을 내놓을 수 있다.

    이러한 사례들에도 불구하고, 사회와 다양한 응용분야에서는 증거를 평가할 때 비교 정보가 필요하다는 사실을 점차 자각하기 시작하였다. 예컨대, 의학 분야에서는 꽤나 최근에 들어서서 이러한 자각이 증가하고 있다(Gawande, 2010 ; Redberg, 2011). 신경학자 로버트 버튼(Robert Burton, 2008)은 의학이 사람들에게 상처를 주었던 직관적 지식으로부터 비교연구에서 얻은 진정으로 유용한 지식에 기반한 치료법으로 발전해온 역사적 경로를 다음과 같이 잘 기술하고 있다 : "오랜 세월동안 나는 어째서 총명하고 잘 훈련받은 의사들이 불필요한 수술을 하며, 증명되지도 않은 것을 권하고, 위험한 방법을 끈질기게 추천하는 것인지 의아하게 생각해왔다. … 의학 시술의 중심부에서 일어나고 있는 강력한 반대 의견은 우리가 경험으로부터 배우기는 하지만 적절한 실험연구를 하지 않고는 특정 치료법의 가치에 관한 우리의 해석이 올바른 것인지를 알 수 없다는 것이다. … 아무튼 훌륭한 의사가 된다는 것은 자신의 개인 경험과 배치된다고 하더라도 최선의 의학 증거에 매달릴 것을 요구한다. 우리는 육감과 검증 가능한 지식을 구분하고, 추측과 경험적으로 검증한 증거를 구분할 필요가 있다"(160~161쪽).

    다른 응용분야의 직관적 "추측"도 점차적으로 통제된 비교 검증의 대상이 되고 있다. 예컨대, 신용카드 회사들은 어느 조건이 고객들을 가장 잘 유인하고 있는지를 알아보기 위하여 여러 가지 계약조건을 내세우는 편지들을 자주 보낸다(Ayres, 2007). 예컨대, 무선 할당된 한 집단의 가정에는 이자율과 연회비 그리고 보상 프로그램의 한 가지 조합을 보낸다. 다른 가정에는 상이한 이자율과 연회비 그리고 보상 프로그램의 조합을 보낸다. 만일 두 집단이 각 조건을 받아들이는 비율에서 차이를 보인다면, 회사는 (보다 많은 고객을 끌어 모은다는 견지에서 볼 때) 어떤 계약조건의 조합이 최선인지를 찾아낼 것이다. 요점은 신용카드 회사가 계약조건의 여러 가지 조합들을 비교하는 실험을 수행하지 않는 한에 있어서 현재 사용하고 있는 계약조건이 유효한 것인지(즉, 가능한 한 많은 고객을 유인하고 있는 것인지)를 알 수 있는 방법이 없다는 것이다.

기업뿐만 아니라 정부기관들도 자신의 정책을 최적화시키는 방법을 찾아내기 위하여 통제된 실험으로 관심을 돌려왔다. 미국 정부의 한 가지 실험은 '기회 이동 검증'(Move to Opportunity Test)이라고 불렸는데, 이 실험은 주택도시개발부(Department of Housing and Urban Development)가 수행한 것이다(Ayres, 2007). 무선 할당된 한 집단의 저소득 가정에는 어느 곳에서나 사용할 수 있는 주택 바우처를 제공하였다. 무선 할당된 다른 집단에는 가난하지 않은(즉, 중산층) 이웃들이 살고 있는 지역에서만 사용할 수 있는 바우처를 제공하였다. 목적은 저소득 가정이 다른 저소득 가정에 둘러싸여있지 않을 때, 교육성과나 범죄행위 또는 건강 등 다양한 결과 변인에서 차이를 나타낼 것인지를 알아보려는 것이었다. 이러한 유형의 연구를 **현장실험**(field experiment)이라고 부르며, 실험실이 아닌 실제 장면에서 변인에 처치를 가하는 것이다.

정부가 지원하는 현장실험의 또 다른 사례는 멕시코에서 실시한 '교육, 건강, 영양 프로그레사 프로그램'(Progresa Program for Education, Health and Nutrition)이다(Ayres, 2007). 이 프로그램은 가난한 가정에 돈을 조건부로 배정하는 방안을 포함하고 있다. 산모가 산전 관리를 제대로 하면 현금을 지급한다. 자녀가 학교에 다니고 신체검사를 통과하면 현금을 지급한다. 정부는 506개 마을에서 이 프로그램의 효율성을 검증하는 현장실험을 실시하였다. 절반의 마을은 프로그레사 프로그램에 참여하고 나머지 절반은 참여하지 않았다. 2년 후에 학업성취, 영양, 그리고 건강과 같은 결과에 관해서 마을들을 평가함으로써 정부는 프로그램의 비용 효과를 검증할 수 있었다. 통제집단이 없었다면 정부는 프로그램을 실시하지 않았을 때의 교육 수준과 건강 수준에 관한 지식을 얻지 못하였을 것이다.

마찬가지로 국제원조기구들도 "어떤 정책이 작동하는 것인지"를 알아내기 위하여 처치변인을 사용하는 연구들(진정한 실험들)에 눈을 돌리고 있다(Banerjee & Duflo, 2009). 작가인 니콜라스 크리스토프(Nicholas Christof, 2009)는 원조기구들이 흔히 자체 평가를 실시하고는 자신들이 시행하는 모든 정책들이 효과적이라고 주장하는데, 이것은 얼토당토하지 않은 것이라는 사실을 논의하고 있다. 그러한 접근방식은 말할 것도 없이 돈을 잘못 사용하고 있다는 사실을 의미하는 것이다. 원조비용을 효율적으로 사용하기 위해서는, 즉 보다 많은 생명을 구하기 위해서는 어느 프로그램이 더 잘 작동하는지에 관한 판단을 하는 것이 필수적이다. 크리스토프는 MIT의 빈곤퇴치연구소(Poverty Action Lab)가 무선적인 방식으로 어떤 지역에는 원조를 시작하고 다른 지역에는 원조를 하지 않음으로써 어떤 프로그램이 최선인지를 알아내기 위하여 최소한도 진정한 실험에 근사한 연구를 어떻게 설계하고 있는지를 기술하고 있다.

일반대중들에게는 많은 사람들을 돕기 위하여 세금을 효율적으로 사용하는 방안을 마련하기 위하여 실험이 필요하다는 사실을 이해하기 힘들 때가 많이 있다. 예컨대, 미국 뉴욕시는 사람들이 노숙자가 되는 것을 막고자 시도하는 프로그램의 하나인 홈베이스(Homebase)를 실험을 통하여 검증하고자 시도하였다(Buckley, 2010). (직업 훈련, 상담, 그리고 다른 지원을 포함하고 있는) 이 프로그램을 실시할 수 있는 숫자보다 더 많은 사람들이 대상조건에 해당되었다(월세가 밀려서 집에서 쫓겨날 위험에 처한 사람들이 해당자들이었다). 따라서 뉴욕시 당국은 이 프로그램의 효율성을 검증하기 위하여 (2,300만 달러의 예산이 바닥날 때까지) 무선 할당이라는 논리를 적용하였다. 즉, 어떤 사람은 홈베이스 프로그램에 할당하고 이 프로그램에 할당하지 못한 동일한 수의 다른 사람들을 추적 조사하였다. 이 설계는 시당국으로 하여금 2,300만 달러의 예산으로 얼마나 많은 사람들을 노숙상태에서 구제할 수 있는지를 결정할 수 있게 해주었다. 결과가 어떤 것이든지 간에 그 답은 기금을 보다 잘 배정할 수 있게 해줄 것이다. 만일 이 수준의 예산으로는 극소수의 사람들만을 노숙상태에서 구제할 수 있다면, 아마도 그 예산을 다른 곳으로 돌려야 할 것이다. 반대로 노숙생활의 사회적·경제적 비용을 감안할 때, 상당한 수의 사람들을 구제할 수 있다면 이 프로그램은 우선순위를 상향시켜 확장할 필요가 있겠다. 어느 방향으로든지 뉴욕 시민들은 더 많은 도움을 받게 되는 것이다.

불행하게도 뉴욕의 많은 시민과 단체들은 이 프로그램을 그렇게 바라다보지 않았다. 이들은 "실험"이라는 생생한 단어에 정서적으로 민감한 반응을 보임으로써 시당국이 예산을 보다 효과적으로 사용하게 해줄 수 있는 통제연구를 거부하였던 것이다. 이들은 노숙자들이 기니아 피그나 실험용 쥐같이 취급받고 있다고 생각하였다. 이들 비판자들이 망각하고 있는 것은 어느 누구도 이 실험으로 인해서 서비스를 거부당하지 않고 있다는 사실이었다. 무선적으로 할당하거나 그렇지 않거나 간에, 동일한 수의 사람들이 홈베이스 서비스를 받았을 것이다. 유일한 차이는 프로그램에 할당되지 않은 통제집단의 사람들을 그저 무시하기보다 그 통제집단으로부터 정보를 수집함으로써, 시당국은 프로그램이 작동하는 것인지를 결정할 수 있다는 것이다!

홈베이스 사례와 같은 현장실험에 관한 혼란은 지극히 보편적인 것이다. 사람들은 실제 환경에서 사회적 지원의 효과에 관한 실제 실험을 수행함으로써 어떤 프로그램이 가장 잘 작동하는지를 찾아내어 서비스 받는 사람의 수를 극대화시킬 수 있다는 사실을 이해하지 못하는 것으로 보인다. 국제원조 전문가인 에스터 듀플로(Esther Duflo)가 지적하는 바와 같이, "이것이 세상에 관한 거대한 혁신적 견해같이 보이지 않는데도 경제학자가 아닌 많은 사람들은 이것을 이해하지 못한다. 사람들은 예산에 제한이 있다는 생각을 하지 않는다"(Parker, 2010, 87쪽). 듀플로의 지적을 읽으면서 그의 목소리에서 약간의 좌절감을 쉽게 탐지할 수 있다. 듀플로는 이 책에서 여러 차례 논의하고 있는 사실, 즉 과학자에게는 자명한 것을 일반인은 완전히 놓치기 십상이라는 사실에 직면하고 있는 것이다. 한 프로그램이 정해진 지원 예산을 가지고 서비스를 제공할 수 있는 사람의 숫자는 정해져 있다는 사실이 듀플로에게는 자명한 것으로 보인다. 보다 효율적인 또 다른 프로그램은 동일한 예산을 가지고 더 많은 사람들에게 서비스를 제공할 것이다. 그리고 어느 프로그램이 더 효율적인지를 밝히는 유일한 방법은 진정한 실험을 수행하는 것뿐이다.

아마도 틀을 다르게 짜는 것이 사람들에게 도움이 되겠다. 가난한 국가에서 실시하는 원조에 관한 듀플로의 실험을 돕고 있는 한 동료는 자신이 "사람들을 가지고 실험을 수행하면 안 된다"는 말을 자주 들으며, 그때마다 "알겠어요, 그런데 당신은 당신 프로그램이 어떻게 작동하는지에 대해서 아무런 아이디어도 없잖아요. 그리고 당신 프로그램은 실험적이지 않은가요?"라고 답한다는 사실을 언급하고 있다. 현 상태, 즉 그 효율성을 검증받고 있는 원래의 프로그램을 실험이라고 부를 수 있지만, 그것은 그저 형편없이 설계된 실험일 뿐이다! 그것도 "사람들에게 시행하는 실험"인 것이다! 이러한 유형의 틀 만들기는 무엇이 사람들을 가장 많이 도와주는 것인지를 찾아내기 위한 객관적 방법에 대한 어리석기 짝이 없는 저항을 해소하는 데 도움을 줄 수 있겠다.

경이로운 말, 클레버 한스의 사례

실험 통제를 사용하여 한 현상에 대한 대안적 설명들을 제거하는 것이 필요하다는 사실은 행동과학의 역사에서 널리 알려져 있는 이야기, 즉 수학능력을 가진 말인 클레버 한스(Clever Hans)의 이야기를 가지고 잘 예증할 수 있다. 거의 100년 전에 독일의 한 교사는 클레버 한스라는 이름의 말 한 마리를 일반에 소개하였는데, 그 말은 수학문제를 풀 줄 아는 동물인 것처럼 보였다. 조련사가 한스에게 더하기, 빼기, 곱하기 문제를 제시하면, 말발굽을 두드려서 그 문제의 답을 내놓았다. 그의 반응은 놀라울 정도로 정확한 것이었다.

많은 사람들은 클레버 한스의 성취에 놀라움을 금치 못하고 어찌할 바를 몰랐다. 한스가 정말로 그때까지 말이라는 종(種)에게 알려져 있지 않았던 능력을 입증하고 있었단 말인가? 일반대중이 어떻게 생각하였을까를 상상해보라. 한스의 특별난 능력에 관한 강력한 증언들이 독일 신문지상에 자주 보도되었다. 베를린에서 발행하는 한 신문의 기자는 이렇게 적었다 : "이 생각하는 말은 앞으로 오랜 기간 동안 과학자들에게 생각할 거리를 많이 제공할 것이다"(Fernald, 1984, 30쪽). 이 예언은 그 신문기자가 예상하였던 방식과는 상당히 다르기는 하였지만, 아무튼 정확한 것으로 나타났다. 일단의 "전문가"들이 한스를 관찰하고는 그의 능력을 증언하였다. 모든 사람들이 한스의 능력에 당황하였다. 그러한 당황스러움은 그 현상을 단지 고립시켜서 관찰하는 한, 즉 통제된 관찰을 수행하지 않는 한 끊임없이 계속될 전망이었다. 그러나 그 미스터리는 오스카 풍스트(Oskar Pfungst)라는 심리학자가 한스의 능력에 대한 체계적인 연구를 수행함으로써 곧바로 사라져버리고 말았다(Spitz, 1997).

실험설계의 철저한 전통을 따른 풍스트는 이 말이 과제를 수행하는 조건들에 체계적인 처치를 가하여, 검증하려는 성과에 대한 대안적 설명을 배제시킬 수 있는 "인위적" 상황들을 만들어내었다(제7장 참조). 많은 세심한 검증을 거친 후에 풍스트는 한스가 특별한 능력을 가지고 있기는 하지만, 그것이 수학능력은 아니라는 사실을 발견하였다. 실제로 이 말은 수학자라기보다는 행동과학자에 가까웠다. 독자들도 이미 알고 있는 것처럼, 한스는 인간 행동을 매우 신중하게 관찰하는 능력을 가지고 있었다. 말발굽을 두드려 답을 하면서 조련사나 다른 질문자의 머리를 관찰하였던 것이다. 답에 도달하면 조련사는 자기도 모르게 머리를 약간 기울였으며, 그러면 말발굽 두드리기를 멈추었다. 풍스트는 한스가 시각단서에 극도로 예민하다는 사실을 찾아내었다. 극도로 미세한 머리 움직임도 탐지할 수 있었던 것이다. 풍스트는 문제를 내는 사람이 정답을 모르게 하거나 아니면 한스가 볼 수 없는 곳에 있는 조련사가 문제를 내도록 함으로써 한스의 능력을 검증하였다. 질문자가 정답을 모르거나 조련사가 눈에 보이지 않을 때 한스는 "수학 능력"을 상실하고 말았다.

클레버 한스의 사례는 현상의 **기술**(description)과 **설명**(explanation)을 신중하게 구분하는 것이 얼마나 중요한 것인지를 예증하는 좋은 맥락이라고 할 수 있다. 조련사가 제시하는 수학문제에 말이 발굽을 두드려 답을 한다는 사실은 논란의 여지가 없다. 조련사가 거짓말을 하고 있었던 것은 아니다. 많은 관찰자들이 실제로 말이 발굽을 두드려서 조련사가 제시하는 수학문제에 답을 한다는 사실을 증언하였다. 문제가 발생하는 것은 그 다음 단계이다. 즉, 그 말이 수학능력을 가지고 있기 때문에 발굽을 두드려 정답을 대고 있는 것이라고 추론하는 단계에서 문제가 발생하였다. 말이 수학능력을 가지고 있다고 추론하는 것은 **가설적 설명**(hypothesized explanation)이었다. 말이 수학문제에 발굽을 두드려 답한다는 사실로부터 그 말은 수학능력을 가지고 있다는 사실이 논리적으로 뒤따르게 되는 것은 아니다. 말이 수학능력을 가지고 있다고 가정하는 것은 그 말의 수행에 대해 가능성 있는 많은 설명 중의 하나였을 뿐이다. 경험적 검증을 받을 수 있는 것은 바로 그러한 설명이다. 그런데 그 설명을 경험적으로 검증해본 결과, 부정되고 말았던 것이다.

풍스트가 이 문제에 관여하기 전까지 한스를 관찰하였던 전문가들은 이러한 근본적인 오류를 범하고 있었다. 즉, 말의 성과에 대한 대안적 설명이 있을 수도 있다는 사실을 간과하였던 것이다. 소위 전문가들은, 일단 조련사가 속임수를 쓰지 않고 있으며 말이 실제로 수학문제에 대해 발굽을 두드려 답을 하는 것을 관찰하였기 때문에, 그 말이 수학능력을 가지고 있다는 사실이 필연적으로 뒤따르게 되는 것이라고 생각하였다. 풍스트는 보다 과학적으로 생각하고 있었으며, 다른 전문가들의 생각은 한스의 성과에 대해 여러 가지 가능한 설명의 하나일 뿐이기 때문에 대안적 설명들을 구분해내기 위해서는 통제된 조건들을 설정할 필요가 있다는 사실을 깨닫고 있었다. 조련사가 스크린 뒤에서 제시한 질문에 답하게 함으로써, 풍스트는 다음과 같은 두 가지 가능한 설명, 즉 말이 수학능력을 가지고 있다는 설명과 말이 시각단서에 반응하고 있다는 설명을 구분해낼 수 있는 조건을 설정하였다. 만일 한스가 실제로 수학능력을 가지고 있다면, 조련사가 스크린 뒤에 있어서 볼 수 없더라도 수행에 아무런 차이가 없어야만 하였다. 반면에 만일 시각단서에 반응하고 있었던 것이라면, 스크린의 존재가 한스의 수행성과를 엉망진창으로 만들 것이다. 후자의 사태가 일어남으로써 풍스트는 한스가 수학능력을 가지고 있다는 가설을 제거할 수 있었던 것이다(Spitz, 1997 참조).

여기서 제3장에서 논의하였던 경제성 원리, 즉 두 이론이 동일한 설명력을 가지고 있을 때는 보다 단순한 이론(상대적으로 소수의 개념과 개념적 관계를 상정하는 이론)이 우선한다는 원리와의 연계도 지적하고자 한다. 여기서 경쟁을 벌이고 있는 두 이론, 즉 한스가 수학능력을 가지고 있다는 이론과 행동 단서를 읽어내고 있었다는 이론은 경제성에서 상당한 차이를 보인다. 후자는 기존 심리학 이론과 두뇌 이론의 급진적인 수정을 요구하지 않는다. 단지 행동 단서에 관한 말의 잠재적 민감성에 대한 견해만을 약간 수정할 것을 요구할 뿐이다. 말이 정말로 수학을 배울 수 있다는 전자의 이론은 진화론, 인지과학, 비교심리학, 그리고 뇌과학의 수많은 개념들을 수정할 것을 요구하고 있다. 이 이론이 과도하게 비경제적인 까닭은 수많은 과학과 부합하지 않으며, 이 이론을 참인 것으로 받아들이려면 기존 과학에서 사용하고 있는 수많은 개념들을 수정해야하기 때문이다(제8장에서 연계성 원리를 논의한다).

1990년대의 클레버 한스

클레버 한스의 이야기는 방법론 강의에서 실험 통제의 필수성이라는 중요한 원리를 가르치기 위해서 자주 사용되어온 역사적인 사건이다. 어느 누구도 실제로 클레버 한스와 같은 사례가 재발할 것이라고 생각하지 않았음에도 또 다시 발생하였다. 1990년대 초반에 전 세계의 연구자들은 마치 자동차 충돌장면을 느린 동작으로 관찰하고 있는 것처럼 공포에

질린 기대감을 가지고, 현대판 클레버 한스 사례가 자기들 눈앞에서 펼치는 묘기를 목격하였으며, 결국 불행한 결과를 초래하고 말았다.

자폐증은 상보적인 사회관계의 손상, 심각하게 지연되고 질적으로도 비정상이기 십상인 언어발달, 그리고 행동과 관심사의 지극히 제한된 레퍼토리 등의 특징을 나타내는 심각한 발달장애이다(Baron-Cohen, 2005). 비록 신체적으로는 정상이라고 하더라도 많은 자폐아들이 의사소통을 거의 하지 않는다는 특성을 가지고 있기 때문에, 부모들로서는 이 장애에 대처하기 정말로 어렵다. 따라서 자폐아 부모들이 1980년대 말기와 1990년대 초기에 전혀 대화를 하지 않던 자폐아를 의사소통하게 만드는 기법을 호주에서 개발하였다는 소식을 들었을 때 얼마나 기쁨에 들떴을 것인지를 상상해보는 것은 어려운 일이 아니다. 비언어적이었던 자폐증 환자에게 의사소통 능력을 발현시켜 준다는 이 기법을 **촉진적 의사소통**(facilitated communication)이라고 부르는데, 텔레비전 프로그램인 *60 Minutes*와 주간지인 *Parade* 그리고 전국 일간지인 *Washington Post*[5]와 같이 상당한 인기를 누리고 있는 대중매체에서 무비판적으로 나발을 불어댔다(Lilienfeld et al., 2010 ; Offit, 2008 ; Twachtman-Cullen, 1997). 이 기법의 주장은 언어를 사용하지 않던 자폐아 그리고 발달장애를 가지고 있는 아동의 손과 팔을 그 아동과 공감하며 "촉진자"의 역할을 하는 사람이 키보드 위에서 붙잡아 주었더니 키보드를 이용해서 완벽에 가까운 메시지를 타이핑하더라는 것이었다. 지극히 제한된 언어 행동만을 보여주던 자폐

---

5) *60 Minutes*는 미국 CBS 텔레비전 방송국에서 1968년부터 방영하고 있는 소위 뉴스 매거진 프로그램의 대표주자 중의 하나이다. 우리나라에서 방영하는 "추적 60분", "그것이 알고 싶다", "시사매거진 2580" 등이 이와 유사한 프로그램이다. *Parade*는 매주 일요일에 발행하며, 미국 전역의 일간지를 구독하게 되면, 일요일에 함께 배달되는 대중 주간지이다. *Washington Post*는 미국의 대표적인 일간지 중의 하나이다.

아들이 보여준 기절초풍할 언어 행동은 좌절에 빠져 있던 자폐아 부모들에게 믿을 수 없을 만큼 엄청난 희망을 불러일으켰다. 또한 이 기법은 말도 못 할 정도의 극단적인 정신지체에도 효과가 있다고 주장하였다.

부모들의 환성은 이해할 수 있지만, 많은 전문가들이 그토록 쉽게 속아 넘어간 것은 받아들이기 어려운 사실이다. 불행하게도 촉진적 의사소통의 효용성 주장은 통제된 연구들을 수행해보기도 전에 많은 대중매체를 통해서 희망에 찬 부모들에게 전파되고 말았다. 관련 전문가들이 실험 통제의 원리를 눈곱만큼이라도 훈련받았더라면, 이것이 클레버 한스 사례와 완전히 똑같은 것이라는 사실을 즉각적으로 알아차렸을 것이다. 아이가 성공하기를 진심으로 바라며 그 아이와 거의 항상 공감하고 있는 촉진자는 의식적이든 무의식적이든 아이의 손을 키보드의 특정 키 언저리로 이끌어갈 여지가 많았다. 때로는 아이가 키보드를 쳐다보지 않고 있는 경우에도 복잡한 메시지를 타이핑할 수 있었다는 부가적인 관찰도 촉진자가 단서를 제공하고 있었다는 사실을 확인시켜 주는 것이었다. 더욱 가관인 것은, 알파벳조차도 구경하지 못한 아동이 아주 문학적인 글을 만들어냈다는 점이다. 근거도 없는 주장에 따르면, 예컨대 한 아동은 "나는 노예인가요 아니면 자유인인가요? 나는 덫에 갇혀 있나요 아니면 안온하고 합리적인 영혼의 소유자로 보일 수 있나요?"라고 타이핑하였다(Offit, 2008, 7쪽).

적절한 실험 통제를 사용하여 촉진적 의사소통의 주장을 검증한 수많은 통제연구늘이 보고되었다. 모든 연구는 예외 없이 동일한 결과를 보여주었다. 즉, 자폐아의 수행은 촉진자가 제공하는 촉각 단서에 근거한 것이었다(Jacobson, Foxx, & Mulick, 2004 ; Offit, 2008 ; Spitz, 1997 ; Wegner, Fuller, & Sparrow, 2003). 이 연구들에서 사용한 통제는 클레버 한스에게 적용한 통제와 동일한 것이었다. 통제된 상황을 설정하였는데, 여기서는 아동과 촉진자 모두에게 사물 그림을 제시하지만 서로 상대방의 그림을 볼 수 없게 하였다. 아동과 촉진자 모두 동일한 그림을 보고 있을 때는 아동이 그림의 정확한 이름을 타이핑할 수 있었다. 그러나 아동과 촉진자가 서로 다른 그림을 보고 있을 때는 아동이 보고 있는 그림의 이름이 아니라 촉진자가 보고 있는 그림의 이름을 타이핑하였다. 따라서 반응은 아동이 아니라 촉진자가 결정한 것이다!

촉진적 의사소통이 클레버 한스 현상이며 획기적인 치료 기법이 아니라는 결론은 연구 수행에 관여하였던 연구자들에게 아무런 기쁨도 가져다주지 못하였다. 그런데 이렇게 슬픈 이야기는 여기서 끝나지 않는다. 몇몇 연구센터에서 키보드를 통한 촉진적 의사소통을 훈련하던 중에, 밑도 끝도 없이 과거에 부모로부터 성적 학대를 받았다고 보고하는 아이들이 있었던 것이다(Offit, 2008). 아이들을 부모의 집으로부터 격리시켰으며, 학대의 주장이 근거 없는 것으로 판명될 때만 집으로 돌아갈 수 있었다.

통제를 가한 연구들의 결과가 누적됨에 따라서, 마침내 대중매체의 시끌벅적한 보도를 넘어서서 유능한 전문가들의 견해를 듣기 시작하게 되었다. 무엇보다도 경험적 근거가 없는 치료법은 결코 공평무사한 것이 아니라는 사실을 점차적으로 깨닫기 시작하였다는 점이 중요하다 ("글쎄요, 효과가 있을 수도 있겠지만, 만일 효과가 없다면 어떻게 되겠습니까?"). 입증하지 못한 치료를 시행하는 것은 정말로 큰 대가를 치르게 된다. 미국 오하이오 주립대학교 소아과 의사이자 심리학과 교수인 제임스 멀릭(James Mulick)은 이러한 교육의 변덕스러운 유행이 초래하는 비용을 다음과 같이 상술하고 있다(Mulick, Jacobson, & Kobe, 1993 참조).

촉진적 의사소통[FC] 기법을 주창함으로써, 경험적으로 지지 받고 있으며 보다 가능성 있는 장기적 전략에 투입될 노력과 비용을 엉뚱한 곳에 전용하게 만든다. FC 지지자들로 인해서 연구와 전문적 문헌에 근거도 없이 스며든 이론적 혼란은 지식을 축적하는 데 악영향을 미치고 있다. … 장애자들이 성공적으로 사용해오고 있는 다른 비언어적 의사소통 시스템과 FC를 혼동하게 됨으로써 일반 대중의 지지도가 낮아지게 될 것이다. … 과학에서 훈련받았으며 열정적인 전문가들의 진정한 노력은 일시적으로 유행하는 모든 치료법을 능가하며, 앞으로도 항상 그럴 것이다. 치료와 이해에서의 진보는 엄격한 훈련, 정확성과 과학적 기준의 존중, 그리고 제기하는 모든 치료법에 대한 객관적 검증이라는 대가를 치르면서 얻게 되는 것이다. (278~279쪽)

여기서 우리는 일시적으로 유행하는 치료법과 사이비과학이 해로운 것이 아니라는 증언서 증거와 환상에 의존함으로써 초래되는 해악에 대한 또 다른 사례를 보았다(제4장 참조). 또한 우리는 행동을 설명하고자 원할 때 실험법이 사용하는 통제와 처치를 대신할 수 있는 것이 없다는 사실을 알 수 있다.

여기서도 경제성 원리와의 연계에 주목하기 바란다. 자폐아의 심각한 언어 장애를 단 한 발의 "마법의 탄환"(제9장 참조)으로 치료할 수 있다고 주장하는 것은 수십 년에 걸친 자폐아의 인지적 특성과 신경심리적 특성 그리고 두뇌의 특성에 관한 연구들을 무시하는 황당하기 그지없는 것이다(Baron-Cohen, 2005 ; Oberman & Ramachandran, 2007 ; Rajendran & Mitchell, 2007 ; Tager-Flusberg, 2007 ; Wellman, Fang, & Peterson, 2011). 이 주장은 우리가 인지와 신경계에 관하여 알고 있는 너무나 많은 것들을 수정할 것을 요구한다. 촉진적 의사소통의 존재는 여타 과학과의 연계성을 아무것도 보여주지 못한다(제8장 참조).

마지막으로 촉진적 의사소통은 클레버 한스 사례를 다룰 때 논의하였던 사실, 즉 현상의 **기술**(description)과 **설명**(explanation)을 신중하게 구분하는 것의 중요성을 예증하고 있다. "촉진적 의사소통"이라는 표현은 촉진자와 자폐아 사이에서 일어나는 사건을 중립적으로 기술하고 있는 것이 아니다. 오히려 이론의 결과, 즉 의사소통이 실제로 일어났으며 촉진자가 정말로 소통을 고양시켰다는 결과를 상정하고 있는 것이다. 그렇지만 이것이 바로 증명하였어야만 하는 것이다. 여기서 우리가 알고 있었던 것은 아동이 자판을 두드린다는 것이었다. 애초에 "놀라운 자판 두드리기"라고 표현하였더라면, 아마도 모든 일이 보다 합리적으로 진행되었을지도 모르겠다. 결정할 필요가 있는 것은 "놀라운 자판 두드리기"가 진정한 의사소통이었는지 여부이었다. (자판 두드리기가 진정한 의사소통이라는) 이론을 염두에 두고 (자판 두드리기) 현상에다 섣부르게 이름을 붙였던 것이 치료자들로 하여금 (촉진적 의사소통이라는) 이론적 명칭이 정당한 것인지를 확인하기 위한 후속 연구가 필요하다는 사실을 깨닫기 어렵게 만들었을 가능성이 크다.

　심리학뿐만 아니라 다른 분야들도 이론에 근거하여 어떤 현상에 성급하게 이름을 붙이는 문제로 어려움을 겪고 있다. 미국 소아과학회가 "흔들어댄 아기 증후군"(shaken baby syndrome)[6]이라는 용어를 폐기처분할 것을 권고해왔음에도 불구하고 법조계에서는 여전히 이 용어를 사용하고 있다. 문제는 우리가 지금까지 논의해왔던 클레버 한스와

---

6) 흔들어댄 아기 증후군(Shaken Baby Syndrome)이란 아기를 흔들어대면 심각하고도 때로는 영구적인 상해를 일으킬 수도 있다는 주장이다. 영아나 유아는 몸 크기에 비해 머리통이 크기 때문에, 흔들어대면 머리가 급격히 앞뒤로 움직이게 되어 뇌와 눈의 혈관을 파열시켜 내출혈로 뇌세포가 파괴된다는 것이다. 대표적인 장애로 제기하는 것은 시각 상실, 청각 상실, 뇌성 소아마비, 골절, 정신지체, 언어장애, 학습장애, 졸도, 신체마비 등이다. 따라서 아기를 달래기 위하여 흔들어대는 것은 아동학대로 간주될 수도 있다는 주장이다.

촉진적 의사소통 사례와 완전히 똑같다는 것이다. "흔들어댄 아기 증후군"이라는 용어는 특정한 아기가 두뇌 외상을 갖게 된 이유에 관한 **이론**에 해당한다. 두뇌 외상 자체의 본질이 **현상**이다. 외상에 관한 정확한 기술은 어떤 이론이든 외상이 어떻게 발생하는 것인지에 관한 이론을 가지고 설명해야만 하는 것이다. 한 때는 표준이기도 하였지만 현재는 잘못된 것이라는 사실을 알고 있는 용어의 이러한 변화가 갖는 함의에도 불구하고 법조계는 여전히 이 용어를 사용하고 있다(Tuerkheimer, 2010).

마찬가지로 교통안전 전문가들도 교통 "사고"(accident)라는 용어가 너무나 많은 이론을 그 속에 담고 있다고 생각하고 있다. "사고"라는 단어는 무작위성과 예측 불가능성 그리고 행운이라는 의미, 즉 순전히 우연한 사건이라는 의미를 함축하고 있다. 안전 전문가들은 자동차 충돌 위험이 많은 행동들과 강력한 통계적 관계를 가지고 있으며, 그 어느 것도 무작위적이거나 우연한 사건이 결코 아니라는 사실을 너무나 잘 알고 있다. 이 전문가들은 고속도로에서 비상등을 켜고 정차하고 있던 트럭을 렌트한 스포츠 유틸리티 차량(SUV)[7]로 들이받았던 미국 세인트루이스 카디널스 야구팀의 투수인 조쉬 핸콕과 같은 사례들을 알고 있다(Vanderbilt, 2008).[8] 핸콕이 과속을 하고 있었으며(강력한 위험

---

[7] 군더더기이겠지만, 스포츠 유틸리티 차량(Sports Utility Vehicle : SUV)는 야외활동에 적합하게 개발하고 설계한 자동차의 한 종류이다. 따라서 산악 지형이나 비포장도로에서 그리고 악천후에서도 운전이 용이하도록 제작되어 있다. 일반 자동차는 2륜구동(2WD)인데 반해 SUV는 4륜구동(4WD)이기 때문에 네 바퀴 모두에 동력이 전달되어 가속력이 크다. 우리나라의 모든 자동차 회사들도 다양한 SUV를 생산하고 있으며, 최근에는 도로에서 일반 승용차 못지않게 많은 SUV를 볼 수 있다.

[8] 세인트루이스 카디널스(St. Louis Cardinals)는 미국과 캐나다의 MLB(Major League Baseball)에 속해 있는 30개 프로야구 팀(미국에 29개 팀, 캐나다에 1개 팀) 중의 하나다. 내셔널 리그와 아메리칸 리그로 구분하며, 각 리그는 세 지역으로 나뉘는데, 카디널스는 우리나라 추신수 선수가 2013년 현재 소속된 신시내티 레즈와

요인이다), 허용치의 두 배가 넘는 혈중 알코올 농도를 나타내고 있었으며(강력한 위험 요인이다), 충돌 당시에 휴대전화를 사용하고 있었다는 (강력한 위험 요인이다) 사실을 감안할 때 충돌을 무작위적이며 예측 불가능하다고 말하는 것은 전혀 정당한 것이 아니겠다. 게다가 그는 이틀 전에도 또 다른 SUV를 들이받았었다(Vanderbilt, 2008). 이것을 사고라고 명명하게 되면 무작위성과 예측 불가능성 이론을 함축하게 되는데, 이 사례에서와 같이 선택한 행동들이 악의적이라고 할 만큼 무모한 것일 때는 이 이론이 전혀 정당하지 않아 보인다. 충돌은 일어난 사건의 **기술**(description)이다. 사고는 **이론**(theory)으로 전혀 적합하지 않다.

변인들을 들추어 분리해내기 : 특수한 조건

골드버거의 펠라그라병 사례는 과학의 진행절차에 대한 몇몇 오해를 퇴치하는 데 크게 도움을 줄 수 있는 매우 중요한 교훈 한 가지를 예시한다. 이 교훈은 특히 심리학에 적용할 때 큰 도움이 된다. 어느 사건이든지 그 발생은 흔히 다른 많은 것들과 상관되어 있다. 동시적으로 일어나는 많은 사건들의 인과적 영향을 분리해내려면, 즉 들추어 캐내려면 일상세계에서는 결코 일어나지 않을 상황을 만들어내야만 한다. 과학 실험은 세상의 자연적인 상관관계들을 분리시켜서 단일 변인의 영향을 독자적으로 관찰할 수 있게 만든다.

심리학자들도 똑같은 방식으로 연구한다. 즉, 처치와 통제를 통해서 변인들을 분리함으로써 연구를 수행한다. 예컨대, 읽기과정에 관심이

같은 내셔널 리그 중부 지구에 속해 있다. 조쉬 핸콕(Joshua Morgan Hancock, 1978~2007)은 보스턴 레드삭스, 필라델피아 필리스, 신시내티 레즈, 그리고 마지막으로 세인트루이스 카디널스에서 뛰었던 투수였으며, 2007년 시즌 중에 본문에서 기술한 교통사고로 사망하였다.

있는 인지심리학자들은 단어지각을 보다 쉽게 만들거나 어렵게 만드는 요인들을 연구해왔다. 놀라울 것도 없이 이들은 긴 단어가 짧은 단어에 비해 재인하기 어렵다는 사실을 발견하였다. 얼핏 보기에 단어길이의 효과는 측정하기 용이하다고 생각할 수 있다. 단어의 두 목록을 만드는데, 하나는 긴 단어의 목록이고 다른 하나는 짧은 단어의 목록이다. 그리고 두 목록의 재인 속도 차이를 측정한다. 불행하게도 이것은 그렇게 쉬운 일이 아니다. 긴 단어는 사용빈도가 낮은 경향이 있으며, 많은 상황에서 사용빈도가 지각에 영향을 미친다. 따라서 긴 단어와 짧은 단어 간의 차이는 길이에 의한 것일 수도 있으며, 빈도에 의한 것일 수도 있고, 아니면 두 효과가 결합된 결과일 수도 있다. 단어길이가 빈도와는 독립적으로 지각에 영향을 미치는 것인지를 알아보기 위해서는 연구자들이 단어길이와 빈도가 함께 변하지 않는 특수한 단어목록을 만들어야만 한다.

　마찬가지로 골드버거는 자연적으로는 일어나지 않는 일련의 특수한 조건을 구성하였기 때문에 인과성에 관한 강력한 추론을 할 수 있었던 것이다. (한 가지 처치가 환자의 신체 분비물을 먹어보는 것이었다는 사실을 상기하라고 말하는 것은, 지극히 부드럽게 표현한 것이 되겠다.) 오스카 풍스트가 클레버 한스를 검증하기 위해서는 질문자가 답을 모르는 시행을 포함한 여러 가지 특수한 조건들을 구성할 수밖에 없었다는 사실을 회상하기 바란다. 정상적인 조건에서만, 즉 질문자가 답을 알고 있는 상황에서만 질문에 답하는 말을 관찰한 수많은 사람들은 어떻게 그 말이 엄청난 성과를 달성하는 것인지를 결코 탐지해내지 못하며, 오히려 그 말이 진정한 수학지식을 가지고 있다는 잘못된 결론에 도달하고 만다.

　마찬가지로 촉진적 의사소통의 주장을 검증하는데 필요하였던 이례적 조건에 주목하기 바란다. 촉진자와 자폐아에게 제시하는 자극을 서로가 볼 수 없도록 자극들을 분리시킬 수밖에 없었다. 이 현상에 관한 대안적 가설을 검증하기 위해서는 이러한 이례적 조건들이 필요한 것이다.

심리학에서 고전에 해당하는 많은 실험들은 세상에 존재하는 자연적인 관계들을 들추어 분리해냄으로써 어느 변인이 주도적 원인인지를 결정할 수 있는 논리를 채택하였다. 심리학자인 해리 할로우(Harry Harlow)[9]의 유명한 실험은 바로 이 사실을 보여준다(Harlow, 1958 ; Harlow & Suomi, 1970). 할로우는 유아-어머니 애착에 관해 널리 유포되어 있던 한 가설, 즉 애착은 어머니가 아기에게 먹을 것을 제공하기 때문에 일어난다는 가설을 검증하고자 하였다. 그런데 문제는 어머니가 영양분 이외에 많은 것도 아기에게 제공한다는 데 있었다(편안함, 따뜻함, 껴안아주기, 자극주기 등등). 할로우(1958)는 짧은꼬리원숭이 새끼가 스스로 여러 대리모 중에서 선택할 수 있도록 함으로써 애착과 연합된 변인들 중에서 하나만을 분리해내는 상황에서 그 새끼 원숭이의 행동을 관찰하였다. 예컨대, 그는 새끼 원숭이가 부드러운 우단으로 만든 대리모가 제공하는 접촉위안을 철망으로 만든 대리모가 제공하는 접촉위안보다 선호한다는 사실을 찾아내었다. 생후 2주된 새끼 원숭이는 차가운 우단 대리모를 따뜻한 철망 대리모보다 선호하였는데, 이 결과는 접촉위안이 따뜻함보다 더 매력적이라는 사실을 나타내는 것이었다. 마지막으로

---

9) 할로우(Harry Frederick Harlow, 1905~1981)는 새끼 원숭이들을 대상으로 어머니와의 격리와 사회적 고립에 관한 실험을 수행한 것으로 널리 알려져 있는 미국의 심리학자이다. 그는 젖도 떼지 않은 새끼 원숭이를 어미와 격리시켜 24개월이나 실험실에서 키우면서 실험을 수행하였는데, 지금의 상황이라면 연구윤리에 저촉되어 IRB(Institutional Review Board : 연구가 법적·윤리적·도덕적 규준을 위배하는지 여부를 판단하여 연구의 수행 여부를 판단하는 위원회)의 허락을 받지 못함으로써 이 연구를 수행하지 못하였을 가능성이 높다.

할로우는 새끼 원숭이가 철망 대리모만이 먹을 것을 제공하는 경우조차도 우단 대리모를 선호한다는 사실을 발견하였다. 따라서 애착은 오직 어머니가 먹거리를 제공하기 때문이라는 가설은 반증되었다. 이러한 결과를 얻을 수 있었던 까닭은 할로우가 실세계에서는 자연스럽게 공변하는 변인들을 조심스럽게 들추어 분리해낼 수 있었기 때문이었다.

진정한 인과관계를 검증하기 위한 특수 조건들을 만들어내는 것은 사이비과학 신념이 바이러스처럼 우리를 공격하지 못하도록 차단시키기 위하여 사용할 수 있는 핵심 도구이다(Stanovich, 2004, 2009, 2011). 치료적 접촉(therapeutic touch : TT), 즉 1990년대 북미 간호 전문업계에서 광풍처럼 유행했던 치료요법의 사례를 살펴보자. TT 종사자들은 환자의 신체를 마사지 하는 것이 아니라 소위 환자의 에너지 장(field)을 마사지 한다. 즉, 환자의 신체 위에서 손을 움직이는 것이지 실제로 신체를 마사지 하는 것이 아니다. 종사자들은 이러한 에너지 장을 "느낀다고" 보고하였다. 독자들은 이미 추측하였을 것이다. "에너지 장"을 느끼는 이러한 능력은 클레버 한스와 촉진적 의사소통 주장에서와 동일한 유형의 특수 조건들을 만듦으로써 제대로 검증할 수 있다. 즉, 종사자들의 눈을 가렸을 때에도 여전히 자신의 손이 인체 가까이 있는지를 느낄 수 있는지를 검증하는 것이다. 연구자들은 클레버 한스와 촉진적 의사소통 사례에서와 동일한 사실을 증명해왔다. 시각을 차단하였을 때는 에너지 장을 느끼는 능력이 우연 수준을 넘지 못하였던 것이다(Hines, 2003 ; Shermer, 2005). 이 사례는 앞선 장에서 언급하였던 사실, 즉 진정한 실험의 논리는 어린 아이들조차 이해할 수 있을 만큼 명확한 것이라는 사실을 예증하고 있다. 전문잡지에 발표된 실험 중에서 TT는 효과가 없다는 사실을 보여준 실험의 하나가 바로 초등학교에서 과학 프로젝트로 수행한 것이었다.

요컨대, 과학자들이 한 현상에 대한 특정 이론을 검증하기 위해서는 특수 조건들을 만들어야할 필요가 있다. 단지 자연 상태에서 사건을 관찰하는 것만으로는 결코 충분하지 않다. 사람들은 운동과 중력에 관한 정확한 원리와 법칙에 도달하지 못한 채, 수세기 동안 떨어지는 물체와 움직이는 물체를 관찰하였다. 운동에 관한 진정한 설명법칙은 갈릴레오와 다른 과학자들이 움직이는 물체의 행동을 관찰하기 위한 몇몇 인위적 조건들을 설정하고 나서야 비로소 유도해낼 수 있었다. 갈릴레오 시대에는 매끄러운 구리공이 매끄러운 경사면을 굴러 내려가는 것을 좀처럼 볼 수 없었다. 수많은 운동이 이 세상에서 일어났지만, 이것은 거의 찾아볼 수 없는 유형의 운동이었다. 그렇기는 하지만 운동과 중력에 관한 최초의 진정한 설명법칙으로 이끌어간 것은 바로 이러한 비일상적 상황이었다. 운동 법칙에 관해서는 우리가 이미 이 장의 첫머리에서 몇 가지 퀴즈를 해보지 않았던가?

직관물리학

실제로 이 장의 첫머리에서 제시한 세 질문은 존스홉킨스 대학교의 심리학자 마이클 맥클로스키(Michael McCloskey)의 연구에서 따온 것이다. 맥클로스키(1983)는 소위 "직관물리학"(intuitive physics), 즉 사물 운동에 대한 사람들의 신념을 연구하였다. 흥미롭게도 이러한 신념은 움직이는 사물이 실제로 운동하는 방식과는 상당한 편차를 보이기 십상이다 (Bloom & Weisberg, 2997 ; Riener, Proffitt, & Salthouse, 2005).

예컨대, 첫 번째 문제에서 회전하는 공에 매달린 줄이 끊어지면, 그 공은 줄과 90도를 이루는 방향으로 직선으로 날아간다. 맥클로스키는 이 문제를 제시한 대학생의 1/3이 공은 곡선궤도를 따라서 날아갈 것이라고 잘못 생각한다는 사실을 발견하였다. 폭격기 비행사의 예와 유사한 문제가 주어졌을 때 맥클로스키 실험참가자의 절반가량은 폭탄을 목표물 바로 위에서 투하하여야 한다고 생각하였다. 이 결과는 많은 학생들이 사물의 운동궤도를 결정하는 데 있어서 초기 운동의 역할이 무엇인지를 이해하지 못한다는 사실을 보여주고 있다. 실제로는 폭탄을 목표물의 거의 8km 전방에서 투하하여야 한다. 실험참가자들의 실수는 문제가 가지고 있는 상상적인 특성 때문에 야기된 것이 아니다. 방을 가로질러 걸어가면서 바닥에 있는 목표물에 골프공을 떨어뜨리라고 요구하였을 때, 절반 이상의 실험참가자들이 나타낸 성과는 이들이 공은 떨어지면서도 계속해서 앞으로 운동한다는 사실을 모르고 있음을 보여주었다. 마지막으로 많은 사람들은 권총에서 발사된 탄환이 동일한 높이에서 떨어뜨린 탄환과 동일한 시간에 지상에 닿는다는 사실을 깨닫지 못한다.

독자들도 이렇게 간단한 퀴즈에서 자신의 성과를 평가해볼 수 있겠다. 여러분이 최근에 물리학 강의를 수강한 적이 없다면 적어도 한 문제는 틀렸을 가능성이 크다. 여러분은 이렇게 항의할는지도 모르겠다 : "물리학 강의라니요! 물론 최근에 물리학 강의를 들은 적이 없지요. 그러니까 이 퀴즈는 공정하지 못합니다!" 그렇다면 잠깐만 생각해보라. 도대체 물리학 강의가 왜 **필요**하겠는가? 여러분은 일생 동안 문자 그대로 수천 수만 개의 떨어지는 물체를 보아왔다. 여러분은 실험실이라는 인위성에 방해받지 않은 채 **자연발생적** 조건에서 사물들이 낙하하는 것을 보았다. 매일매일 여러분의 주위에는 움직이는 물체들이 있으며, 여러분은 "실생활" 상황에서 보고 있는 것이다. 움직이는 물체와 낙하하는 물체를 경험하지 못하였다고 주장할 수는 결코 없다. 여러분이 탄환 사례와 같은 것을 보지 못하였을 수 있다는 사실은 인정한다. 그러나 우리들 대부분은 실에 매달아 돌리던 물체를 손에서 놓아버리는 아동들을 보아왔으며, 비행기에서 투하하는 사물들을 보아왔다. 여러분이 바로 이러한 상황들을 경험하지 못하였다고 우기는 것은 다소 서투른 짓으로 보인다. 움직이는 물체와 낙하하는 물체에 관한 여러분의 오랜 경험을 고려할 때, 어째서 여러분은 일상 상황으로부터 단지 약간만 벗어난 상황에서 어떤 일이 일어날 것인지를 정확하게 예언할 수 없는 것인가?

맥클로스키의 연구는 과학자들이 취하는 행동을 이해하는 데 근본적으로 중요한 사실을 예시하고 있다. 움직이는 사물과 낙하하는 사물에 관한 광범위한 경험에도 불구하고 사람들이 가지고 있는 운동에 관한 직관 이론은 믿기 어려울 정도로 부정확하다. 일반대중의 관찰은 과학자의 방식과 같이 통제된 것이라기보다 "자연적"인 것이기 때문에 그들의 믿음은 부정확한 것이라는 사실을 이해하는 것이 중요하다. 따라서 간단한 퀴즈에서 정답을 맞히지 못한 사람이 있다면, 무식하다거나 한심하다고 자책할 필요는 없다. 단지 세계적인 석학들도 수세기에 걸쳐 낙하하는 물체를 관찰하고서도 오늘날 보통 수준의 고등학교 2학년생들이라면 가지고 있는 운동물리학에 관한 지식에도 도달하지 못하였다는 사실만을 기억하기 바란다. 맥클로스키(1983)는 *Scientific American*에 투고한 논문에서 그가 관찰한 많은 실험참가자들은 뉴턴이 출생하기 3세기 전에 사실이라고 받아들여졌던 이론과 매우 유사한 엉터리 운동이론을 가지고 있다는 사실을 보여주고 있다. 맥클로스키의 실험참가자들과 중세기 철학자들은 기본적으로 공유하는 것이 있었다. 즉, 일상세계에서 일어나는 사물의 운동에는 많이 노출되었지만, 과학적 처치, 통제, 비교라고 하는 인위적으로 생성된 조건에 대해서는 전혀 경험이 없었다.

직관심리학

철학자 폴 처치랜드(Paul Churchland, 1988)는 만일 움직이는 사물에 대한 직관 이론(또는 민속 이론)이 부정확하다면, 인간 행동이라는 보다 복잡한 영역에 대한 우리의 민속 이론이 정확할 수 있다고는 결코 믿을 수 없다는 사실을 다음과 같이 주장하였다.

> 운동에 관한 초기의 민속 이론들은 엄청나게 혼란스러웠으며, 결국 보다 정교한 이론들로 완전히 대체되었다. 천체의 구조와 운동에 관한 초기 민속 이론은 표적으로부터 엄청나게 벗어난 것이었으며, 사람들이 얼마나 엉터리일 수 있는지를 알려주는 역사적 교훈으로만 남아 있을 뿐이다. 불의 본질, 생명의 본질에 대한 민속 이론들도 마찬가지로 엉터리였다. 과거에 존재하던 민속 생각들의 거의 대부분도 마찬가지로 엉터리임이 폭로되었기 때문에 얼마든지 예를 들 수 있다. … 그런데 의식적 지능이라는 현상은 방금 기술한 어느 것보다도 복잡하고 어려운 현상임에 틀림없다. 정확한 이해라고 하는 점에 있어서, 다른 모든 것들에서 그렇게 형편없이 패배하고 말았음에도 불구하고 이 현상을 처음부터 올바르게 파악한다는 것은 기적이 되겠다. (46쪽)

사람들이 사적으로 가지고 있는 행동 이론에 관한 실제 문헌을 뒤져보면, 처치랜드의 생각이 정확한 것이라는 사실을 알게 된다. 연구 문헌들은 개인 경험이 인간 마음에 관한 부정확한 신념을 차단시켜주지 않는다고 경고하고 있다. 행동경제학자 댄 아리앨리(Dan Ariely, 2008)는 자신이 18세이었을 때 사고로 인해 신체의 70% 이상에 화상을 입어 고생하였던 이야기를 들려주고 있다. 그는 붕대를 재빨리 떼어내는 것이 엄청난 통증을 초래하였던 여러 달에 걸친 치료를 기술하고 있다. 간호사가 가지고 있던 이론은 강한 통증은 아니지만 오래 지속되는 통증을 초래하는 붕대의 느린 제거보다 날카로운 통증을 초래하는 신속한 제거가 더 좋다는 것이었다. 병원에서 퇴원하고 심리학도로서 삶을 시작한 아리앨리는 간호사의 신념을 검증하기 위한 여러 실험들을 수행하였다. 놀랍게도 그는 (약한 통증이 오랫동안 지속되는) 느린 제거 절차가 그러한 상황에서 통증 지각을 더 감소시켰을 수 있었다는 사실을 찾아냈다. 그는 다음과 같이 말한다 : "실험을 모두 마쳤을 때, 나는 화상 병동의 간호사들이 붕대를 물에 적셔 떼어내는데 풍부한 경험을 가지고 있는 친절하고 인자한 사람들이지만, 여전히 어떤 방법이 환자의 통증을 최소화 시킬 것인지에 관해서 올바른 이론을 가지고 있지 못하다는 사실을 깨달았다. 나는 그토록 풍부한 경험을 감안할 때 어떻게 그토록 잘못된 신념을 가지고 있는지 의아하였다"(xvi쪽). 많은 연구들은 다른 사람의 통증 강도에 관한 직관적 판단이 지극히 잘못되었으며, 심지어 많은 임상 경험을 가지고 있는 의사들 사이에서도 그렇다는 사실을 지적하고 있다(Tait, Chibnail, & Kalauokalani, 2009).

제4장에서 논의한 바와 같이, 증언서, 사례연구 증거, 상식에 의존하는 것은 비공식적 관찰에서 유도한 결론의 정확성을 확인하려면 통제집단이 필요하다는 사실을 흐리게 만들 수 있다. 예컨대, 딩펠더(S. F. Dingfelder, 2006)는 얼마나 많은 의료 전문가들이 (제2장에서 기술하였던) 투렛 증후군 환자에게 틱(tics)[10]을 억압하도록 충고해서는 안 된다고 믿고 있는지를 기술하고 있다. 의사들은 억압이 소위 반동 효과, 즉

---

[10] 틱(tics)이란 갑작스럽고 반복적인 얼굴 근육의 불수의적인 움직임이나 발성을 말한다. 한 군의 근육이 관여하는 단순 틱에는 머리 흔들기, 눈 깜박이기, 킁킁거리기, 목 끄덕이기, 어깨 움츠리기, 얼굴 찌푸리기, 기침, 목청 다듬기, 짖는 소리(심한 기침) 등이 있다. 여러 군의 근육이 관여하는 복합 틱에는 스스로 때리거나 물고, 걷다가 뛰고 빙빙 도는 등의 동작, 그리고 단어의 반복이나 외설적인 말 등이 있다. 환자들은 틱이 나타나기 전에 내적으로 급박한 무엇인가 올라오는 것 같은 전조(premonition)를 느낀다고 말한다.

억압하면 나중에 높은 비율의 틱이 초래된다고 믿고 있었다. 그렇지만 이러한 신념은 통제를 가한 실험이 아니라 비공식적인 관찰에 근거한 것이다. 억압한 시간을 억압하지 않은 시간과 비교함으로써 틱의 횟수를 체계적으로 관찰하는 제대로 된 실험을 수행하였을 때, 억압 후에 "반동" 효과가 전혀 없는 것으로 나타났다.

제1장에서 인간 행동에 관한 수많은 상식(민속) 신념이 엉터리라는 사실을 예증하였으며, 틱 환자의 경우는 단지 하찮은 사례에 불과하다. 예컨대, 종교 신념이 지극히 강한 사람들이 그렇지 않은 사람들보다 더 이타적이라는 사실을 나타내는 강력한 증거는 없다(Palovtzian & Park, 2005). 연구들은 신앙심의 정도와 자선행위를 하거나 고통 받는 사람들을 도와주거나 다른 사람들을 속여먹지 않는 경향성 간에는 아무 관계도 존재하지 않는다는 사실을 지적해왔다.

잘못된 직관 이론이 심리학에만 국한된 것은 아니다. 스포츠와 피트니스 세계에도 만연되어 있다. 예컨대, 정량적 분석 결과들을 보면, (고등학교 팀에서부터 프로 팀에 이르기까지 모든 수준에서) 대부분의 미식축구 코치들은 공격 중인 자기 팀이 필드 중앙에 있을 때 네 번째 시도에서도 공격을 시도함으로써 승리할 확률을 증가시킨다는 사실을 알 수 있다(Moskowitz & Wertheim, 2011). 유사한 분석들에 따르면, 전반적으로 코치들은 펀트(punt)를 적게 하고 온사이드킥(onside kick)을 더 많이 시도해야만 한다는 사실을 알 수 있다.[11] 통계는 코치들이 이러한 측면에서

---

11) 이 스포츠에 익숙한 독자에게는 미안한 일이지만, 미식축구를 모르는 독자들을 위해서 첨언한다. 경기의 목표는 공을 상대방 진영의 끝(엔드존)에 가져다 놓는 것이다. 이것을 터치다운이라고 한다. 경기장은 길이가 109.7m(360ft), 폭이 48.8m(160ft)인 직사각형이다. 양쪽 엔드라인 사이는 총 100야드이고, 5야드 간격으로 선이 그어져 있으며, 10야드마다 숫자가 표시되어 있다. 경기는 두 팀이 공격과 수비를 교대로 하면서 진행되는데, 공격 팀은 4번의 공격기회(다운 down)를 갖는다. 4번의 공격기회 안에 10야드 이상을 전진하면 그 시점부터 또 다시

자신의 전략을 바꾸었더라면 더 많은 게임을 승리로 이끌었을 것임을 증명하고 있다(Moskowitz & Wertheim, 2011). 코치들은 이러한 통계적 충고를 무시한 다양한 핑계거리를 가지고 있겠지만(예컨대, 생각을 고쳐먹는 것에 관한 두려움), 팬들은 그러한 핑계거리를 받아들이지 않는다. 어찌되었든, 팬들은 코치가 옳다는 잘못된 직관 이론을 견지한다.

마찬가지로 피트니스 영역에도 증거가 입증해주지 않는 많은 민속 신념들이 존재한다. 대부분의 운동선수와 피트니스 광(狂)들은 운동에 앞선 스트레칭이 부상을 방지해준다고 생각해왔지만, 이 신념에 관한 증거는 존재하지 않는다(Bernstein, 2009). 마찬가지로 달리기를 하는 대부분의 사람들은 10% 규칙을 알고 있다. 즉, 달리는 거리를 증가시킬 때, 1주일에 10% 이상의 거리를 증가시키지 않는다면 부상을 방지하게 된다는 규칙 말이다. 문제는 "10% 규칙"이 연구를 통해서 검증되지 않았다는 점이다(Kolata, 2011). 마지막으로 많은 야구선수들은 타석에 들어서기 전에 배트에 도넛 모양의 무거운 추를 끼우고 연습 스윙을 한다. 연구결과를 보면 이러한 추가 도움이 되기는커녕 해가 된다는 사실을 알 수 있다. 그럼에도 불구하고 추를 사용하지 않도록 선수들을 설득시킬 수는 없다.

4번의 공격기회를 얻게 되고 그렇지 못하면 상대 팀에게 공격권을 넘겨주게 된다. 따라서 세 번째 공격기회까지 10야드를 전진하지 못하게 되면, 보통 네 번째 다운에서는 공격 팀이 펀트(punt)를 하여 상대방 진영으로 멀리 공을 차서 넘겨주게 된다. 펀트를 하는 것은 상대팀이 득점하기 어려운 위치에서 공격을 시작하게 만들기 위해서이다. 펀트란 공격 팀이 네 번째 다운에서 10야드 이상 전진할 수 없을 것 같다고 판단이 되면, 마지막 공격권을 포기하고 상대에게 넘겨주는 것으로, 펀터(Punter)가 볼을 손에서 떨어뜨린 뒤 볼이 지면에 닿기 전에 차서 상대 팀 진영 깊숙이 볼을 보내는 것이다. 온사이드 킥이란 자기 팀을 한쪽에 몰아놓고 공격권을 다시 한 번 잡으려고 공을 비스듬하게 짧게 차는 것이다. 성공률은 거의 없지만, 큰 점수 차이로 지고 있는 팀이 가끔 사용하기도 한다.

인간 행동에 관한 잘못된 신념은 매우 현실적인 불행한 결과를 초래할 수 있다. 키이쓰와 베인즈(Keith & Beins, 2008)는 "전화 통화는 운전에 방해가 되지 않는다", "운전하면서 잠에 빠져들지 않기 위해서 전화 통화를 한다"와 같은 대학생들의 진술에서 휴대전화와 운전에 관한 전형적인 생각을 포착하게 된다고 언급하고 있다. 이 학생들은 휴대전화를 사용하면서(핸즈프리 전화 통화도 마찬가지다) 운전하는 것은 집중력과 주의력을 심각하게 손상시키며(Kunar, Carter, Cohen, & Horowitz, 2008 ; Strayer & Drews, 2007) 사고와 죽음의 원인이라는 사실(Conkle & West, 2008 ; McEvoy et al., 2005 ; Novotny, 2009 ; Parker-Pope, 2009)에 철저하게 무관심한 것으로 보인다.

옳지 않은 대중적 신념의 목록을 만든다면 매우 길어지게 된다. 예컨대, 많은 사람들은 보름달이 인간 행동에 영향을 준다고 믿는다. 그렇지 않다(Foster & Roenneberg, 2008 ; Lilienfeld et al., 2010). 어떤 사람들은 "양극은 당긴다"고 믿지만 그렇지 않다(Gaunt, 2006 ; Hitsch, Hortacsu, & Ariely, 2010 ; Reis, Maniaci, Caprariello, Eastwick, & Finkel, 2011). 어떤 사람들은 선다형 시험에서 답을 고쳐서는 안 된다고 믿지만, 그들은 틀린 것이다(Kruger et al., 2005). 어떤 사람들은 기도가 건강에 영향을 미칠 수 있다고 믿지만, 이것은 불가능하다(Benson et al., 2006). 어떤 사람들은 "친숙성은 경멸을 낳는다"고 믿지만, 그렇지 않다(Claypool, Hall, Mackie, & Garcia-Marques, 2008 ; Zebrowitz, White, & Wieneke, 2008). 목록은 끝없이 계속된다(Lilienfeld et al., 2010 참조).

행동에 관한 사람늘의 직관 이론에는 부정확한 것이 많다는 사실은 심리학에서 통제를 가하는 실험이 필요한 이유를 잘 설명해준다. 그렇게 해야만 우리는 인간 행동에 관해서 평평한 지구와 같은 잘못된 생각을 넘어서서 보다 정확한 과학적 개념화로 발전해갈 수 있는 것이다.

요약

　실험법의 요체는 처치와 통제를 수반한다. 실험은 상관연구보다 강력한 인과 추론을 가능하게 해주기 때문이다. 상관연구에서는 연구자가 단순히 두 변인에서의 자연스러운 변화가 어떤 관계를 나타내고 있는 것인지를 관찰하게 된다. 반면에 진정한 실험에서는 연구자가 원인이라고 가정한 변인에 처치를 가하고 결과라고 가정한 변인에 나타나는 효과를 관찰한다. 이때 다른 모든 변인들은 통제와 무선화를 통해서 일정하게 유지하게 된다. 이 방법은 상관연구에 존재하는 제3변인 문제를 제거시킨다. 제3변인 문제는 자연세계에 서로 다른 많은 사건들이 관계되기 때문에 발생한다. 실험법은 자연적으로 발생하는 이러한 관계들을 들추어내서 분리해내는 방법이라고 할 수 있다. 그렇게 할 수 있는 이유는 특정한 하나의 변인(가정된 원인)에 처치를 가하여 분리해내고 다른 모든 것들은 일정하게 유지하기 때문이다. 과학자들은 자연적으로 발생하는 관계를 들추어 분리해내기 위해서 흔히 자연세계에서는 알려져 있지 않은 특수 조건들을 만들어내야만 한다.

7

"그렇지만 이것은 실제 삶이 아니잖아요!"
"인위성" 비판과 심리학

앞의 두 장에서 실험 논리의 기본을 다루었기 때문에 이제 심리학 분야에 대해 흔히 듣게 되는 비판들을 따져볼 수 있게 되었다. 특히 과학 실험이 인위적이고 "실제 삶"이 아니기 때문에 쓸모없는 것이라는 비판을 상세하게 논의할 것이다. 이것이 타당한 비판이 아닌 이유를 이해하는 것은 심리학에 대해서 올바르게 생각하는 데 도움을 준다. 그 비판은 심리학 실험을 표적으로 삼기 십상이기 때문이다.

왜 자연 상황이 항상 필요한 것은 아닌가?

제6장의 논의로부터 이 비판이 타당하지 않은 이유가 상당히 명확해졌으리라 생각한다. 제6장에서 예증한 바와 같이, 과학 실험의 인위성은 약점이 아니다. 세상의 본질에 관한 설명을 내놓는다는 독특한 힘을 과학적 방법에 제공하는 것이 바로 이것이다. 일반의 생각과는 정반대로 과학 실험의 인위성은 우연한 실수가 아니다. 의도적으로 추구하는 것이다. 과학자들은 자연적으로는 일어날 가능성이 없는 조건들을 **의도**

적으로 만들어낸다. 이것이야말로 세상에서 일어나는 사건들을 결정하는 많은 상관 변인들을 분리해내는 유일한 방법이기 때문이다. 제6장에서 사용한 구절을 사용하면, 과학자들은 **변인들을 들추어 분리해내기 위하여** 특수 조건들을 설정하는 것이다.

때로는 스노우와 콜레라 사례에서와 같이 필요한 조건들이 이미 자연적으로 존재하는 경우도 있다. 그러나 그렇지 못한 경우가 훨씬 더 많다. 과학자는 골드버거와 펠라그라병 사례에서와 같이 새롭고도 때로는 이상한 방식으로 사건들에 처치를 가해야만 한다. 많은 경우에 이러한 처치는 자연환경에서는 달성할 수 없으며, 과학자들은 보다 정확한 통제가 가능한 실험실로 그 현상을 끌어들일 필요성이 있다는 사실을 발견하게 된다. 중력과 운동에 관한 초기 연구들은 특별히 고안한 사물들을 사용하였는데, 이것들은 단지 움직이는 사물을 관찰하기 위한 일련의 특수 조건을 만들려는 목적에서 설계된 것들이었다. 한 현상의 많은 잠재적 원인들을 분리해내기 위해서는 점차적으로 **비현실적**이고 극단적인 조건들을 만드는 것이 필요하게 되는 경우가 많다.

실제로 몇몇 현상들은, 만일 과학자가 철저하게 "자연적인" 조건만을 관찰하는 것으로 제한하였더라면, 발견하기 절대로 불가능한 것이었다. 물질의 본질을 탐구하는 물리학자들은 소립자들 간에 충돌을 일으키는 거대한 가속기를 만든다. 이러한 충돌의 몇몇 부산물이 수십억분의 1초보다도 짧은 시간 동안만 존재하는 새로운 입자들이다. 이렇게 새로운 입자들의 특성은 원자 구조 이론에 대한 함의를 가지게 된다. 일반적으로 이러한 입자들은 지구상에 존재하지 않는다. 만일 존재한다고 하더라도, "자연적으로" 그것들을 관찰할 가능성은 거의 없다. 그럼에도 불구하고 이것이 물리학자들이 연구를 수행하는 방법이며, 비일상적이고 때로는 괴상망측하게 보이는 방식으로 자연을 탐사하는 것이 우주를 깊이 있게 이해하게 되는 합법적인 수단이라는 것을 의심하는 사람은 거의 없다. 그러나 물리학자에게 있어서는 합리적으로 보이는 방식을 심리학자가 채택하였을 때는 부당한 것으로 간주되는 경우가 흔하다.

일반대중에게 행동에 관한 실험 증거를 제시해온 많은 심리학자들은 다음과 같은 한탄소리를 들어왔다 : "그렇지만 이것은 실제 삶이 아니잖아요!" 이러한 불평은 실험실에서 인간 마음을 연구하는 것은 어딘지 이상하다는 신념을 반영하는 것이다. 또한 이러한 반대는 지식은 "자연조건"을 연구하지 않는 한 얻을 수 있는 것이 아니라는 가정도 포함하고 있다.

심리학자들이 채택하고 있으며 일반대중은 "괴상망측한" 것으로 간주하는 많은 기법들이 심리학에만 독특한 것이 아니라 행동에 적용하는 과학적 방법들의 발현이라는 사실은 일반적으로 인식되어 있지 않다. 실생활 상황에만 국한하게 되면 많은 사실들을 발견할 수 없다. 예컨대, 오늘날 바이오피드백 기법은 편두통과 긴장성 두통의 제거, 고혈압 치료, 그리고 이완훈련 등과 같은 다양한 영역에서 사용하고 있다(deCharms et al., 2005 ; Maizels, 2005). 이 기법은 만일 사람들이 시각 또는 청각 피드백을 통해서 몸에서 일어나고 있는 내적 과정들을 모니터할 수만 있다면 생리적 과정들을 부분적이나마 통제할 수 있다는 사실을 보여주는 연구로부터 발전한 것이다. 물론 인간은 외적 피드백을 통해서 자신의 생리적 기능을 모니터할 장치를 가지고 있지 않기 때문에, 특수한 실험조건이 아니면 그러한 과정을 제어할 수 있는 능력을 확인해낼 수 없다. 자연조건에서의 관찰만으로는 이것을 결코 찾아낼 수 없었을 것이다.

"무선 표본" 혼란

그러나 때로는 "이것은 실제 삶이 아니잖아요!"라는 불평이 심리학 실험의 목적에 대한 또 다른 혼란에서 유래하기도 하는데, 이것은 지극히 이해할 만한 것이다. 대중매체를 통해서 많은 사람들은 사회조사에 익숙한데, 특히 선거 여론조사 유형의 사회조사에서 그렇다. 요즈음 선거 여론조사의 몇몇 중요한 특징들에 대한 인식이 증가하고 있다. 특히 대중매체는 선거 여론조사의 정확성에 대한 무선 표본 또는 대표 표본의 중요성에 보다 많은 주의를 기울여왔다. 이러한 사실이 많은 사람들로 하여금 무선 표본과 대표성 조건이 모든 심리학 연구의 필수적인 전제조건이라고 잘못 생각하도록 이끌어갔다. 심리학 연구가 실험참가자의 무선 표본을 사용하는 경우가 거의 없기 때문에, 일반대중이 알고 있는 "무선 표본" 기준을 적용하게 되면 대부분의 심리학 연구가 뿌리째 흔들리게 되며, 심리학은 "실세계"를 반영하지 못하기 때문에 그 연구들은 타당성이 없다는 비판을 증폭시키는 것으로 보인다.

여기서도 다른 과학들의 본질에 대해 잠시 생각해보는 것이 이러한 신념이 가지고 있는 허구성을 폭로하는 데 크게 도움이 되겠다. 화학자들은 화학 성분의 무선 표본을 구하려고 시도하지 않는다. 생물학자들은 세포나 유기체의 무선 표본을 대상으로 실험하지 않는다. 의학 연구기관에 있는 쥐와 원숭이는 그들 종을 결코 대표하지 않는다. 그러한 실험실에서는 흔히 자연환경과는 엄청나게 차이나는 조건에서 유기체들을 연구한다. 실제로 이러한 조건들은 철저하게 특수한 조건들이다. 그럼에도 불구하고 실험동물들은 인간의 생물학적 특성을 밝혀내는 데 도움을 주는 통찰을 제공한다. 이것은 대부분의 심리학 연구에도 똑같이 적용되는 사실이다. 모든 심리학 연구들이 참가자들의 무선 표본을 사용할 필요가 없기 때문이다. 지금이 다음과 같은 중요 사항을 강조할 적절한 시점이겠다. 즉, 무선 표집(random sampling)[1]과 (제6장에서 논의한) 무선 할당은 동일한 것이 아니다.

무선 할당과 무선 표본의 구분

두 용어가 모두 "무선"(random : 무작위)이라는 표현을 담고 있기 때문에, 많은 사람들은 무선 할당과 무선 표집이 동일한 것을 지칭한다고 생각하게 된다. 실제로는 둘이 전혀 다른 개념이다. 단지 난수 생성이라는 특성을 사용한다는 점에서만 유사하다. 그러나 둘은 전혀 다른 목적을 위해서 사용한다.

무선 표집은 연구에 참여하는 참가자들을 선정하는 방식을 지칭한다. 앞에서 언급한 바와 같이, 무선 표집이 모든 연구에서 필수적인 것은 아니지만, (예컨대, 조사 연구, 소비자 연구, 또는 선거 여론조사 등과 같이) 필요한 경우에는 전집의 모든 구성원들이 표본으로 선정될 가능성이 동일한 방식으로 전집으로부터 표본을 추출하는 것을 지칭한다. 그렇게 추출한 표본이 연구의 대상이 된다. 그리고 연구는 상관연구이거나 진정한 실험일 수도 있다는 사실을 이해하는 것이 중요하다. 무선 할당도 사용하지 않는다면 진정한 실험이 될 수 없다.

무선 할당은 실험집단과 통제집단을 실험자가 결정하는 진정한 실험의 필수조건이다. 무선 할당에서는 각 참가자가 실험집단이나 통제집단

---

[1] 용어의 구분이 필요하겠다. 무선 표집(random sampling)은 특정 전집(모집단)의 구성원들이 표본으로 뽑힐 동등한 기회를 가지고 있는 상황에서 표본을 추출하는 **과정**을 의미하며, 무선 표집 과정을 통해서 추출한 표본을 무선 표본(random sample)이라고 부른다. 따라서 무선 표집은 무선 표본이 결과로 나타날 것을 함축하며, 무선 표본은 무선 표집 과정을 이미 수행하였다는 사실을 전제로 한다.

에 할당될 가능성이 등가적이게 된다. 동전 던지기와 같은 무선화 도구(보다 흔하게는 특별히 마련한 난수표를 사용한다)를 사용하는 이유가 바로 이것이다. 참가자들을 각 집단에 할당하는 데 있어서 어떤 편향도 나타내지 않기 때문이다.

무선 할당과 무선 표집은 동일한 것이 아니라는 사실을 명심하는 최선의 방법은 다음과 같은 네 가지 조합이 가능하다는 사실을 항상 확실하게 해두는 것이다 : 무선 할당하지 않는 비무선 표집, 무선 할당하는 비무선 표집, 무선 할당하지 않는 무선 표집, 그리고 무선 할당하는 무선 표집. 대부분의 심리학 연구가 무선 표집을 사용하지 않는 까닭은 그것이 필요하지 않기 때문이다. 다음 절에서 보게 되겠지만, 연구는 이론 검증을 수반하며 필요한 것은 편의 표본일 뿐이다. 연구에서 무선 할당을 사용하게 되면, 진정한 실험이 된다. 만일 무선 할당을 사용하지 않는다면, 그 연구는 상관연구가 된다. 무선 표집을 사용하는 많은 연구들이 무선 할당을 사용하지 않는 까닭은 그 연구들이 사회조사이며, 단지 관계만을 찾고 있기 때문이다. 즉, 그 연구들은 상관연구인 것이다.

이론주도 연구와 직접 응용의 대비

미국 버지니아 대학교 심리학자 더글라스 무크(Douglas Mook, 1983, 1989, 2001)는 서로 다른 유형의 연구들이 가지고 있는 상이한 유형의 목표를 논의하고 있다. 많은 유형의 응용연구에서 목표는 연구 결과를 특정 상황에 직접 관련시키는 것이다. 선거 여론조사가 직접 응용연구의 한 예이다. 이 경우에 목표는 "선거일 투표"라고 하는 매우 특수한 상황에서의 특정 행동을 예언하려는 것이다. 응용의 본질이 직접적인 것일 때는 표집의 무선성과 조건의 대표성이라는 문제가 중요하다.

연구 결과를 곧바로 적용할 것이기 때문이다.

그렇지만 이러한 연구 유형을 전형적인 것으로 간주하는 것은 잘못이다. 심리학에서 (다른 어떤 과학도 마찬가지이다) 수행하는 대다수의 연구들은 매우 상이한 목표를 염두에 두고 수행된다. 이 연구들의 목표는 이론을 향상시키는 것이다. 대부분 연구의 결과는 이론의 수정을 통하는 **간접적인** 방식으로만 응용되며, 수정된 이론은 다른 과학법칙과 연계되어 실제문제에 적용되는 것이다. 요컨대, 대부분 이론주도 연구는 심리과정에 관한 이론들을 검증하려는 것이지 결과를 특정한 실생활 상황에 일반화하려는 것이 아니다.

이론 검증에 우선적으로 초점을 맞추는 연구들을 흔히 **기초연구**(basic research)라고 부른다. 응용연구에서는 연구 목표가 데이터로부터 출발하여 실세계에 직접 응용하려는 것인 반면에, 기초연구는 이론 검증에 초점을 맞춘다. 그렇기는 하지만 한 연구가 현실적인 응용성을 가지고 있느냐에 따라서만 기초연구와 응용연구를 구분하려는 것은 잘못이다. 그 차이는 흔히 시간의 문제로 귀착하는 경우가 많기 때문이다. 응용을 위한 연구결과는 즉각적으로 사용할 수 있다. 그러나 보편성 있고 정확한 이론만큼 실제적인 것도 없다. 과학의 역사는 이론을 개발하고 결과를 얻었던 과학자들이 특정한 현실 문제를 해결하려고 의도하지 않았음에도 불구하고, 궁극적으로는 수많은 실세계 문제들을 해결하게 된 많은 이론과 연구결과의 사례들로 가득 차 있다.

(과학자들에게 특성한 현실 문제를 해결하도록 요구함으로써) 과학의 방향을 통제하려는 시도는 진보를 촉진시키기는커녕 장해물로 판명되기 일쑤이다. 역설적이게도 과학자들에게 "다른 문제들"(기초연구)로 골머리를 썩지 말고 현실적인 문제들만 해결하도록 다그치는 것은 터무니없이 비현실적이고 근시안적인 것이기 십상이다. 많은 현실적

적용의 길은 놀라우리만치 예측 불가능한 것이기 때문이다. 예컨대, 미국 텍사스 대학교 사우스웨스턴 의료센터에서 활동하는 일단의 연구자들은 관절염을 연구하기 위하여 관절염에 걸린 쥐의 전집을 유전공학적으로 만들어내는 방법을 찾고 있었다. 예상치 않게 이 쥐들은 내장에도 궤양성 결장염과 유사한 염증을 일으켰다(Fackelman, 1996). 오늘날 과학자들은 인간 질병에 대한 동물 모형을 갖게 되었다. 이 과학자들이 (원래의 목표였던) 관절염 연구에서 어떤 진전을 보였는지에 관계없이, 이들은 오늘날 궤양성 결장염과 크론씨병(Crohn's disease)[2]의 치료법 개발에 상당한 공헌을 한 것으로 보인다. 과학에는 이와 같은 간접적 연계가 흔하게 나타난다. 화이자 제약회사는 새로운 심장 치료제를 연구하다가 비아그라를 발견하였던 것이다(Gladwell, 2010).

기초연구와 응용 간의 이와 같은 간접적 연계를 알아차리는 것은 쉽지 않다. 실제로 기초연구와 실생활 관심사 간에 멀어 보이기만 하는 관계는 기초연구를 웃음과 조롱거리로 만들기 쉽다. 1970년대와 1980년대에 미국 상원의원이었던 윌리엄 프록시마이어는 기초연구의 괴상망측하게 들리는(본인에게 말이다) 제목들을 찾아내서는 예산낭비의 사례로 거론하면서 조롱하였다(Benson, 2006a ; Munro, 2010). 그렇지만 시대가 바뀌면서 그 조롱은 연구자들이 아니라 프록시마이어 자신을 향한 것으로 바뀌었다. 단일 문장으로 축약할 때 어리석은 것처럼 들린다는 이유로(예컨대, "원숭이들이 자기 턱을 꽉 쥐는 이유") 프록시마이어가 선택하였던 연구들이 결국에는 중요한 이론적 진보나 현실적 응용으로 이끌어왔다는 사실이 계속해서 밝혀졌던 것이다. 예컨대, 원숭이 턱

---

[2] 크론씨병은 내장에 염증을 일으키는 병의 일종이다. 징후가 다른 질병과 매우 유사하기 때문에 진단이 어렵다. 복부 통증과 경련 그리고 설사 증세가 나타나며, 식욕 부진, 혈변, 체중 감소, 고열, 관절통, 피로감, 항문통 등이 수반된다.

쥐기 연구는 스트레스 개념을 조작적으로 정의하는 데 도움을 주었다. 이 연구는 사람들이 우주선이나 잠수함과 같이 밀폐된 좁은 공간에서 장시간 작업해야 할 때 발생하는 스트레스의 양을 객관적으로 평가하기를 원하는 정부 기관에 도움을 주었던 것이다(Benson, 2006a).

나중에 상당한 도움이 되는 것으로 판명된 연구들을 조롱하는 프록시마이어 상원의원의 망령은 2008년 미국 대통령 후보였던 존 맥케인이 미국 몬태나에서 수행한 곰의 DNA 연구를 유세 도중에 조롱하였을 때 되살아났다(Krauss, 2008). 그의 러닝메이트이었던 사라 페일린은 프랑스 파리에서 초파리 연구가 일반인에게 아무런 현실적 도움을 주지 않는다고 비난하였다(Krauss, 2008). 이 연구들을 들먹인 것이 연구는 예산 낭비라는 일반대중의 견해에 성공적으로 영합하였던 것처럼 보일 수도 있었지만, 이것은 바보스러울 만큼 정말로 잘못된 선택이었다. 곰 연구는 미국 지질조사국, 미국 어류 및 야생동물 보호국, 그리고 몬태나 어류, 야생동물 및 공원 관리국에서 활동하는 과학자들의 추천에 근거하여 미국 멸종위기종 보호법에 따라서 수행한 것으로 판명되었다. 이 모든 기관들은 곰 연구가 연구자들로 하여금 곰의 숫자와 위치를 파악하게 함으로써 멸종 위협에 처한 종들을 보존하는데 필수적인 것으로 간주하였던 것이다.

페일린의 선택은 더욱 형편없는 것이었으며, 역설적이게도 불쌍하기 그지없는 선택이었다. 첫째, 올리브 초파리의 출몰이 미국 캘리포니아를 강타하기에 앞서 이미 프랑스에는 수십 년 동안 이 초파리늘이 출몰하였기 때문에 미국 농무부가 프랑스의 연구소를 지원하였던 것이다(Krauss, 2008). 올리브 초파리의 출몰을 제어할 수 있는 것은 미국에 즉각적인 경제적 이득이 된다. 더욱 가관인 것은 페일린 연설의 일부분이 미국 장애자 교육에 관한 법률에 관한 것이었는데, 그녀 자신이 지적 장애를 가지고 있는 자녀를 가지고 있었던 것이다. 초파리는 유전학 분야에서 결정적으로 중요한 유기체이었는데(앞으로도 계속해서 그럴 것이다), 이 분야는 장애자 교육에 관한 법률 내용에 해당하는 수많은 장애의 진단과 치료와 직접적으로 관련되어 있다.

 그 선거가 끝난 이후에도 정치가들은 과학이 작동하는 방식에 관하여 무식함을 드러냄으로써 계속해서 명성(?)을 떨쳤다. 오클라호마 상원의원 톰 코번은 미국과학재단(NSF) 사회과학부에 맹공을 퍼부었는데, 역설적이지만 이 부서는 경제를 이해하는 데 핵심이 되는 행동경제학 연구에 연구비를 지원하였으며 노벨상 수상자에게 연구비를 지원하였던 것이다(Cohen, 2009). 그는 "웃기는" 제목을 가지고 있는 다른 과학 프로젝트들도 찾아내서 비난하였는데, 여기에는 쥐의 정자를 효율적으로 냉동시키는 방법을 다룬 프로젝트가 포함되었다. "쥐 정자 과학"이라는 말에 유권자들이 낄낄대도록 만듦으로써 그가 오클라호마에서 상당한 정치적 교두보를 마련한 것은 틀림없지만, 궁극적으로 그 농담 짓거리는 자신을 향한 것이 되고 말았다. 청문회에서 "도대체 어째서 쥐 정자를 냉동시키는 데 예산을 낭비하는 것입니까?"라는 질문에 국립건강연구소 소장인 프랜시스 콜린스 박사는 다음과 같이 되받아쳤다 : "우리는 고혈압이나 심장병 같은 인간 질병의 특정 모형을 대표하는 믿기 어려울 만치 귀중한 쥐의 모든 혈통을 가지고 있습니다. … 만일 쥐의 정자를 제대로 냉동시킨다면, 필요할 때 그 쥐를 재생시킬 수 있으며, 이것은 엄청난 양의 예산을 절약시켜줍니다. 효율적으로 냉동시키는 방법을 알아내는 것은 정말로 좋은 투자입니다. 그런데 이것이 좋은 투자인 이유를 알아보려고 애쓴 사람은 물론 아무도 없습니다. 단지 괴상하고 어색하게 들리고 예산 낭비처럼 생각하였을 뿐이지요."(Boyer, 2010, 62쪽). 과학적 발견을 이룩하는 것은 이질적인 과학 분야의 결과들을 함께 묶는 것을 수반하는데, 일반인에게는 그 연계가 결코 자명한 것이 아니기 십상일 것이다.

비록 어떤 연구는 특정한 환경 상황에서 사건들을 직접적으로 예언하기 위하여 설계하지만, 많은 과학 연구들은 이론을 검증하기 위하여 설계하는 기초연구라는 사실을 우리는 인식해야만 한다. 응용연구를 수행하는 연구자와 기초연구를 수행하는 연구자들은 "이 연구결과들이 실생활에 어떻게 적용되는 것입니까?"라는 질문에 전혀 다른 답을 가지고 있다. 전자는 "실험 상황과 결과를 적용하고자 하는 실제 상황 간에 밀접한 관계가 존재한다고 전제할 때, 직접적으로 적용한다."고 답한다. 따라서 실험참가자의 무선 표집과 실험 상황의 대표성이라는 문제가 결과의 응용 가능성과 연관되어 있다. 그렇지만 이론검증 연구를 수행하는 연구자들은 자신의 결과가 실생활에 **직접적으로** 적용되지 않으며 연구를 수행하는 이유는 어떤 특정한 환경 상황에 적용 가능한 결과를 내놓기 위한 것이 아니라고 답한다. 따라서 이 연구자들은 자기 연구의 참가자들이 다른 집단과 얼마나 유사한지 또는 실험 상황이 실생활 상황을 거울처럼 반영하는지에 관한 물음에 관심을 갖지 않는다. 그렇다면 이 말은 그들의 결과가 실세계에 관하여 아무런 함의도 갖지 않는다는 것을 의미하는가? 그렇지 않다. 그 결과는 특정 상황이 아니라 어떤 이론에 직접적으로 적용된다. 언제가 될는지는 모르지만 훗날 그 이론은 다른 과학 법칙들과 맞물려서 특정 문제에 적용할 수 있다.

이론을 통한 이러한 유형의 간접적 응용이 몇몇 심리학 영역에서는 상당히 일상적인 것이 되어왔다. 예컨대, 40년 전에 휴대전화가 처음으로 도입되고 사람들이 자동차를 운전하면서 휴대전화를 사용하기 시작하였을 때부터 이미 많은 인지심리학자들은 즉각적으로 안전과의 연계성을 염려하기 시작하였다. 심리학자들은 휴대전화 사용이 부가적인 교통사고를 초래할 것이라고 예측하였는데, 그 이유는 전화를 사용하느라 운전대에서 손을 떼기 때문이 아니었다. 오히려 이들이 염려하였던 것은 전화 통화가 뺏어가는 주의력이었다. 여기서 깨달아야 하는 중요한 사실은 심리학자들이 실제로 휴대전화 사용과 교통사고 간의 관계에 관한 단 하나의 실험연구도 수행하기에 앞서 운전 중 휴대전화 사용을 염려하게 되었다는 점이다(Strayer & Drews, 2007 ; Strayer & Johnston, 2001 참조). 심리학자들은 **이론**을 통해서 휴대전화의 교통사고 문제를 예측하였는데, 이 경우에 사용한 이론은 수십 년 전에 제기된 용량제한 주의 이론들(theories of limited-capacity attention)이었다(예컨대, Broadbent, 1958 ; Kahneman, 1973). 운전 중 휴대전화 사용은 명백하게 이 이론들의 영역에 들어 있는 것인데, 이 이론들은 수도 없이 많은 실험을 통해서 확립된 것들이었다(문자 그대로 수백 개의 실험 연구들이 수행되었다). 실제로 휴대전화 사용에 관한 실제 연구들을 수행하였을 때, 그 결과는 주의에 관한 심리학 이론들의 예측을 확증하였다. 즉, 휴대전화 사용은 정말로 교통사고의 원인이다. 그리고 핸즈프리 전화기도 사고의 일차 원인인 주의 문제를 해결하지 못한다(Conkle & West, 2008 ; Insurance Institute for Highway Safety, 2005 ; Kunar et al., 2008 ; Levy, Pashler, & Boer, 2006 ; McEvoy et al., 2005 ; Redelmeier & Tibshirani, 2001 ; Strayer & Drews, 2007).

더글라스 무크(1983)는 이론검증 실험이라는 생각과 심리학에서 간접적 응용의 본질을 예시하는 사례를 논의하고 있다. 1930년대에 셀리그 헤크트(Selig Hecht)는 *Handbook of General Experimental Psychology*(일반 실험심리학 핸드북)에 시각 민감도에 관한 일련의 연구를 발표하였다(Murchison, 1934). 이 연구들은 암순응 현상에 관한 것이었다. 독자들도 어두운 극장에 들어갈 때 일어나는 순간적인 장님 상태를 경험하였을 것이다. 그러나 좌석에 앉아 기다려보면, 의자, 사람, 그리고 다른 사물들이 보이기 시작하는 것을 느꼈을 것이다. 이 현상에 계속해서 주의를 기울였다면, 여러분은 극장 안에 있는 사물들의 가시성(visibility)이 몇 분 동안 계속해서 증가한다는 사실을 관찰하였을 것이다.

이 현상을 **암순응**(dark adaptation)이라고 부르며, 암순응은 두 단계로 나타난다. 두 단계란 어두운 장소에 들어갔을 때 시각민감도가 신속하지만 비교적 조금만 증가하는 단계에 뒤이어서 느리지만 상당히 증가하는 단계를 말한다. 헤크트는 이러한 두 단계 순응곡선을 눈의 망막에 있는 두 가지 유형의 수용기 세포와 연계시켰다. 원추체는 중심와(fovea : 유입되는 빛이 초점을 맞추는 망막의 중앙 부분)에 밀집되어 있는 수용기 세포이며 붉은 빛에 매우 민감하다. 간상체는 중심와 이외의 주변에 위치하며, 밀도가 매우 낮고, 붉은 빛에 민감하지 못하다. 헤크트는 이 사실을 사용하여 암순응의 초기단계(시각 민감도의 작지만 신속한 증가)는 원추체의 순응에 의한 것이며 두 번째 단계(긴 시간에 걸쳐 일어나는 민감도의 큰 증가)는 간상체의 순응에 의한 것임을 확증하였다.

무크(1983)는 우리에게 헤크트가 사용한 실험상황의 철저한 "부자연성"을 고려해볼 것을 촉구한다. (무선적으로 선택하지 않은) 실험참가자들이 어두운 방에 있으면서, 화면에 비치는 희미한 붉은 빛을 탐지했는지의 여부에 따라서 "네, 보입니다" 또는 "아니요, 보이지 않습니다"라고 반응하였다. 정상적으로는 우리가 일상생활에서 이러한 방법으로 희미한 붉은 빛에 반응하지 않는다. 그러나 헤크트는 자신의 결과를 암실에서 희미한 붉은 빛에 "네" 또는 "아니요"라고 반응하는 사람들에게 일반화하는 데 관심을 갖지 않았다. 따라서 그러한 상황이 실제로 일어나는 것인지의 여부는 무관한 것이다. 헤크트는 암순응과 같이 시각시스템을 특징짓는 기본과정에 대한 사실을 입증하고 이론을 검증하는 데 관심이 있었던 것이다. 그는 자신의 실험상황이 현실적인지 여부에 관심이 있었던 것이 아니라 연구하고자 하는 특정한 시각과정을 적절하게 분리해내는 데 적합한 것인지에 관심이 있었던 것이다.

헤크트 결과의 일반성은 그 결과가 발생한 상황의 본질을 통해서가 아니라 많은 과제 속에 내포되어 있는 기본적인 시각과정에 관한 이론을 형성할 수 있는 능력을 통해서 이루어진다. 그의 연구가 인간의 시각시스템을 특징짓는 기본적인 기능적 관계를 밝혀낼 수 있었던 것은 상황을 통제하여 인위적인 것으로 만들었기 때문이다. 만일 그 관계에 대한 이론적 모형이 정확한 것이라면, 그 모형은 광범위한 응용성을 가져야 하며, 그 모형을 유도해낸 상황과는 크게 다른 다양한 상황에서의 성과도 설명할 수 있어야 한다. 실제로 헤크트의 결과가 촉진시킨 시각시스템에 대한 근본적인 이해는 야맹증 치료와 X선 사진을 읽어내는 문제에 도움을 주었다(Leibowitz, 1996; Mook, 1982). 그리고 보다 극적인 사례는 이차세계대전 중 히틀러의 폭격기들의 야간공습에 대비하면서 독일 전투기와 교전할 태세를 갖추고 있는 영국 전투기 조종사들이 빨간색 특수 안경을 착용하였다는 사실이다(그렇게 함으로써 붉은 빛에 민감하지 않은 간상체가 암순응 상태를 유지할 수 있었다; Mook, 1982 참조). 희미한 붉은 빛을 판단하는 실험참가자로부터 런던의 위험한 하늘로의 비약은 헤크트의 실험실을 영국 전투기와 유사하게 만드는 재설계를 통해서가 아니라 이론을 통해서 이루어진 것이다.

헤크트 사례는 심리학 연구의 응용이 수십 년 전부터 진행되어왔다는 사실을 보여준다. 이차세계대전 중에도 다른 많은 응용들이 있었다. 예컨대, 전쟁이 발발하였을 때, 연합국 해군은 해군 병사들이 전투기와 전함이 우군인지 아니면 적군인지를 확인하는 데 너무나 느리다는 사실을 발견하였다(Joyce, 2010). 이들은 미국 오하이오 주립대학교 실험심리학자인 사무엘 렌셔(Samuel Renshaw)를 찾아가서 자신들이 사용하고 있는 WEFT(Wing 날개, Engine 엔진, Fuselage 동체, Tail 꼬리) 확인 시스템보다 신속한 총체적 확인 방식을 찾아낼 수 있는지를 알아내달라고 요청하였다. 렌셔는 실험실에서 보다 우수하다고 검증된 총체적 방식을 찾아냈다. 현장에서도 성공적이었으며, 렌셔는 수많은 목숨을 구한 공로를 인정받았다(Joyce, 2010).

심리학 이론의 응용

대부분 연구의 목적이 특정 환경에서의 사건을 예언하는 것이 아니라 이론을 개발하려는 것이며, 많은 연구결과는 특정 환경 상황에 대한 직접적인 적용이 아니라 이론을 통한 간접적인 방식으로 응용된다는 사실을 이해하였다면, 심리학에서 이론을 통한 응용을 얼마나 달성해왔는지를 묻는 것이 합당하겠다. 즉, 심리학 이론들은 일반성이라는 검증을 받아왔는가?

이 점에 있어서 우리는 그 기록이 분야에 따라서 한결같지 않다는 사실을 인정해야만 하겠다. 그러나 여기서 심리학의 다양성을 마음에 새겨두는 것이 현명한 일이다. 몇몇 연구영역은 거의 진전을 이루지 못한 것이 사실이다. 그러나 다른 영역들은 상당한 설명력과 예언력을 가지고 있는 원리들을 실험적으로 유도해낸 꽤나 인상적인 기록들을 가지고 있다.

고전적(파블로프식) 조건형성과 조작적 조건형성이라는 기초적인 행동원리를 보자. 이러한 원리 그리고 그 원리를 정교화 하는 법칙들이 전적으로 지극히 인위적인 실험상황에서 비둘기나 쥐와 같은 실험동물들을 대상으로 수행한 실험으로부터 개발되었다. 그러나 이러한 원리들은 몇 가지만을 예로 들자면, 자폐아 치료, 엄청난 양의 교수법, 알코올 중독과 비만 치료, 정신병원 입원환자 관리, 공포증 치료 등, 엄청나게 광범위한 인간 문제에 성공적으로 응용되어왔다.

이러한 응용을 유도해낸 원리는 정확하게 확인되었다. 실험실 연구는 수많은 기능적 행동관계들이 동시적으로 작동하는 자연 상황에서는 규정하기가 불가능한 환경자극과 행동 사이의 관계를 정확하게 규정할 수 있게 해주었기 때문이다. 인간이 아닌 동물을 연구대상으로 삼는 것에 대해서 보면, 많은 경우에 이들의 성과로부터 유도해낸 이론과 법칙들은 인간 행동에 대한 상당한 근사치를 제공해왔다(Vazire & Gosling, 2003). 인간을 연구해보면, 이들의 행동도 흔히 동물로부터 유도해낸 법칙과 매우 유사한 법칙을 따른다. 오늘날 이러한 발견에 놀랄 사람은 거의 없다. 이것은 인간 질병의 치료에서 이룩한 모든 의학적 진보가 동물연구에서 얻어낸 데이터의 적용을 수반한다는 것에 유추할 수 있다. 예컨대, 동물연구는 행동의학, 스트레스 감소, 심리치료, 부상자와 장애자의 재활, 기억에서 노화효과, 신경근육 장애를 극복하는 치료법, 태아 발달에 미치는 약물 효과, 교통안전, 그리고 만성 통증의 치료 등이 발달하는 데 공헌해왔다(Gosling, 2001 ; Kalat, 2007 ; Michaels, 2008 ; Zimbardo, 2004). 원숭이를 대상으로 수행한 최근 연구는 공포증과 불안장애의 뿌리를 이해하는 데 실질적인 진보를 이룩해왔다(Mineka & Zinbarg, 2006).

실제로 "이것은 실제 삶이 아니잖아요"의 주장은 동물연구 결과를 잘못 비하하는 데 사용되어왔는데, 많은 경우 정치적인 이유로 그렇게 비난하기 십상이었다. 예컨대, 흔히 공해 유발 회사의 로비스트들은 만일 암 유발물질의 위험성 평가가 동물연구에 근거한 것이라면 타당성을 인정할 수 없다고 주장한다. 그러나 1988년 한 연구팀이 수행한

23개 발암물질(벤젠, 석면 등)에 관한 연구에서, 동물연구에 근거하여 추정한 사망률이 인간을 대상으로 수행한 유전병학적 연구에서 얻은 추정치와 거의 근사하다는 사실이 밝혀졌다(Finkel, 1996).

지각과정을 연구하는 심리학자들은 인상적인 이론적 진보를 이룩해 왔으며, 이들이 유도해낸 법칙과 이론들은 레이더 모니터링, 교통 신호 등, 비행기 조종 장치 설계와 같은 다양한 문제에 응용되어왔다(Durso, Nickerson, Dumais, Lewandowsky, & Perfect, 2007 ; Swets, Dawes, & Monahan, 2000 ; Wickens, Lee, Liu, & Gordon-Becker, 2003). 오늘날 노화의 인지적 효과에 대해서 많은 사실들을 밝혀왔으며(Salthouse, 2012), 이렇게 새로운 지식은 인지적 손상을 입은 사람들을 도와줄 수 있는 시스템을 설계하려는 시도에 직접적인 함의를 갖는다(Schaie & Willis, 2010).

판단과 의사결정에 관한 심리학 연구는 의료 의사결정, 교육 의사결정, 경제 의사결정 등에 상당한 함의를 제공해왔다(Adler, 2009 ; Gigerenzer, Gaissmaier, Kruz-Milcke, Schwartz, & Woloshin, 2007 ; Kahneman, 2011 ; Stanovich, 2011 ; Tedlock, 2005 ; Thaler & Sunstein, 2008 ; Zweig, 2008). 스탠리 밀그램(Stanley Milgram)[3]의 유명한 권위에의 복종 연구는 군대의 장교 훈련학교에서 사용되었다(Blass, 2004 ; Cohen, 2008). 한 가지 흥미진진한 새로운 발전은 인지심리학자들이 사법제도에 관여하는 정도가 증가하고 있다는 점이

---

3) 밀그램(Stanley Milgram, 1933~1984)은 미국의 사회심리학자이다. 1961년 27세라는 젊은(어린?) 나이에 소위 밀그램 실험(Milgram experiment)이라고도 부르는 유명힌 권위에 대한 복종 실험을 수행해 임청난 사회적 파문을 일으켰다. 이자세계대전 중에 나치가 저지른 만행이 권위주의적 성격에 의한 것이 아니라 상황에 따른 것이라는 생각을 실험실에서 증명하였다. 지금이라면 연구 윤리의 문제로 이러한 실험은 아무리 학문적 중요성이 크다고 하더라도 수행할 수 없다. 밀그램 실험에 관심이 있는 독자라면 Lauren Slater(2004)의 Opening Skinner Box : Great psychological experiments of the twentieth century의 제2장을 읽어보기를 권한다. 영어책이어서 답답하다고요? 그러면 조증렬 교수가 번역한 『스키너의 심리상자 열기』(2005, 에코의 서재)를 읽어보라.

다. 사법제도에서 정보 수집, 증거 평가 그리고 의사결정에서 기억의 역할에 관한 문제가 인지이론의 적용가능성을 검증할 수 있는 기회를 제공하고 있다(Spellman & Busey, 2010 ; Wargo, 2011 ; Wells, Memon, & Penrod, 2006). 1980년대 중반 이후부터 읽기교육의 이론과 실제는 인지심리학에서 수행한 연구의 영향을 받아왔다(Hulme & Snowling, 2011 ; Pressley, 2005 ; Snowling & Hulme, 2005 ; Stanovich, 2000).

요컨대, 심리학은 수없이 많은 방식으로 "실제 삶"에 적용되어왔으나, 일반대중에게는 이 사실이 거의 알려져 있지 않다. 심리학자들은 사람들로 하여금 은퇴 후를 위하여 더 많이 저축하고 장기 기증을 증가시키는 방법들을 밝혀왔으며(Thaler & Sunstein, 2008), 사람들이 독감 예방주사를 맞도록 유도하는 방법을 찾아내고(Price, 2009), 에너지 사용을 줄이게 만드는 행동 프로그램들을 개발하였으며(Attari, DeKay, Davidson, & Bruine de Bruin, 2010 ; Todd, 2010), 스크린 독서를 촉진시키는 방법을 발견하였고 (Chamberlin, 2010), 정부가 세수를 늘릴 수 있도록 도움을 주었으며(Hill, 2010), 건강 비용을 감축하는 방법들을 찾아냈고(Deangelis, 2010), 아이들이 학교를 싫어하는 이유라고 하는 케케묵은 물음에 대한 답을 찾아냈으며 (Willingham, 2009), 유권자들이 투표소에 나타나는 비율을 증가시켰다 (Bryan, Walton, Rogers, & Dweck, 2011).

심리학자들은 재판과정에서 아동 증언의 위상(Bruck & Ceci, 2004) 그리고 아동 학대에 대한 "회복된" 기억의 타당성(Brainerd & Reyna, 2005 ; McNally & Geraerts, 2009 ; Moore & Zoellner, 2007)에 관한 사회적 논쟁을 판가름할 과학적 증거를 제공하는 데 있어서 중요한 역할을 담당해왔다. 인지심리학자 바버라 트버스키(Barbara Tversky)의 공간 인지 연구 그리고 그녀 연구의 부산물들은 컴퓨터 지도 생성기를 설계하고 DIY[4] 가구의 지시문을

---

[4] DIY란 Do It Yourself의 약자로 처음에 반제품 상태의 제품을 직접 조립하거나

작성하는 데 사용되어왔다(Benson, 2006b). 심리학의 잠재적 응용가능성은 주디 시(Judi See)의 경력이 잘 예시하고 있는데, 그녀는 지각심리학과 실험심리학을 전공하여 박사학위를 받은 후에 군대 문제에 심리학을 응용하는 일을 하고 있다. 다양하면서도 매혹적인 업무를 수행하면서 그녀는 글로벌 호크(Global Hawk)[5] 무인 비행기가 수행하는 공중 정찰의 질을 평가하였으며, 공군에서 사용하는 가스마스크에 안경을 삽입하는 것을 평가하였고, B-2 스피릿(B-2 Spirit)[6] 조종사들이 임무를 수행하는 동안 피로를 극복할 수 있도록 취침과 기상 시간을 조정하는 것을 도와주었으며, 이라크전쟁에서 사용한 휴대용 번역기의 사용을 평가하였고, 폭발장치를 해제시키는 데 신호탐지 이론(signal detection theory)[7]

제작하는 상품에서 출발했다. 미국에서는 1950년대부터 DIY 제품이 출시되었고, 우리나라에서는 1980년대부터 시작되었다. 지금은 광의적인 의미에서 자신이 원하는 물건을 직접 만드는 모든 활동을 의미하는 용어로 사용하고 있다.

[5] 글로벌 호크(Global Hawk)는 미 공군이 정찰기로 사용하는 무인 항공기로, 목표지점 상공에 오랫동안 체공하며 구름층이나 폭풍우에 관계없이 넓은 지역에 걸쳐 고해상도의 영상을 제공하는 것으로 알려져 있다. 가끔 텔레비전 뉴스 등을 통해서 그 모습을 볼 수 있다. 글로벌 호크는 미국 연방항공국(FAA)에 사전 신고하지 않고도 미국 영공의 민간 공로(空路)를 비행할 수 있도록 인증 받은 첫 번째 무인 항공기이다. 가격은? 최신형은 대당 8,000억원이라니 입이 저절로 벌어진다.

[6] B-2 스피릿(B-2 Spirit)은 미 공군이 사용하는 다목적 스텔스 폭격기이다. 1997년부터 운용하기 시작했으며 세계에서 가장 비싼 비행기로 알려져 있다. 스텔스 기능을 위한 특수 페인트가 외부 온도에 녹을 것을 우려해 에어컨디션 시스템이 완비된 특수 격납고에 보관한단다. 대당 가격이 세계에서 가장 비싼 비행기이기도 하다. 여자에게는 이것도 텔레비전 뉴스 시간에 가끔 보였던 것이 선부나.

[7] 신호탐지 이론(signal detection theory)은 태너와 스웨츠(Tanner & Swets, 1954)가 처음으로 정신물리학 이론으로 제시하였으며, 1966년에 그린과 스웨츠가 『신호탐지 이론과 정신물리학』(Signal detection theory and psychophysics)을 출간함으로써 널리 알려지게 되었다. 애매한 신호의 탐지가 신호에 대한 관찰자의 민감도와 반응 기준에 달려 있다는 이론이다. 오늘날 신호탐지 이론은 품질관리, 통신이론, 의학진단과 심리학 분야에서 다양하게 활용되고 있다. 이 이론에 관심이 있는 독자라면 이재식 교수가 번역한 『신호탐지론』(2010, 시그마프레스)을 참고하기

을 적용하였다(See, 2006).

심리과학회(Association for Psychological Science)는 누구나 심리학 지식의 실용적 응용에 관하여 많은 것들을 찾아볼 수 있는 웹사이트를 운영하고 있다. 그 웹사이트는 "We're Only Human"(우리는 인간일 뿐이다)라고 부르며, 레이 허버트가 심리학 연구의 많은 응용 내용들을 집필하고 있다(http://www.psychologicalscience.org/onlyhuman/ 참조). 잡지인 *Scientific American Mind*도 심리학의 많은 응용 내용들을 담고 있다.[8]

"대학 2년생" 문제

심리학 연구결과의 "대표성"을 문제 삼는 많은 사람들의 관심사는 실험설계의 복잡성보다는 연구에 참가한 실험참가자에 초점을 맞추고 있다. 이제 우리는 때때로 **대학 2년생 문제**(college sophomore problem)[9]라고 부르는 문제에 직면하고 있다. 즉, 대학 2년생들이 엄청나게 많은 심리학 연구의 실험참가자이며, 따라서 결과의 일반성이 의심받는 문제

바란다.

[8] 한국심리학회 홈페이지(http://www.koreanpsychology.or.kr)에 접속해보면, 심리과학회 웹사이트만큼은 아니지만, 심리학에 관한 다양한 정보를 찾아볼 수 있다. 심리학 공부를 이제 막 시작하는 학생이라면, "진학 및 취업정보"나 "심리학 세상"을 뒤져보기를 권한다.

[9] 미국 대학의 심리학 실험실에서 수행하는 대부분의 기초연구는 대학 2년생들을 실험참가자로 사용한다. 전공에 관계없이 심리학개론 강의를 수강하는 2학년생들이 수강생의 의무로 실험에 참가하는 것이다. 따라서 의도적이든 아니면 무지에 의한 것이든 심리학 연구를 비난하려는 속셈을 가지고 있는 사람들은 그 결과가 "대학 2년생 심리학"(sophomore psychology)이지 "사람 일반의 심리학"이 아니라고 비난하려고 한다. 우리나라의 경우에는 교양과목으로 심리학을 수강하는 1학년생들이 주로 심리학 실험에 참가한다. 따라서 우리식으로 표현한다면 "대학 1년생 심리학"(freshman psychology)의 논쟁이 되겠다.

말이다. 심리학자들이 대학 2년생 문제에 관심을 기울이는 까닭은 특정 연구영역에서는 이것이 정말로 문제가 되기 때문이다. 그렇기는 하지만, 문제의 진상을 올바르게 고찰하고 심리학자들이 이러한 비판에 대해서 여러 가지 합리적 반응을 내놓았다는 사실을 이해하는 것이 중요하다. 여기 다음과 같은 세 가지 반응이 있다.

1. 대학 2년생 비판은 결과를 **무력화**시키는 것이 아니라 단지 이론의 일반성을 평가하도록 해주는 **보다 많은** 결과를 요구하는 것이다. 다른 연구 집단이 얻은 상반된 데이터에 의해서 필연적으로 이론의 조정이 정확하게 이루어질 수 있는 것은 우리가 이미 대학 2년생의 데이터를 가지고 있기 때문에 가능한 것이다. 반복검증의 실패라는 최악의 경우는 대학 2년생 데이터에 근거하여 개발한 이론이 필연적으로 틀린 것을 의미하는 것이 아니라 단지 불완전하다는 사실을 의미하는 것이다.
2. 심리학의 많은 영역에서는 이러한 비판이 문제가 되지도 않는다. 연구 주제가 되는 심적 과정이 너무나 기본적인 것이어서(예컨대, 시각시스템) 그 과정의 근본적인 체제화가 실험참가자 표집의 인구학적 특성에 의존한다고 믿는 사람은 없기 때문이다. 몬태나에 살고 있는 사람의 기본적인 정보처리 과정, 두뇌의 기능적 체제화, 그리고 시각시스템의 본질은 플로리다(아니면 어느 지역이어도 무방하다)에 사는 사람들의 것과 아주 유사한 경향이 있다. 이에 덧붙여서 인간의 이러한 특징들은 부모가 땜장이인지 재단사인지 아니면 교수인지와는 아무 관계도 없다.
3. 결과의 반복검증은 상당한 정도로 지역적 일반성을 보장하며, 정도는 낮지만 사회경제적 요인, 가족 변인, 조기 교육 경험 등에 걸친 일반성을 보장한다. 실험에 참가한 대학생 표집이 극도의 엘리트 집단을 대표할 수도 있었던 50년 전에 수행한 연구들과는 달리, 오늘날

연구는 다양한 배경을 가지고 있는 전집인 종합대학교에서 주로 이루어지고 있다.

그렇기는 하지만 심리학의 특정 영역에서는 대학 2년생 문제가 정말로 심각한 문제라는 사실을 인정하지 않는다면 그것은 직무유기에 해당한다. 심리학자들은 이 문제를 해결하는 데 상당한 노력을 기울이고 있다. 예컨대, 발달심리학자들은 거의 생래적으로 이 문제에 관심을 기울이고 있다. 매년 이 분야에 관여하는 수많은 연구자들이 대학생 실험참가자들을 대상으로 수행한 연구들로부터 얻어낸 많은 결과와 이론들을 검증하기 위하여 상이한 연령의 실험참가자들을 대상으로 동일한 연구를 수행하고 있다.

상이한 연령의 실험참가자 집단에서 얻은 결과들이 대학생들로부터 얻은 결과를 항상 반복하는 것은 아니다. 만일 결과가 항상 반복된다면 발달심리학은 정말로 지겨운 분야가 될 것이다. 그렇기는 하지만 상당수의 심리학자들이 심리학 이론에 연령이라는 성분을 첨가하고, 연령 변인의 중요성을 증명하며, 심리학이 대학생들로부터 얻어낸 얄팍한 데이터베이스에 근거를 두는 거대한 이론적 상위구조로 종료되지 않는다는 사실을 확신시키고자 바쁘게 활동하고 있다.

또한 발달심리학자들은 북미 아동들만을 대상으로 수행한 연구들이 밝혀놓은 발달과정의 일반성을 검증하기 위하여 비교문화 연구도 수행한다. 다양한 문화에 걸친 문화 간 비교들이 유사한 경향성을 보여준 많은 사례들이 있지만(예컨대, Demetriou et al., 2005 ; McBride-Chang & Kail, 2002), 비교문화 연구가 미국 대학 2년생이 보여주는 경향성을 항상 반복하는 것은 아니다(예컨대, Buchtel & Norenzayan, 2009 ; Henrich, Heine, & Norenzayan, 2010). 그러나 이러한 불일치가 일어날 때, 그 불일치는 이론과 결과의 맥락

의존성에 관하여 중요한 정보를 제공해준다(Buchtel & Norenzayan, 2009; Henrich et al., 2010; Medin & Atran, 2004).

앞에서 언급한 바와 같이, 인지심리학의 연구결과들은 반복 가능성이라는 기본 검증을 만족시켜왔다. 정보처리에 관한 많은 기본 법칙들이 전 세계에 퍼져 있는 수많은 실험실에서 반복 검증되었다. 일반대중들이 깨닫고 있지 못하기 십상인 사실은 만일 미시건 대학교의 심리학자가 정말로 중요한 결과를 얻었다면, 스탠포드, 미네소타, 오하이오, 캠브리지, 예일, 토론토 등 이루 열거할 수도 없을 만큼 많은 대학의 심리학자들이 거의 즉각적으로 유사한 실험을 시도하게 된다는 점이다. 이러한 검증을 통해서 그 결과가 미시건 참가자들의 독특성 때문인지 아니면 연구의 실험 설계에 근거한 것인지를 신속하게 알게 되는 것이다.

대학 2년생 문제와 비대표성이라는 비판은 흔히 사회심리학을 표적으로 삼고 있다. 사회심리학은 사회 상호작용, 집단행동, 그리고 사회상황에서의 정보처리에 관한 이론을 발달시키려는 실험 패러다임에서 대학생 실험참가자들을 자주 사용한다(Myers, 2006). 그러나 비판이 가장 잘 적용될 것처럼 보이는 사회심리학 영역에서조차도 많은 증거들은 실험실에서 얻은 관계와 이론들이 실제로 상이한 유형의 사람들을 포함하는 다양한 상황에서의 행동을 예측할 수 있다는 사실을 보여주어 왔다.

예컨대, 오래 전에 미국 위스콘신 대학교 심리학자 레너드 버코비츠(Leonard Berkowitz)는 소위 무기효과(weapons effect), 즉 한 사람의 주위에 단지 무기가 존재한다는 사실이 공격반응의 확률을 증가시킨다는 사실을 입증하였다. 이 결과는 실험실에서 얻은 것이며, 비대표적 상황의 완벽한 사례이다. 이 결과는 인위적 상황의 산물이기 때문에 기만적인 것이라는 강력한 비판을 받아왔다. 그러나 이 결과는 다양한 공격성 측정치를 사용한 실험에서 반복되었으며, 미국뿐만 아니라 유럽에서도 얻어졌고, 어른뿐만 아니라 아동에서도 발견되었으며, 실험실뿐만 아니라 실험참가자들이 실험의 한 부분이라는 사실을 모르는 현장연구에서도 나타났다(Berkowitz & Donnerstein, 1982). 심지어 연구자들은 무기효과 뒤에 숨어 있는 인지 기제를 분리해내기도 하였다. 그것은 바로 의미기억에서 일어나는 자동점화(automatic priming)[10] 과정인 것이다(Meier, Robinson, & Wilkowski, 2007 ; Wilkowski & Robinson 참조).

인지심리학자, 사회심리학자, 임상심리학자들도 인간의 다양한 의사결정 책략들을 연구하여왔다. 이러한 영역에서 대부분의 연구들은 실험실에서 대학생 실험참가자들을 대상으로 지극히 인위적인 과제를 사용하였다. 그러나 이러한 연구들이 유도해낸 의사결정 행동 원리들은 실험실이 아닌 다양한 상황에서도 관찰되었다. 여기에는 은행가들의 주가 예측, 실제 카지노에서 돈을 거는 행동, 환자 행동에 대한 정신과 의사의 예측, 경제 시장, 군사정보 분석, NFL 미식축구 경기에 돈을 거는 행동, 엔지니어의 수리시간 추정, 부동산업자의 주택 가격 추정,

---

10) 의미기억(semantic memory)이란 개인 경험과는 독립적으로 존재하는 세상지식에 해당하는 정보를 담고 있는 기억을 지칭한다. 예컨대, "우리나라의 초대 대통령은 이승만이다"라든가 "참새는 새이고 동물이며 생물이다" 등의 지식을 담고 있는 기억이다. 반면에 "오늘 아침식사 때 먹은 것"과 같이 개인의 시공간 경험에 관한 정보를 담고 있는 기억을 일화기억(episodic memory)이라고 부른다. 기억 속의 정보들은 제멋대로 들어가 있는 것이 아니라 복잡하고 다차원적이며 효율적인 방식으로 체제화 되어 있다는 심리학 증거가 누적되어 왔는데, 대표적인 증거 중의 하나가 바로 점화(priming) 현상이다. 의미적이거나 지각적으로 밀접하게 관련된 두 입력을 연속적으로 처리할 때, 먼저 제시한 입력의 처리가 나중에 제시하는 입력의 처리를 촉진한다(때로는 억제한다). 예컨대, "병원"이라는 단어를 먼저 제시하고 나서 "의사"라는 단어를 읽는 데 걸리는 시간은 "의사"만을 제시하는 경우보다 빠르다. 그 이유는 "병원"이 "의사"의 처리를 촉진시키기 때문이다. 그런데 이러한 촉진은 의도적이거나 의식적으로 이루어지는 것이 아니라 자동적으로 일어나기 때문에 자동점화(automatic priming)라고 부르는 것이다.

기업의 의사결정, 그리고 의사들의 진단 등이 포함되며, 오늘날에는 개인의 재테크 상담이라는 매우 현실적인 영역에서도 이 원리들을 적용하고 있다(Adler, 2009 ; Ariely, 2008 ; Hilton, 2003 ; Kahneman, 2011 ; Stanovich, 2009 ; Thaler & Sunstein, 2008 ; Zweig, 2008).

번바움(M. H. Birnbaum, 1999, 2004)은 인터넷이 대학 2년생 문제에 대처하는 방법을 심리학에 제공해준다는 사실을 입증해왔다. 그는 실험실에서 일련의 의사결정 실험을 수행하였으며 인터넷을 통하여 실험참가자들을 모집하고 수행하는 인터넷 실험도 수행하였다. 인터넷 표본은 44개 국가에서 1,224명의 참가자들로 구성할 만큼 실험실 표본과는 비교할 수 없을 정도로 다양한 사람들로 구성하였음에도 불구하고, 실험실 결과는 모두 인터넷 표본에서도 반복검증 되었다(Jaffe, 2005 ; Skitka & Sargis, 2006). 고슬링 등(Gosling, Simine, Srivastava, & John, 2004)은 대규모의 인터넷 참가자 표본(361,703명)을 연구한 다음에 저널에 발표되어 있는 연구에서 510개의 전통적 표본이 포함하고 있는 참가자들과 비교하였다. 예상할 수 있는 바와 같이, 인터넷 표본이 성별, 사회경제적 지위, 지리적 분포, 그리고 연령 등의 측면에서 훨씬 다양하였다. 무엇보다도 중요한 사실은, 전통적인 방법을 사용하든 인터넷을 이용하든지 간에, 성격 이론 등과 같은 많은 심리학 영역에서의 결과들이 유사하였다는 점이다.

물론 모든 심리학 연구결과들이 반복검증 되는 것은 아니다. 오히려 반복검증 실패가 일어나며, 이러한 실패는 확증보다도 더 많은 정보를 제공하는 경우가 낳다. 그렇지만 인지심리학에서 반복검증 실패가 참가자들의 독특성 때문인 경우는 극히 드물다. 대부분의 실패는 실험자극과 방법의 미묘한 차이에 의한 것이다. 한 현상을 증명하기 위하여 어떤 실험조건들이 필요한 것인지를 면밀하게 살펴봄으로써, 과학자들은 그 현상을 보다 정확하게 이해하게 되며 그 현상의 발생에 관한 보다 정확한 이론의 초석을 다지게 되는 것이다.

 반복검증 실패가 때때로 발생한다면 심리학 연구결과를 어떻게 응용할 수 있는 것인가? 지식과 이론들이 확실하게 확립되지 않았으며 모든 세부사항들에 관하여 심리학자들 사이에 완벽한 합의가 이루어지지 않았다면 어떻게 그 응용을 정당화할 수 있는 것인가? 유독 심리학 연구결과의 응용에 관한 걱정과 불만이 팽배해 있는 까닭은 다른 과학에서의 연구결과와 이론들이 확고하게 정립되기 전부터 응용되고 있다는 사실을 사람들이 깨닫지 못하고 있기 때문이다. 물론 제2장의 내용이 모든 과학 이론들은 개정될 준비가 되어 있다는 사실을 확실하게 보여주었어야만 한다. 만일 우리가 **절대적으로** 확신할 수 있는 지식을 가지고 있어야만 비로소 과학 연구의 결과를 응용할 수 있다면, 어떤 응용도 결코 가능하지 않을 것이다. 모든 분야의 응용과학자들은 가용한 정보 중에서 가장 정확한 정보를 사용하고자 최선의 노력을 기울이지만, 그와 동시에 그 정보는 틀린 것일 수 있다는 사실을 깨닫고 있는 것이다.

 과학자가 아닌 많은 사람들은 의학이 심리학에 비해서 훨씬 더 과학적이라고 생각한다. 그렇지만 의료 활동에서의 불확실성은 심리학의 경우보다 크다. 예컨대, 의학에서 치료와 관련된 핵심적인 연구결과들은 심리학 못지않게 반복검증에서 실패하며(Lehrer, 2010), 진단은 질병보다는 의사의 관점에 달려 있기 십상이고(Welch, Schwartz, & Woloshin, 2012), 새로운 테크놀로지는 치료율을 증가시키지도 않는 과잉치료를 초래하는 경우가 많다(Saul, 2010). 심리학 지식은 확률적이며 불확실하다. 그렇지만 거의 모든 다른 생물사회과학에서도 마찬가지이다.

실제 삶 문제와 대학 2년생 문제의 재조망

이 장에서 여러 가지 논제들을 제기하였기에, 다루었던 것과 다루지 않은 것을 명백하게 구분해두는 것이 중요하겠다. 우리는 심리학 연구의 인위성에 대한 빈번한 불평이 심리학에 대한 기본적 오해뿐만 아니라 모든 과학을 주도하는 기본 원리에 대한 오해에서 유래한다는 사실을 예증하였다. 인위적 조건은 실험연구의 단점이 아니다. 변인들을 들추어 분리해내기 위하여 **의도적으로** 만들어낸 것이다.

또한 심리학자들이 자신의 연구에서 항상 무선 표본을 사용하는 것이 아닌 이유에 관해 사람들이 그럴 듯한 우려를 표명하는 원인이 무엇인지, 그리고 왜 그러한 염려는 일반적으로 근거가 없는 것인지를 살펴보았다. 마지막으로 우리는 지극히 합당한 우려의 관심사인 대학 2년생 문제가 흔히 비판자들, 특히 심리학에서 수행하는 연구 활동의 전체 영역과 다양한 유형의 연구에 익숙하지 않은 사람들에 의해서 과대 포장된다는 사실을 보았다.

그렇지만 심리학자들은 자신의 결론이 특정한 방법이나 실험참가자 전집에 지나치게 의존하는 것이 아닌지에 대하여 항상 신경을 써야만 한다. 다음 장은 바로 이 문제를 다룬다. 실제로 심리학의 몇몇 영역은 대학 2년생 문제로 어려움을 겪고 있다(Jaffe, 2005). 대학 2년생 문제의 해독제라고 할 수 있는 비교문화심리학은 아직 연구가 상당히 지지부진한 분야이다. 그러나 낙관해도 좋을 만한 이유가 있다. 심리학자들은 자기비판에 상당한 가치를 부여하고 있기 때문이다(제12장 참조 ; Baumeister, Vohs, & Funder, 2007 ; Funder, 2009 ; Lilienfeld, 2010, 2012 ; Mischel, 2008 ; Peterson, 2009 ; Rozin, 2006, 2007, 2009 ; Simmons, Nelson, & Simonsohn, 2011). 심리학자들에게 방법상에 하자가 있다고 경고하며 대학 2년생 문제를 지적하는 많은 논문들이 심리학 관련 잡지에 게재되지 않고 지나가는 해는 한 번도 없다. 대학 2년생 문제는 심리학 내에서 중요한 논제가 되어왔으며, 이 문제를 자각하고 있지 않은 심리학자는 없다. 따라서 이 논제를 무시해서는 안 되지만, 진상을 올바르게 파악하기도 해야만 한다.

요약

어떤 심리학 연구는 그 결과를 특정 상황과 직접 관련시키려는 목적을 가지고 있는 응용연구이다. 보간법의 방식으로 결과를 자연 상황에 직접적으로 대응시키려는 의도를 가지고 있는 응용연구에서는 표집의 무선성 그리고 연구조건의 대표성이라는 문제가 중요하다. 연구의 결과를 직접적으로 적용할 것이기 때문이다. 그러나 많은 심리학 연구들은 이러한 유형의 연구가 아니다. 행동에 영향을 미치는 기저 기제들에 대한 이론을 검증하도록 설계한 기초연구인 것이다. 대부분의 기초연구에서는 결과들을 이론의 수정을 통해서 간접적으로만 응용하게 되는데, 이론은 언제인지는 모르지만 장차 현실적인 문제에 적용할 가능성을 가지고 있다. 이러한 유형의 기초연구에서는 실험참가자의 무선 표집과 상황의 대표성이 문제가 되지 않는다. 이론의 보편적 예언을 검증하는 데 중점을 두기 때문이다. 실제로 이론 검증을 위한 기초연구에서는 인위적 상황을 의도적으로 만들어낸다. (앞선 장들에서 기술한 바와 같이) 검증해야 할 결정적 변인을 분리해내고 가외변인들을 통제하는 데 도움이 되기 때문이다. 따라서 심리학 실험이 "실제 삶과 같지 않다"는 사실은 약점이 아니라 장점이 되는 것이다.

8

아인슈타인 증후군 극복하기
수렴적 증거의 중요성

"생물학 실험이 생명의 열쇠를 밝히다", "마음 통제의 새로운 획기적 돌파구", "캘리포니아 과학자가 우주창생의 날 일어났던 사건을 밝혀내다." 보는 바와 같이 대중매체의 "획기적 돌파구"라는 표제 제목을 풍자적으로 개작하는 것은 어려운 일이 아니다. 이러한 기사 제목이 대부분 무책임한 대중매체로부터 쏟아져 나오기 때문에, 이러한 기사는 의심의 눈을 가지고 보아야 한다고 많은 과학자들이 충고한다고 해서 놀라울 것이 없다. 이 장의 목표는 과학 진보에 관한 보고를 평가할 때 과대포장으로 인하여 엉터리 정보가 확산되는 것을 경고하거나 그 정보의 출처를 따져보아야만 한다는 사실을 주지시키려는 것만이 아니다. 이 장에서는 과학의 진행과정에 대해서 앞선 여러 장에서 제시하였던 것보다 더 복잡한 견해도 제안하고자 한다. 제1장에서 소개하였던 체계적 경험주의와 공개적 지식이라는 생각을 정교화시킴으로써 이 작업을 수행하고자 한다.

대중매체의 "획기적 발견"이라는 머리기사는 여러 가지 점에서 심리학과 많은 과학 분야의 이해를 흐리게 만든다. "획기적 발견" 머리기사가 초래하는 한 가지 특기할 만한 오해는 단 하나의 결정적 실험이 문젯거리를 완벽하게 해결함으로써 과학의 모든 문제가 해결된다거나 아니면 이론적 진보는 과거의 모든 지식을 뒤엎어버리는 단 하나의 결정적 통찰에 의해서 이루어진다고 착각하게 만드는 것이다. 과학발전에 대한 이러한 견해는 대중매체와 인터넷의 활동과 멋지게 어우러진다. 이들은 개별적이고 단절된 사건들을 아주 작은 단위로 쪼개서 제시함으로써 역사를 규명하려고 시도한다. 이것은 또한 할리우드식 오락산업에서도 안성맞춤이다. 오락산업에서는 모든 사건들이 시작된 후에는 모호한 것이 모두 해결되는 만족할 만한 결말을 가지고 있어야만 한다. 그러나 이것은 과학 진보에 있어서는 조잡하기 짝이 없는 풍자만화에 불과할 뿐이며, 만일 너무 심각하게 받아들인다면 과학 진보에 대한 오해를 야기할 수 있으며, 주어진 문제와 관련된 과학 지식의 한계를 평가하는 능력을 손상시키게 된다. 이 장에서는 "획기적 발견" 모형보다 훨씬 정확하게 과학 진보를 기술하는 과학의 두 가지 원리, 즉 연계성 원리와 수렴적 증거 원리를 논의한다.

연계성 원리

모든 과학 진보에서 "위대한 도약"이나 "결정적 실험" 모형의 타당성을 부정한다고 해서 그러한 결정적 실험이나 이론적 진보가 결코 일어나지 않는다고 주장하려는 것은 분명히 아니다. 그와는 정반대로 과학의 역사에서 몇몇 유명한 사례들은 그러한 출현을 보여주고 있다. 앨버트 아인슈타인이 제기한 상대성 이론의 발달이야말로 지금까지 가장 잘 알려진 사례이다. 이 이론은 일련의 획기적인 이론적 통찰에 근거하여 시간, 공간, 물질과 같은 근본적 개념에 대한 재개념화를 이룩하였다.

그런데 아인슈타인 업적의 기념비적인 특성이 바로 그 업적을 일반대중의 마음속에 과학발전의 주도적 모형으로 자리 잡게 만들고 말았다. 이러한 주도성은 대중매체가 대부분의 뉴스사건을 보도할 때 사용하는 암묵적인 "스크립트"와 잘 맞아떨어진다는 사실로 인해서 불멸의 것이 되어버렸다. 아마도 인류사에서 다른 어떤 아이디어보다도 상대성 이론에 관해서 가장 많은 황당무계한 글들을 써댔을 것이다(아인슈타인은 "모든 것은 상대적이다"를 증명한 것이 결코 아니다). 물론 지금 우리의 목표는 이러한 착각들을 다루려는 것이 아니다. 그렇기는 하지만 나중에 우리가 심리학에서의 이론 평가를 논의할 때 실마리를 제공해주는 한 가지 착각이 있다.

아인슈타인 이론 속에 포함된 물리적 우주에 관한 아이디어들의 재개념화는 지극히 근원적인 것이어서, 대중적인 글에서는 흔히 이 이론을 예술에서의 개념적 변화(삼류시인이 재평가되어 천재의 지위로 떠오른다든가, 한 예술학파가 해체를 선언하는 것 등과 같은 개념적 변화)와 유사한 것처럼 논의하기 십상이다. 이러한 제안은 예술과 과학에 있어서 개념적 변화의 근본적 차이를 무시하는 것이다.

과학에서의 개념적 변화는 예술에는 결여되어 있거나 혹 있다고 하더라도 상당히 약화되어 있는 **연계성 원리**(connectivity principle)를 따른다(Bronowski, 1977 ; Haack, 2007 참조). 즉, 과학에서 새로운 이론은 이전에 확립한 경험적 사실들과 연결되어야만 한다. 새 이론을 진보로 간주하기 위해서는 새로운 사실뿐만 아니라 예전의 사실들도 설명할 수 있어야만 한다. 새 이론이 예전의 사실들을 기존 이론과는 전혀 상이한 방식으로 설명하게 되겠지만, 아무튼 설명하지 않으면 안 된다. 이러한 요구조건이 과학의 누진적 진보를 보장한다. 만일 설명할 수 있는 영역이 확장되지 않는다면, 진정한 진보란 일어날 수 없는 것이다. 새 이론이 몇몇 새로운 사실들은 설명하지만 많은 기존 사실들을 설명할 수 없다면, 기존 이론들을 넘어선 완전한 진보라고 간주할 수 없으며, 따라서 즉각적으로 기존 이론들을 대체할 수도 없다.

아인슈타인 이론에서 놀랄 만한 재개념화('움직이는 시계는 느리게 간다', '질량은 속도와 함께 증가한다' 등)에도 불구하고, 그 재개념화는 연계성 원리를 준수하고 있다. 아인슈타인 이론이 뉴턴 역학을 낡은 것으로 만든다고 해서 뉴턴의 생각이 기초하였던 운동에 관한 사실을 부정하거나 무의미한 것으로 만드는 것은 아니다. 이와는 반대로 느린 속도에서는 두 이론이 본질적으로 동일한 예측을 한다. 아인슈타인의 개념화가 우수한 까닭은 뉴턴 역학이 다룰 수 없는 광범위하고 다양하며 새로우면서도 때로는 기이한 현상들도 설명할 수 있기 때문이다. 따라서 과학사에서 가장 놀라우면서도 근원적인 재개념화라고 할 수 있는 아인슈타인 이론조차도 연계성 원리를 고수하고 있는 것이다.

소비자 규칙 : 연계성 원리의 위반에 유념하라

과학 진보에 대한 "획기적 발전" 모형은 새로운 발견이 연계성 원리를 위반한다는 점을 함축함으로써 사람들을 혼란에 빠뜨린다. 우리는 이러한 모형을 **아인슈타인 증후군**(Einstein syndrome)이라고 부르기로 한다. 이러한 혼란이 위험한 이유는 연계성 원리를 포기할 때 엉터리 이론들을 조달하는 사기꾼들이 최대 수혜자가 된다는 사실에 있다. 이러한 엉터리 이론들은 깜짝 놀랄 만큼 새로운 것이라고 주장함으로써 부분적으로 호소력을 갖고 상당한 대중성을 갖게 된다. "결국 당시의 상대성 이론도 새로운 것이지 않았습니까!"라는 진술이 새롭다는 사실 자체를 장점으로 정당화하는 데 일반적으로 사용하는 술책이다. 물론 사이비과학자들에게는 자신들이 속해 있다고 주장하는 분야에서 과거에 누적된 데이터들이 이러한 정당화의 중요 장해물로 보일 수도 있다. 그러나 실제로는 사이비과학자들이 이러한 장해물을 제거하는 데 사용할 수 있는 두 가지 강력한 전략이 있기 때문에, 이것은 단지 소소한 불편거리일 뿐이다. 우리가 이미 논의하였던(제2장 참조) 한 가지 전략은 이론을 반증 불가능한 것으로 만들어서 이전의 데이터를 설명하는 것처럼 보이게 하는 것이다. 물론 그렇게 만듦으로써 그 이론은 쓸모없는 것이 되고 만다.

두 번째 전략은 기존 데이터를 관련이 없는 것이라고 천명함으로써 빠져나가는 방법이다. 이것은 일반적으로 새로운 이론이 얼마나 급진적인 입장을 나타내는 것인지를 강조함으로써 달성된다. "실재에 대한 새로운 개념화", "근원적으로 새로운 출발점" 등과 같은 표현들이 자주 사용된다. 그러나 진짜 날랜 속임수는 다음 단계에서 나타난다. 새로운 이론은 급진적인 것이기 때문에 다른 이론들을 검증하는 과정에서 얻은 실험증거들과는 관련이 없다고 천명한다. 단지 새로운 이론의 틀 속에서 개념화할 수 있는 데이터만을 고려해야 한다는 것이다. 여기서 연계성 원리는 명백하게 무너지고 만다. 그 이론은 지극히 새로운 것이어서 검증에 필요한 데이터도 아직 존재하지 않는다고 말한다. 어쩌, 이제는 알만하지 않는가? 사이비과학이 성장하기에 충분한 환경이 아니겠는가? 과거의 "부관한" 데이터는 사라져버리고 새로운 관련 데이터는 아직 존재하지도 않는다. 이러한 사기행각이 쉽게 벌어지는 까닭은 아인슈타인 증후군이 연계성 원리를 흐리게 만들기 때문인데, 연계성 원리의 중요성을 아인슈타인 이론 자체가 예시하고 있다는 사실은 역설적이기만 한다.

철학자 마이클 루즈(Michael Ruse, 1999)는 연계성 원리를 사용하면서 만일 진화론이 다른 과학과 필수적인 연계성을 보이지 못한다면 진화의 생각을 포기하겠다던 다윈 자신의 사례를 예증하고 있다. 이 사례는 자신의 자연선택 이론과 어울리는 유전 기제에 대한 다윈의 탐색에 관한 것이다. 다윈은 소위 범생설(pangenesis)을 만들어내고자 시도하였다. 이 이론에서는 "신체의 다른 부분들로부터 떨어져 나온 작은 무성체(gemmule)들이 신체를 돌아다니다가 결국에는 성기에 모이게 되고, 여기서 다음 세대를 시작할 준비를 하는 것이다"(64쪽). 한 가지 문제점은 이 이론이 세포 이론과 일치하지 않는다는 것이었다. 둘째, 다윈은 무성체들이 이동하는 방식을 설명할 수 없었다. 수혈 실험은 이미 무성체가 혈액을 통해서는 이동할 수 없다는 사실을 증명하였기 때문이었다. 범생론은 생물학의 다른 분야와 일치하지 않는다는 이러저러한 이유로 인해서 과학에서 사라지고 말았다.

이것은 심리학에서도 마찬가지이다. 심리학에서 고전적 조건형성과 조작적 조건형성의 존재를 부정하는 새로운 이론은 결코 발달할 수 없다. 행동과학에서 알려져 있는 것들과 연계되지 않기 때문이다. 제6장에서 논의하였던 촉진적 의사소통을 회상해보기 바란다. 자폐증 언어장애의 치료법으로 의심받았던 이유는 연계성 원리를 위배하기 때문이었다. 만일 그 치료법이 작동하는 것이라면, 신경학과 유전학 그리고 인지심리학과 같이 다양한 분야의 기본 지식들을 무력화시킬 수밖에 없다. 이렇듯 허구적인 치료법은 다른 과학과의 연계성을 보이지 않는다.

심리학의 한 가지 사례를 보도록 하자. 극단적인 난독증을 보이는 아동의 문제를 개선시키는 두 치료법을 개발하였다고 상상해보라. 어느 치료법의 경우에도 그 효율성에 관한 직접적인 경험적 검증을 수행한 적이 없었다. 치료법 A는 음운 수준에서 언어의 분절적 본질을 자각하도록 촉진시키는 훈련 프로그램이다. 치료법 B는 눈을 가린 채 평균대 위에서 걷도록 함으로써 전정기관의 민감도를 훈련시키는 프로그램이다. 두 치료법 A와 B는 한 가지 측면에서 등가적이다. 즉, 어느 것도 효율성에 관한 직접적인 경험적 검증을 가지고 있지 않으며, 이 사실은 두 치료법 모두의 취약점을 나타내는 것이다. 그렇지만 연계성 원리에 이르게 되면 한 치료법이 우위에 서게 된다. 치료법 A는 연구문헌에서 난독증 아동이 장애를 보이는 까닭은 언어의 분절 구조에 대한 자각이 충분히 발달하지 않았기 때문이라는 광범위한 합의와 연계되어 있다 (Snowling & Hulme, 2005 ; Wagner & Kantor, 2010). 치료법 B는 어느 것이든 대응하는 연구문헌의 합의점과 연계되어 있지 않다. 연계성에서의 이러한 차이는 치료법 A가 더 좋은 선택임을 알려준다. 비록 어느 것도 직접적으로 검증한 적이 없지만 말이다.

"위대한 도약" 모형 대 점진적 종합 모형

아인슈타인적인 혁명을 과학의 전형으로 간주하려는 경향성은 과학의 모든 진보가 거대한 도약을 통해서 일어난다고 생각하도록 유혹한다. 문제는 일반대중이 이러한 사례들을 모든 과학 진보가 일어나는 방식으로 일반화하려는 경향을 가지고 있다는 데 있다. 실제로 과학의 많은 분야들은 단 하나의 급작스러운 획기적 발전에 의해서 진보하는 것이 아니라, 쉽게 특징짓거나 구분되지 않는 일련의 간헐적인 사건들에 의해서 이루어지는 것이다.

과학연구에는 대부분의 일반대중이 깨닫지 못하는 모호성이 존재한다. 실험이 한 이론을 지지하면서 다른 모든 이론들을 배제시킴으로써 주어진 문제를 완벽하게 결정짓는 경우는 거의 없다. 새로운 이론이 이전의 모든 경쟁적인 개념화보다 명백하게 우월한 경우도 거의 없다. 과학을 주제로 하는 영화가 함축하는 것처럼 결정적 실험이 문제에 대한 답을 결정하는 것이 아니라, 대부분의 경우에는 압도적인 증거들이 하나의 대안적 이론을 지지하고 있다고 과학자들이 점진적으로 동의하기 시작할 때 그 답이 결정되는 것이다. 과학자들이 평가하는 증거는 최종적으로 완벽하게 설계된 단 하나의 실험에서 얻어낸 데이터가 아니다. 실제로 과학자들은 문자 그대로 수십 편의 실험에서 얻어낸 데이터들을 평가해야만 하며, 각 실험은 단점도 가지고 있지만 또한 부분적인 답도 제공한다. 그런데 과학 진보에 대한 이러한 대안적 모형, 즉 점진적 종합 모형은 빛을 잃어왔다. 아인슈타인 증후군이 일반대중 속에 모든 과학을 물리학에 비추어서 생각하려는 경향성을 생성하고 말았기 때문이다. 아마도 과학 진보에 있어서 "위대한 도약" 모형을 가장 잘 적용할 수 있는 분야가 물리학이겠다.

지난 세기에 일어난 유전학과 분자생물학의 급속한 진보를 생각해보자. 이러한 진보는 아인슈타인과 같은 거인이 적시에 등장해서는 모든 것을 정리하였기 때문에 일어난 것이 아니다. 오히려 수많은 실험에 근거한 다양한 통찰들이 생물학의 현대적 종합에 공헌한 것이다. 이러한 진보는 한 가지 결정적인 개념적 혁신을 즉각적으로 인식하였기 때문에 일어난 것이 아니라 부분적으로 지지받는 여러 대안적 설명들과 오랫동안 씨름함으로써 일어난 것이다. 유전자가 단백질로 구성된 것인지 아니면 핵산으로 구성된 것인지에 관한 견해를 과학자들이 바꾸는 데는 수많은 이론적 사색과 논쟁 그리고 비판이 수반된 10여 년에 걸친 불확정적인 실험들이 있었다. 의견의 합의점은 바뀌었지만, 단 하나의 위대한 도약으로 이룬 것은 아니다.

원자핵의 발견자인 어니스트 러더포드(Ernest Rutherford)[1])는 "과학자들은 한 사람의 아이디어에 의존하는 것이 아니라 수천 사람의 결합된 지혜에 의존하는 것"임을 강조하였다(Holton & Roller, 1958, 166쪽). 러더포드의 요지는 과학 진술과 사이비과학 진술을 구분하는 또 다른 소비자 규칙을 강조한다. 과학, 즉 연계성 원리를 존중하는 누진적인 노력은 많은 사람들의 참여라는 특징을 가지고 있으며, 이들의 공헌은 자연에 관한 우리의 이해를 증진시킨 정도에 달려 있다. 어느 누구도 단지 자신의 지위만으로 대화를 주도할 수는 없다. 과학은 소수의 선택된 인간에게만 가용한 "특수지식"이 있다는 주장을 배격한다. 물론 이러한 배격은 과학의 공개적 지식에 관한 제1장의 논의에 따른 것이다. 반면에 사이비과학은 흔히 특정 권위자나 연구자가 진리에 대한 "특별한" 접근능력을 가지고 있다고 주장한다.

우리는 여기서 심리학이라는 분야를 이해하는 데 유용한 맥락을 제공하는 두 가지 아이디어를 제시하였다. 첫째, 과학에서는 어떤 실험도 완벽하게 설계되지 않는다. 어떤 실험에서 얻은 데이터이든지 간에 해석상에 어느 정도의 모호함이 있게 마련이다. 흔히 과학자들은 이론을 평가할 때 이상적 또는 결정적 실험이 출현할 때까지 기다리기보다는 부분적으로 결점이 있는 수많은 실험의 전반적인 경향성을 점검한다. 둘째, 많은 과학은 아인슈타인과 같은 과학자가 없음에도 불구하고 진보해왔다. 이들의 진보는 위대한 아인슈타인의 종합이라는 단절된 단계가 아니라 간헐적으로 이루어졌다. 심리학과 마찬가지로 많은 다른 과학들도 단일한 통합적 주제를 결여한 지식의 점증적인 모자이크라는 특징을 가지고 있다.

---

1) 러더퍼드(Ernest Rutherford, 1871~1937)는 뉴질랜드 태생의 영국 물리학자로, 핵물리학의 아버지로 알려져 있다. 방사능이 원자 내부에서 일어나는 반응임을 밝히고, 방사능 법칙을 정립하였다. 그 공로로 1908년 노벨 화학상을 수상하였으며, 1931년 남작 작위를 받았다.

수렴적 증거 : 결함을 극복한 진보

앞의 논의는 심리학에서 증거 평가의 원리가 매우 중요하다는 사실로 이끌어왔다. 이러한 생각을 때로는 **수렴적 증거 원리**(principle of converging evidence) 또는 **수렴조작 원리**(principle of converging operation)라고 부른다. 과학자 그리고 과학 지식을 응용하는 사람들은 흔히 증거의 우세함이 어느 쪽을 향하고 있는지를 판단해야만 한다. 이러한 경우가 발생하면, 수렴적 증거 원리가 중요한 도구가 된다. 수렴적 증거 원리는 또한 과학 정보의 일반 소비자에게도 매우 유용한 도구가 되며, 특히 심리학 주장을 평가하는 데 도움이 된다. 수렴적 증거라는 생각에 대한 철저한 전문적 논의가 이 책의 범위를 크게 벗어나는 것이기는 하지만, 이 개념을 실제적으로 응용하는 데 있어서 유용한 측면은 이해하기 어렵지 않다. 우리는 이 원리를 표현하는 두 가지 방식을 탐색할 것이다. 하나는 불완전한 실험의 논리를 따르는 것이고, 다른 하나는 이론 검증의 논리를 따르는 것이다.

하나의 실험이 잘못될 수 있는(기술적인 용어로 표현한다면, **혼입**될 수 있는[2]) 방법은 무한히 많다. 그렇지만 특정 문제에 관해 연구경험이 많은 과학자는 일반적으로 가능성이 가장 큰 혼입 요인들은 어떤 것인지를 잘 알고 있다. 따라서 과학자들은 연구결과들을 개관할 때 일반적으

---

[2] 실험을 수행하는 과정에서 독립변인과 종속변인 이외의 다른 많은 변인들도 함께 변할 수 있다. 그러한 변인들을 가외변인이라고 부르며, 이것이 연구결과에 영향을 미칠 수 있다. 예컨대, 실험참가자 간의 차이, 실험도구의 오작동, 일관성 없는 실험지시, 실험자와 실험참가자의 피로 수준 등 개념적으로는 무한한 수의 가외변인들이 가능하다. 대부분의 경우에 가외변인들은 제멋대로 변하기 때문에 연구결과에 심각한 영향을 미치지 않는다. 그러나 독립변인과 함께 **체계적으로** 변하는 가외변인들이 존재하게 되면 결과를 크게 훼손시킬 수 있는데, 이렇게 가외변인이 체계적으로 변하는 것을 혼입(confounding)이라고 부른다. 혼입은 제6장 각주 3에서 언급하였던 내적 타당도에 치명적인 악영향을 미친다.

로 각 실험의 결정적 단점이 무엇인지를 인식하게 된다. 수렴적 증거라는 생각은 연구문헌에 걸쳐 나타나는 문제점들의 패턴을 고찰해보는 것이 중요하다는 사실을 알려준다. 그 패턴은 내리고자 하는 결론을 지지해줄 수도 아니면 뿌리째 흔들리게 만들 수도 있기 때문이다.

예컨대, 수많은 각기 다른 실험이 얻어낸 결과들이 대체로 특정 결론을 일관성 있게 지지한다고 가정해보자. 실험의 불완전성을 전제할 때, 수행한 연구에서 문제점의 정도와 그 내용을 평가해볼 수 있다. 만일 모든 실험들이 동일한 방식의 문제점을 가지고 있다면, 그 실험들로부터 내린 결론에 대한 확신도가 손상될 수 있다. 결과의 일관성은 단지 모든 실험이 공유하는 특정 문제점에서 유래한 것일 수도 있기 때문이다. 반면에 만일 모든 실험들이 단점을 가지고 있기는 하지만 각기 다른 방식에서 그런 것이라면, 결론에 대한 우리의 확신도는 증가할 수 있다. 결과의 일관성이 모든 실험을 혼란에 빠뜨린 오염 요인 때문일 가능성이 낮기 때문이다. 앤더슨과 앤더슨(C. A. Anderson & K. B. Anderson, 1996)이 지적한 바와 같이, "각기 다른 방법은 각기 다른 가정을 수반하고 있을 가능성이 크다. 하나의 개념적 가설이 상이한 가정들에 근거한 많은 반증가능성 속에서 살아남는다면, 우리는 강건한 효과를 갖게 되는 것이다"(742쪽).

각 실험은 다른 실험들의 설계에서 나타난 실수를 교정해주는 기능을 하며, 광범위한 영역의 실험들로부터 얻은 증거가 유사한 방향을 지향한다면, 그 증거는 수렴하는 것이다. 어느 실험도 완벽하게 설계되지는 못하였더라도 상당히 강력한 결론을 정당화시킬 수 있다. 따라서 수렴적 증거 원리는 조금씩 차이나는 수많은 실험에서 얻어낸 데이터에 근거하여 결론을 도출할 것을 촉구한다. 이 원리가 보다 강력한 결론을 내릴 수 있게 해주는 까닭은 이러한 맥락에서 입증된 일관성이 단일 유형의 실험 절차가 가지고 있는 독특성으로 인해서 발생할 가능성은 적기 때문이다.

  수렴적 증거 원리는 이론 검증을 가지고도 기술할 수 있다. 일련의 실험들이 일관성 있게 하나의 이론을 지지하는 반면 가장 중요한 경쟁 이론을 집단적으로 배제시킬 때, 연구는 매우 수렴적이다. 어느 것이든 단일 실험은 모든 대안적 설명을 배제시킬 수 없다고 하더라도, 부분적인 진단가를 가지고 있는 일련의 실험들을 종합하였을 때 데이터 패턴이 특정한 방향을 지향하고 있다면, 강력한 결론을 이끌어낼 수 있는 것이다.

  예컨대, 주어진 현상에 대한 다섯 가지의 각기 다른 이론적 설명들(이들을 A, B, C, D, E라고 부르기로 하자)이 동시에 존재하며, 후속하는 일련의 실험에서 검증한다고 가정해보자. 한 실험은 이론 A, B, C에 대한 강력한 검증을 대표하며, 데이터는 대체로 이론 A와 B를 거부하고 이론 C를 지지한다고 가정하자. 또한 또 다른 실험은 이론 C, D, E에 대해 특히 강력한 검증이며, 데이터는 대체로 이론 D와 E를 거부하고 이론 C를 지지한다고 가정하자. 이러한 상황에서 우리는 이론 C에 대한 강력한 수렴적 증거를 가진다고 할 수 있다. 이론 C를 지지하는 데이터를 가지고 있을 뿐만 아니라, 주요 경쟁적 이론들과 상반되는 데이터도 가지고 있는 것이다. 어느 실험도 모든 이론을 검증한 것은 아니지만, 모든 실험을 묶었을 때 전체 집합이 강력한 추론을 가능케 하였다는 사실에 주목하기 바란다. 이 상황은 다음과 같이 나타낼 수 있다.

	이론 A	이론 B	이론 C	이론 D	이론 E
실험 1	기각	기각	지지	미검증	미검증
실험 2	미검증	미검증	지지	기각	기각

	이론 A	이론 B	이론 C	이론 D	이론 E
결론	기각	기각	지지	기각	기각

반면에 만일 두 실험이 모두 이론 B, C, E에 대한 강력한 검증을 대표하고, 데이터가 이론 C를 지지하고 B와 E를 거부하였다면, 이론 C에 대한 전반적인 지지는 앞의 예에 비해서 덜 강력한 것으로 간주된다. 비록 이론 C를 지지하는 데이터를 생성하였더라도, 가능성 있는 두 가지 대안 이론(A와 D)을 배제할 수 있는 강력한 증거가 없기 때문이다. 이 상황은 다음과 같이 나타낼 수 있다.

	이론 A	이론 B	이론 C	이론 D	이론 E
실험 1	미검증	기각	지지	미검증	기각
실험 2	미검증	기각	지지	미검증	기각

	이론 A	이론 B	이론 C	이론 D	이론 E
결론	미검증	기각	지지	미검증	기각

따라서 일련의 실험들이 일관성 있게 한 이론을 지지하는 반면 가장 중요한 경쟁적 설명들을 집단적으로 배제할 때, 연구는 상당히 수렴적이다. 앞서 언급한 바와 같이, 단일 실험은 어느 것이든지 모든 대안적 설명을 배제시킬 수 없다고 하더라도, 부분적으로 진단적 가치를 가지고 있는 일련의 실험들이 집단적으로 강력한 결론으로 이끌어갈 수 있는

것이다.

 마지막으로, 수렴적 증거의 생각을 도입하게 되면, 제2장에서 반증가능성에 관해 지나치게 단순화하여 논의함으로써 조장되었을지도 모르는 오해를 불식시킬 수 있다. 그 논의는 한 이론을 확증해주지 않는 첫 번째 증거가 나타날 때 그 이론은 반증된다는 사실을 함축하였을 수 있다. 그러나 사실은 그렇지가 않다. 이론들이 수렴적 증거에 의해서 확증되는 것과 마찬가지로, 반증도 수렴적 증거에 의해서 이루어지는 것이다.

심리학에서 수렴적 증거

 수렴의 중요성을 강조하는 이유는 심리학의 결론들이 흔히 수렴적 증거 원리에 근거하기 때문이다. 이 사실에 특출하거나 예외적인 것은 아무 것도 없다(다른 많은 과학에서의 결론도 단 하나의 결정적인 실험적 증명에 의존하는 것이 아니라 수많은 "모호한" 실험의 집합에 의존한다). 그러나 특히 심리학에서 그렇게 되는 몇 가지 이유가 있다. 심리학 실험은 일반적으로 진단성(diagnosticity)이 상당히 낮다. 즉, 특정 이론을 지지하는 데이터는 일반적으로 소수의 대안 가설만을 배제시킬 뿐이며, 많은 부가적인 가설들을 여전히 가능성 있는 대안으로 남겨두게 된다. 따라서 강력한 결론은 수많은 연구 데이터를 수집하고 비교한 후에라야 비로소 가능하다.

 인간 행동과 관련된 문제가 엄청나게 복잡하다는 사실을 감안할 때, 심리학 실험이 상당한 모호 요인을 가지고 있다는 것은 놀라운 일이 아니다. 심리학자들이 이 사실을 솔직하게 인정하고 나서 일반인들에게 그 사실이 의미하는 것을 설명하려고 노력함으로써, 심리학에 대한 일반인들의 이해를 증진시킬 수 있다. 심리학자들은 심리학이라는 과학이 존재하고 진보하고 있으며, 그 진보는 느리고, 결론은 때때로 괴로우리만치 오랜 기간에 걸친 연구의 종합과 논쟁을 치른 후에라야 비로소 얻게 된다는 사실을 인정해야 한다. "획기적 돌파구"라는 대중매체의 주장은 항상 회의를 불러일으키게 되는데, 특히 심리학 주장에서 그렇다.

심리학에서는 누구나 정도(正道)를 걸어야만 한다. 예컨대, 특정한 심리학 가설을 둘러싸고 있는 증거가 모호한 것인데도 불구하고, 그 가설을 "증명된" 것으로 간주하려는 유혹을 뿌리쳐야만 한다. 이 책의 여러 장에 걸쳐 이러한 회의적 태도를 강조하였다. 상관관계로부터 인과관계를 추론하는 것, 증언서 증거를 인정하는 것에 대한 경고가 그 사례가 되겠다. 동시에 인간 심리에 관해 확고부동한 결론에 도달할 수 있는 것인지를 의심함으로써, 지식의 불완전성과 결론의 잠정성에 과민반응을 보이지 말아야 한다. 그리고 심리학이 과학일 수 없다는 비합리적인 주장에 현혹될 필요도 없다. 이 시점부터 수렴적 증거 원리가 잠정적 결론을 과잉해석 하는 것에 대한 경고를 보완하는 것으로 간주할 수 있다. 수렴성은 모든 심리학 연구의 명확한 문제점에도 불구하고 합리적이고도 강력한 결론에 도달할 수 있게 해준다.

수렴적 증거 원리의 힘을 알아보는 최선의 방법은 이 원리를 적용함으로써 결론에 도달한 몇몇 심리학 영역을 고찰해보는 것이겠다. 한 가지 사례를 살펴보도록 하자. 수렴적 증거 원리의 중요성을 예증하는 한 가지 연구 문제는 폭력적인 텔레비전 프로그램을 시청하는 것이 아동의 공격행동 경향성을 증가시키는지의 여부에 관한 물음이다. 오늘날에는 이 문제에 관한 과학적 동의가 존재한다. 즉, (텔레비전이든 영화이든 동영상이든지 간에) 폭력 프로그램의 시청은 아동들이 공격행동을 나타낼 가능성을 증가시키는 것으로 보인다. 그 효과가 그렇게 큰 것은 아니지만, 아무튼 존재하는 것은 확실하다. 여기서도 과학자들이 이 결론에 대해서 가지고 있는 확신감은 단 하나의 결정적 연구에 의해서가 아니라 수많은 연구의 수렴적 증거에서 유래한 것이다(Anderson & Huesman, 2005; Carnagey, Anderson, & Bartholow, 2007; Feshbach & Tangney, 2008; Fischer, Greitemeyer, Kastenmüller, Vogrincic, & Sauer, 2011b). 이러한 연구들의 결론은 텔레비전과 영화뿐만 아니라 폭력적 비디오게임에도 해당한다(Carnagey et al., 2007; Sheese & Graziano, 2005). 이 연구들이 사용한 일반적인 연구 설계, 실험참가자 전집, 기법들은 매우 다양하며, 이제는 명확해졌듯이 이러한 다양성이 이 분야 연구의 장점이지 결코 약점은 아니다.

 텔레비전 방송국과 비디오게임 사업의 경영주들은 자연스럽게 자기들의 사업이 아동에게 미치는 부정적 효과에 관한 확실한 증거에 저항하며, 일반대중은 연구의 결론이 단 하나의 결정적 증명에 의해서가 아니라 수많은 연구의 수렴에 근거한다는 사실을 일반적으로 깨닫지 못한다는 사실을 이용하여 엉터리 정보를 선전해왔다(Seethaler, 2009). 텔레비전 방송국과 비디오게임 제작자들은 계속해서 개별 연구들을 선택하여 비판하고 있으며, 보편적인 결론은 각 연구가 문제점을 가지고 있기 때문에 약화될 수밖에 없다는 점을 암시하고 있다. 사회과학 연구자들이 특정 연구에 대한 특정 비판에 이의를 제기하기도 하지만, 하나의 연구가 가지고 있는 문제점들을 연구자들은 솔직하게 인정한다는 사실을 일반대중은 인식하지 못하기 십상이다. 결정적인 차이점은 하나의 연구가 가지고 있는 문제점을 인정한다고 해서 공격 행동에 대한 텔레비전 폭력의 영향에 관한 보편적인 과학적 동의가 손상된다는 암시를 연구자들은 받아들이지 않는다는 것이다. 보편적 결론은 수렴을 통해서 유도하는 것이기 때문이다. 문제가 되는 연구의 특정 문제점을 보완한 연구들이 동일한 방향을 가리키는 결과를 생성해왔다. 보완 연구들도 문제를 가지고 있겠지만, 또 다른 연구들이 그 문제점을 보완해왔으며 유사한 결과를 생성해왔던 것이다.

예컨대, 이 문제에 대한 초기 연구에서 폭력 프로그램을 시청한 양과 아동의 공격 행동 간에 상관관계가 나타났다. 그러한 상관 증거가 인과적 결론을 정당화할 수 없다는 사실이 정확하게 지적되었다. 제3변인이 상관관계의 원인일 수도 있으며, 보다 공격적인 아동들이 보다 폭력적인 프로그램을 시청하려고 선택하였을 수도 있다(이것은 방향성 문제이다).

그렇지만 과학계의 결론은 단지 이러한 상관 증거에만 의존하는 것이 아니다. 두 변인 사이의 단순한 연합 정도만을 재는 측정방법보다 복잡한 상관 기법들이 있으며, 이러한 상관 기법들은 인과성에 대한 잠정적인 결론을 허용해준다(제5장에서 이미 언급되었던 부분상관 기법이 한 예이다). 이러한 기법 중의 하나는 종단적 설계(longitudinal design)의 사용을 수반하는데, 각기 다른 두 시점에서 동일한 두 변인, 즉 여기서는 텔레비전 폭력과 공격성을 측정하게 된다. 특정한 상관 패턴은 인과적 연계를 시사한다. 실제로 이러한 유형의 연구들을 수행하였으며, 결과 패턴은 텔레비전 폭력의 시청이 장차 공격행동을 나타낼 확률을 증가시키는 경향이 있음을 시사하였다.

여기서도 이러한 종단적 상관기법에는 논란의 여지가 있다고 반박한다고 해서 부낭한 것은 아니다. 실제로 논란거리가 되기 때문이다. 중요한 사실은 텔레비전 폭력과 공격행동 사이에 인과적 연계가 존재한다는 결론이 단순한 것이든 복잡한 것이든지 간에 상관 증거에만 전적으로 의존하는 것이 아니라는 점이다. 연구자들은 텔레비전 폭력의 양을 단순히 평가하는 것이 아니라 실험처치의 대상으로 삼았던 수많은 실험실 연구들을 수행해왔다. 제6장에서 우리는 무선 할당과 같은 실험적 통제와 함께 한 변인에 처치를 가하는 것이 대부분의 상관연구를 둘러싸고 있는 해석상의 문제를 어떻게 극복할 수 있는지를 논의하였다. 만일 다른 모든 변인에서는 동일한 두 집단의 아동들이 각기 다른 수준의 공격행동을 보이며, 두 집단 간의 유일한 차이가 한 집단은 폭력 프로그램을 시청하였고 다른 집단은 그렇지 않은 것뿐이라면, 처치를 가한 변인(독립변인 : 텔레비전 폭력)이 결과변인(종속변인 : 폭력행동)의 변화를 초래하였다는 추론은 정당한 것이 된다. 이것이 바로 대다수 연구에서 얻어낸 결과인 것이다.

어떤 사람들에게는 이러한 연구가 제7장에서 논의하였던 "이것은 실제 삶이 아니잖아요!" 논쟁을 불러일으켜서는 그 논쟁을 잘못된 방식으로 사용하도록 자극하였다. 아무튼 텔레비전 폭력의 효과에 관한 결과들은 특정 집단의 아동들에게 국한되지 않는다. 이 결과는 미국의 여러 지역에서 그리고 전 세계 많은 나라에서 반복검증 되었기 때문이다. 실험실 장치와 자극으로 사용한 텔레비전 프로그램들이 연구마다 달랐지만, 동일한 결과를 계속해서 얻었던 것이다.

중요한 사실은 실험실에서가 아니라 현장에서 수행한 연구들도 동일한 결론을 도출하였다는 점이다. 텔레비전 폭력/공격행동 문제를 연구하는 데 **현장실험**(field experiment)이라고 알려진 설계를 사용해왔다. 이러한 유형의 설계가 존재한다는 사실은 실험 설계와 실험 상황 사이의 불필요한 연계를 암묵적으로 가정할 때 흔히 초래되는 혼란을 피할 수 있게 해준다. 때때로 사람들은 변인들에 처치를 가하는 연구는 실험실에서만 수행하고 상관연구는 현장에서만 수행하는 것으로 생각하기도 한다. 이러한 가정은 잘못된 것이다. 실험실에서 상관연구를 수행하는 경우도 많고 비실험실 상황에서 변인들에 처치를 가하는 경우도 많다. 현장실험은 때때로 설계상 상당한 독창성을 요구하기도 하지만, 비실험실 상황에서 변인들에 처치를 가하는 현장실험이 심리학에서 점차 보편화되어가고 있다(몇 가지 사례를 제6장에서 소개하였다).

예컨대, 범죄 사건에 대한 소위 깨진 창문 이론(broken window theory)을 검증하는 데 현장실험을 사용하였다(Keizer, Lindenberg, & Steg, 2008). 이 이론은 사회적 혼란(깨진 창문, 벽의 낙서 등)의 우연한 지표처럼 보이는 것들이 특정 지역에서는 가택 침입이 일상적이라는 신호를 제공함으로써 실제로 범죄를 증가시킬 수 있다고 가정한다. 카이저와 동료들(Keizer, Lindenberg, & Steg, 2008)은 자전거들이 주차되어 있는 골목에 두 가지 조건을 만들었다. 통제조건에서는 낙서가 없는 깨끗한 상태에서 낙서를 금지한다는 경고문을 골목에 붙여놓았다. 실험조건에서는 벽에 많은 낙서가 적혀 있는 골목에 낙서를 금지한다는 경고문을 붙여놓았다. 골목에 있는 모든 자전거의 핸들에 광고쪽지 하나를 붙여놓았다. 카이저와 동료들은 실험집단 참가자의 69%가 자기 자전거에 붙어 있는 광고전단을 버린 반면(바닥에 던져버렸다), 통제집단은 33%만이 그렇게 하였다는 결과를 얻었다.

물론 현장실험은 자체적으로 단점을 가지고 있지만, 이러한 약점들이 다른 유형의 연구에서는 장점이 된다. 요컨대, 아동에게 있어서 텔레비전 폭력의 시청을 공격행동의 증가된 확률과 연계시키는 증거는 특정 연구의 결과에만 의존하거나 한 가지 보편적인 유형의 연구에만 의존하는 것이 아니다.

이 상황은 흡연과 폐암 사이의 관계에 유추할 수 있다. 흡연자는 비흡연자에 비해서 폐암으로 사망할 가능성이 15배나 높다(Gigerenzer et al., 2007). 담배 제조회사들은 흡연이 폐암을 유발한다는 결론이 자신들이 계속해서 비판하고 있는 특정 연구에 의존하는 것임을 암시함으로써 일반대중을 호도하려고 시도하는 경우가 많다(Offit, 2008). 오히려 그 결론은 풍부한 수렴적 증거들이 강력하게 지지하고 있다. 여러 가지 상이한 유형의 연구에서 얻어낸 데이터의 수렴은 상당히 강력하며, 어떤 특정한 연구를 비판한다고 해서 크게 변하는 것이 아니다.

여기서 폐암의 원인과 같은 의학적 문제를 논의해보는 것이 적절하겠다. 의학적 진단과 치료에 있어서 각기 다른 유형의 많은 연구에서 얻은 수렴적 증거의 조합에 근거하여 대부분의 문제들을 결정한다. 예컨대, 유행병학 연구(질병의 발생을 많은 환경적·인구학적 요인들과 상관 짓는 현장연구)의 결과, 동물을 사용하여 엄격하게 통제한 실험실 연구의 결과, 그리고 환자를 대상으로 실시한 임상실험의 결과가 모두 수렴할 때, 의학은 한 가지 결론에 상당한 확신감을 가지게 된다. 모든 유형의 연구 결과들이 유사한 결론을 향하고 있을 때, 의학은 그 결론에 자신감을 느끼며, 의사들도 자신의 치료법을 증거에 근거하는데 확신하게 된다.

그런데 세 가지 유형의 연구들 각각은 자체적인 단점을 가지고 있다. 유행병학 연구는 어쩔 수 없이 상관적이며, 변인들 간의 사이비상관이 존재할 가능성이 높다. 실험실 연구는 엄격하게 통제할 수 있지만, 연구대상이 사람이기보다는 동물이기 십상이다. 병원 장면에서의 임상실험은 실제 치료 상황에서 환자들을 대상으로 실시하지만, 이 연구에서는 가짜약 효과 그리고 환자를 대하는 치료 팀의 기대 등으로 인해서 통제에 많은 문제가 있다. 각 유형의 연구가 가지고 있는 문제점에도 불구하고, 서로 다른 방법들을 사용하여 얻은 데이터들이 흡연과 폐암의 경우와 마찬가지로 강력하게 수렴한다면 의학 연구자들이 강력한 결론을 내리는 것은 정당화될 수 있는 것이다. 마찬가지로 수렴적 증거는 공격행동에 대한 텔레비전 폭력의 효과와 같은 행동문제 연구로부터 심리학자들이 도출하는 결론도 정당화시켜준다.

그러나 일반대중이 수렴적 증거 원리를 제대로 이해하기는 쉽지 않다. 예컨대, 조지워싱턴 대학교 유행병학자 데이비드 마이클즈(David Michaels, 2008)는 독극물에 의한 폐암 발병을 수반한 **제너럴 일렉트릭 회사 대 조이너**(General Electric vs. Joiner) 재판[3]을 기술하고 있는데, 이 재판에서 판사는 제출한 여러 과학적 증거들 각각에서 문제점을 찾아내서는 모든 증거를 폐기처분하고 말았다. 마이클즈는 "실세계에서 과학자들은 이런 방식으로 활동하지 않는다. 이들은 각각의 증거가 가지고 있는 장점과 단점들을 따져본다. 하나의 결론에 대한 증거를 구성하는 개별적인 검증과 연구에 단점이나 제한점이 있다고 하더라도 확고한 결론을 도출하는 것은 완벽하게 가능한 것이다. 이러한 일은 항상 일어난다"(163쪽)라고 사람들을 상기시키고 있다.

때로는 수렴적 증거 원리가 사람들에게 알려져 있지 않다. 또 다른 경우에는 정치적 의제나 상업적 이득을 도모하기 위하여 의도적으로 이 원리를 무시하는 것으로 보인다. 흡연이 폐암을 초래한다는 수렴적 증거에 관한 일반대중의 이해를 방해하고자 시도하는 담배 제조회사의 전문가와 경영진들은 수렴적 증거 원리를 자각하고 있으면서도 이것을 일반대중들로부터 차단시키려고 한 것이 확실하다. 흡연/폐암 사례와 유사한 사례가 지금 이 순간에도 발생하고 있다. (운전 중에 내비게이션

---

[3] 이 재판은 1990년대 미국에서 조이너(원고)가 제너럴 일렉트릭사(피고)의 전기기사로 근무하면서 건강에 해로운 PCB(PolyChlorinated Biphenyl : 폴리염화 바이페닐)에 노출되고 폐암으로 진단받아 PCB가 자신의 폐암을 촉진시켰다고 피고를 고소함으로써 진행되었는데, 법원은 원고가 내세운 전문가의 증언이 PCB에의 노출과 폐암 간에 관계가 있다는 사실을 입증하지 못하였다고 증거 불충분으로 기각하고 말았다. 최근 우리나라에서도 대기업 반도체 공장에서 백혈병 등 암 발병자가 속출함에 따라서 이것이 직업병인가 아니면 개인적 질병인가를 놓고 치열한 논쟁과 역학 조사 그리고 재판이 진행되고 있는데, 그 귀추가 주목된다.

과 같은 전자도구들이 주의를 흐트러뜨리는 것뿐만 아니라) 운전하면서 휴대전화를 사용하는 것은 엄청나게 위험하여 자동차 추돌 사고의 중차대한 원인이라는 사실을 지적하는 강력한 수렴적 증거들이 존재한다. 그럼에도 불구하고 휴대전화 회사와 자동차 회사들은 담배 제조회사와 마찬가지로 이 결론을 둘러싸고 있는 과학적 증거들이 상당히 수렴하고 있다는 사실을 일반대중들로부터 차단시키고자 시도하고 있다 (Conkle & West, 2008 ; Insurance Institute for Highway Safety, 2005 ; Kunar, Carter, Cohen, & Horowitz, 2008 ; Levy, Pashler, & Boer, 2006 ; McEvoy et al., 2005 ; Redelmeier & Tibshirani, 2001 ; Strayer & Drews, 2007 ; Strayer & Johnson, 2001).

과학적 합의

텔레비전 폭력의 영향을 평가하는 문제는 특정 물음에 답하기 위해 사회과학의 데이터가 누적되는 전형적인 방식을 보여준다. 특히 긴급한 사회적 관심사를 다루는 영역에서는 그러한 문제에 대한 답이 각기 다른 많은 실험의 결과들을 조합한 후에라야 비로소 서서히 출현한다는 사실을 명심하는 것이 현명한 일이겠다. 이 사실은 다음과 같은 단순 규칙의 형태로 표현할 수 있겠다. 심리학 분야에서 경험적 증거를 평가할 때는 **획기적 성공**(breakthrough)이 아니라 **과학적 합의**(scientific consensus)로, **위대한 도약**(great leap)이 아니라 **점진적 종합**(gradual synthesis)의 입장에서 생각하라.

"획기적 성공이 아니라 과학적 합의" 규칙을 제대로 이해하지 못함으로써 일반대중은 인간 행위가 지구 온난화에 일조한다는 증거에 대한 이해로부터 차단되어왔다(Grant, 2011 ; Jordan, 2007 ; Nijhuis, 2008). 많은 정치집단들은 인간의 에너지 소비, 휘발유 사용, 그리고 탄소 배출이 환경에 부정적인 효과를 초래하고 있다는 증거를 좋아하지 않았다. 증거는 이들의 정치적 의제에 반하는 것이었다. 따라서 많은 집단들은 개별 연구들을 공격하고, 자신들의 공격이 대중의 인기와 부합하도록 대중매체를 통한 홍보에 열을 올렸다. 이들은 개별 연구가 논쟁의 대상이기 때문에 지구 온난화에서 인간 행위의 역할에 관하여 상당한 과학적 논란이 일어나고 있다는 인상을 만들어내고자 하였다(Grant, 2100; Manjoo, 2008; Michaels, 2008; Nijhuis, 2008; Pigliucci, 2010). 결론은 단일 연구에 의존한 것이 아니기 때문에, 실제로 대단한 논란이 있었던 것은 아니다. 1993년부터 2003년 사이에 지구 기후변화에 관한 900편 이상의 논문이 발표되었으며, 이 논문들은 압도적으로 인간 행위가 지구 온난화에 기여한다는 결론에 수렴하였다(Oreskes, 2004; Oreskes & Conway, 2011). 이 결론을 확립하는 데 있어서 어떤 단일 연구도 결정적이지 않았으며, 그렇기 때문에 단일 연구를 비판하는 것은 결론을 결코 변화시키지 못하였다. 그럼에도 불구하고 정치집단들은 일반대중 사이에 의구심을 불러일으키고자 소망하였으며, 실제로 성공하였다. 조사 결과를 보면 강력한 수렴이 이루어졌음에도 불구하고 대략 50%의 사람들은 과학자들이 여전히 결론에 관하여 논쟁을 벌이고 있다고 잘못 생각하고 있다는 사실을 알 수 있다(Frazier, 2009).

불행하게도 "한 과학자에 따르면, 다른 과학자는 말하기를" 방식을 취하고 있는 대중매체는 지구 온난화를 부정하는 작자들의 손아귀 안에서 놀아나고 말았다. 대중매체의 "한편으로는, 다른 한편으로는" 식의 보도방식은 논쟁거리가 없는데도 불구하고 상당한 논쟁이 벌어지고 있는 것처럼 보이게 만들었다(Oreskes & Conway, 2011). 수렴과 합의를 통해서 과학적 결론을 이끌어낸다는 사실을 이해하지 못하는 일반대중을 정치집단들이 이용해먹는 것을 막아보고자 뒤늦게 몇몇 대중매체들이 끼어들었다. *Newsweek*는 2007년 8월 13일 판의 표지에 별표가 붙어 있는 "지구 온난화는 속임수이다"(Global Warming is a Hoax)라는 커다란 제목을 달았다. 표지의 왼쪽 부분에서 그 별표 밑에 "제목은 농담이다!"라는 설명을 적어놓았다. 그 판의 대표 기사는 몽땅 어떻게 풍부한 자금력을 가지고 있는 정치집단들이 인간이 초래하는 기후 변화의 존재가 여전히 논쟁거리라고 일반대중들을 설득시키고자 시도하고 있는지에 관한 것이었다. 그 판에는 "거부 장치"(denial machine)라고 명명한 것에 관한 장문의 기사가 포함되어 있는데, 거부 장치란 단일 연구는 문제점을 가지고 있기 때문에 지구 온난화에는 의문점들이 존재한다고 일반대중을 성공적으로 설득시켜온 정치집단을 일컫는 말이다(Oreskes & Conway, 2011). 이 기사는 정치집단들이 어떻게 일반대중의 오해, 특히 지구 온난화라는 논제가 단 하나의 결정적 연구에 근거해야만 하는 것이라는 일반대중의 잘못된 신념을 악용해왔는지에 관하여 기술하였다.

과학 작가 바버라 칸트로위츠와 클라우디아 캘브(Barbara Kantrowitz & Claudia Kalb, 2006)는 의학 연구에 관한 대중매체의 보도가 확대되는 것이 어떤 면에서는 좋은 일이지만, 만일 일반대중이 수렴성 원리를 제대로 이해하고 있지 못하다면 오해를 초래하는 역효과가 날 가능성이 있다고 경고하고 있다. 칸트로위츠와 캘브는 의학이라는 과학이 서서히 단계적으로 진보하는 것이며, 획기적인 과정이라기보다는 벽돌을 한 장씩 쌓아가는 과정이라는 사실을 지적한다. 대중매체는 정반대 방향으로 현상들을 묘사하는 경향이 있다.

연구방법과 수렴성 원리

수렴성 원리는 심리학의 모든 연구 영역에서 다양한 연구방법들을 사용할 것이라고 예상해야만 한다는 사실도 함축하고 있다. 특정 결론에 도달하기 위하여 사용하는 방법론들이 비교적 균형을 이루는 것이 바람직한 까닭은 다양한 유목의 연구기법들이 상이한 장점과 단점들을 가지고 있기 때문이다. 오래 전부터 심리학은 지나치게 실험실에 기반한 실험기법에만 의존하고 있다고 비판받아왔다. 이 비판의 타당성은 논의의 초점이 되고 있는 연구 영역이 무엇인지에 달려 있다. 아무튼 오늘날 틀림없는 추세는 심리학의 모든 영역에서 연구방법의 다양성을 확장시키고 있는 것이다. 예컨대, 실험실 기법에 지나치게 의존한다고 가장 많은 비판을 받아왔던 사회심리학자들은 자신들의 이론을 지지하는 수렴적 증거를 확보하기 위하여 점차적으로 독창적인 현장연구의 설계로 눈을 돌려왔다.

한 가지 사례로 무감각한 방관자라고 불러왔던 현상, 즉 다른 사람이 위급 상황에 처한 것을 목격하고도 사람들이 도움 반응을 보이지 않는 현상에 관하여 수행한 수많은 연구들을 생각해보자(Fischer et al., 2011a). 도움을 줄 수 있는 사람들이 많이 존재할수록 도움행동의 확률은 떨어질 수 있다. 이 현상에 관한 초기 연구자들은 자신들의 결론이, 만일 어떤 실험에 참가하기 위하여 실험실에 도착한 후에 위급 상황을 목격한 사람들의 반응에만 근거한다면, 빈약한 것일 수 있다는 사실을 잘 자각하고 있었다. 따라서 이 효과에 관한 초기의 유명한 현장연구에서 연구자들은 협조적인 주류 가게를 하나 찾아냈는데, 이 가게는 96차례에 걸쳐서 마치 절도사건이 발생하는 것처럼 상황을 꾸미는데 동의하였다. 가게 주인이 계산대 뒤에서 한 "손님"이 주문한 맥주를 꺼내오는 동안에, 실제로는 실험협조자인 그 손님이 계산도 하지 않은 채 맥주 한 박스를 들고는 그냥 문밖으로 나가버렸다. 이 장면은 계산대 앞에 실제 고객이 한 명 또는 두 명이 있는 상황에서 연출되었다. 그런 다음 가게 주인이 다시 나타나서는 실제 고객에게 "여기 있던 양반은 어디 갔나요? 혹시 나가는 것을 보셨나요?"라고 물어봄으로써, 절도행위를 보고할 기회를 제공하였다. 실험실 연구결과와 마찬가지로, 다른 사람의 존재는 절도행위를 보고하는 경향성을 억제하였다.

제10장에서 논의하는 확률적 의사결정의 많은 원리들은 실험실에서 도출한 것이지만 현장에서도 검증해왔다. 예컨대, 연구자들은 실험실에서 유도한 원리들을 사용하여 의사, 주식 중개인, 배심원, 경제학자, 그리고 도박사들이 각자의 상황에서 확률적으로 추리하는 방식을 설명해왔다(Adler, 2009 ; Hilton, 2003 ; Kahneman, 2011 ; Stanovich, 2011 ; Thaler & Sunstein, 2008 ; Zweig, 2008). 실험실 결과와 현장 결과의 수렴은 교육심리학의 여러 영역들의 특징이기도 하다. 예컨대, 다양한 교과과정에 관한 실험실 연구와 현장 연구는 모두 조기 음운 교육이 읽기 능력의 획득을 촉진시킨다는 사실을 보여주어왔다(Ehri, Nunes, Stahl, & Willows, 2001 ; Pressley, 2005 ; Snowling & Hulme, 2005 ; Vellutino, Fletcher, Snowling, & Scanlon, 2004).

연구의 수렴성은 원래의 가설을 지지한다는 의미에서 항상 긍정적인 것만은 아니라는 사실을 명심할 필요가 있다. 때로는 연구들이 부정적인 결론, 즉 처음에 상정하였던 가설을 지지할 수 없는 결론으로 수렴하기도 한다. 교육심리학에서 학습 스타일에 관한 연구가 이 경우에 해당한다. 오래전부터 교사들에게는 각 학생의 "학습 스타일"을 측정할 수 있는 방법이 있다고 생각해왔다. 필자가 특정한 학습 스타일을 언급하려고 하지 않는 까닭은 연구자들마다 학습 스타일에 관한 상이한 목록을 가지고 있기 때문이다(이 사실이 한 가지 문제점이다). 어찌 되었든

간에, 교사들은 이러한 스타일에 맞추어 가르침으로써 모든 학생들이 보다 높은 성취를 달성하게 만들 수 있는 능력을 가지고 있다고 생각하고 있다. (때로는 이렇게 함으로써 모든 학생들이 동일한 성취를 달성하게 된다고 주장하기도 한다.) 문제는 수많은 연구들이 이러한 생각을 확증해오지 못하였다는 점이다(Lilienfeld et al., 2010 ; Pashler, McDonald, Rohrer, & Bjork, 2009 ; Stahl & Kuhn, 1995). 각 학생의 학습 스타일에 맞추어 교사들이 가르침으로써 우수한 학습으로 이끌어갈 수 있다는 반복 가능한 증거가 없는 것이다.

보다 강력한 연구방법으로의 진보

특정 문제에 관한 연구는 약한 연구방법으로부터 보다 강력한 결론을 도출할 수 있게 해주는 강한 연구방법으로 나아가기 십상이다. 예컨대, 특정 가설에 관한 관심사는 비상한 흥미를 끄는 특정 사례연구로부터 출발할 수 있다. 제4장에서 논의한 바와 같이, 이것이 바로 사례연구의 올바른 역할이다. 즉, 보다 강력한 기법을 가지고 후속 연구를 수행할 가설을 제안하고 과학자들로 하여금 연구문제에 보다 엄격한 방법을 적용하도록 동기화 시키는 역할 말이다. 따라서 연구자들은 사례연구에 뒤이어서 변인들 간의 연계가 몇 안 되는 사례연구의 독특성에 따른 결과가 아니라 실재하는 것인지를 검증하기 위하여 상관연구를 수행하게 된다. 만일 상관연구가 관련된 변인들 간의 관계를 지지하게 되면, 변인들 간의 인과관계를 분리해내기 위하여 변인들에 처치를 가하는 실험을 시도하게 된다. 그렇다면 진행은 사례연구에서 상관연구로, 다시 변인에 처치를 가하는 실험연구로 나아가게 된다.

보다 강력한 연구방법을 통한 진보라는 아이디어는 독자들이 제5장의 논의로부터 유도해낼 수도 있는 잘못된 생각, 즉 상관연구는 과학에서 유용하지 않다는 오해를 불식시킬 수 있는 기회를 제공해준다. 인과 가설을 제기할 때는 진정한 실험처치를 가하는 연구를 선호하는 것이 사실이다. 그렇다고 해서 상관연구는 지식에 공헌할 수 없다는 것을 의미하지는 않는다(West, 2009). 첫째, 많은 과학적 사실들은 상관의 존재 유무로 진술되기 때문에, 상관연구는 그러한 가설과 직접적으로 연관된다. 둘째, 상관은 인과성을 함축하지 않지만, 인과성은 상관을 내포한다. 즉, 상관연구가 인과 가설에 대한 결정적 증명으로 작용할 수는 없지만, 적어도 한 가지는 배제시킬 수 있다. 셋째, 상관연구는 겉으로 보는 것보다 훨씬 유용하다. 최근에 개발한 몇몇 복잡한 상관설계는 제한된 범위 내에서 인과추론을 가능하게 해주기 때문이다. 우리는 제5장에서 부분상관이라는 복잡한 상관기법을 논의하였다. 이 기법을 통해서 특정한 제3변인이 상관을 설명하고 있는 것인지를 검증할 수 있다.

그렇지만 아마도 가장 중요한 사실은 몇몇 변인들(예컨대, 영양실조나 신체장애 등)에는 윤리적인 이유로 인해서 실험처치를 가할 수 없다는 점이다. 출생순위, 성별, 연령 등과 같은 다른 변인들은[4] 처치를 가할 수 있는 것이 아니기 때문에 어쩔 수 없이 상관적일 수밖에 없으며, 이러한 변인들에 관한 과학 지식은 상관 증거에 근거할 수밖에 없다. 여기서도 이러한 상황이 심리학에만 독특한 것이 아니다. 천문학자들이 연구하는 대상들에 영향을 미치는 모든 변인들에 처치를 가할 수 없는

---

4) 이러한 변인들을 유기체 변인(organismic variable)이라고 부른다. 유기체 변인은 실험참가자 또는 연구대상자들이 이미 가지고 있는 특징이기 때문에, 실험자가 예컨대 남성이나 여성이라는 특징을 참가자들에게 부여할 수 있는 것이 아니다. 유기체 변인을 독립변인으로 사용하는 경우에는 실험자가 그 변인에 처치를 가할 수 없으며 무선 할당을 할 수 없기 때문에, 엄격한 의미에서 진정한 실험이라고 할 수 없으며, 준실험(quasi-experiment)이라고 부른다. 준실험은 진정한 실험에 비해서 내적 타당도의 문제를 야기할 가능성이 더 높다.

것은 너무나 명백하지만, 아무튼 이들은 결론에 도달할 수 있는 것이다.

건강심리학에서 연구방법의 이러한 진화에 관한 한 가지 사례가 A유형 행동패턴과 관상동맥혈전증 사이의 연계에 관한 연구이다(Chida & Hamer, 2008 ; Martin et al., 2011 ; Matthews, 2005 ; Suls & Bunde, 2005). A유형 행동패턴의 개념을 발달시킨 최초의 관찰은 두 명의 심장병 전문의가 자신들이 치료한 몇몇 심장병 환자들의 행동에서 어떤 패턴을 관찰하였다고 생각함으로써 이루어졌는데, 그 패턴에는 시간적 긴박감, 막연한 적개심, 그리고 극단적으로 경쟁적인 성취욕구 등이 포함된다. 따라서 A유형 성격에 대한 생각은 몇몇 관찰력이 뛰어난 의사들이 수행한 소수의 사례연구에서 출발하였다. 이 사례연구는 그 개념을 시사하였지만, 특정 유형의 행동패턴이 관상동맥혈전증의 부분적인 원인이라는 가설을 확실하게 증명한 것으로 받아들일 수는 없었다. 그 생각을 증명하는 데는 소수의 사례연구 이상의 것이 필요하였다. 실제로 그 증명에는 수십 년에 걸친 심장병 전문의와 심리학자로 구성된 연구팀들의 연구가 수반되었다.

연구는 곧바로 가설의 진위를 결코 입증할 수 없는 사례연구를 단순히 누적하는 것에서부터 보다 강력한 연구방법으로 넘어갔다. 연구자들은 A유형이라는 개념에 대한 조작적 정의를 개발하여 검증하였다. 대규모의 유행병학 연구들은 A유형 행동의 존재와 관상동맥혈전증의 발생 사이에 상관이 존재한다는 사실을 확증하였다. 그런 다음에 상관연구는 보다 정교화 되었다. 연구자들은 복잡한 상관기법들을 사용하여 가능성 있는 제3변인을 추적하였다. 즉, A유형 행동은 다른 전통적인 위험요인들(예컨대, 흡연, 비만, 혈장의 콜레스테롤 수준 등)과도 상관이 있었기 때문에, 그 행동패턴과 심장마비 사이의 관계는 우연한 것일 가능성이 있었다. 그러나 연구결과들은 A유형 행동이 심장마비의 중요한 독자적 예언자라는 사실을 보여주었다. 다른 변인들의 효과를 통계적으로 제거하였을 때도 여전히 A유형 행동패턴과 관상동맥혈전증 간에 연계가 존재하였던 것이다.

마지막으로 인과관계를 증명할 수 있는지를 확증하기 위하여 연구자들은 변인들에 처치를 가하는 실험연구들을 수행하였다. 몇몇 연구들은 그 관계에 영향을 미치는 생리적 기제에 관한 모형들을 검증하고자 시도하였으며, 동물을 연구대상으로 사용하였다. 혹자는 이것이 "실제 삶"이 아니라고 말하는지도 모르겠다. 또 다른 실험연구는 과거에 심장마비를 일으켰던 사람들을 대상으로 하였다. 이 참가자들을 두 집단에 무선 할당하였다. 한 집단은 흡연과 기름진 음식을 먹는 것과 같은 전통적인 위험행동을 피하는 데 도움을 주도록 설계한 상담을 받았다. 다른 집단도 이 상담을 받았지만, A유형 행동을 감소시키는 데 도움을 주도록 설계한 프로그램도 실시하였다. 3년이 경과한 후에 A유형 행동감소 상담도 받았던 참가자들에게서 심장마비의 재발이 현저하게 줄어들었다.

요컨대, A유형 행동패턴이 관상동맥혈전증의 중요한 원인이라는 가설을 지지하는 증거들이 수렴하였다. 이 문제에 관한 연구는 어떻게 연구가 흥미진진한 사례연구에서 상관기법으로, 보다 복잡한 상관기법으로, 그리고 최종적으로 변인들에 처치를 가하는 실험연구로 진행되는 것인지에 대한 훌륭한 사례를 제공하고 있다.

이 사례로부터 도출할 수 있는 마지막 교훈은 과학 개념들이 진화한다는 사실이다. 이 사실은 이미 제3장에서 조작적 정의를 논의할 때 제기한 바 있다. 최근 연구는 심장병과 A유형 행동패턴 사이의 연계를 통째로 언급하는 것은 지나치게 단순화하는 것이라는 사실을 지적하고 있다. 행동패턴의 특정한 성분만이(특히 막연한 적개심) 관상심장병과 연계되어 있는 것으로 보이기 때문이다(Chida & Hamer, 2008 ; Matthews, 2005 ; Suls & Bunde, 2005). 따라서 우리는 과학이 진보함에 따라서 어떻게 점진적으로 특정한 관계를 찾아내게 되는 것인지 그리고 이론적 개념들이 어떻게 정교화 되는 것인지에 대한 사례를 가지게 되었다.

절망에 대한 조언

수렴성 원리의 마지막 함의는 특정 문제에 관한 연구의 초기 결과들이 상반된 것으로 보일 때 절망해서는 안 된다는 점이다. 과학에서 증거들을 조합하는 과정은 무엇인지 알 수 없는 슬라이드에 초점을 맞추고 있는 환등기에 유추할 수 있다. 처음에 화면의 흐릿한 장면은 무엇이든지 나타낼 수 있다. 슬라이드가 조금씩 초점을 맞추어감에 따라서, 비록 명확하게 확인할 수는 없다고 하더라도 그 모습에 대한 많은 대안적 가설들을 배제할 수 있다. 마지막으로 상당한 자신감을 가지고 그 모습을 확인할 수 있다. 증거의 조합과정에서 초기단계는 초점 맞추기 과정의 시작과 같은 것이다. 슬라이드의 희미한 얼룩들은 과학에서 상반된 데이터 또는 많은 대안적 가설들을 지지하는 데이터와 대응된다.

따라서 연구 초기에 얻은 상반된 데이터가 진리를 발견하지 못한다는 절망감으로 휘몰아가서는 안 된다. 이러한 상황도 심리학에만 독특한 것이 아니다. 보다 성숙한 과학에서도 일어난다. 실제로 일반대중은 과학이 상반된 데이터를 얻는 경우가 많다는 사실을 깨닫지 못하기 십상이다. 그러한 상반된 데이터는 단지 문제를 제대로 이해하지 못한 결과일 뿐이다. 상반된 데이터는 단지 우연히 발생한 것일 수도 있으며 (제11장에서 상세하게 논의한다), 아니면 실험들 간에 존재하는 미묘한 방법론적 차이점에 의한 것일 수도 있다.

많은 다른 과학들도 합의가 이루어지기까지 불확실성의 혼란스러운 기간을 거쳐 왔다(Ioannidis, 2004 ; Lehrer, 2010 ; Simonton, 2004). 의학은 항상 이러한 패턴을 보여주고 있다. 예컨대, 연구는 매일같이 유아용 아스피린을 복용하는 것이 심장질환을 예방하는 데 도움을 준다는 사실을 확증해왔다. 그렇지만 암 예방제로서 아스피린의 역할에 관한 연구들은 극도로 혼란스럽고 불확실하며 비수렴적이었다. 아스피린은 사이클로옥시게나제(cyclooxygenase : COX)라고 부르는 효소를 억제함으로써 염증에 대처한다. COX 효소는 몇몇 암 종양의 발생에도 관여하기 때문에, 아스피린을 매일같이 복용하는 것이 종양 발생도 억제시키는 효과가 있을 것이라고 생각하였다. 그러나 이 생각에 관한 실제 연구들은 일관성 없는 결과를 내놓았다. 어떤 연구자들은 일관성의 결여가 최적의 투여량을 아직 발견하지 못한 것과 관련이 있다고 생각하였다. 최종적으로 어떤 결말에 이르든지 간에, 이 논제는 과학 문제의 해결에 선행하기 십상인 불확실성을 예시하고 있는 것이다. 미국 암학회의 마이클 던(Michael Thun) 박사는 과학이 작동하는 방식 그리고 느리게 진행되는 수렴으로부터 결론을 점진적으로 도출해내는 방식을 이해하지 못할 때 일반대중이 가질 수도 있는 좌절감을 인정하고 있다(Associated Press, 2007). 그는 아스피린같이 지극히 일상적인 약물의 모든 효과를 찾아낼 수 없는 이유를 이해하는 것이 일반대중에게는 어려울 수밖에 없다는 사실을 인정하였다. 그렇지만 이 사례는 인과적 결론에 도달하는 것이 얼마나 어려운 것인지를 예증하는 것이다. 지금까지 이 책에서 보았던 것처럼, 인과적 결론에 도달하는 것은 쉬운 일이 아니다. 확고한 결론에 앞서 오랜 불확실성의 시기를 갖는 것은 심리학뿐만이 아니다.

작가인 말콤 글래드웰(Malcolm Gladwell, 2004)은 "사진 문제"(The Picture

Problem)라고 제목을 붙인 글에서 매머그램(mammogram : 유방의 종양을 발견하기 위한 X선 촬영 사진)이 제공하는 이점의 정도에 관하여 의학계가 여전히 이견을 가지고 있는 이유를 이해하는 데 사람들이 겪는 어려움을 논의하고 있다. 대부분의 사람들은 매머그램이 지극히 "구체적"인 것이어서 그 해석은 정해져 있는 것이라고 생각하기 때문이다. 사람들이 이해하지 못하는 사실은 인간의 판단을 필연적으로 수반하며, 매머그램 평가와 질병 예언은 본질적으로 확률적이라는 점이다(Gigerenzer et al., 2007). 글래드웰은 다음과 같이 지적하고 있다 : "사진은 확실성을 보장하는데, 약속한 보장을 제공할 수가 없다. 40년간의 연구에도 불구하고, 50세에서 69세 사이의 여성들이 가슴 X선 사진을 통해서 얼마나 많은 도움을 받는 것인지에 관하여 상당한 이견이 존재하며, 50세 이전의 여성과 70세 이후의 여성이 정기적으로 매머그램 검진을 받아야 할 충분한 증거가 있는지에 관해서는 더 큰 이견이 존재한다"(81쪽). 그렇지만 글래드웰은 심리학에서와 마찬가지로 의학 영역에서도 지식이 확정적이지 않을 때조차도 그 지식은 유용할 수 있다는 사실을 계속해서 지적하고 있다 : "정답은 매머그램이 생명을 살리는 데 있어서 절대적으로 확실해야 할 필요는 없다는 점이다. … 매머그램은 우리가 원하는 것만큼 좋은 것이 아니다. 그렇지만 이것을 사용하지 않을 때보다 사용할 때 더 나은 삶을 살아가는 것이다"(81쪽).

오늘날 심리학을 비롯한 다른 많은 과학에서는 **메타분석**(meta-analysis)이라고 부르는 통계기법을 사용함으로써 개별 연구들의 증거를 결합하여 하나의 결론으로 이끌어가는 작업을 공식적으로 수행하고 있다(Borenstein, Hedges, Higgins, & Rothstein, 2009 ; Card, 2011). 메타분석에서는 동일한 연구가설을 다루는 여러 연구들의 결과를 통계적으로 조합한다. 실험집단을 통제집단과 비교할 때 얻은 효과를 여러 연구에 걸쳐 비교할 수 있게 해주는 공통적인 통계지표로 나타낸다. 그런 다음에 그 결과들을 표준화된 방식으로 통계적으로 결합하며, 만일 그 결합과정이 특정한 통계기준을 통과하게 되면 상이한 효과에 관한 하나의 결론에 도달하게 된다. 물론 어떤 경우에는 확신할 수 있는 어떤 결론도 도출할 수 없으며, 메타분석의 결과는 불확정적인 것이 된다.

행동과학에서 대립적인 연구들에 관한 갈등적인 논쟁을 가라앉히는 방법으로 메타분석을 강조하는 평가자들이 점점 더 많아지고 있다. 이 분석방법은 "그는 말하기를, 그녀는 언급하기를" 식의 논쟁에 불과해 보이는 논쟁들을 종식시키는 데 유용하다. 메타분석의 강조는 전문잡지에 발표한 개별 논문들에서 갈등을 꼼꼼하게 살펴볼 때 드러나는 것보다 실제로 더 안정적이고 유용한 결과를 갖게 된다는 사실을 자주 보여주었다.

미국 독서위원회(National Reading Panel ; Ehri et al., 2001)는 읽기 교육의 여러 논제를 둘러싸고 있는 증거에 대한 메타분석에서 바로 이 사실을 찾아냈다. 예컨대, 이 위원회는 상이한 38개 연구의 결과에 대한 메타분석 결과는 "체계적이지 않는 발성 훈련을 제공하거나 발성 훈련을 전혀 시키지 않는 프로그램들보다 체계적인 발성 훈련 프로그램이 아동의 읽기 능력 성장에 더 큰 공헌을 한다는 결론을 확고부동하게 지지한다"(84쪽)고 결론 내렸다. 위원회는 보고서의 또 다른 절에서 다음과 같이 적고 있다 : "발성 자각 훈련에 관한 52개 연구의 메타분석은 아동들에게 언어의 발성을 조작하도록 가르치는 것이 읽기 학습에 도움을 준다는 사실을 나타냈다. 훈련과 검사 그리고 참가자 특징들이 다양하게 변하는 조건에 걸쳐서, 효과크기는 모두 우연 수준보다 유의하게 컸으며, 그 효과크기는 대부분 중간 수준이었지만 큰 것에서부터 작은 것까지 퍼져 있었다"(5쪽).

건강심리학 영역에서도 마찬가지이다. 치다와 헤이머(Chida & Hamer, 2008)는 A유형 행동패턴의 적개심과 공격성을 심혈관 반응(심장박동률과 혈압)과 관련시키고 있는 281개에 이르는 연구들의 데이터에 메타분석을 실시하여 정말로 관계가 존재한다는 사실을 확립하고자 하였다. 또 다른 사례로 커리어 등(Currier, Neimeyer, & Berman, 2008)은 사랑하는 가족을 잃은 사람들을 위한 심리치료 개입에 관한 61개의 실험연구를 메타분석 하였다. 그렇지만 이들의 메타분석은 실망스러운 결과를 나타냈다. 심리치료 개입이 사별 직후에는 효과가 있었지만, 후속적으로는 아무런 긍정적 효과가 없었다.

이 메타분석의 후속 결과는 메타분석 결과가 항상 긍정적인 것은 아니라는 사실을 일깨워준다. 즉, 메타분석이 항상 일련의 다양한 연구 속에는 무엇인가 들어 있다는 사실을 알려주는 것은 아니다. 수많은 다양한 연구의 결과들을 조합할 때 그 속에는 아무것도 없다는 사실을 알려주는 경우도 상당히 흔하다. 예컨대, 디트리히와 캔소(Dietrich & Kanso, 2010)는 창의성의 신경생리적 상관체에 관한 70개 이상의 실험들을 메타분석 하였다. 신경영상 기법을 사용한 여러 연구의 결과들을 조합하였을 때, 확산적 사고의 신경 상관체를 어느 것도 찾아내지 못하였다. 전반적인 의미에서 이들이 찾아낸 사실은 "창의적 사고는 어떤 단일 심적 과정이나 두뇌 영역에 결정적으로 의존하지 않는 것으로 보이며, 때때로 가정하였던 것처럼 우뇌, 초점을 맞추지 않는 주의, 낮은 각성, 또는 일파파(alpha wave)의 농시화 등과 특별하게 관련되지 않는다"(822쪽)는 것이었다. 여기서 요점은 메타분석이 때로는 부정적 결론에 다다르기도 한다는 것이다.

메타분석이 수많은(때로는 수백 개에 이르는) 연구들로부터 결론을 종합해내는 것을 수반한다는 사실에는 어떤 것이든 단일 연구는 거대한 노력의 작은 부분일 뿐이라는 암묵적 메시지가 들어 있다. 또한 심리학의 몇몇 영역에서는 진보가 느리다고 걱정한다면, 의학을 비롯한 다른 많은 과학 분야도 "낮은 생산성"이 그 특징이라는 사실을 떠올리기 바란다.

요약

이 장에서 우리는 과학발전에 대한 "획기적 돌파구" 모형이 어떻게 심리학에서 나쁜 모형이 되는 것인지 그리고 "점진적 종합" 모형이 심리학에서 결론에 도달하는 방법을 이해하는 보다 우수한 틀걸이를 제공하는 이유를 살펴보았다. 수렴조작 원리는 심리학에서 연구결과들을 어떻게 종합하는 것인지를 설명해준다. 어떤 단일 실험도 결정적이지 않지만, 각 실험은 적어도 몇몇 대안적 설명을 배제하는 데 도움을 주며 따라서 진리에 접근하는 과정에 도움을 준다. 다양한 방법들을 사용함으로써 심리학자들은 자신의 결론이 단단한 경험적 기반에 근거한다고 보다 확신할 수 있게 된다. 마지막으로 개념적 변화가 일어날 때는 연계성 원리에 근거한다. 새로운 이론은 새로운 과학 데이터를 설명해야만 할 뿐만 아니라 이미 존재하는 데이터베이스에 대한 설명도 제공하여야만 한다.

"마법의 탄환"을 향한 터무니없는 추구
중다 원인의 논제

 제8장에서는 수렴조작의 중요성 그리고 변인들 간에 단일 연계를 구축하기 위해서 보다 강력한 연구방법으로 나아가야 할 필요성에 초점을 맞추었다. 이 장에서는 두 변인 간의 단순 연계를 넘어서서 중다 원인들이 행동을 결정한다는 중요한 사실을 집중 조명하고자 한다.

 특정 행동은 어느 것이든 단일 변인이 야기하는 것이 아니라 수많은 상이한 변인들이 야기한다. 변인 A와 행동 B 사이에 유의한 인과적 연계가 있다고 결론 내리는 것이 변인 A만이 행동 B의 유일한 원인이라는 사실을 의미하는 것은 아니다. 예컨대, 연구자들은 텔레비전 시청량과 학업성취 사이의 부적 관계를 발견해왔지만, 텔레비전 시청량이 학업성취를 결정하는 유일한 요인이라고 주장하지 않는다. 물론 그러한 주장은 어리석은 것일 수밖에 없다. 학업성취에는 수많은 다른 변인들(예컨대, 가정환경, 학교 수업의 질 등)도 부분적으로 영향을 미치기 때문이다. 실제로 텔레비전 시청은 이러한 요인들과 비교할 때 학업성취에 대한 미약한 결정인자일 뿐이다. 마찬가지로 텔레비전 폭력의 시청량이 아동의 공격행동에 영향을 미치는 유일한 원인일 수는 없다. 많은 요인들 가운데 하나인 것이다.

그렇지만 사람들은 많은 요인들이 행동을 결정한다는 사실을 망각하기 십상이다. 사람들은 소위 마법의 탄환, 즉 자신들의 흥미를 끄는 행동의 **한 가지 유일한** 원인을 찾고자 하는 것처럼 보인다. 심리학자 데어도어 워크스(Theodore Wachs, 2000)는 사람들이 1998년부터 1999년 사이에 미국에서 발생한 학교 총기 사고의 증가를 설명하고자 시도하는 방식을 한 가지 사례로 사용하고 있다. 그는 사람들이 원인은 총기를 쉽게 구할 수 있는 것, 자녀에 대한 부모의 낮은 관심사, 인터넷 정보, 텔레비전과 영화의 폭력, 또래 영향, 그리고 정신질환 등의 하나를 원인이라고 주장한다는 사실을 지적한다. 워크스는 다음과 같이 지적한다 : "학교 총기 사고의 증가는 위에 제시한 많은 요인들이 수렴한 결과이며 어떤 해결책이든 단 하나의 잠재적 원인만을 다루는 것을 넘어서야만 한다는 사실을 고려할 가능성은 거의 없다"(x쪽).

이 책에서 논의하는 다른 많은 원리들과 마찬가지로 중다 원인(multiple causes)이라는 생각을 올바르게 조망하는 것이 중요하다. 한편으로는 단 하나의 인과 연계를 과잉해석하지 말 것을 경고한다. 이 세상은 복잡한 것이며, 행동의 결정인자들은 다양하고 복잡하다. 행동의 한 가지 원인을 증명하였다고 해서 유일한 원인이거나 가장 중요한 원인을 찾아냈다는 사실을 의미하지는 않는다. 어느 특정 행동에 관한 완벽한 설명을 제공하기 위해서는 많은 다양한 변인들의 영향을 연구하여야 하며, 그 연구들의 결과를 종합하여 모든 인과 연계의 완벽한 그림을 그리도록 시도하여야 한다.

다른 한편으로는 한 변인이 많은 결정인자 중의 하나일 뿐이며 행동 변산성의 조그만 부분만을 설명할 뿐이라고 말한다고 해서 그 변인이 중요하지 않다고 말하는 것은 아니다. 우선 그 관계는 상당한 이론적 함의를 가질 수 있다. 둘째, 그 관계는 실제적 응용성을 가질 수 있다. 특히 텔레비전 폭력의 예에서와 같이 그 변인을 통제할 수 있을 때 그렇다. 신체 폭력행위 건수를 연간 1% 감소시킬 수 있는 변인이 별로 중요하지 않다고 주장할 사람은 거의 없을 것이다. 요컨대, 만일 문제의 행동이 매우 중요한 것이라면, 그 행동의 조그만 부분만이라도 통제할 수 있는 방법을 아는 것은 극도로 유용할 수 있다.

한 가지 처치가 결과 변산성의 1% 미만을 설명함에도 불구하고, 그 결과가 놀라울 정도로 긍정적인 것이어서 연구 윤리의 문제를 고려하여 연구를 도중에 종료하고 말았던 의학 연구들이 존재한다. 즉, 실험의 결과가 강력한 것이어서 가짜약 통제집단에 처치를 가하지 않는 것이 비윤리적인 것으로 간주되었던 것이다(Ferguson, 2009 ; Rosenthal, 1990).[1] 마찬가지로 교통사고 사망자 수를 1% 낮출 수 있는 요인이라면 어느 것이든지 엄청나게 중요한 것이다. 매년 400명 이상의 목숨을 구할 수 있는 것이다. 살인율을 1% 낮추면 매년 170명 이상의 목숨을 구하게 된다. 요컨대, 많은 상이한 변인들이 결과를 결정한다는 사실은 어느 변인이든지 그 결과와 인과적으로 관련된 변인의 중요성을 약화시키지 않는다. 비록 그 변인은 결과의 극히 일부분만을 설명할 수 있다고 하더라도 말이다.

---

1) 원문의 설명이 충분해 보이지 않아서 한 마디 첨언한다. 예컨대, 심장마비 생존에 관한 연구(예컨대, Rosenthal, 1990)에서 심장마비를 일으킨 환자에게 새로운 치료법을 실시하는 실험집단이 기존의 치료법을 실시하는 비교집단(통제집단)에 비해서 아주 조금이지만 생존율이 높았다. 따라서 비교집단에게 조금이라도 더 효과가 있는 치료법을 실시하지 않는 것은 윤리적으로 문제가 된다는 말이겠다.

상호작용 개념

중다 원인이라는 생각은 방법론 교과서에서 장황하게 논의하기 십상인 중요한 개념을 이끌어내었다. 그렇지만 여기서는 간략하게 언급한다. 행동에 영향을 미치는 한 요인은 개별적으로 작용할 때에 비해서 다른 요인과 결합하여 작용할 때 전혀 다른 효과를 발휘할 수 있다. 이것이 **상호작용**(interaction)의 개념이다. 즉, 한 변인이 갖는 효과의 크기는 다른 변인의 수준에 달려 있는 것이다.

한 가지 사례를 보자. 연구자들은 청소년들의 생활 변화(예컨대, 전학, 사춘기, 첫 번째 데이트, 통학거리, 가족의 와해 등)에 따른 학업성적의 변화를 분석하였다. 이들은 여러 생활 변화의 조합이 부적 결과를 초래하는 데 결정적 요인이라는 사실을 찾아내었다. 어느 요인도 독단적으로는 큰 효과가 없었지만, 여러 요인들이 함께 작동할 때, 상당한 효과가 나타났던 것이다(Simmons, Burgeson, Carlton-Ford, & Blyth, 1987).

아동의 정신과적 장애와 관련된 요인들에 관한 마이클 루터(Michael Rutter, 1979)의 개관에서 유사한 사례를 볼 수 있다. 그는 다음과 같이 진술하였다.

> 우선 가장 놀랄 만한 결과는 만성 스트레스를 초래하는 어느 요인도 독자적으로는 감지해낼 만한 정신과적 위험을 수반하지 않는다는 것이다. … 이 위험 요인 어느 것도 다른 요인들과 분리되어 독자적으로 일어날 때는 아동의 어떤 장애와도 연합되지 않았다. 가족 스트레스가 전혀 없는 아동에 비해서도 위험성이 더 크지 않았다. 그렇지만 두 스트레스 요인이 동시에 발생할 때는 위험성이 네 배 이상이나 증가하였다. 동시발생 요인이 셋이나 넷이 되면, 위험성은 계속해서 엄청나게 증가하였다. 만성 스트레스 요인들의 조합이 가산적 효과 이상의 상당

한 영향을 미친다는 사실이 명백하다. 여러 스트레스 요인이 동시발생할 때의 위험성은 개별적 영향을 모두 합한 것보다 훨씬 크게 되는 상호작용 효과가 있었던 것이다. (295쪽)

루터가 기술한 것과 같은 상호작용이 발생할 때 일어나는 사건에 관한 논리를 이해하기 위해서, 80~110점은 낮은 수준의 위험을, 110~125점은 중간 수준의 위험을, 그리고 125~150점은 높은 수준의 위험을 나타내는 위험 척도를 생각해보자. 스트레스 유발자극이 없는 아동들은 평균 82점, 스트레스 요인 A를 가지고 있는 아동들은 평균 84점, 그리고 스트레스 요인 B를 가지고 있는 아동들은 평균 86점을 나타낸다는 사실을 발견하였다고 해보자. 만일 위험 요인 A와 B를 모두 가지고 있는 아동들을 조사하였을 때 평균 위험점수가 126점이라는 사실을 발견하였다면 상호작용 효과가 분명해진다. 즉, 두 위험 요인이 동시 발생할 때의 위험은 각 위험 요인을 개별적으로 연구할 때 예측할 수 있는 것보다 훨씬 컸다.

발달심리학에는 루터가 기술한 것과 유사한 많은 사례들이 있다. 보니 브라이트마이어와 크레이그 래미(Bonnie Breitmeyer & Craig Ramey, 1986)는 두 집단의 유아를 연구하였는데, 한 집단은 출생 직전에 부적절한 상태를 보인 유아들이고, 다른 집단은 정상적인 유아들이었다. 출생 직후에 각 집단의 절반을 무선적으로 경미한 정신지체를 예방하도록 설계한 특별 보육 프로그램에 할당하고 나머지 절반을 특별한 치료를 받지 않는 통제집단에 할당하였다. 4세가 되었을 때, 특별 보육 프로그램에 배정하였던 아동들의 경우에는 출생 직전에 위험에 처하였던 아동과 정상적인 아동 간에 아무런 차이가 없었다. 그렇지만 보육 프로그램에 배정하지 않았던 아동들의 경우에는 출생 직전에 부적절한 상태를 보였던 아동들이 인지발달의 지체를 나타냈다. 따라서 이 상황에서는 생물학적 요인이 환경과 상호작용하여, 복합적인 요인들이 복잡한 인지발달 결과를 초래한다. 부정적인 인지발달 결과는 출생 직전의 부적절한 상태가 특별 보육 프로그램과 결합되지 않을 때에만 일어난 것이다. 연구자들은 다음과 같이 결론 내리고 있다 : "이 결과는 낮은 사회경제적 지위의 가정에서 태어난 아동의 발달에서 초기의 생물학적 취약성과 뒤따르는 열악한 환경을 누가적인 위험요인으로 강조하는 이론적 틀을 지지하고 있다"(Breitmeyer & Ramey, 1986, 1151쪽).

생물 변인과 환경 변인들이 상호작용 관계를 가지고 있는 것으로 밝혀진 많은 상황을 포함하여, 많은 부정적인 행동과 인지적 결과에도 위와 유사한 논리를 적용할 수 있다. 예컨대, 5-HTT 유전자[2])의 변이가 인간의 우울정신병과 관련된 것으로 밝혀져 왔다(Hariri & Holmes, 2006). 한 가지 변이(S 대립유전자)를 가지고 있는 사람들이 다른 변이(L 대립유전자)를 가지고 있는 사람들보다 우울정신병을 앓고 있을 가능성이 더 크다. 그렇지만 S 대립유전자를 가지고 있는 사람의 고위험성은 아동 학대나 방치, 실직, 이혼 등과 같은 다양한 외상적 삶의 사건도 겪었던 사람들에게만 나타난다. 이러한 유전자-환경 상호작용은 발달정신병리 분야에서 흔하게 나타난다(Dodge & Rutter, 2011).

---

[2] 5-HTT(5-hydroxy-tryptamine) 유전자는 신경전달물질인 세로토닌을 전달하는 기능을 담당하는 것으로 알려져 있으며, 흔히 '우울 유전자' 또는 '행복 유전자'라고 부르기도 한다. 각 사람은 부모로부터 길거나(L) 짧은(S) 두 개의 5-HTT 대립유전자를 물려받는다. 두 개 모두 S 대립유전자를 가지고 있는 사람보다 하나라도 L 대립유전자를 가지고 있는 사람이 삶에 더 만족할 가능성이 높다. 이에 근거하여 5-HTT 유전자가 행복(또는 우울) 수준과 관련이 있다고 주장하고 있는 것이다. 다만 본문에서 언급하고 있는 바와 같이, 다른 많은 유전자들과 삶의 경험들도 중요한 역할을 하고 있기 때문에, 이 유전자만으로 행복 또는 우울을 예측할 수는 없다. 비유컨대, 신장이 큰 것은 농구를 잘 하는데 도움을 줄 수 있겠지만, 신장만이 농구 실력을 결정하는 것은 아닌 것과 마찬가지다.

모노아민 산화효소 A(monoamine oxidase A : MAO-A)[3] 유전자와 반사회적 행동의 경우에도 마찬가지다. MAO-A가 반사회적 행동의 확률을 증가시키지만, 아동 학대, 출산 합병증, 또는 열악한 가정환경 등과 같은 다른 위험요인들이 존재할 때에만 그렇다(Raine, 2008). 마지막 사례는 반추와 우울 간의 연계에 관한 연구가 제공한다. 반추하는 경향성(즉, 지나간 사건을 반복적으로 곱씹어보는 경향성)은 우울 증상의 지속기간을 예언하지만, 인지양식과 상호작용한다. 반추는 부정적 인지양식과 결합될 때에만 우울 증상의 기간이 늘어날 것이라고 예언한다(Nolen-Hoeksema, Wisco, & Lyubomirsky, 2008).

긍정적 결과들도 상호작용하는 중다 요인으로 설명해야 하는 특성을 가지고 있다. 나이트 등(Knight, Johnson, Carlo, & Eisenberg, 1994)은 6세에서 9세에 이르는 아동의 친사회적 행동에 관한 연구에서 아동이 다른 아동들을 도와주는 경향성(이것은 돈이 필요한 아동에게 돈을 기부하는 것으로 조작적 정의를 내렸다)과 관련된 심리적 요인들을 분석하였다. 이들은 동정심의 수준, 정서가 가미된 추리, 그리고 돈에 대한 지식 등과 같은 특정 변인들이 독자적으로 작동할 때는 친사회적 행동과 아주 약하게만 관련된다는 사실을 발견하였다. 그러나 이 변인들이 결합되면 친사회적 행동에 대한 훨씬 강력한 예언자가 되었다. 예컨대, 동정심이 많고 정서적 추리를 많이 하며 돈에 대한 지식이 많은 아동은 세 변인 모두에서 낮은 값을 갖는 아동에 비해서 네 배나 많이 기부하였다.

발달심리학자 댄 키닝(Dan Keating, 2007)은 미국의 각 주에서 시행하고

---

[3] 모노아민 산화효소(monoamine oxidase : MAO)는 모노아민을 산화시키는 촉매제로 작용하는 효소로 MAO-A와 MAO-B의 두 가지 유형이 있다. MAO-A는 공격성과 연관되어왔기에 "전사 유전자"라는 별칭을 가지고 있다. MAO-A는 신경전달물질 중에서 대표적으로 노르에피네프린, 세로토닌, 도파민 등을 산화시키고, MAO-B는 도파민만을 산화시키는 것으로 알려져 있다.

있는 십대 청소년 운전자 안전에 관한 GDL 프로그램(Graduated Driver Licensing program)[4]의 효과에 관한 연구문헌들을 개관하였다. 그 프로그램들은 효과가 있다. 십대들의 자동차 추돌사고율과 사망자 수를 감소시켜준다. 그러나 그 프로그램들은 주마다 모두 다르며, 각 주는 다음과 같은 기본 성분들의 상이한 부분집합을 시행하고 있다 : 운전교육의 이수, 단독 운전 금지, 야간 운전 금지, 면허 취득연령 상향 조정, 최소 연습시간, 그리고 learner's permit 기간의 연장 등. 따라서 물음은 각각의 성분들이 인과적 효과를 가지고 있는지 그리고 어떤 상호작용 효과를 갖는 것인지 여부에 관한 것이 된다. 연구는 어느 성분도 십대의 추돌사고와 사망자 수를 낮추지 않는다는 사실을 나타낸다. 그렇지만 이 성분들을 결합하면 십대 사망자 수를 20% 이상 낮출 수 있다.

따라서 중다 원인이라는 개념은 얼핏 생각해볼 수 있는 것보다 훨씬 더 큰 복잡성을 수반하고 있다. 문제가 되는 행동에 영향을 미칠 수 있는 많은 요인들을 추적해서 측정하는 것뿐만 아니라 이 요인들이 함께 작동하는 방식을 살펴볼 필요가 있는 것이다.

임상심리학자 스콧 릴리엔펠트(Scott Lilienfeld, 2006)는 강한 것에서부터 약한 것까지 변인들이 가지고 있는 인과적 영향력의 연속적 차원을

---

[4] GDL(Graduated Driver Licensing) 프로그램은 미국에서 운전면허를 새롭게 취득하는 십대 운전자에게 위험이 낮은 환경에서 점진적으로 운전 경험과 기술을 획득하도록 계획한 프로그램이다. 미국에서는 흔히 신발에 비유할 만큼 일찍부터 자동차가 보편화되어왔는데, 혈기왕성한 십대들의 운전은 사고 위험이 높기 때문에 단계적으로 운전면허를 발급하는 시스템을 운영해왔다. 주에 따라서 약간의 차이가 있지만, 일반적으로 처음에는 learner's permit을 발급하는데, 이것을 가지고는 야간 운전, 단독 운전, 고속도로 운전을 할 수 없다. 반드시 정식 면허증을 소지한 사람이 조수석에 앉아 있어야만 운전할 수 있다. 일정한 시간이 지나면 다시 시험을 보고 잠정 면허증(provisional licence)을 발급하며, 최종적으로 완전한 면허증을 발급해주게 된다. 이제 미국 못지않게 자동차가 보편화된 우리나라도 십대 운전자의 수가 급증하고 있는데, 이들의 운전 사고를 줄일 수 있는 방안을 심각하게 모색할 필요가 있겠다.

논의하고 있다. 그 차원에서 가장 강력한 극단에 위치한 변인만이 단독으로 작용할 수 있다. 가장 강력한 형태의 인과적 영향은 한 변인이 종속변인에 영향을 초래하기에 필요하고도 충분한 경우이다. 효과가 일어나기 위해서는 그 변인이 존재하여야 하며(필요조건), 존재하면 그 자체가 효과를 생성하기에 충분하다. 반면에 약한 형태의 인과적 영향은 다른 변인들에 의한 맥락을 필요로 한다. 변인이 필요하지만(종속변인이 효과를 나타내기 위해서는 그 변인이 존재해야만 한다), 충분하지는 않다(효과가 나타나는지 여부는 다른 변인의 존재에 달려 있다). 마지막으로 약한 인과적 변인은 필요하지도 충분하지도 않을 수 있다. 그 변인의 존재는 단지 효과가 일어날 전반적인 확률을 증가시킬 뿐이다.

단일 원인 설명의 유혹

세상에서 일어나는 복잡한 사건은 여러 요인들이 결정한다는 기본 생각은 쉽게 포착할 수 있는 것으로 보인다. 실제로 논제가 논쟁거리가 아닐 때는 이 개념을 이해하고 적용하는 것은 쉬운 일이다. 그렇지만 우리의 오랜 복수의 여신인 사전편향(preexisting bias : 제3장 참조)이 고개를 슬며시 들어 올릴 때, 사람들은 중다 원인 원리를 무시하는 경향이 있다. 우리는 사람들이 범죄의 원인, 부(富)의 분배, 테러의 원인, 여성과 소수민족의 차별, 가난의 원인, 사형제도의 효과, 그리고 과세의 수준 등과 같이 정서가 수반된 논제에 대해서 논쟁을 벌일 때, 이러한 논제들이 단순·명확한 것이며 이 영역에서의 결과는 단일 원인만을 가지고 있다는 사실을 함축하는 방식으로 자신의 주장을 펴는 사람들을 얼마나 많이 보아왔던가? 이러한 사례들은, 만일 중다 원인에 관하여 직접 묻는다면, 때때로 사람들이 중다 원인의 존재를 인정한다는 사실을 명확하게 보여준다. 그러나 자신들이 관심을 기울이는 것에 대한 설명으로 많은 상이한 원인들을 **자발적으로** 제시하는 경우는 거의 없다. 많은 경우에 사람들은 잠재적 원인들에 대해서 "제로섬"(zero sum) 태도를 취한다. 즉, 모든 원인은 서로서로 경쟁을 벌이며, 하나를 강조하는 것은 필연적으로 다른 것의 강조를 약화시키게 된다는 태도를 취한다. 원인에 대한 이러한 "제로섬" 태도는 잘못된 것이다.

한 사람의 이득은 다른 사람의 손해가 되는 제로섬 게임은 정서가 수반된 논제에 대한 논쟁의 특징이기 십상이다. 사람들은 정서의 영향을 받게 되면, 중다 원인 원리를 망각하는 경향이 있다. 예컨대, 서로 반대되는 정치적 입장을 가지고 있는 사람들이 범죄에 관해서 논쟁을 벌인다고 가정해보자. 자유주의자들은 사회경제적 지위가 낮은 사람이 범죄를 저지르는 것은 주변 환경(예컨대, 실직, 열악한 주거환경, 형편없는 교육환경, 미래에 대한 희망의 상실 등)의 희생물일 수 있다고 주장한다. 보수주의자들은 많은 가난한 사람들이 범죄를 저지르지 않으며, 따라서 경제조건은 원인이 아니라고 응답한다. 오히려 보수주의자들은 범죄행동을 결정하는 것은 개인적 가치관과 특성이라고 주장할 수 있다. 논쟁에서 어느 쪽도 개인 요인과 환경 요인 모두가 범죄행동에 영향을 미칠 수 있다는 사실을 인정하려고 하지 않는 것처럼 보인다. 범죄에 대한 단일 설명은 존재하지 않는다. 범죄행동은 다양한 요인의 영향을 받으며, 어떤 요인은 환경적인 것이고 다른 요인은 개인 특성인 것이다.

복잡하기 그지없는 경제적 결과의 원인들에 관한 논의도 살펴보자. 그 결과를 정확하게 예측하기 어려운 까닭은 중다 원인들이 영향을 미치기 때문이다. 예컨대, 지난 수십 년에 걸쳐 경제에 관한 논쟁은 미국에서 점증하고 있는 부의 불평등이라고 하는 중요한 사회적 함의를 가지고 있는 문제에 초점을 맞추어왔다(Bartels, 2008 ; Bilmes & Stiglitz, 2009 ; Brooks, 2008 ; Gelman, 2008 ; Madrick, 2006 ; Surowiecki, 2010). 여기서 논쟁의 대상은 사실(facts)이 아니다. 갈등적 논쟁의 주제는 바로 사실의 **설명**(explanation)인 것이다. 사실은 다음과 같다. 1979년 이래로 미국에서 모든 남성 근로자의 실질 소득(즉, 인플레이션을 감안한 소득)은 상당히 정체되어왔다. 즉, 중산층과 저소득층의 미국인들이 자신의 소득을 거의 유지하지 못하였다. 반면에 상위 1%의 소득은 동일한 기간 동안에 100% 이상 치솟았다(인플레이션을 감안한 실질 소득에서 그렇다). 이 사실을 다르게 표현하면, 1980년부터 2005년까지 미국에서 발생한 모든 소득 증가의 80% 이상이 가장 부자인 1%에게로 돌아갔다(Bartels, 2008). 1977년에는 상위 20%의 소득이 하위 20%의 소득보다 네 배 많았다. 2006년에는 열 배 이상으로 벌어졌다.

재산이 한 계층으로부터 다른 계층으로 이와 같이 엄청나게 넘어감으로써 초래되는 사회적 충격은 그 원인에 대한 시끄러운 정치적 논쟁을 불러일으켜 왔다. 논쟁은 단일 원인에 초점을 맞추었다는 점에서 주목할 만한 것이었다. 정치적 논쟁에서 양 진영은 단일 원인을 선택해서는 상대방을 압도하려고 시도한다. 실제로 엄청난 양의 경제학 연구들은 (Bartels, 2008 ; Bilmes & Stiglitz, 2009 ; Gelman, 2008 ; Madrick, 2006)은 네 가지 변인들에 초점을 맞추어왔다(많은 연구자들이 보다 많은 변인들을 제안하였지만, 이러한 네 가지 변인들만을 집중적으로 연구하였다). 논란을 벌이는 한 가지 요인은 미숙련 노동자들의 미국 이민이 증가하여 미숙련 노동력의 공급과잉을 초래함으로써 미국에서 저소득층의 임금을 낮추는 압력으로 작용한다는 것이다. 두 번째 논쟁은 기업들이 저임금 국가에서 노동력을 확보할 수 있음으로 인해서 미국에서 임금을 낮추려는 압력으로 작용하기 때문에 세계화가 소득격차를 증가시킨다는 것이다. 세 번째 요인은 노동조합의 힘이 약화되고 대기업의 힘이 증가한다는 것이다. 네 번째 요인은 1980년대와 2001년에 시행한 감세 정책이 부자들의 세금 부담을 지나치게 완화시킨다는 것이다.

이러한 네 가지 변인들의 측면에서 경제학 연구들이 밝혀낸 것은 무엇인가? 독자들은 이미 추측하였을 것이다. 이 모든 네 가지 요인들이 우리 사회에서 불평등이 증가하는 데 공헌하고 있다. 이 사례는 앞에서 언급하였던 상호작용의 개념도 예시하고 있다. 거의 모든 연구들은 이 요인들이 상호작용하며 서로를 강화시킨다는 사실을 지적해왔다. 범세계적 경쟁의 증가는 경영주로 하여금 노동조합과의 싸움에서 우위를 차지하도록 만들었다. 마찬가지로 미숙련 노동 임금을 깎아내리는 이민자들은 노동조합이 협상을 벌이는 데 더욱 어려움을 겪게 만드는 부가적인 효과를 갖는다.

경제학적 문제와 마찬가지로 심리학자들이 연구하는 거의 모든 복잡한 문제들은 중다 요인들이 결정한다. 예컨대, 교육심리학자, 인지심리학자, 그리고 발달심리학자들이 집중적으로 연구해온 학습장애 문제를 보도록 하자. 연구들은 학습장애와 관련된 두뇌손상이 있다는 사실을 밝혀왔다(Shaywitz & Shaywitz, 2004 ; Snowling & Hulme, 2005 ; Tanaka et al., 2011 ; Wolf, 2007). 또한 학습장애에는 유전 요인이 있다는 사실도 지적해왔다 (Olson, 2004 ; Pennington & Olson, 2005). 이러한 두 가지 결과는 학습장애가 전적으로 생물학적인 두뇌 문제라는 결론을 제안하는 것처럼 보일 수도 있다. 이 결론은 잘못이다. 이 결론이 잘못인 이유는 학습장애가 부분적으로는 학령 초기에 특정한 교육경험을 박탈당함으로써(Pressley, 2005) 그리고 열악한 가정환경으로 인해서(Dickinson & Neuman, 2005 ; Senechal, 2006) 야기된다는 사실도 밝혀왔기 때문이다. 학습장애에는 단일 원인이 있는 것이 아니다. 오히려 생물학적 성향과 환경적 원인의 상호영향이 있는 것이다.

우울증의 원인과 치료에서도 유사한 상황이 특징적으로 나타난다. 우울증은 유전적 소인과 환경 요인들이 다중적으로 결정한다. 마찬가지로 의학적 치료에 심리치료를 결합시킨 다중적 치료가 최선의 치료효과를 초래하는 것으로 보인다(Engel, 2008).

일단 복잡한 현상의 다중 원인을 밝혀내고 그 현상이 문제점이라면, 필연적으로 그 문제의 해결책도 다중 개입을 요구하게 된다는 사실을 의미하게 된다. 수십 년 전에 많은 질병과 연계된 습관인 흡연의 유행이라는 중차대한 건강 문제에 직면하였었다. 최근에 다양한 개입이 우리 사회의 흡연 수준을 감소시켜왔다. 담배 광고를 금지하고, 담배세를 인상하였으며, 니코틴 패치를 널리 공급하고, 공공장소에서 흡연을 금지시켰으며, 이외에도 많은 개입을 제도화하였다(Brody, 2011). 수십 년에 걸쳐서 흡연율이 서서히 감소하게 된 까닭은 다양한 개입이 많은 원인들을 표적으로 삼아 작동하였기 때문이다.

오래 전부터 흡연율을 감소시키기 위하여 다양한 개입 프로그램을 실시하였던 것과 마찬가지로, 오늘날 미국에 만연하고 있는 비만의 증가를 중지시키고 원상태로 되돌리기 위해서는 다양한 사회적 개입 프로그램을 운영해야 한다(Chernev, 2011 ; Herman & Polivy, 2005). 오늘날 미국에 비만이 만연한 것은 지난 20여 년 전부터 다음과 같은 다양한 추세들이 우연히 동시 발생하였기 때문이다. 예컨대, 주거지를 교외로 옮겨감에 따라서 걷기가 줄어들었으며, 여성들의 사회활동이 증가함에 따라서 가정에서 식사하는 횟수가 감소하였고, 패스트푸드 산업이 폭발적으로 성장하였으며, 식품 광고가 보편화되었고, 전자오락 매체가 아동들을 게으르게 만들어버렸으며, 이외에도 다른 많은 요인들이 발생하였다(Brody, 2008, 2011). 따라서 이러한 국가적 문제에 대한 해결책은 다면적인 것이 될 수밖에 없다.

마지막으로 이슬람교도 테러의 원인을 이해하는 데 심리학 지식을 활용하기 위하여 심리학자들을 동원한 사례를 생각해보자(Kruglanski, Crenshaw, Post, & Victoroff, 2007). 원인은 중다적인 것이기 때문에, 해결책도 중다적으로 결정해야만 한다. 예컨대, 체포한 테러리스트들의 과격주의를 완화시키는 데 도움을 주고자 하는 심리학자들은 그들의 가족들과 협력하는 것을 포함하여 다음과 같은 다양한 개입 프로그램들을 제안해 왔다. 결혼을 장려하는 프로그램을 실시하고, 직업 훈련을 시키며, 종교적 대화에 전문가인 학자들을 활용하는 것 등이다(Kruglanski, Gelfand, & Gunaratna, 2010).

요약

이 장이 제공하는 한 가지 교훈은 간단하면서도 중요한 것이다. 행동의 원인에 대해서 생각할 때는 중다 원인이라는 측면에서 생각하라. 특정 행동에는 특정한 단일 원인이 있을 수밖에 없다는 덫에 걸려들어서는 안 된다. 복잡한 모든 행동은 중다적으로 결정된다. 다양한 요인들이 작용하여 그 행동을 발생시킨다. 때때로 이러한 요인들은 결합되어 상호작용하기도 한다. 즉, 함께 작동하는 변인들의 효과는 그것들을 분리하여 연구한 것으로부터 예상할 수 있는 효과보다 크다.

10

인간 인지의 아킬레스건
확률적 추리

물음 : 남자가 여자보다 키가 크지요, 그렇죠?
답 : "맞아요."
물음 : 모든 남자는 모든 여자보다 키가 크지요, 그렇죠?
답 : "그렇지 않아요."

그렇다. 여러분이 믿거나 말거나 간에 우리는 이 장의 상당 부분을 여러분이 앞의 두 물음에 답함으로써 알고 있다는 사실을 증명한 내용을 논의하는 데 할애할 것이다. 그렇다고 아직은 이 장을 뛰어 넘어가지 말기 바란다. 매우 단순한 원리처럼 보이는 것을 설명하는 데 있어서 예상치 못한 놀라운 사실들이 들어 있기 때문이다.

여러분은 첫 번째 물음에 '그렇다'고 답하였는데, 그 이유는 "남자가 여자보다 크다"가 "모든 남자가 모든 여자보다 크다"는 두 번째 진술을 의미한다고 해석하지 않았기 때문이다. 여러분은 첫 번째 진술이 실제로는 "남자가 여자보다 **큰 경향이 있다**"를 의미한다고 정확하게 받아들였다. 누구나 모든 남자가 모든 여자보다 큰 것이 아니라는 사실을 알고 있기 때문이다. 여러분은 이 진술을 모든 개별 사례에 적용되는 사실이라기보다는 확률적 경향성을 반영하는 것으로 정확하게 해석하였다. **확률적 경향성**(probabilistic trend)이라고 말할 때 의미하는 것은 가능성이 크기는 하지만 모든 사례에서 참이지는 않다는 사실이다. 즉, 성별과 신장 사이의 관계를 확실성이라기보다는 가능성과 확률에 따라서 진술하는 것이다. 자연에 존재하는 많은 다른 관계들도 확률적이다. 적도에 가까울수록 따뜻한 경향이 있다. 한 가정은 10명 이하의 자식을 갖는 경향이 있다. 지구의 대부분 지역에는 사람보다 곤충이 더 많은 경향이 있다. 이것들은 모두 통계적으로 증명 가능한 경향성들이지만, 여기에는 항상 예외가 있다. 이것들은 확률적 경향성과 법칙이지, 모든 개별 사례에서 참인 관계는 아니다.

미국인들은 2008년 여름 그토록 사랑하던 정치 방송가인 팀 러서트(Tim Russert)[1]가 58세라는 젊은 나이에 심장마비로 사망하였을 때 의학 지식의 확률적 본질로부터 슬픈 교훈을 얻었다. 러서트는 콜레스테롤 약과 아스피린을 복용하고, 운동용 자전거를 탔으며, 매년 스트레스 검사를 받았음에도 불구하고, 심장마비로 때 이르게 사망하고 말았던 것이다(Grady, 2008). 그가 자신의 건강에 꽤나 유념하였었다는 사실로 인해서 *New York Times*의 많은 독자들은 의사들이 무엇인가를 놓친 것이 틀림없다는 기고문을 쓰기도 하였다. 이 독자들은 의학 지식이

---

1) 러서트(Tim Russert, 1950~2008)는 변호사이면서 '언론의 황제'라고 불릴 만큼 미국 NBC 방송의 가장 인기있는 뉴스 프로그램이었던 Meet the Press를 16년 이상이나 진행한 앵커이었다. 2008년에는 *Time*이 선정한 세계에서 가장 영향력 있는 100인에 들기도 하였다. 투박한 얼굴은 결코 TV라는 방송매체에 어울리지 않았지만, 그 모습 자체가 시청자들로부터 친숙감을 불러일으켰던 인물이기도 하다. 적절한 비유인지는 모르겠으나, 가수 싸이가 '강남스타일'로 세계적인 인기 몰이를 하고 있는데도 그의 투박한 외모가 한 몫 거들고 있는 것과 마찬가지이겠다. 2008년 6월 방송 녹화 중에 심장마비로 쓰러져 사망하고 말았다.

확률적인 것이라는 사실을 이해하지 못하였던 것이다. 모든 예측 실패가 실수는 아니다. 실제로 그의 주치의들이 놓친 것은 아무것도 없다. 의사들은 최선을 다해서 자신의 확률적 지식을 적용한 것이다. 그렇다고 해서 의사들이 모든 심장마비 사례를 예측할 수 있다는 것을 의미하지는 않는다. 과학 작가 데니스 그래디(Denise Grady, 2008)에 따르면, 스트레스 검사 결과 그리고 가장 최근의 건강검진에서 러서트가 받았던 다른 여러 가지 진단내용에 근거하여 의사들은 가장 널리 사용하는 공식을 통해서 그가 향후 10년 동안 심장마비를 일으킬 확률이 5%라고 추정하였다. 이것이 의미하는 바는 러서트와 동일한 건강검진 결과를 보이는 사람 100명 중에서 95명은 향후 10년 동안에 심장마비를 일으키지 않는다는 것이다. 단지 러서트가 불운한 다섯 명에 속했을 뿐이다. 확률적일 수밖에 없는 의학은 누가 불운한 다섯 명이 될 것인지를 사전에 예측할 수는 없는 것이다.

팀 러서트 사례는 확률적 예측이 실제로 진정한 예언이라는 사실을 강조할 수 있는 기회를 제공해준다. 이것이 의미하는 바는 다음과 같다. 확률적 예측은 수치로 나타내기에 추상적인 것이다. 따라서 사람들은 때때로 이 수치를 실제적인 것으로 받아들이는 데 어려움을 겪는다. 100명 중에서 다섯 명을 사전에 구체적으로 거명할 수 없기 때문에 때때로 사람들은 그 예측이 마땅한 것만큼 실제적인 것이 아니라고 느끼게 된다. 사망한 후에라야 비로소 그 다섯 사람을 거명하게 된다. 예킨대, 팀 러서트가 바로 그 다섯 명 중의 한 사람으로 나타난 것이다. 사전에 그를 거명할 수 있었다고 하더라도 그가 사망하지 않을 것이었는데 사망한 것은 아니다. 우리는 수치의 추상성으로 인해서 확률적 예측은 실제적인 것이 아니라는 이러한 느낌과 생각을 극복해야만 한다.

실제로 과학자들은 확률적 예측을 할 때 **실제 사람들**에 관하여 언급하고 있는 것이다. 제8장에서 운전 중 휴대전화 통화와 문자 주고받기로 인해서 내년에 수백 명의 사람들이 그렇게 하지 않는다면 예방할 수도 있는 추돌사고로 사망할 것이라고 지적하였던 것을 회상해보기 바란다. 이것은 확률적 예측이기 때문에 누가 그 수백 명에 해당할 것인지는 말할 수 없다. 그렇지만 확률적이라고 해서 그 예측이 실제적이지 않은 것은 결코 아니다. 이 사실을 보다 생생하게 표현해야 할는지 모르겠다. 이 책을 읽고 있는 독자 중에 누군가는 스마트폰으로 주의가 산만해진 운전자가 일으키는 추돌사고로 금년에 삶을 달리할 수도 있는 것이다.

사람들은 확률적 예측의 실제, 즉 우리는 확실한 세상에 살고 있는 것이 아니라는 사실을 받아들이는 데 어려움을 겪는다. 과학 작가 나탈리 앤지어(Natalie Angier, 2007)는 어떻게 사람들이 지진학자들은 실제로 각각의 지진을 예측할 수 있지만 "공황 상태를 유발하지 않기 위하여" 그 예측을 공개하지 않는다고 생각하는 것인지를 논의하고 있다. 한 지진학자는 한 여성으로부터 편지 한 통을 받았는데, 그 편지는 지진학자가 자녀들을 다른 지역에 사는 친척에게 보낸 적이 있는지를 묻는 것이었다.[2] 이 사례를 통해서 앤지어가 지적하고 있는 것은 사람들이 권위자들은 과학에 불확실성이 존재한다는 사실을 인정하기보다는 무시무시한 거짓말에 몰두하고 있다고 믿으려 하는 것처럼 보인다는 사실이다. 기거렌저와 동료들의 공식적인 연구(Gigerenzer et al., 2007)는 앤지어의 두려움을 확인하고 있다. 기거렌저 등이 찾아낸 사실은 연구에 참가한 독일 국민 표본의 44%는 마모그램 검사가 "절대적으로 확실한" 결과를 내놓는다고 잘못 생각하며, 63%는 지문이 "절대적으로 확실한"

---

[2] 본문에서 부족한 부분을 첨언하면 다음과 같다. 그 편지의 암묵적 전제는 만일 지질학자가 자녀들을 특정 기간 동안에 특정 지역에 사는 친척에게 보냈다면, 그 지질학자는 그 기간 동안에 그 지역에는 지진이 일어나지 않는다는 사실을 알았기 때문이라는 것이겠다. 할리우드 영화라면 가능한 일이지 않겠는가!

결과를 내놓는다고 잘못 생각한다는 것이었다.

    심리과학은 찾아낸 거의 모든 사실과 관계를 확률적으로 진술한다. 이 사실에 유별난 것이라고는 아무 것도 없다. 다른 과학의 많은 법칙과 관계들도 확실성보다는 확률로 진술한다. 예컨대, 인구유전학의 모든 하위영역들은 확률적 관계에 근거한다. 물리학자들은 한 원자 내에서 전자의 전하분포를 확률함수로 기술할 수 있다고 말한다. 따라서 행동 관계들을 확률 형태로 진술한다고 해서 그 관계들이 다른 과학에서의 관계들과 차별화 되는 것은 아니다.

    많은 연구자들은 "사람들은 '때로는' 그리고 '아마도'라고 하는 섬에 살고 있는데도 불구하고, '항상' 그리고 '확실히'의 영역에서 계속해서 살아가기를 갈구해온 것으로 보인다"는 사실을 지적해왔다(Bronowski, 1978a, 94쪽). 이 장에서 우리는 여러분을 '때로는'과 '아마도'의 섬에서 보다 편안함을 느낄 수 있도록 만들려고 노력할 것이다. 심리학을 이해하기 위해서는 이 장의 주제인 확률적 추리(probabilistic reasoning)에 익숙해져야만 하기 때문이다.

"아무개" 통계

    대부분의 일반대중은 의학의 많은 결론들이 확률적 경향성의 진술이며 절대적 확실성의 예측이 아니라는 사실을 깨닫고 있다. 흡연은 폐암과 다른 많은 건강문제들을 야기한다. 이 사실을 증명하는 상당한 양의 의학적 증거들이 있다(Gigerenzer et al., 2007). 그렇다면 흡연자는 누구나 폐암에 걸리고 비흡연자는 누구나 폐암에서 자유로운가? 대부분의 사람들은 이러한 함의가 뒤따르지 않는다는 사실을 잘 알고 있다. 그 관계는 확률적인 것이다. 흡연은 폐암에 걸릴 가능성을 현저하게 증가시키지만 확정적인 것으로 만들지는 않는다. 의학은 비흡연자 집단보다 흡연자 집단의 보다 많은 사람들이 폐암으로 사망할 것이라는 사실을 자신 있게 말할 수 있다. 그렇지만 누가 사망할 것인지는 확실하게 알려주지 못한다. 그 관계는 확률적인 것이다. 모든 사례에 해당되는 것이 아니다. 우리는 모두 이 사실을 인식하고 있다. 아니, 그렇지 않은지도 모르겠다. 우리는 비흡연자가 흡연-폐암 통계치를 인용하면서 흡연자에게 금연하도록 설득하지만, 그 흡연자가 "에이, 집어치워! 저기 아래 가게의 김영감을 보라고. 16세부터 하루에 세 갑씩이나 피워댔잖아! 81세인데도 아직도 정정해 보이고 말이야!"라고 반박하는 것을 얼마나 자주 보아왔던가! 이렇게 말하는 사람이 이끌어내려는 명백한 암시는 단일 사례가 그 관계를 무력화시킨다는 점이다.

놀랍고도 고민스러운 것은 이러한 음모가 자주 작동한다는 데 있다. 너무나도 자주 사람들은 확률적 경향성을 무력화시키기 위하여 단일 사례를 인용하는 데 있어서 의기투합하여 손을 맞잡는다. 이 사실은 확률 법칙의 본질을 이해하는 데 실패하였다는 사실을 반영한다. 만일 단일 사례가 법칙을 무력화시킨다고 간주한다면, 사람들이 법칙은 모든 사례에 적용되어야만 한다고 암묵적으로 생각한다는 사실을 의미하는 것임에 틀림없다. 요컨대, 사람들은 법칙의 확률적 본질을 이해하는 데 실패한 것이다. 아무리 강력한 경향성이라고 하더라도 그 경향성에서 벗어나는 몇 사람의 "아무개"는 있게 마련이다. 흡연의 예를 보자. 85세까지 장수하는 사람의 5%만이 흡연자이다(버클리 소재 캘리포니아 대학교, 1991). 다르게 표현한다면, 85세까지 살아남은 사람의 95%가 비흡연자이거나 아니면 젊었을 때 흡연하다가 금연한 사람들이다. 금연하지 않고 계속해서 흡연하는 것은 생명을 현저하게 단축시킨다. 단지 소수의 흡연자만이 85세까지 살아남는다.

  심리학자들은 "김영감" 이야기와 같은 사례를 "아무개" 통계(man-who statistics)를 사용한 사례라고 부른다. 이 상황은 어떤 사람이 "아무개"는 잘 확립된 통계적 경향성과 상반된다는 사실을 알고 있음으로 해서 그 경향성을 믿지 않게 되는 상황이다. 예컨대, "지금 취업 기회가 서비스 산업에서는 확장되고 중공업 분야에서는 줄어들고 있다고 말하는 겁니까? 결코 그렇지 않아요. 나는 지난 화요일에 철강회사에 취직한 친구를 알고 있는데요." "30년 전에 비해서 자식을 적게 가진다고 말하는 겁니까? 당신 제 정신이 아니군요. 옆집의 젊은 부부는 자식이 이미 셋이나 되는데, 아직 서른도 안 넘었다고요." "자식들이 부모의 종교적 신념을 받아들이는 경향이 있다고 말하는 겁니까? 그런데 나는 직장동료 중에 아들이 며칠 전에 다른 종교로 개종해버린 사람을 알고 있는데요."

  어느 곳에서나 나타나는 이러한 "아무개"는 일반적으로 사람들이 이전에 믿어왔던 신념과 상치되는 강력한 통계적 증거에 직면할 때 나타난다. 따라서 사람들이 실제로는 보다 잘 알고 있는데, 단지 자신들의 견해와 상반되는 사실을 무력화시키는 기법으로 "아무개"를 사용하는 것이라고 주장할 수도 있다. 그러나 인간의 의사결정과 추리를 밝혀온 심리학자들의 연구는 "아무개" 통계를 사용하려는 경향성이 단지 논쟁 전략으로서의 효용성에서만 유래하는 것이 아니라는 사실을 시사한다. 오히려 사람들이 확률 정보를 다루는 데 상당한 어려움을 경험하기 때문에 이러한 엉터리 주장을 빈번하게 사용하는 것으로 보인다. 인간 사고의 본질을 밝히려는 많은 연구들은 확률적 추리가 인간 인지의 아킬레스건, 즉 결정적 취약점이라는 사실을 지적해왔다.

확률적 추리와 심리학의 오해

사람들이 확률 정보를 다루는 데 있어서 겪게 되는 문제들로 인해서 심리학 연구결과들이 오해받는 경우가 많다. 누구나 "남자는 여자보다 키가 크다"는 진술의 확률적 본질을 이해하고 있다. 사람들은 이것이 확률적 경향성에 관한 진술임을 이해하며, 단일 예외사례가 존재한다고 해서(아무개 남자가 아무개 여자보다 키가 작다는 사례) 무력화되지 않는다는 사실을 깨닫고 있다. 대부분의 사람들은 "흡연이 폐암을 유발한다"는 진술도 유사한 것임을 이해하고 있다. 비록 자신의 습관이 자기 자신을 죽이고 있다고 믿고 싶지 않은 흡연가들에게는 "김영감" 사례가 그럴듯해 보일는지도 모르겠지만 말이다. 그럼에도 불구하고 행동 경향성에 대한 이와 유사한 확률적 진술들이 광범위한 불신을 초래하며 "아무개"를 알고 있는 많은 사람들로부터 배척당하는 경우가 많다. 많은 심리학 교수들은 특정한 행동 관계에 관한 증거를 논의할 때 매우 공통적인 반응을 목격해왔다. 예컨대, 교수가 아동의 학업성취는 가정의 사회경제적 지위 그리고 부모의 교육수준과 밀접한 관계가 있다는 사실을 제시하였다고 하자. 그러면 적어도 한 학생이 아버지는 중학교밖에 졸업하지 않았는데도 장학생인 "친구 아무개"를 알고 있다고 반론을 제기하기 십상이다. 이렇게 되면 흡연-폐암의 사례를 이해하고 있던 사람들조차 동요를 일으키는 경향이 있다.

의학과 물리학의 발견을 부정하는 데는 사람들이 결코 사용하려고 생각하지도 않는 "아무개" 논쟁을 심리학 연구를 부정하는 데는 끊임없이 사용한다. 대부분의 사람들은 의학에서 개발한 많은 치료법, 이론, 그리고 사실들이 확률적이라는 사실을 이해한다. 예컨대 모든 환자가 아니라 대다수의 환자들이 특정 약물에 반응한다는 사실을 이해하고 있다. 그러나 의학은 어느 환자가 그 약물에 반응할 것인지를 미리 알려줄 수는 없다. 단지 말할 수 있는 것은, 만일 100명의 환자가 치료법 A를 받고 다른 100명의 환자가 이 치료법을 받지 않는다면, 일정한 시간이 경과한 후에 치료법 A를 받은 환자들이 **집단적으로 볼 때** 더 나아질 것이라는 사실뿐이다. 제4장에서 필자는 편두통 치료를 위해 이미트렉스라고 부르는 약물을 복용하고 있다는 사실을 언급한 바 있다. 이 약물에 동봉된 설명서를 보면, 통제를 가한 실험이 특정 양을 복용한 환자의 57%가 두 시간 내에 통증 완화를 경험한다는 사실을 증명하였다고 적혀 있다. 필자는 운이 좋게도 이 57%에 포함되어 있다. 그렇지만 제약회사와 필자의 주치의는 모두 내가 불운한 43%에 속하지 않을 것이라는 사실을 보장해주지 못하였다. 이 약물은 모든 사람에게 효과적인 것이 아니다.

   이러한 의학 지식이 확률적이고 모든 사례에 적용되지 않는다고 해서 이 지식의 가치를 부정할 사람은 아무도 없다. 그런데 많은 심리학 발견과 심리치료법의 경우에는 바로 이러한 불행한 사태가 발생한다. 심리학 발견이나 심리치료법이 모든 사례에 적용되지 않는다는 사실은 흔히 심리학의 진보에 대한 심각한 실망감과 모욕을 초래한다. 주제가 심리학일 경우에 사람들은 지식이 유용하기 위해서 반드시 확실한 것이어야 할 필요가 없다는 근본 원리, 즉 개별 사례들은 예언할 수 없다 하더라도 집단적 경향성을 정확하게 예언하는 능력은 상당한 정보성을 갖는다는 원리를 망각하는 경향이 있다. 집단 특성에 근거한 결과의 예측을 흔히 **집합적 예언**(aggregate prediction) 또는 **집단통계적 예언**(actuarial prediction)이라고 부른다(다음 장에서 집단통계적 예언을 보다 자세하게 논의한다).

   건강에 문제가 있는 사람이 의사를 찾아가는 경우를 생각해보자.

그 사람은 만일 운동을 하고 식사를 조절하지 않으면 심장마비를 일으킬 위험성이 높다는 이야기를 듣는다. 의사가 섭식 패턴을 바꾸지 않으면 2014년 9월 18일에 심장마비를 일으킬 것이라고 말할 수 없다고 해서 그 의사는 유용한 지식을 가지고 있지 못하다고 말하려는 것이 아니다. 우리는 의사의 예측이 확률적인 것이며 위와 같은 정도의 정확성을 가질 수 없다는 사실을 이해하고 있다. 이것은 지질학자가 향후 30년 동안에 특정 지역에서 진도 8.0 이상의 지진이 일어날 확률이 80%라고 말하는 것과 마찬가지이다. 지질학자가 2016년 7월 5일 바로 이곳에서 지진이 발생한다고 말할 수 없다고 해서 그의 지식을 비하하지 않는다. 과학 작가 엘리자베스 콜버트(Elizabeth Kolbert, 2005)는 일단의 기후학자들이 어째서 자신들의 웹사이트에 "뉴올리언스는 인간이 초래한 환경변화로 초토화되는 최초의 미국 도시가 될 것인가?"라는 제목의 글을 올려놓았는지를 기술하고 있다. 일반대중을 교육시키려는 시도에서 이들은 이 질문이 지극히 잘못된 것이라는 사실을 지적하고 있다. 이들의 핵심은 "지구 온난화에 관한 과학은 어떤 특정한 허리케인(또는 한발, 혹서, 홍수 등)에 관해서 아무것도 말할 수 있는 것이 없으며, 단지 대규모의 통계적 패턴만을 말할 수 있을 뿐이다"(36쪽)라는 것이다.

학교심리학자가 학습장애 아동을 위한 프로그램을 권장할 때는 물론 확률적 예측을 하고 있는 것이다. 즉, 특정 프로그램에 참여하면 우수한 학업성취의 확률이 높아진다는 것이다. 이것은 임상심리학자가 자해행동 아동을 위한 프로그램을 권장할 때도 마찬가지이다. 임상심리학자는 특정 프로그램을 시행하면 좋은 결과를 얻을 확률이 높아진다고 판단하고 있는 것이다. 그런데 심장마비와 지진 사례와는 달리, 심리학자는 "그런데 언제가 되면 우리 아이가 제 학년의 교과서를 읽게 되나요?" 또는 "우리 아이는 정확하게 얼마 동안이나 이 프로그램에 있어야 하나요?"와 같은 질문에 봉착하기 십상이다. 이것들은 답을 할 수 있는 질문이 아니다. 정확하게 언제 지진이나 심장마비가 일어나는지에 관한 질문들이 답할 수 없는 질문인 것과 마찬가지이다. 이 질문들에 답할 수 없는 까닭은 심장마비이든 학습장애 아동이든 지진이든 자해행동 아동이든지 간에 예측이 확률적인 것이기 때문이다.

이러한 이유 때문에 확률적 추리에 대한 철저한 이해가 심리학을 이해하는 데 필수적이다. 여기 심각한 아이러니가 하나 있다. 심리학은 통계적으로 생각하지 못하는 일반대중의 무능력으로 인해서 가장 큰 고통을 받는다. 그런데 모든 학문분야 중에서 확률적 추리능력의 본질에 관한 가장 많은 연구를 심리학이 수행해왔다.

확률적 추리에 관한 심리학 연구

지난 30여 년 동안 프린스턴 대학교의 다니엘 카네만(Daniel Kahneman, 2002년 노벨 경제학상 수상자이다)과 고(故) 아모스 트버스키(Amos Tversky)와 같은 심리학자들의 연구는 사람들의 추리능력에 관하여 생각하는 방식에 일대 혁명을 일으켰다. 이 연구자들은 연구를 수행해 가는 과정에서 확률추리의 몇몇 기본 원리들이 많은 사람들에게 결여되어 있거나 아니면 불충분하게 발달되어 있다는 사실을 발견하였다. 흔히 지적해 온 것처럼, 이러한 원리가 불충분하게 발달되었다는 사실이 그렇게 놀라운 것일 이유는 없다. 확률 이론은 수학의 한 분야로서 최근에 발달한 학문이다. 확률 이론의 핵심적인 초기 발달은 16세기와 17세기에 들어서서 비로소 시작되었으며(Mazur, 2010) 많은 핵심적인 발달은 지난 세기에 비로소 이루어졌다.

확률 이론이 처음으로 발달하던 시기는 한 가지 중요한 사실을 부각시켜준다. 즉, 확률에 관한 근본 법칙들을 밝혀내기 훨씬 전부터 확률 게임들은 존재하였다. 여기 개인적 경험이 세상을 근본적으로 이해하는 데 어떻게 불충분한 것인지를 보여주는 또 다른 사례가 있다(제7장 참조). 확률 게임이 작동하는 방식을 이해하려면 확률 법칙에 관한 공식적인 교육이 필요하다. 수많은 도박사들이 있고 그들이 아무리 많은 "개인적 경험"을 가지고 있다고 해도 확률 게임의 기저 본질을 밝혀내는 데는 불충분하다.

문제는 사회가 점점 복잡해짐에 따라서 확률적 사고의 필요성이 모든 사람에게 더욱 증가한다는 데 있다. 만일 일반 시민이 자신이 살고 있는 사회를 근본적으로 이해하려고 한다면, 적어도 통계적으로 사고하는 기본능력을 가지고 있어야만 한다.

"왜 그들은 내 보험료를 인상하였으며, 어째서 김씨의 보험료가 이씨의 보험료보다 비싼가? 사회보장제도는 파산할 것인가? 복권에는 부정이 있는가? 범죄는 증가하는가 아니면 감소하는가? 왜 의사는 이 모든 검사를 받으라고 요구하는가? 어째서 유럽에서는 사람들이 특정 약물로 치료받을 수 있는데, 미국에서는 안 되는가? 정말로 여자가 남자에 비해서 동일한 직업에서 일을 잘 못하는가? 국제무역 거래가 미국인들에게서 직업을 빼앗아가고 임금을 낮추게 만드는가? 일본의 교육성취가 미국보다 정말로 높은가? 캐나다의 의료복지 보험이 미국보다 우수할 뿐만 아니라 저렴한가?" 여러분은 이러한 물음에 관심을 보일는지 모르겠다. 이 물음들은 모두 우리 사회에 대한 그리고 그 사회가 작동하는 방식에 대한 구체적이고도 실제적인 중요한 물음들이다. 각 물음에 대한 답을 이해하려면 통계적으로 사고해야만 한다.

통계적 사고에 관한 철저한 논의는 이 책의 범위를 넘어서는 것이다.[3]

아무튼 우리는 확률적 추리의 일상적인 함정 몇 가지를 간략하게 논의하도록 하겠다. 확률적 사고 기술을 발달시키는 좋은 방법은 인간의 마음이 빠지기 쉬운 몇 가지 확률적 오류를 인식하는 것이다.

확률 정보의 불충분한 사용

충분한 반복검증을 받아온 한 가지 결과는 사람들의 판단에서 구체적인 단일 사례 정보가 추상적인 확률 정보를 압도하는 경향이 있다는 것이다(제4장에서 논의한 생생함 문제이다). 확률 정보에 불충분하게 작은 가중치를 부여하는 경향성은 과학 훈련을 받지 않은 일반인에게만 국한하지 않는다. 의사와 같이 경험이 풍부한 의사결정자조차도 어려움을 겪는 문제가 있다(Stanovich, 2010 참조). 1,000명당 1명이 에이즈를 일으키는 HIV 바이러스에 감염된다고 상상해보라. 또한 HIV를 보유한 사람이 실제로 그 바이러스를 보유하고 있다는 사실을 항상 정확하게 보여주는 진단검사가 있다고 상상해보라. 마지막으로 그 검사는 5%의 긍정 오류율(false positive rate)을 나타낸다고 상상해보라. 이것은 바이러스를 보유하고 있지 않음에도 바이러스를 보유하고 있다고 그 검사가 잘못 판정하는 사람들의 비율이 5%라는 것을 의미한다. 한 사람을 무작위로 선정하여 검사를 실시하였는데 양성 반응(즉, 이 사람이 HIV 보유자라는 반응)이 나왔다고 생각해보자. 그 사람의 개인사와 질병사

---

3) 사람들의 확률적 추리에 관심이 있는 독자가 있다면, 우선 『불확실한 상황에서의 판단 : 추단법과 편향』(대우학술총서 518, 이영애 역, 2001, 서울 : 아카넷)을 읽어보기 바란다. 이 책은 D. Kahneman, P. Slovic, & A. Tversky(1982)가 편집한 *Judgment Under Uncertainty : Heuristics and Biases*를 번역한 것이다. 이 장의 마지막 부분에서 저자는 여러 권의 책을 소개하고 있는데, 불행하게도 한국어로 번역된 것은 제1장에서 소개하였던 Thinking, Fast and Slow(2011, 『생각에 대한 생각』)뿐이다.

에 관하여 아무것도 알지 못한다고 가정할 때 정말로 HIV 바이러스를 보유하고 있을 확률은 얼마인가?

이 문제에 대한 가장 일반적인 답은 95%이다(경험이 풍부한 의사들도 마찬가지다). 정답은 대략 2%이다. 사람들은 사례 정보를 과대평가하고 기저율 정보(1,000명당 1명만이 HIV 보균자라는 정보)를 과소평가하는 경향 때문에 양성으로 나타난 결과가 질병을 나타낸다는 확률을 엄청나게 과잉 추정한다. 조금만 논리적으로 생각해보아도 기저율이 확률에 미치는 심대한 영향을 예시하는 데 도움을 받을 수 있다. 1,000명중에 1명만이 HIV 보균자이다. 만일 보균자가 아닌 다른 999명이 검사받게 되면, 그 검사는 5%의 긍정 오류율로 인해서 대략 50명 정도가(0.05 × 999명) 보균자라고 잘못 판정할 것이다. 따라서 검사결과가 양성으로 나타난 51명중에서 단지 한 명만이(대략 2%) 실제로 보균자인 것이다. 요컨대, 기저율은 대다수 사람들이 보균자가 아니라는 사실을 나타낸다. 기저율이 상당한 긍정 오류율과 결합되면, 검사 결과가 양성인 대다수 사람들이 에이즈와는 무관한 사람들임을 확신시켜준다.[4]

대부분의 사람들은 이 논리의 정확성을 인정하겠지만, 이들이 처음에 보이는 반응은 기저율을 절감하고 임상적 증거를 과대평가하는 것이었

---

[4] 독자들이 골치 아프게 생각할 수도 있겠으나, 역자의 의무로 본문의 예와 같은 확률을 계산하는 데 사용하는 일반 규칙인 베이즈 정리(Bayes' theorem)를 간략하게 소개한다. 이 정리는 18세기 토마스 베이즈(Thomas Bayes)가 유도한 것으로써, 그 기본 등식은 다음과 같이 표현할 수 있다 : $P(A|B)=P(A)\cdot P(B|A)/P(B)$. 여기서 $P(A)$와 $P(B)$는 사건 A와 B의 사전 확률이며, $P(B)$는 $P(B|A)\cdot P(B)+P(B|not\ A)\cdot P(not\ A)$로 계산할 수 있다. 조건확률 $P(A|B)$는 B가 주어졌을 때 A의 확률이고, $P(B|A)$는 A가 주어졌을 때 B의 확률이다. 베이즈 정리를 이용하여 본문의 예를 계산해보면 다음과 같다. 사건 A가 HIV 보균이고 사건 B가 검사에서 양성반응을 보인 것이라고 할 때, $P(HIV|양성)=P(양성|HIV)\cdot P(HIV)/[P(양성|HIV)\cdot P(HIV)+P(양성|정상)\cdot P(정상)]=0.95\cdot 0.001/[0.95\cdot 0.001+0.05\cdot 0.999]=0.00095/[0.00095+0.04995]=0.00095/0.0509≒0.01866$. 즉 대략 1.8%가 된다. 물론 반올림하면 본문과 같이 2%이다.

다. 요컨대, 사람들이 실제로는 잘 알고 있지만, 아무튼 처음에는 엉터리 결론에 빠져들고 만다. 심리학자들은 이와 같은 문제를 "인지적 착시"라고 명명하였다(Kahneman, 2011 ; Pohl, 2004 참조). **인지적 착시**(cognitive illusion)에서는 사람들이 정답을 알고 있는 경우조차도 문제의 구조로 인해서 엉터리 결론에 빠져 들어갈 수 있다.

이 문제에서 사례 증거(검사 결과)는 대부분의 사람들에게 확실하고 구체적인 반면에, 확률 증거는 그저 확률적으로만 보일 뿐이다. 사례 증거 자체도 항상 확률적이기 때문에 이러한 추리도 물론 오류이다. 임상 검사는 특정한 확률에 따라서 질병의 존재를 오인한다. 이 상황은 정확한 결정에 도달하기 위해서는 두 가지 확률, 즉 사례 증거의 진단가와 사전 확률(기저율)이 결합되어야만 하는 상황이다. 이러한 확률을 결합하는 데는 옳은 방법과 잘못된 방법이 있는데, 너무나도 자주 사람들은 정보를 잘못된 방식으로 결합한다. 특히 사례 증거가 구체성이라는 착각을 제공하는 경우에 그렇다(제4장에서 논의한 생생함 문제를 회상하기 바란다).

위에서 소개한 HIV 사례는 검사 결과를 해석할 때 긍정 오류율에 주의를 기울이는 것의 중요성도 예증하고 있다. 그 사례에서 질병의 낮은 기저율(1,000명당 1명)과 결합된 상당한 긍정 오류율(5%)이 다음과 같은 심각한 결과를 초래하였다: 검사에서 양성 반응을 보인 많은 사람들은 바이러스 보균자가 아니다. 긍정 오류에 조심하는 것은 모든 진단 검사에서 숭자대한 관심사이다. 치료와 진단에서 엄청난 진보를 이룩한 의학에서도 대부분의 진단검사들은 여전히 상당한 긍정 오류율을 보이고 있다. 30,000명의 노인을 대상으로 수행한 연구에서 보면, 전립선암, 폐암, 그리고 결장암 진단을 위한 네 가지 선별검사를 실시한 후에, 1/3 이상의 남성들이 긍정 오류 진단을 받았다. 암이 없는 깨끗한 상태인데도 불구하고 검사는 그들이 암에 걸렸다고 진단하였던 것이다(Croswell et al., 2009).

표본크기 정보 사용의 실패

트버스키와 카네만(1974)이 개발한 다음의 두 문제를 생각해보자:

1. 어떤 도시에 두 개의 병원이 있다. 큰 병원에서는 매일 45명 정도의 아기가 태어난다. 작은 병원에서는 매일 대략 15명의 아기가 태어난다. 알다시피 대략 50%의 아이가 남자이다. 그러나 실제 비율은 매일 변한다. 때로는 50%보다 높기도 하고, 때로는 낮기도 하다. 1년이라는 기간 동안에 각 병원은 60% 이상의 아이가 남자이었던 날짜를 기록하였다. 어느 병원이 그러한 날이 더 많을 것이라고 생각하는가?
   a. 큰 병원
   b. 작은 병원
   c. 거의 동일하다

2. 주머니에 공이 가득 들어 있는데, 2/3가 같은 색이고 나머지 1/3이 다른 색이라고 가정하자. 한 사람이 주머니에서 5개의 공을 끄집어냈는데, 4개가 빨간색이고 1개가 하얀색이었다. 또 다른 사람은 20개의 공을 끄집어냈는데, 12개가 빨간색이고 8개가 하얀색이었다. 그 주머니에는 2/3의 빨간 공과 1/3의 하얀 공이 들어 있다는 것을 두 사람 중에서 누가 더 확신하겠는가? 두 사람 각각이 내놓을 확률은 얼마나 되겠는가?

문제 1에서 대다수의 사람들은 "c. 거의 동일하다"를 선택한다. 이것을 선택하지 않은 사람들이 큰 병원과 작은 병원을 선택하는 빈도는 거의 같다. 정답은 작은 병원이므로, 대략 75%의 실험참가자들이 틀리게 답하는 것이다. 이와 같은 엉터리 답은 문제에서 표본크기의 중요성을 인식하지 못하기 때문에 나타난다. 다른 것이 모두 동일하다면, 큰 표본크기는 항상 전집을 보다 정확하게 추정하게 된다. 따라서 어느 날이든지 큰 표본크기를 가지고 있는 큰 병원이 50%에 가까운 비율의 출산을 보이는 경향이 있다. 역으로 작은 표본크기는 항상 전집으로부터 일탈될 가능성이 높다. 따라서 출산비율이 전집으로부터 크게 벗어나는 날은(60%가 남자, 40%가 남자, 80%가 남자 등등) 작은 병원에서 더 많게 된다.

문제 2에서 대부분의 사람들은 5개 공 표본이 주머니에는 빨간 공이 더 많다는 보다 설득력 있는 증거를 제공한다고 생각한다. 실제로 확률은 역방향으로 나타난다. 5개 공 표본에서는 주머니에 빨간 공이 더 많을 가능성이 8 대 1이지만, 20개 공 표본에서는 그 가능성이 16 대 1이다. 비록 빨간 공의 비율은 5개 공 표본에서 더 높지만(80% 대 60%), 이것은 다른 표본이 네 배나 더 크다는 사실에 의해 상쇄되기 때문에, 큰 표본이 주머니 속의 비율에 대한 정확한 추정치일 가능성이 더 높은 것이다. 그러나 대부분 실험참가자들의 판단은 5개 공 표본에서 빨간 공의 높은 비율이 주도하며, 20개 공 표본이 가지고 있는 보다 높은 신뢰도를 적절하게 고려하지 못한다.[5]

---

5) 문제 2에서 두 결과가 빨간 공이 2/3이고 하얀 공이 1/3인 주머니에서 나올 확률과 그 반대인 주머니에서 나올 확률을 계산해보면 다음과 같다.
$P(빨강\ 4\ \&\ 하양\ 1|빨강\ 2/3) = 5!/4! \times (2/3)^4 \times (1/3)^1 = 5 \times 16/81 \times 1/3 = 80/243$
$P(빨강\ 4\ \&\ 하양\ 1|빨강\ 1/3) = 5!/4! \times (1/3)^4 \times (2/3)^1 = 5 \times 1/81 \times 2/3 = 10/243$
$P(빨강\ 12\ \&\ 하양\ 8|빨강\ 2/3) = 20!/(12!\times 8!) \times (2/3)^{12} \times (1/3)^8 = 125,970 \times 2^{12}/3^{20}$
$P(빨강\ 12\ \&\ 하양\ 8|빨강\ 1/3) = 20!/(12!\times 8!) \times (1/3)^{12} \times (2/3)^8 = 125,970 \times 2^8/3^{20}$
따라서 공 다섯 개를 끄집어냈을 때는 두 확률 간의 비가 80/243 : 10/243, 즉 위의 두 문제는 표본크기에 관한 매우 유용한 원리, 즉 작은 표본이 보다 극단적인 값을 초래할 가능성이 높다는 원리를 예증하고 있다. 심리학자 다니엘 카네만(2011)은 이 원리를 적용하는 데 실패함으로써 필요하지도 않은 인과 이론을 부질없이 찾아 헤매게 되는 사례를 보여주고 있다. 그는 미국에서 3,141개 군을 대상으로 신장암의 발병률이 가장 낮은 군은 인구밀도가 매우 낮은 농촌 지역의 군인 경향이 있다는 사실을 찾아낸 연구를 지목하였다. 카네만(2011)은 그 이유에 관한 인과 이론을 만들어내는 것이 얼마나 쉬운 일인지를 지적하였다. "공기 오염도 없고, 수질 오염도 없으며, 첨가물이 들어 있지 않은 신선한 음식 등, 농촌의 깨끗한 생활환경"(109쪽)이 원인이라는 것이다. 이러한 인과 이론이 가지고 있는 유일한 문제점은 동일한 연구에서 얻은 또 다른 결과를 설명할 수 없다는 것이다. 즉, 신장암의 발병률이 가장 높은 군도 인구밀도가 매우 낮은 농촌 지역의 군인 경향이 있었던 것이다! 만일 후자의 사실을 먼저 들었더라면, 농촌 지역에서는 흡연을 많이 하고, 음주도 많이 하며, 고지방의 음식을 많이 섭취한다는 설명을 들먹이기 시작하였을는지도 모른다. 그렇지만 이러한 설명 그리고 발병률이 낮은 농촌 지역에 관한 전자의 설명은 모두 핵심에서 벗어난 것이다. 앞에서 논의하였던 병원 문제가 여기서도 작동하고 있는 것이다. 인구밀도가 희박한 농촌 지역의 군은 작은 표본이며, 모든 유형의 극단적인 값, 즉 극단적으로 큰 값과 극단적으로 작은 값을 더 많이 초래하게 되어 있는 것이다.

많은 사람들은 표집을 수반한 상황을 인식하는 데 있어서 문제점을

---

8 : 1이며, 스무 개를 끄집어냈을 때는 $125,970 \times 2^{12}/3^{20}$: $125,970 \times 2^{8}/3^{20}$, 즉 16 : 1이 된다.

또 다시 확률 계산을 소개하여 공연히 정신만 산란하게 만들었는지 모르겠다.

가지고 있다. 즉, 전집이 아니라 표본을 다루고 있다는 사실을 깨닫는 데 어려움을 겪는다. 이 사실을 깨닫지 못함으로써 표본을 가지고 측정하는 것은 **표집 오류**(sampling error)를 범하게 된다는 사실을 간과하게 되는 것이다. 예컨대, 여러분의 주치의가 혈액검사를 지시할 때 여러분에게서 채취한 피는 **표본**이 되는 것이며, 평가하는 것은 표본이지 전체 혈류 시스템의 상태가 아니다. 그 표본이 전체 혈류 시스템을 대표한다고 가정하지만, 그 가정은 확률적인 것이며 단지 어느 정도만 참인 것이다. 그 검사가 전체 혈류 시스템을 측정할 수 없기 때문에 표본에 포함된 세포들 그리고 그 세포의 구성과 특성들은 필연적으로 절대적인 사실에서 어느 정도는 벗어날 수밖에 없다. 따라서 어느 정도는 오류가 나타나게 된다. 요컨대, 여러분의 주치의는 작은 표본을 가지고 여러분 전체에 관한 가정을 하고 있는 것이다.

종양 생체검사를 할 때도 마찬가지이다. 생체검사는 큰 종양의 작은 표본만을 다루기 때문에 어느 정도의 오류를 수반한다. 의학 작가 타라 파커-포프(Tara Parker-Pope, 2011)는 전립선암을 진단하기 위한 생체검사를 논의하는 과정에서 매우 보편적인 유형의 생체검사는 단지 전립선의 3/1,000 정보만을 표집한다는 사실을 지적하고 있다. 그녀는 대략 표본의 20%에서 국면 검사(staging test)와 등급 검사(grading test)[6] 오류가 발생한다는 증거를 인용하고 있다. 명심해야 할 사항은 행동을 측정할 때도 마찬가지라는 사실이다. 흔히 행동 전집을 대표하는 작은 행동 표본을 취하고 있는 것이다.

---

6) 국면 검사(staging test)는 암세포가 얼마나 퍼졌는지를 가지고 암이 진행된 정도를 결정하는 검사이며, 등급 검사(grading test)는 종양이나 다른 비정상 조직에 들어 있는 세포의 모양을 측정하는 검사를 말한다.

노름꾼의 오류

다음 두 문제에 답을 해보기 바란다.

> **문제 A**: 공정한 동전(던졌을 때 앞면과 뒷면이 나올 가능성이 50/50인 동전)을 던지고 있는데 계속해서 다섯 차례나 앞면이 나왔다고 상상해보라. 여섯 번째 던지기에서 결과는 다음 중에서 어떨 것이라고 생각하는가?
> ① 앞면보다 뒷면이 나올 가능성이 더 크다.
> ② 뒷면보다 앞면이 나올 가능성이 더 크다.
> ③ 앞면과 뒷면의 가능성은 동일하다.

> **문제 B**: 슬롯머신 게임에서는 평균적으로 매 10번 중에서 1번 돈을 딴다(한 번의 시도에서 돈을 딸 가능성이 1/10). 그런데 줄리는 처음 네 차례 연속해서 돈을 땄다. 다섯 번째 시도에서 그녀가 돈을 딸 가능성은 얼마인가?

위의 두 문제는 사람들이 소위 노름꾼의 오류, 즉 과거의 사건과 미래의 사건이 실제로는 독립적임에도 불구하고 두 사건 간의 연계를 보려는 경향성에 얼마나 취약한지를 알아보려는 것이다. 한 사건의 발생이 다른 사건의 발생 확률에 영향을 미치지 않을 때 두 사건은 독립적이다. 정당한 장치를 사용하는 대부분의 확률 게임은 이러한 특성을 가지고 있다. 예컨대, 특정한 룰렛 게임에서 어느 숫자가 나올 것인지는 그에 앞서 나왔던 숫자와는 독립적이다. 룰렛 판 숫자의 절반은 빨강이고 나머지 절반은 검정이다(설명을 단순화하기 위해서 편의상 녹색 0과 00은 무시하기로 한다). 따라서 룰렛 판이 돌아가고 빨간 숫자가 나올 확률은 절반이다(0.50). 그런데 연속해서 대여섯 번 빨간 숫자가 나왔다면, 대부분의 노름꾼들은 이제 검은 숫자가 나올 가능성이 더 크다고 생각해서는 검정에 내기를 걸게 된다. 이것이 **노름꾼의 오류**(gambler's fallacy)이다. 사건들이 독립적인데도 이전의 결과가 다음 결과의 확률에 영향을 미치는 것처럼 행동하는 것이다. 이 경우에 노름꾼은 잘못된 신념을 가지고 있다. 룰렛 판은 앞선 게임에서 어떤 일이 일어났는지를 기억하지 못한다. 빨강이 연속해서 15번이나 나왔다고 하더라도 다음 게임에서 빨강이 나올 확률은 계속해서 0.50인 것이다.

문제 A에서 어떤 사람은 다섯 번의 앞면 후에는 앞면보다 뒷면이 나올 가능성이 더 크다고 생각하며, 그렇게 생각함으로써 노름꾼의 오류를 범한다. 정답은 여섯 번째 던지기에서도 앞면과 뒷면의 가능성은 동일하다는 것이다. 마찬가지로 문제 B에서 1/10 이외의 어떤 답도 노름꾼의 오류를 나타낸다.

노름꾼의 오류는 미숙자들에게만 한정되는 것이 아니다. 연구결과를 보면, 매주 20시간 이상 확률 게임을 즐기는 습관적인 노름꾼들조차도 이 오류를 보인다는 사실을 알 수 있다(Petry, 2005; Wagenaar, 1988). 실제로 연구결과들은 도박 중독을 치료받고 있는 사람들이 통제집단의 사람들보다 노름꾼의 오류를 신봉하고 있을 가능성이 더 높다는 사실을 보여주고 있다(Toplak, Liu, Macpherson, Toneatto, & Stanovich, 2007).

노름꾼의 오류는 확률 게임에만 국한되지 않는다는 사실을 인식하는 것도 중요하다. 확률이 중요한 역할을 담당하는 모든 영역, 다시 말해서 거의 모든 사건에서 작동한다. 출생아의 성별을 유전이 결정한다는 것이 한 가지 사례이다. 심리학자, 의사, 그리고 결혼상담가들은 흔히 두 딸이 태어난 후에 "우리는 사내아이를 원하는데, 이제는 아들이 태어날 때가 되었다"고 생각하기 때문에 세 번째 아이를 낳으려는 부부들을 접하게 된다. 이것도 물론 노름꾼의 오류이다. 아들을 낳을 확률(대략 50%)은 첫 아이를 낳을 때이거나 두 딸을 낳은 후이거나 정확하게 똑같다. 태어난 두 딸이 세 번째 아이가 아들이 될 가능성을 높여주는 것이 절대로 아니다.[7]

노름꾼의 오류는 확률에 관한 잘못된 신념에서 유래한다. 한 가지 잘못된 신념은 만일 과정이 완전히 무선적이라면, 아무리 작은 연속이라고 하더라도(예컨대, 여섯 번의 동전던지기) 특정 패턴이나 동일 결과의 반복이 일어나서는 안 된다고 생각하는 것이다. 사람들은 무선적 연속에서 동일 결과의 반복(앞, 앞, 앞, 앞)과 패턴(앞, 앞, 뒤, 뒤, 앞, 앞, 뒤, 뒤, 앞, 앞, 뒤, 뒤)의 가능성을 과소평가한다. 그렇기 때문에 사람들은 무선적 연속을 만들어내고자 시도할 때 진정한 무선성을 생성할 수 없게 된다. 이러한 무선적 연속을 생성할 때, 행여나 어떤 패턴이 발생할까봐 속절없이 애쓰는 과정에서 지나치게 교대로 선택하게 되는 것이다 (Olivola & Oppenheimer, 2008 ; Scholl & Greifeneder, 2011).

염력을 가지고 있다고 주장하는 사람들은 이러한 경향성을 손쉽게

---

[7] 이 문제는 아직도 남아선호가 심각한 사회문제가 되고 있는 우리 문화에 오히려 적합하겠다. OECD 국가 중에서 출산율이 극히 저조한 우리나라에서 아이가 셋인 경우에 맏이와 둘째는 여아이고 막내는 남아인 경우가 아주 많다. 본문에서 기술한 노름꾼의 오류가 제대로 작동한 때문일까? 순전히 생물학적인 입장에서만 보면, 임신할 때는 남아의 수가 더 많은데 임신 중 또는 출생 시의 사망률 그리고 태어난 후의 사망률도 남아가 높기 때문에 생물학적 혼인적령기(10대 후반)가 되면 남녀의 비가 동일하게 된다고 한다. 아마도 이것은 진화의 결과일 것이다. 그런데 의학이 발달하여 남아의 출생 전과 후의 사망률이 낮아지고(따라서 자연적으로 남아의 비율이 증가한다), 특히 양수검사와 같은 것이 태아의 성별을 확인하는 데 남용됨으로써(따라서 **인위적**으로 남아의 비율이 증가한다) 남녀 숫자의 불균형이 점점 커지고 있다. 지역에 따라서 여아 100명당 남아의 숫자가 120명이나 되는 경우도 있다니 심각한 사회문제가 될 것이 불 보듯 하다. 남아 선호는 여러 가지 이유로 우리나라 노총각들에게 시집오는 외국 여성들이 증가하는 데도 한 몫을 하고 있다. 정보화 사회인 21세기는 바로 여성의 시대라고도 하니, 우리나라에서도 남아선호의 문제가 해결될 수도 있겠다는 희망을 가져본다.

이용해먹을 수 있다. 때때로 대학의 심리학 강의실에서 수행하는 시범을 하나 생각해보자. 한 학생에게 숫자 1, 2, 3 중에서 계속해서 무선적으로 하나씩 선택하여 200개 숫자의 목록을 만들어보라고 요구한다. 다 마친 후에는 교수가 무선적 숫자의 목록을 볼 수 없도록 한다. 이제 그 학생에게 목록의 첫 번째 숫자에 주의를 집중하라고 말하고, 교수는 그 숫자가 무엇인지를 추측한다. 교수가 추측을 한 후에, 그 학생이 급우들과 교수에게 정답을 알려준다. 교수의 추측이 맞았는지를 기록하는데, 이 과정은 200개 숫자 모두에 대해 기록할 때까지 계속한다. 이 절차를 시작하기 전에 교수는 그 학생의 마음을 읽음으로써 자신의 "염력"을 증명해보일 것이라고 공언한다. 학생들에게 염력에 대한 확고한 경험적 증거가 되려면 성과의 수준, 즉 "적중"의 비율이 얼마나 되어야 할 것인지를 묻는다. 일반적으로 통계학 강의를 수강한 학생이라면 33%의 적중은 순전히 우연에 의한 것이라는 사실을 예상할 수 있기 때문에, 교수는 이것보다 더 큰 비율의 적중을 보여야 한다. 예컨대, 적어도 40%는 되어야 염력을 가지고 있다고 자신들이 믿을 수 있다고 자발적으로 말할 수 있다.8) 학생들은 일반적으로 이러한 주장을 이해하고 그것에 동의한다. 이제 실험이 시작되고 놀랍게도 교수는 40% 이상의 적중률을 보여주게 된다.

그렇게 되면 학생들은 무선성에 대해 그리고 "염력"을 위장하기가 얼마나 쉬운 것인지에 대해 무엇인가를 배우게 되는 것이다. 이 사례에

---

8) 저자는 독자들의 통계 지식을 지나치게 과대평가하고 있다는 생각이다. 본문에 제시한 문제에서 아무렇게나 답을 해서 우연히 맞힐 수 있는 개수의 기댓값은 66.6개(200/3)이다. 40%는 80개의 정답을 의미하는데, **우연히** 40% 이상 정답을 낼 수 있는 확률을 실제로 계산하면 매우 작은 값이 나올 것이 틀림없겠지만(표본 크기가 200이나 되기 때문에 그렇다. 각주 5의 예를 참조하기 바란다) 어림짐작으로는 전혀 그렇지가 않다.

서 교수는 단지 사람들이 숫자들의 "무선적" 배열을 생성할 때 동일 결과의 연속을 생성하지 않으려는 경향, 즉 너무나 자주 숫자를 교대시키는 사실을 이용할 뿐이다. 숫자의 진정한 무선적 연속에서 세 번 연속해서 2가 나온 후에 다시 2가 나올 확률은 얼마나 되는가? 1이나 3의 확률과 마찬가지로 1/3이다. 그러나 대부분의 사람들은 숫자를 그렇게 생성하지 않는다. 동일 숫자가 몇 차례만 연속되어도, "대표적" 순서를 생성하기 위하여 숫자를 대치해버리는 경향이 있다. 따라서 앞 사례의 각 시행에서 교수는 그 학생이 앞 시행에서 선택하지 않았던 두 숫자 중의 하나를 선택하면 된다. 만일 앞 시행에서 그 학생이 2를 생성하였다고 말하였다면, 교수는 다음 시행에서 1이나 3을 선택한다. 만일 앞 시행에서 학생이 3을 생성하였다면, 교수는 다음 시행에서 1이나 2를 선택한다. 이렇게 간단한 절차만으로도 33%보다 높은 적중률, 즉 "염력"을 눈곱만치도 가지고 있지 않아도 우연에 의한 정확성 이상의 적중률을 보장받을 수 있는 것이다.

사람들이 만일 사건의 연속이 무선적이라면, 동일 결과의 반복이나 어떤 패턴을 보여서는 안 된다고 믿는 경향성은 2005년에 일어났던 아이팟[9]의 "셔플" 기능에 관한 논쟁이 유머러스하게 예증하였다(Levy, 2005). 이 기능은 아이팟에 저장되어 있는 음악을 무선적인 순서로 들려주는 것이다. 물론 이 연구를 알고 있는 많은 심리학자와 통계학자들은 필연적인 사건이 발생하였을 때 혼자 미소를 짓고 말았다. 즉, 사용자들은 동일한 앨범이나 장르의 음악을 연속해서 듣게 되는 경우가 너무나 많기 때문에 말만 셔플이지 결코 무선적일 수 없다고 불평하였던 것이

---

[9] 아이팟(iPod)은 애플사가 생산하는 MP3 플레이어로, 2000년대에는 없어서 팔지 못할 정도로 젊은이들에게 폭발적인 인기를 끌었다. 현재는 스마트폰에 아이팟 기능이 탑재되어 있기 때문에 이 기기를 별도로 사용하는 경우는 현저하게 줄어들었다.

다. 테크놀로지 전문작가인 스티븐 레비(Steven Levy, 2005)는 자신이 경험하였던 동일한 경우를 기술하고 있다. 그의 아이팟은 항상 작동을 시작한 처음 1시간 동안은 스틸리 댄(Steely Dan)[10]을 좋아하는 것처럼 보였던 것이다. 그렇지만 레비는 명석하였기에 전문가들이 알려준 사실, 즉 어느 곳에서나 패턴을 찾으려는 사람들의 경향성으로 인해서 진정한 무선적 순서가 무선적이지 않은 것처럼 보이는 경우가 많다는 사실을 받아들였다.

통계학과 확률에 대한 첨언

그런데 통계적 추리에는 심리학의 이해를 흐리게 만드는 데 기여하는 단점이 몇 가지가 있다. 보다 완전하고 상세한 내용은 길로비치, 그리핀, 그리고 카네만(Gilovich, Griffin, & Kahneman, 2002)이 편집한 *Heuristics and Biases : The Psychology of Intuitive Judgment*(『발견법과 편향 : 직관적 판단의 심리학』)이 제공하고 있다. 이와 관련된 많은 아이디어들에 관한 소개(통계학 훈련을 충분히 받지 않은 독자들에게 좋은 출발점이기도 하다)는 카네만(Kahneman, 2011)의 *Thinking, Fast and Slow*(『생각에 대한 생각』. 이 책은 제1장 각주 3에서 소개한 바 있다), 해스티와 도스(Hastie & Dawes, 2010)의 *Rational Choice in an Uncertain World*(『불확실한 세상에서의 합리적 선택』), 바론(Baron, 2008)의 *Thinking and Deciding*(『생각하기와 결정하기』), 그리고 닉커슨(Nickerson, 2004)이

---

10) 스틸리 댄(Steely Dan)은 1970년대를 풍미한 미국의 록밴드이다. 도널드 페이건과 월터 베커가 중심이 된 이 그룹은 재즈, 록, 펑크, R&B, 팝 등을 가미한 7개의 앨범을 통해서 독자적인 음악세계를 구축했다. 상대적으로 일반인들에게 널리 알려지지는 않았지만, 이 그룹의 영향력은 오늘날까지 수많은 록 밴드들을 비롯해 재즈 음악인들 사이에서 널리 회자되고 있다.

Cognition and Chance: The Psychology of Probabilistic Reasoning(『인지와 우연 : 확률추리의 심리학』)에 포함되어 있다.

이 장에서 논의한 확률적 사고 기술은 상당한 현실적 중요성을 가지고 있다. 확률적 사고 능력이 적절하게 발달하지 못함으로 인해서, 의사들은 효과적이지 않은 의학적 치료를 선택하며(Groopman, 2007), 사람들은 환경 속에 들어 있는 위험을 정확하게 평가하지 못하고(Gardner, 2008), 재판 과정에서 정보를 잘못 사용하며(Gigerenzer, 2002 ; Gigerenzer et al., 2007), 불필요한 외과수술을 시행하고(Gigerenzer et al., 2007 ; Groopman, 2007), 비용을 낭비하는 재정적 오판을 하게 된다(Zweig, 2008).

물론 통계적 추리에 관한 종합적 논의를 한 장에서 모두 다룰 수는 없다. 우리의 목표는 이보다 훨씬 소박한 것이었다. 즉, 심리학 연구와 이해에서 통계의 중요성을 강조하려는 것이었다. 불행하게도 통계 정보에 직면하였을 때 준수해야할 단순 규칙은 없다. 비교적 쉽게 획득할 수 있는 과학적 사고의 다른 몇몇 성분들과는 달리, 통계에서 작동하는 추리기술은 공식적 교육을 필요로 하는 것으로 보인다.

많은 과학자들은 과학 지식이 일반대중에게 가용하게 되기를 진정으로 소망하고 있지만, 특정 주제를 깊이 있게 이해하는 것이 공식 교육을 통해서만 가용한 기술적(technical) 정보에 결정적으로 의존함에도 불구하고 일반인들도 그렇게 깊이 있는 이해를 할 수 있다고 제안하는 것은 지식인으로써 무책임한 짓이다. 바로 그러한 경우가 통계학과 심리학에 해당한다. 어느 누구도 통계학과 확률에 정통하지 않고는 오늘날 유능한 심리학자가 될 수 없다(Evans, 2005). 미국심리과학회 회장인 모튼 앤 겐스바커(Morton Ann Gemsbacher, 2007)는 심리학 교육이 학생들에게 특별히 주입시켜야 한다고 생각하는 10가지 지적 가치 목록을 작성하였는데, 그중에서 4개가 통계학과 방법론 영역에 속한 것이었다. 미국심리학회 우수 강의상을 수상한 루디 벤저민(Ludy Benjamin)은 심리학개론 강의에 포함시켜야만 하는 가장 중요한 내용들을 논의하였다. 물론 벤저민은 심리학에서 가장 중요한 연구결과들을 소개하여야 한다는 사실을 인정하였지만, 계속해서 다음과 같이 생각한다고 언급하였다 : "궁극적으로 학생들에게 데이터를 평가하는 방법을 가르치는 것도 이에 못지않게 중요하다. 학생들은 시험을 치르고 얼마 지나지 않아서 부적 강화와 처벌 간의 차이를 기억해내지 못할 것이지만, 데이터에 관한 비판적 사고를 다룬 강의 내용을 기억해낼 수 있다면. … 이것이야 말로 내가 진정으로 강의가 전해주는 유산으로 간주하고 싶은 것이 다"(Dingfelder, 2007, 26쪽).

오늘날의 세상에는 통계와 수치들로 채워 넣은 그래프가 넘쳐나고 있다. 의학, 회계, 광고, 그리고 뉴스에서도 통계에 근거한 주장들을 제기한다(Lutsky, 2006). 우리는 그것들을 평가하는 방법을 배울 필요가 있는데, 다행스럽게도 심리학은 통계적 본능과 통찰을 전수하는 독특한 능력을 가지고 있다. 확률과 통계가 많은 과학에서 핵심적이라는 사실은 나탈리 앤지어(2007)가 일반인들을 위하여 과학의 핵심 발견에 관해 집필한 대중적인 저서에서도 명확하게 나타나있다. 그녀의 책은 모든 과학을 망라하고 있다. 그렇지만 책의 서두에서, 정확하게는 제2장에서 그녀는 확률과 통계를 이해하는 것의 중요성을 소개하고 있다.

이 책이 가지고 있는 목표 중의 하나는 일반 독자들이 심리학 연구에 보나 쉽게 섭근할 수 있게 만드는 것이다. 그런데 (경제학, 사회학, 그리고 유전학과 같은 다른 많은 연구 분야와 마찬가지로) 심리학에서 이론을 구성하는 경험적 방법과 기법들은 통계와 밀접하게 얽혀 있기 때문에, 통계 지식을 가지지 않고도 심리학을 철저하게 이해할 수 있다고 생각하는 것은 잘못이다. 따라서 비록 이 장은 통계적 사고에 대한 지극히 간이적인 강의에 불과하였지만, 일차적 목표는 심리학을 충분하게 이해하는 데 결정적인 전문 영역이 존재한다는 사실을 집중 조명하려는 것이었다.

요약

대부분의 과학에서와 마찬가지로, 심리학 연구에서 이끌어내는 결론들은 확률적 결론, 즉 모든 개별 사례에 적용되지는 않지만 대부분에게 해당되는 일반화이다. (다른 과학의 경우와 마찬가지로) 심리학 연구결과와 이론에서 도출한 예측은 비록 100% 정확한 것은 아니라고 하더라도 유용한 것이다. 많은 심리학 연구를 이해하는 데 방해가 되는 한 가지 사실은 사람들이 확률적으로 사고하는 데 어려움을 겪는다는 점이다. 이 장에서 우리는 어떻게 많은 사람들에 있어서 확률적 추리가 혼란스럽게 되는 것인지에 대한 여러 가지 연구 사례들을 논의하였다. 사람들은 생생한 증언서 증거를 가지고 있을 때 확률 정보를 불충분하게 사용한다. 사람들은 보다 큰 표본이 전집의 특징을 보다 정확하게 추정한다는 사실을 고려하지 못한다. 마지막으로 노름꾼의 오류(실제로 독립적인 사건들 간에 연계를 찾으려는 경향성)를 보인다. 노름꾼의 오류는 우리가 다음 장에서 논의할 보다 보편적인 경향성, 즉 결과를 결정하는 데 있어서 우연의 역할을 인식하지 못하는 경향성에서 유래한다.

11

심리학에서 우연의 역할

앞 장에서는 확률적 추세, 확률적 사고, 그리고 통계적 추리의 중요성을 논의하였다. 이 장에서는 무선성과 우연의 개념을 이해할 때의 어려움에 초점을 두고서 이 논의를 계속하게 될 것이다. 우리는 연구결과들이 임상치료에 공헌하는 바를 어떻게 사람들이 제대로 이해하지 못하게 되는 것인지를 강조하게 될 것인데, 우연의 개념이 어떻게 심리학 이론 속에서 철저하게 통합되는 것인지를 사람들이 파악하지 못하기 때문이다.

우연사건을 설명하려고 시도하는 경향성

우리의 두뇌는 세상에 있는 패턴을 끊임없이 탐색하도록 진화해왔다. 우리는 수변에서 일어나는 대상들의 관계, 설명, 그리고 의미를 추구한다. 에릭 와고(Eric Wargo, 2008)는 *APS Observer*(미국심리과학회가 발행하는 일종의 뉴스레터)에 "두뇌는 '인과적 연계 기관', 즉 탐욕스러운 의미 생성자라고 표현할 수 있다"고 적고 있다.

심리학자들은 사람들이 구조를 탐색하려는 이러한 강력한 경향성을 탐구해왔다. 이것이야말로 인간 지능의 특성이며, 인간이 수행할 수 있는 정보처리와 지식 획득에 있어서 대부분의 놀라운 성취를 설명해주는 것이다.

그럼에도 불구하고 인간 인지의 이렇게 극단적이라고 할 만큼 적응적인 측면이 때로는 역효과를 초래하기도 한다. 아무것도 개념화할 것이 없는 환경에서 개념적 이해에 대한 욕구가 일어날 때는 부적응적인 것이 될 수 있다. 인간 인지의 가장 두드러진 특성 중의 하나를 엉망으로 만드는 것은 무엇인가? 무엇이 구조에 대한 우리의 욕구를 혼란시키고 이해를 모호하게 만드는 것인가? 독자들도 추측하였을 터이지만, 그것은 바로 확률이다. 아니면 조금 더 구체적으로 표현한다면, **우연**(chance)과 **무선성**(randomness)이다.

우연과 무선성은 우리 환경의 총체적 부분이다. 생물학적 진화와 유전학적 재결합의 기제는 우연과 무선성 법칙의 지배를 받는다. 물리학은 우리에게 물질의 근본적인 구조를 설명하려면 통계적 우연법칙을 동원해야만 한다고 가르쳐왔다. 자연에서 일어나는 많은 사건들은 체계적이고 설명 가능한 요인들과 우연의 복합적 결과이다. 제8장과 10장에서 다루었던 '흡연은 폐암을 유발한다'는 사례를 다시 생각해보자. 흡연과 특정 질병을 연계시키는 체계적이고 설명 가능한 생물학적 측면들이 있다. 그러나 모든 흡연자가 폐암에 걸리는 것은 아니다. 그 경향성은 확률적인 것이다. 아마도 우리는 결국에 가서 어떤 흡연자는 폐암에 걸리지 않게 되는 이유를 설명할 수 있게 될 것이다. 그러나 어느 기간 동안은 폐암을 수많은 우연요인의 탓으로 돌릴 수밖에 없으며, 이러한 우연요인은 또한 어떤 사람이 특정한 질병에 걸릴 것인지의 여부를 결정할 수도 있다.

이 사례가 예시하는 것처럼, 어떤 사건이 우연에 의한 것이라고 말한다고 해서 반드시 **결정 불가능**(indeterminate)을 의미하는 것은 아니다. 단지 현재 **확정 불가능**(indeterminable)을 의미할 뿐이다. 동전던지기는 우연사건이지만, 던지는 각도나 동전의 정확한 구성성분 등을 포함한 많은 변인들을 측정하여 그 결과를 결정하는 것이 근본적으로 불가능하기 때문에 우연사건인 것은 아니다. 실제로 동전던지기의 결과는 이러한 모든 변인들이 결정한다. 그러나 현실적으로 그 사건에 관여하는 변인들을 모두 측정할 수 있는 용이한 방법이 없기 때문에 우연사건이라고 부르는 것이다. 동전던지기의 결과는 원리상 결정 불가능한 것이 아니라, 단지 현재 확정 불가능한 것이다.

세상의 많은 사건들을 체계적 요인들로 완벽하게 설명할 수 없다. 적어도 현재까지는 그렇다. 그런데 특정 현상에 대한 체계적 설명이 현재 가용하지 않음에도 불구하고, 우리의 개념화 기제가 부지런히 작동하여서는 본질적으로 무선적인 데이터에 아무 의미도 없는 이론을 부여하는 경우가 많다. 심리학자들은 이러한 현상에 관한 실험연구를 수행하여왔다. 한 실험 상황에서 실험참가자들이 여러 상이한 차원에서 변하는 일련의 자극들을 관찰한다. 실험참가자에게는 어떤 자극들은 한 유목에 속하고 다른 자극들은 다른 유목에 속한다는 이야기를 해준다. 참가자들의 과제는 연속적으로 제시하는 자극들이 어느 유목에 속하는 것인지를 추측하는 것이다. 그런데 연구자는 실제로 자극들을 두 유목에 무선적으로 할당한다. 따라서 무선성 이외에는 아무런 규칙이 없다. 그럼에도 불구하고 실험참가자들은 무선성을 자신의 추측으로 내놓은 경우는 거의 없다. 오히려 자극들을 유목에 할당하는 방식을 설명하기 위하여 극도로 정교하고 복잡한 이론을 구성하기 십상이다.

많은 재무 분석가들의 사고는 특정 영역에서 무선성의 상당한 효과를 인정하는 것이 얼마나 어려운 일인지를 예증하고 있다. 재무 분석가들이 주식 가격의 모든 사소한 변동에 대해 정교한 설명을 꾸며내는 일은 흔하다. 실제로 이러한 변동의 대부분은 단순한 무선적 변동일 뿐이다 (Kahneman, 2011 ; Taleb, 2007). 우리가 매일 저녁 텔레비전에서 들어야만 하는 이야기는 "복잡한 상호작용 시스템의 무선적 변동으로 인해서 오늘 다우존스지수가 27포인트 올랐습니다"와 같은 것이어야 한다. 그렇지만 우리는 이런 뉴스를 결코 듣지 못한다. 재무 분석가들이 모든 것, 즉 주식시장의 모든 사소한 변화까지도 설명할 수 있다는 암시를 주고자 하기 때문이다. 이들은 계속해서 고객들에게 자신들이 주식시장에서 우위를 점할 수 있다는 암시를 주고 있다(그리고 아마 자신들도 그렇게 믿고 있을 것이다). 대부분의 분석가들이 그런 능력을 가지고 있지 못하다는 엄청난 증거가 있는데도 말이다. 만일 여러분이 지난 수십 년에 걸쳐서 S&P 지수[1])에 포함된 500가지 주식을 모두 사서 그저 가지고만 있었다면(이것을 무대책 전략이라고 부를 수도 있겠는데, 이 전략은 주가 지수를 따라가는 뮤추얼 펀드를 살 때 사용할 수 있는 전략이다), 월가(Wall Street) 펀드매니저의 2/3보다 더 많은 소득을 올렸을 것이다(Bogle, 2010 ; Malkiel, 2011 ; Mamudi, 2009 ; Regnier, 2010). 또한 연간 구독료를 1,000달러나 내면서 구독하는 경제관련 뉴스레터의 80%도 능가하였을 것이다.

그렇다면 무대책 전략을 능가하는 펀드매니저는 어떻게 된 것인가? 독자들은 이들이 특별한 기술을 가지고 있다는 것을 의미하는지 궁금해 할는지도 모르겠다. 다음과 같은 가상적 실험을 따져봄으로써 이 물음에 답할 수 있다. 100마리의 원숭이에게 화살을 각각 10개씩 나누어주고,

---

1) Standard and Poor's 500 Index. 미국 뉴욕 증권시장의 주식가격을 나타내기 위하여 Standard & Poor's사가 선정한 500개의 대표적인 상장회사 주식의 시세가격과 액면가의 비를 나타낸 지수.

S&P 500 주식의 이름들이 적혀 있는 벽에다 던지게 한다. 화살이 어디에 꽂히느냐가 그 해에 그 원숭이가 선택할 주식을 결정한다. 1년 후에 원숭이들은 어떻게 되겠는가? 얼마나 많은 원숭이들이 S&P 500 지수를 능가하겠는가? 독자들은 이미 추측하였을 것이다. 대체로 절반의 원숭이들이 그럴 것이다. 여러분은 S&P 지수를 능가한 50%의 원숭이에게 내년도에 당신을 위하여 주식을 선택할 수 있는 권한을 위임할 의사가 있는가?

 순전히 무선적인 연속이 예언 가능한 요인들의 결과인 것처럼 보이게 되는 논리는 위와 같은 재무 예언의 사례를 계속 살펴봄으로써 예증할 수 있다(Paulos, 2001). 여러분에게 주식시장 예언 뉴스레터와 함께 편지 한 통이 우편으로 배달된다고 상상해보자. 그 뉴스레터는 돈을 요구하는 것이 아니라 단지 시험 삼아 검증해보라고만 적혀 있다. 뉴스레터에는 다음 달에 IBM 주식가격이 상승할 것이라고 적혀 있다. 편지와 뉴스레터를 치워버렸지만, IBM 주식이 다음 달에 상승한 것에 주목한다. 그렇지만 여러분은 이 책을 읽었기 때문에, 이 결과에 부화뇌동 하지 않는다. 여러분은 이 결과를 운이 좋은 추측으로 치부한다. 며칠 후에 동일한 투자상담회사로부터 또 다른 뉴스레터를 받는데, 여기에는 다음 달에 IBM 주식가격이 떨어진다고 적혀 있다. 주식이 하락하게 되면 여러분은 또다시 운 좋은 추측으로 치부하지만, 약간의 호기심을 가지게 된다. 세 번째 뉴스레터가 똑같은 회사로부터 배달되고 다시 IBM 주식가격이 다음 달에도 하강한다고 예언하고 있다. 이번에는 경제난의 기사를 조금 더 자세하게 들여다보고 있는 자신을 발견하게 되며, 뉴스레터의 예언이 세 번씩이나 정확했었다는 사실을 확인한다. 즉, IBM 주식가격이 하강한 것이다. 동일한 회사에서 네 번째 뉴스레터가 도착하고 다음 달에 주식이 상승할 것이라고 예언하는데, 실제로 그 다음 달에 예언한 방향으로 주식가격이 이동하게 되면, 이 뉴스레터는 진짜로 정확하다는 느낌을 피하기가 매우 어려워진다. 뉴스레터를 위해서 1년 구독료 29.95달러를 보내야만 하겠다는 느낌을 지워버리기 어렵다. 만일 여러분이 값싼 지하사무실에서 누군가 전화번호부에서 임의로 선택한 1,600명에게 보낼 1,600부의 뉴스레터를 준비하고 있다는 사실을 상상할 수 없다면, 지워버리기가 정말로 어려운 느낌이다. 800부의 뉴스레터는 IBM 주식이 다음 달에 상승한다고 예언하며, 나머지 800부는 하강한다고 예언한다. IBM 주식이 상승하면, 그 사무실에서는 지난달에 정확한 예언을 받았던 800명의 사람들에게만 편지를 보낸다(물론 다음 달에 주식이 상승할 것이라고 예언하는 400부와 하강할 것이라고 예언하는 400부가 발송되는 것이다). 이제 여러분은 두 번째 뉴스레터에서 정확한 예언을 받았던 400명에게만 다음 달의 예언을 보내는 지하 "보일러실"을 상상할 수 있을 것이다(이 경우에도 200부는 다음 달에 주식이 상승할 것이라고 예언하고, 200부는 하강할 것이라고 예언한다). 아마도 뒤에서는 전화를 들고 목소리를 높이고 있는 텔레마케팅 사기공작이 이루어지고 있을는지도 모르겠다. 자, 그렇다. 당신은 네 번의 정확한 무작위적 예언을 연속해서 받은 행운의 100명 중 한 사람인 것이다! 그 뉴스레터가 계속해서 배달되도록 29.95달러를 지불하도록 요구받은 (상당한 감명을 받은) 행운의 100명 중의 한 사람이 되겠다.

 이것은 사람들에게 사기를 치려는 무시무시한 음모처럼 보이는데, 실제로도 그렇다. "명망 있는" 경제잡지와 텔레비전 프로그램이 "4년간 연속해서 절반 이상의 경쟁자들을 앞섰던 펀드매니저!"를 여러분에게 소개하는 것보다도 더 악랄한 음모이다. 여기서도 화살을 벽에다 쏘았던 원숭이들을 회상해보기 바란다. 그 원숭이들이 매년 주식을 선정하는 펀드매니저라고 상상해보라. 정의컨대 첫 번째 해에 50%의 원숭이가 동료들을 앞서게 될 것이다. 다시 이들 중 절반이 두 번째 해에 동료들을 앞서게 되어 전체 원숭이의 25%가 두 해 연속해서 동료들을 앞서게 된다. 지극히 우연히 말이다. 이들 중 절반이 또다시 우연히 세 번째 해에도 동료들을 앞서서는, 12.5%의 원숭이들이 세 해 연속해서 동료들을 앞서게 된다. 그리고 마지막으로 12.5%의 절반(즉, 6.25%)이 네 번째 해에도 동료들을 앞서게 된다. 따라서 100마리의 원숭이 중에서 대략 여섯 마리가 경제 프로그램과 신문에서 말하는 것처럼 "4년 연속해서 다른 펀드매니저들을 앞서게" 되는 것이다. 똑같이 화살을 쏘았던 다른 원숭이들을 앞선 바로 이 여섯 마리의 원숭이들이(방금 앞에서 보았던 것처럼, 대부분의 실제 월가 펀드매니저들도 앞지르게 된다; Malkiel, 2011) 텔레비전 주식 프로그램에서 스포트라이트를 받을 만하지 않겠는가? 여러분은 어떻게 생각하는가?

우연사건의 설명 : 착각상관 그리고 통제착각

우연사건을 설명하려는 시도는 심리학자들이 **착각상관**(illusory correlation) 이라고 명명하고 연구해온 현상에서 예시할 수 있다. 사람들이 두 유형의 사건이 일상적으로 함께 발생해야 한다고 믿게 되면, 비록 두 사건이 무선적으로 발생하고 다른 사건들의 결합에 비해서 더 자주 동시발생하지 않는 경우조차도, 두 사건이 빈번하게 함께 발생하는 것을 목격하고 있다고 생각하는 경향이 있다. 요컨대, 사람들은 무선적 사건들에서조차 자기들이 예상한 상관을 보는 경향이 있다. 아무런 구조가 없는데도 구조를 보는 것이다(Kahneman, 2011 ; Whitson & Galinsky, 2008).

실험통제가 잘 된 연구들은 사람들이 두 변인 사이의 연계성을 믿고 있는 경우에는 그 변인들이 전혀 관련되어 있지 않은 데이터에서조차 연계를 찾으려는 경향이 있다는 사실을 증명해왔다. 불행하게도 이 결과는 실세계의 상황에도 일반화되어 사람들의 삶에 나쁜 영향을 미치기도 한다. 예컨대, 많은 개업 임상가들은 로르샤 검사(Rorschach Test)의 효용성을 계속해서 믿고 있다. 이 검사는 피검자가 흰 종이에 (좌우 대칭으로) 그려놓은 반점에 반응하는 유명한 잉크반점 검사이다. 이론적 주장은 잉크반점이 구조를 가지고 있지 않기 때문에, 사람들이 전형적으로 애매모호한 것에 반응하는 것과 동일한 스타일로 그 반점에 반응함으로써 "숨어 있는" 심리적 특성을 노출한다는 것이다. 이 검사를 **투사법 검사**(projective test)[2]라고 부르는 까닭은 피검자가 자신의 무의식

---

[2] 지난 60여 년 동안 제작하여 사용하고 있는 투사법 검사는 다양하다. 그 중에서 가장 널리 사용하는 검사가 로르샤 잉크반점 검사(Rorschach Inkblot Test : 줄여서 로르샤 검사라고 부른다)와 주제통각 검사(Thematic Apperception Test : TAT)이다. 로르샤 검사는 스위스 심리학자인 헤르만 로르샤(Herman Rorschach)가 개발하였다. 10개의 대칭적 잉크반점 카드로 구성되어 있으며, 흑백카드도 있고 채색된 카드도 있다. (종이에 잉크를 떨어뜨려서 반으로 접었다가 폈을 때 나타나는 모습을 상상하면 되겠다.) 이 카드들을 피검자에게 제시하고 각 카드에서 무엇을 보았는지, 즉 반점들이 무엇처럼 보이는지를 말하게 한다. 임상가들은 그 해석을 통해서 소위 정신분석학적 갈등, 예컨대 억압된 욕망, 무의식적 갈등, 여러 가지 방어기제들을 찾아낼 수 있다고 주장한다. TAT는 헨리 머레이(Henry Murray)와 그의 동료들이 개발하였으며, 여러 가지 장면을 나타내는 많은 그림카드들로 구성되어 있다. 피검자에게 현재 그 그림에서 어떤 일이 벌어지고 있으며, 그 일이 생기게 된 연유는 무엇인지, 그리고 앞으로의 결과가 어떻게 될 것인지에 초점을 두어 일종의 시나리오를 만들게 한다. 지금까지 로르샤 검사와 TAT를 연구주제로 다룬 논문들이 1만 편 이상이나 된다. 그러나 불행하게도 그 결과는 수렴적이지 못하다. 일부 전문가들(대부분의 임상가들)은 투사법 검사들이 제한적이지만 어느 정도는 타당성을 가지고 있다고 주장하지만, 다른 사람들은 타당성이 거의 혹은 전혀 없다고 주장한다. 현재까지의 결과들을 놓고 본다면, 후자의 주장이 대세를 이룬다고 할 수 있다. 투사법 검사를 옹호하는 사람들은 검사결과의 해석이 많은 경험과 재능을 요하기 때문에 하나의 정교한 예술이라고 주장하기도 한다. 그렇게 되면 투사법 검사는 과학으로서의 심리학이 아니라 예술로서의 심리학이 되어버리게 된다. 스스로 과학적 심리학을 포기하는 자가당착의 모순이 벌어지는 것이다. 아무튼 이 경우에도 제10장에서 논의하였던 "아무개" 통계가

적인 생각과 감정을 잉크반점에 대한 반응에 투사한다고 생각하기 때문이다. 이러한 모든 주장의 문제점은 로르샤 검사를 투사법 검사로 사용할 때 어떤 부가적인 진단적 효용성을 제공한다는 경험적 증거가 없다는 데 있다(Lilienfeld et al., 2010 ; Wood, Nezworski, Lilienfeld, & Garb, 2003). 로르샤 검사에 대한 믿음은 착각상관 현상으로 인해서 나타나는 것이다. 임상가들이 반응패턴에서 어떤 관계를 보게 되는 것은 그들이 그러한 관계가 그 속에 있다고 믿기 때문이지, 관찰하고 있는 반응패턴 속에 그러한 관계가 실제로 들어 있기 때문이 아니다.

우리의 삶에서 이루어지는 사람들 간의 많은 교류에는 엄청난 양의 우연이 포함되어 있다. 블라인드 데이트(제3자의 주선에 의해서 서로 모르는 남녀가 데이트를 하는 것)가 결혼으로 막을 내리는 것, 취소된 약속으로 인해서 실직하게 되는 것, 버스를 놓침으로써 옛날 고등학교 친구를 만나게 되는 것 등등이 그렇다. 우리 삶에서 매일매일 일어나는 수많은 우연사건 하나하나가 모두 정교한 설명을 요구한다고 생각하는 것은 잘못이다. 그렇지만 본질적으로 우연인 사건이 중요한 결과를 초래할 때는 그것을 설명하기 위해서 복잡한 이론을 구성하려는 경향성을 피하기 어렵다.

아마도 우연을 설명하려고 시도하는 경향성은 그러한 사건을 통제할 수 있다고 믿고 싶은 심층의 욕구에서 유래하는지도 모르겠다. 심리학자들은 **통제착각**(illusion of control)이라고 부르는 현상, 즉 우연이 결정하는 결과에 개인적 수완이 영향을 미칠 수 있다고 믿는 경향을 연구해왔다 (Matute, Yarritu, & Vadillo, 2011). 이러한 착각의 광범위성에 관한 증거는 로또복권 판매가 제도화 되어 있는 미국 여러 주(state)의 경험에서 찾아볼 수 있다. 이러한 주정부 청사는 로또에서 "당첨되는" 방법을 알려주는

작동하는 경우가 허다하다.

엉터리 책자의 출판사들 때문에 주민들의 기습적인 항의방문을 당하기도 하는데, 이 책자가 팔리는 이유는 사람들이 무선성의 의미를 이해하지 못하기 때문이다. 실제로 미국에서 주정부가 관장하는 로또복권은 1970년대 중반이 되어서야 그 인기가 폭발적으로 증가하게 되었는데, 그 시점에 뉴저지에서 복권 구입자가 직접 복권을 긁어 당첨 여부를 확인하거나 복권번호를 스스로 선택할 수 있는 직접 참여방식을 도입하였던 것이다. 이러한 직접 참여방식 복권은 바로 심리학자들이 연구하였던 통제착각, 즉 자신의 행동이 무선적 사건을 결정할 수 있다는 사람들의 잘못된 신념을 이용한 것이다.[3] 이 착각은 도박을 좋아하는 사람들에게 너무나도 강력한 것이어서 자신이 던지는 주사위의 결과를 짐짓 통제할 수 있는 것처럼 가르치는 "특별 강좌"에 1,495달러를 기꺼이 지불하고자 한다(Schwartz, 2008). 그러한 강좌는 물론 완전한 사기이다.

다른 심리학자들은 **공정한 세상 가설**(just-world hypothesis)이라고 알려진 또 다른 현상, 즉 사람들은 각자가 받을 자격이 있는 만큼 받고 있는 세상에 살고 있다고 믿으려는 경향이 있다는 사실을 연구해왔다(Hafer & Begue, 2005). 연구자들은 공정한 세상이라는 믿음의 한 가지 필연적 결과에 대한 경험적 지지결과를 얻었다. 즉, 사람들은 우연한 불행의 희생자들을 비난하는 경향이 있었다. 우연사건에 대한 설명을 찾아내려는 경향성이 이 현상에 영향을 미친다. 사람들은 완전히 결백하거나 도덕적인 사람이 단지 우연으로 인해서 재앙을 당할 수 있다는 사실을

---

3) 동일한 복권이라고 하더라도 만일 하나는 복권 숫자들을 사전에 결정해놓은 것이고 다른 하나는 그 숫자들을 스스로 결정할 수 있는 것이라면, 사람들은 전자보다 후자를 압도적으로 선호한다. 당첨 번호는 무선적으로 결정되는 것임에도 불구하고 여러 가지 이유로(예컨대, 어제 밤 꿈에 산신령이 나타나 숫자를 가르쳐주었다) 후자가 당첨될 가능성이 훨씬 높다고 착각하기 십상이기 때문이다. 이것이 바로 통제착각이다.

인정하는 데 상당한 어려움을 보인다. 사람들은 좋은 일은 좋은 사람에게 생기며 나쁜 일은 나쁜 사람에게 생긴다고 믿으려고 한다. 그러나 우연은 철저하게 비편파적이다. "좋은 사람" 편을 들어주는 방식으로 작동하는 것이 **결코** 아니다.

공정한 세상이라는 신념 속에 반영되어 있듯이, 우연에 대한 사람들의 오해는 많은 엉터리 민속신념들을 지탱해주는 기능을 한다. 이 신념은 착각상관을 보려는 경향성으로 이끌어간다. 예컨대 우리는 제6장에서 눈먼 사람들은 초감각적 청각이라는 축복을 부여받는다는 엉터리 신념에 대해서 언급한 바 있다. 엉터리 민속신화가 영속되는 이유는 사람들이 사건들을 가지런하게 배열시키는 상관관계를 보려고 소망하기 때문이다.

우연과 심리학

심리학에서 모든 것을 설명하려는 경향성, 행동의 체계적인 비우연적 성분만을 설명하는 이론이 아니라 모든 변산성을 설명하는 이론을 가지려는 경향성이 개인들의 주관적 이론들과 겉으로는 과학적인 것처럼 보이는 많은 반증 불가능한 이론들이 존재하게 되는 이유를 설명해준다. "역사심리학(psychohistory)"에 종사하는 사람들이 흔히 이러한 실수를 저지른다. 역사심리학에서는 유명한 개인의 삶에서 나타난 모든 사소한 변화들을 일반적으로 정신분석학 원리에 근거하여 설명한다. 역사심리학의 문제는 설명하는 것이 빈약하다는 데 있는 것이 아니라 지나치게 많이 설명한다는 데 있다. 한 개인의 삶의 과정을 결정하는 수많은 우연 요인들을 심각하게 다루는 경우는 거의 없다.

우연의 역할을 이해하는 것은 심리학 정보를 사용하는 일반 소비자들에게 중요하다. 적법한 심리학자들은 자신의 이론이 인간 행동의 변산성 중에서 한 부분만을 설명하는 것이지 모든 면을 설명하는 것이 아니라는 사실을 인정한다. 우연 요인들을 공개적으로 인정하는 것이다. 모든 개별 사례에 대한 답 그리고 모든 사소한 인간 행동에 대해서도 답을 가지고 있는 오프라 윈프리 쇼의 초대 손님은 존경심이 아니라 의구심을 불러일으켜야만 한다(제4장 참조). 진정한 과학자는 자신이 알지 못하는 것을 인정하는 데 망설이지 않는다. 요컨대, 심리학 주장을 평가하는 또 다른 소비자 규칙은 한 사건에 대한 복잡한 설명을 받아들이기에 앞서 그 사건의 발생에서 우연이 담당했을지도 모르는 부분을 따져 보라는 것이다.

우연한 동시발생

본질적으로 우연 사건에 대한 설명을 찾으려는 경향성은 동시발생 사건의 본질에 관한 많은 오해를 불러일으킨다. 많은 사람들은 동시발생이 특별한 설명을 요구한다고 생각한다. 사람들은 우연 이외에는 아무것도 작동하지 않는 경우에서조차도 동시발생이 일어날 수 있다는 사실을 이해하지 못한다. 우연한 동시발생에는 아무런 특수한 설명도 필요하지 않다.

동시발생(coincidence)이라는 단어에 대한 대부분의 사전적 정의는 관련된 사건들의 우발적이지만 눈에 뜨이게 현저한 발생을 지칭하는 것으로 해석하고 있다. 이 사전들은 우발적(accidental)을 "우연히 발생하는"으로 정의하고 있기 때문에 여기에는 아무 문제가 없다. 동시발생이란 우연에 의한 관련 사건들의 발생일 뿐이다. 불행하게도 이것은 많은 사람들이 동시발생의 의미를 해석하는 방식이 아니다. 동시발생의 현저한 측면과 결합된 사건들에서 패턴과 의미를 찾으려는 경향성은 많은 사람들로 하여금 우연을 설명으로 간주하지 않게 만든다. 대신에 사람들은 그러한 사건을 이해하기 위해서 정교한 이론을 추구한다. 여러분은 다음과 같은 이야기를 너무나 많이 들어왔을 것이다 : "있잖아. 언젠가 나는 의자에 앉아서 고향에 계시는 삼촌에게 얼마나 오랫동안 전화를 안 걸었는지를 생각하고 있었어. 그런데 무슨 일이 일어났는지 아니? 바로 그 순간에 '따르릉 따르릉' 하는 거야. 그래. 바로 그거야! 삼촌이 전화를 하신거지. 아무튼 텔레파시에 무엇인가 있는 게 틀림없어." 이것은 동시발생 사건에 대한 정교한 설명의 전형적인 예이다. 어느 날이든지 대부분의 사람들은 멀리 떨어져 있는 많은 사람들을 생각하고 있다는 사실을 일반적으로는 잘 인식하지 못한다. 여러분이 다른 사람을 생각한 후에 그 사람이 전화를 걸어오는 경우가 얼마나 자주 일어나는가? 거의 없다. 따라서 여러분은 한 해 동안 수많은 사람들에 대해서 생각할 것이지만, 그 사람들이 그 순간에 전화를 걸어오는 경우는 거의 없다. 결코 인식하지 못하는 수백 회의 "동시발생하지 않는 상황"에서 결국에는 여러분이 누군가를 생각한 직후에 바로 그 사람이 전화를 걸어오게 된다. 그러한 사건이 희박하기는 하지만, 희박한 사건도 순전히 우연에 의해서 일어나는 것이다. 다른 어떤 설명도 필요하지 않다.

  만일 사람들이 동시발생의 의미(우연에 의한 현저한 사건들의 동시적 발생)를 진정으로 이해하였다면, 본질적으로 우연인 사건들에 대해 체계적이고 비우연적 설명을 만들어내려고 시도하는 오류를 범하지 않을 것이다. 그러나 사전적 정의와는 완전히 정반대로, 동시발생은 많은 사람들에게 우연으로 설명할 수 있는 것이라기보다는 설명을 필요로 하는 것이다. 예컨대, 우리들 대부분은 "에구머니나! 일이 동시에 벌어졌네. 아무래도 무슨 이유가 있을 거야!"와 같은 진술을 들어왔다. 이 말은 근본적인 오류를 반영하는 것이다. 동시발생은 설명을 필요로 하지 않는다.

심리학자 데이비드 마크스(David Marks, 2001)는 우리에게 이상하거나 낯설게 보이는 두 사건의 공발생(共發生)을 지칭하기 위해서 이상대응(oddmatch)이라는 중성적 용어를 제안해왔다. 동시발생 사건에 대한 설명을 찾으려는 경향성에 공헌하는 한 가지 요인은 희귀한 사건이 결코 저절로 일어나지 않으며 이상대응은 결코 우연에 의한 것이 아니라는 잘못된 생각이다. 이렇게 잘못된 신념은 확률을 가망성으로 진술하는 방식 그리고 그러한 진술이 함축하는 내포적 의미로 인해서 더욱 악화된다. 사람들이 다음의 진술을 어떻게 표현하는지를 생각해보자 : "이런 가망성이 거의 없군. 그게 일어날 가망성은 100 중 하나 정도에 불과해!"4) 사람들이 이렇게 진술하는 태도는 그것이 결코 일어나지 않을 것임을 강력하게 시사하는 것이다. 우리는 물론 똑같은 것도 아주 상이한 내포적 의미를 갖는 전혀 다른 방식으로 표현할 수도 있다 : "이러한 유형의 사건 100개 중에서 아마도 이 결과가 한 번은 일어날 것이다." 이러한 대안적 표현은 비록 사건이 희박하기는 하지만, 결국에 가서는 그 사건이 일어난다는 점을 강조하고 있다. 요컨대, 이상대응은 순전히 우연 때문에 일어나게 된다.

실제로 확률 법칙은 사건의 수가 증가할수록 이상대응이 일어날 확률도 높아진다는 사실을 보장해준다. 우연 법칙은 이상대응이 일어나게 해줄 뿐만 아니라 궁극적으로 그 출현을 **보장**해주는 것이다. 마크스

---

4) 우리말에서는 "십중팔구"라는 표현을 즐겨 사용하는데(예컨대, "그 사람 십중팔구는 사기꾼이야"), 이 표현의 객관적 의미는 '10개 중에서 8~9개'이기 때문에 백분율로 나타내면 80 내지 90%라는 뜻이다. 그럼에도 불구하고 주관적으로 매우 확실한 사건을 나타내는 데 이 표현을 사용하고 있다.

(2001)가 제시한 예를 보자. 만일 여러분이 동시에 5개의 동전을 던져서 모두 앞면이 나왔다면, 아마도 이것을 이상대응, 즉 가능성이 희박한 사건으로 간주할 것이다. 옳은 생각이다. 이러한 사건이 발생할 확률은 1/32, 즉 0.03이다. 그러나 여러분이 5개 동전을 100회 던지고 100회 중에서 적어도 한 번은 모든 동전이 앞면이 될 가망성이 얼마나 되느냐고 묻는다면, 그 답은 0.96이 된다. 즉, 100회의 시행에서 이렇게 희박한 사건, 즉 이상대응이 일어날 가망성은 매우 큰 것이다.

요컨대, 여러분이 생각할 수 있는 이상대응은 어느 것이든지 참고 기다리면 일어나게 되어 있다. 1913년 8월 몬테카를로에 있는 한 카지노 룰렛 판에서 검은 색이 연속해서 26회나 나왔던 것이다(Kaplan & Kaplan, 2007)!

미국의 많은 주정부는 로또복권을 법제화해왔으며, 일반적으로 당첨번호는 컴퓨터를 이용하거나 아니면 다른 기계적인 무선화 도구를 이용해서 뽑기 때문에, 동일한 번호가 2주간 연속해서 1등 당첨번호로 뽑히는 피할 수 없는 사건이 발생하였을 때 많은 통계학자와 행동과학자들은 낄낄거리면서 재미있어 할 기회가 있었다. 이 사건은 필연적으로 일반대중으로부터 거친 항의를 불러일으키게 되는데, 이들은 그 결과가 복권이 사기라는 증거라고 해석한다. 이것이 사기의 증거라는 일반대중의 생각은 별나거나 가망성 없는 사건이 우연에 의해서만 일어날 수는 없다는 잘못된 견해에서 비롯된다. 물론 통계학자들이 낄낄거리는 이유는 우연이 정반대 방향으로 작동하기 때문이다. 만일 로또복권을 오랫동안 시행한다면, 언젠가는 연속해서 동일한 번호가 당첨되게 되어 있는 것이다. 예컨대, 1995년 6월 21일, 6/49(49개의 숫자 중에서 6개를 뽑는다)라고 부르는 독일 로또복권에서 1등에 당첨된 여섯 숫자는 15-25-27-30-42-48이었는데, 이 숫자들은 1986년 12월 20일에 1등에 당첨된 숫자들과 완전히 똑같았다(Mlodinow, 2008). 많은 사람들은 그 기간 동안에 동일한 숫자 집합이 반복될 가능성이 28%나 된다는 사실에 놀라움을 금치 못하였다.5)

많은 유명한 음악가들이 27세에 사망한다는 "섬뜩한" 사실을 전파하는 웹사이트들이 있다. 에이미 와인하우스(Amy Winehouse), 커트 코바인(Kurt Cobain), 짐 모리슨(Jim Morrison), 지미 헨드릭스(Jimi Hendrix), 재니스 조플린(Janis Joplin)6) 등이 그러하였다는 것이다(O'Connor, 2011). 이것이 섬뜩하다는 사실 이외에는 아무것도 없다. 이것은 설명이 필요한 사실이 아니다. 오히려 무선적으로 우연히 발생한 것이다. 그렇다는

---

5) 또 다시 골치 아픈 확률 계산이다. 복권은 매주 발행하기 때문에 1년에 대체로 52번 내지 53번의 기회가 있다. 본문의 두 시점은 대략 10년의 차이를 보이기 때문에 어림잡아 500번 정도의 기회가 있다. 이 기간 중에 동일한 숫자 집합이 1등에 당첨될 확률을 계산하려면, 확실한 확률, 즉 1.0에서 1등에 당첨된 숫자 집합이 모두 다를 확률을 빼면 된다. 어째 계산에 도전해볼 의사가 있는가? 조금 더 간단한 문제를 풀어보자. 한 학급에 25명의 학생이 있다고 가정하자. 이 학생들 중에서 생일이 동일한 학생이 적어도 두 명은 있을 확률은 얼마나 될까? 이 경우에도 모든 학생이 다른 생일을 가지고 있을 확률을 계산하여 1.0에서 빼면 된다. 그 답은 0.5(즉, 50%)보다 훨씬 크다는 것이다. 계산은 관심 있는 독자에게 맡긴다. 각주 8에 구체적인 계산 사례가 있으니 참조하기 바란다.

6) 와인하우스(Amy Jade Winehouse, 1983~2011)는 영국의 R&B, 소울, 재즈 싱어송라이터이었다. 2006년 그래미상 5개 부문에서 수상하였다. 코베인(Kurt Donald Cobain, 1967~1994)은 미국 시애틀을 근거로 활동한 유명한 록밴드 너바나(Nirvana)의 보컬이자 기타리스트이었다. 마약 중독으로 사망한 것으로 알려져 있다. 모리슨(James Douglas Morrison, 1943~1971)은 미국의 록밴드 도어스(Doors)의 리드 싱어이자 시인, 작곡가, 작가, 영화감독이었다. 목욕 도중 심장마비로 사망하였는데, 직접적인 원인은 마약 과다 복용이었다. 헨드릭스(James Marshall "Jimi" Hendrix, 1942~1970)는 미국의 기타리스트이자 싱어송라이터이었다. 역사상 가장 위대한 기타리스트 중 한사람으로 손꼽힌다. 마지막으로 조플린(Janis Joplin, 1943~1970)은 미국의 싱어송라이터이었다. 최초의 백인 여성 록커이자 최고의 백인 여성 블루스 가수로 평가받고 있다. 음악에 조예가 없는 역자에게는 무엇보다 커트 코베인과 지미 헨드릭스가 왼손으로 기타를 연주하는 모습이 기억에 남아 있다. 왜냐고? 역자도 심한 왼손잡이니까.

사실을 알 수 있는 이유는 1956년부터 2007년까지 영국의 인기 차트에서 1등의 영예를 누린 앨범을 가지고 있었던 1,046명의 음악가들에 대해서 *British Medical Journal*에 발표된 통계분석 때문이다(Barnett, 2011). 그 분석에 따르면, 유명 음악가들이 불운하게도 27세에 사망하는 경향성은 존재하지도 않는다.

어느 때 우연요인만이 작동하고 있는 사건에 대해서 복잡한 설명을 꾸며내는 것을 억제해야 하는 것인지를 아는 것이 현실적으로 유용하다. 인지심리학자 다니엘 카네만(2011)은 1973년 욤 키푸르 전쟁7) 중에 이스라엘 공군을 자문하기 위하여 어떻게 접근하였는지를 기술하고 있다. 두 비행중대가 출격을 하였는데, 한 중대는 4대를 잃었으며 다른 중대는 한 대도 잃지 않았다. 공군은 카네만에게 이러한 결과를 초래하게 만든 특정 비행중대에 특별한 요인들이 있는지 조사해줄 것을 요청하였다. 그렇지만 카네만은 이토록 작은 표본을 가지고는 어떤 요인들을 찾아내든지 엉터리일 가능성이 높다는 사실, 즉 단순히 우연한 결과일 가능성이 높다는 사실을 알고 있었다. 연구를 수행하는 대신에 이 장에서 제시하는 통찰을 사용하여 이스라엘 공군이 시간낭비를 하지 말도록 충고하였다. 그는 "나는 운(luck)이 가장 가능성 있는 답이며, 불명확한 원인을 무작정 찾아나서는 것은 가망이 없는 일이고, 그 와중에 전투기를 잃었던 중대의 조종사들로 하여금 자신과 사망한 동료들이 실수를 저질렀다는 가외적 부담감을 느끼게 할 필요가 없다고 생각하였다"(116

---

7) 욤 키푸르(Yom Kippur) 전쟁은 라마단 전쟁 또는 10월 전쟁이라고도 부르는, 1973년 10월에 벌어졌던 이스라엘 대 이집트와 시리아 사이의 전쟁이다. 욤 키푸르는 유태인의 축제이며, 라마단은 회교의 금식기간을 말한다. 10월 6일 이집트와 시리아의 기습공격으로 시작하여 10월 26일 막을 내렸는데, 아랍 진영으로서는 최초로 과거 전쟁에서(예컨대, 6일 전쟁) 빼앗겼던 영토의 일부를 회복하여, 자신들의 힘을 과시하기도 하였던 전쟁이다.

쪽)고 진술하고 있다.

개인적 동시발생

개인 삶에서 발생하는 이상대응은 흔히 특별한 의미를 가지기 때문에, 특히나 그것을 우연으로 돌리지 않으려고 한다. 이 경향성에는 많은 이유가 있다. 어떤 것은 동기적이고 감정적인 것이지만, 다른 것들은 확률적 추리의 실패에 기인한다. 우리는 흔히 이상대응이 실제로는 "비이상대응"이라는 매우 커다란 전집의 조그만 부분이라는 사실을 인식하지 못한다. 혹자에게는 이상대응이 상당히 빈번하게 발생하는 것으로 보일 수 있다. 정말로 그럴까?

여러분의 개인 삶에서 이상대응의 분석이 어떻게 나타날 것인지를 생각해보자. 어느 날 여러분이 100가지 각기 다른 사건에 관여하였다고 가정해보자. 현대 산업사회에서 삶의 복잡성을 감안할 때 이것이 지나친 추정은 아닐 것이다. 실제로 이것은 상당한 과소추정일 수 있다. 여러분은 텔레비전을 시청하고, 전화통화를 하며, 사람을 만나고, 직장이나 상점으로 가는 길을 의논하며, 집안일을 하고, 독서를 하면서 정보를 취하며, 이메일을 주고받고, 직장에서 복잡한 업무를 수행하는 등 수많은 사건들을 경험한다. 이 모든 사건들은 개별적으로 기억할 수 있는 여러 가지 분리된 성분들을 포함하고 있다. 그렇다면 100가지 사건은 그 수를 너무 낮게 잡은 것이지만, 그대로 사용하기로 하자. 이상대응은 두 사건의 현저하게 눈에 띄는 동시발생이다. 특정한 날의 100가지 사건들 중에서 사건의 쌍이 얼마나 많이 있을 수 있는가? 조합의 수를 계산하는 간단한 공식($_{100}C_2$)을 적용하면, 특정한 날에 있을 수 있는 사건들 사이에는 4,950쌍의 조합이 있다는 사실을 계산해낼 수 있다.

1년은 365일이다.

이상대응은 매우 기억할 만한 사건이다. 여러분은 수년 전에 삼촌이 전화를 걸어오셨던 날을 기억할는지도 모르겠다. 이제 10년 동안 여러분에게 일어났던 모든 이상대응을 기억할 수 있다고 가정해보자. 그렇다면 아마도 여러분은 예닐곱 개의 이상대응을 기억할 것이다(사람에 따라서 "이상함"의 기준이 다소 다를 것이다). 여러분이 기억하는 예닐곱 개의 이상대응을 뽑은 비이상대응의 전집은 얼마나 크겠는가? 매일 4,950개의 사건 쌍에다가 365일을 곱하고 다시 10년을 곱하면, 18,067,500이 된다(윤년은 무시하고 말이다). 요컨대, 10년 동안 예닐곱 개의 이상대응이 발생하였는데, 이상대응이 될 수도 있었던 18,067,494개의 사건도 발생하였던 것이다. 하나의 이상대응이 여러분의 삶에서 발생할 확률은 0.00000033이 된다. 여러분의 생애에서 18,000,000개의 사건 쌍에서 대여섯 개가 이상대응이라고 해서 하등 이상할 것이 없어 보인다. 이상한 사건은 일어난다. 드물기는 하지만 일어난다. 우연이 그 사건의 발생을 보장한다(5개 동전을 동시에 던지는 예를 회상하기 바란다). 위의 사례에서는 대여섯 개의 이상한 사건이 여러분에게 일어났다. 아마도 이것들은 동시발생일 것이다. 우연에 의해 관련된 사건들이 심리적으로는 현저하게 발생한 것이다. 다니엘 카네만(2011)은 우리가 사용하는 언어가 문제를 일으킨다고 주장하였다. 참인 것으로 판명된 과거의 생각을 지칭하는 용어는 있지만(예감, 직관 등), 거짓으로 판명된 과거의 생각을 지칭하고 주의를 환기시키는 단어는 없다. 대부분의 사람들은 "그 결혼은 오래 가지 않을 것이라는 예감을 가지고 있었지만, 내가 틀렸다"(202쪽)고 스스로 생각해서 말하려고 하지 않는다. 그렇게 생각하고 말하는 것이 어딘가 어색하다고 느끼기 때문이다. 발생을 지칭하는 단어가 없기 때문에, 발생하지 않은 과거의 모든 예언에 표지를 붙이려하지 않는 것이다.

 심리학자, 통계학자, 그리고 다른 과학자들은 사람들이 많은 이상대응을 일반적으로 실제보다 더 이상한 것으로 받아들인다는 사실을 지적해왔다. 유명한 "생일문제"가 좋은 예를 제공한다. 23명으로 구성된 학급에서 적어도 두 사람의 생일이 동일할 확률은 얼마나 되겠는가? 35명의 학급에서는 어떤가? 대부분의 사람들은 그 가능성이 매우 낮다고 생각한다. 실제로 23명의 학습에서 적어도 두 사람의 생일이 동일할 가능성은 50%가 넘는다. 그리고 35명의 학급에서는 그 가능성이 훨씬 더 높다(그 확률은 0.80 이상이다).[8] 따라서 지금까지 미국의 대통령이었던 사람이 43명이기 때문에 두 사람이 같은 날 태어났다고 해서(제임스 폴크와 워렌 하딩 : 11월 2일) 전혀 놀라운 일이 아니다. 마찬가지로 38명의 전직 대통령이 사망하였기 때문에 두 사람이 같은 날 사망하였다고 해서(밀라드 필모어와 윌리엄 하워드 태프트 : 3월 8일) 놀라운 일이 아니며, 심지어는 세 사람이 같은 날 사망하였다고 해도(존 아담스, 토마스 제퍼슨, 제임스 몬로) 그리고 그 날이 바로 미국 독립기념일인 7월 4일이라고 해도 전혀 놀라운 일이 아닌 것이다! 7월 4일에 세 명의 전직 대통령이 사망하였다는 사실이 놀라운가? 전혀 그렇지 않다. 단지 확률적인 사건일 뿐이다.

---

[8] 23명 중에서 적어도 어느 두 명의 생일이 같을 확률은 다음과 같이 계산할 수 있다.
P(적어도 두 명이 같은 생일)=1−P(모두 다른 생일).
P(모두 다른 생일)=364/365×363/365×⋯×343/365≒0.4927.
따라서 P(적어도 두 명이 같은 생일)=1−0.4927=0.5073.
이 정도의 확률문제를 직접 풀 수 있거나 아니면 적어도 위의 등식들을 이해할 수 있다면, 확률에 대해서 꽤 많은 정보를 가지고 있는 것이라고 할 수 있겠다. 본문에서 35명이 되면, 그 확률이 0.80을 넘는다는 결과도 위와 동일한 방식으로 계산해볼 수 있다. 다소 지루하기는 하겠지만 말이다.

오류를 감소시키기 위해 오류를 인정하기 : 임상적 예언 대 집단통계적 예언

세상에서 일어나는 사건을 설명하려고 시도할 때 우연의 역할을 인정하는 데 주저함으로써 실세계 사건을 예언하는 능력이 감소되고 만다. 어떤 영역에서의 결과를 예언하는 데 있어서 우연의 역할을 인정한다는 것은 우리의 예언이 결코 100% 정확할 수 없으며 예언에는 오류가 있게 마련이라는 사실을 받아들여야만 한다는 사실을 의미한다. 그런데 흥미로운 사실은 우리의 예언이 100% 정확할 수 없다는 사실을 인정하는 것이 우리의 전반적 예언력을 증가시키는 데 도움이 된다는 점이다. 역설적으로 보일 수도 있지만, 오류를 감소시키려면 오류를 받아들여야만 한다(Einhorn, 1986).

오류를 감소시키기 위해서는 오류를 인정해야만 한다는 생각은 인지심리학 실험실에서 수십 년 동안 연구해온 아주 간단한 실험과제를 가지고 예증할 수 있다. 실험참가자가 두 원판 앞에 앉아서(하나는 빨강이고 다른 하나는 파랑이다) 해야 할 일은 각 시행에서 어느 원판에 불이 들어올 것인지를 예언하는 것이며 그러한 시행을 수십 회 진행할 것이라는 지시를 듣는다(흔히 실험참가자들은 정확한 예언에 대해 보상을 받는다). 실험자는 어느 원판에 불이 들어올 것인지를 무선적으로 결정하지만, 전체 시행 중에서 70%는 빨간 원판에 그리고 30%는 파란 원판에 불이 들어오도록 프로그램을 짜놓고 있다. 참가자들은 금방 빨간 원판에 더 자주 불이 들어온다는 사실을 알아차리고는 보다 많은 시행에서 파란 원판보다는 빨간 원판에 불이 들어온다고 예언하게 된다. 실제로 참가자들은 대략 70%의 시행에서 빨간 원판에 불이 들어온다고 예언한다. 그런데 이 장의 초두에서 논의하였던 것처럼, 참가자들은 원판에 불이 들어오는 데에 어떤 패턴이 있다고 생각하게 되며 그 순서가 무선적이라고는 거의 생각하지 않는다. 오히려 모든 예언을 정확한 것으로 만들려고 시도하면서 빨강과 파랑을 왔다 갔다 하여서는 결국 전체 시행의 70%에서는 빨강을 그리고 30%에서는 파랑을 예언하게 된다. 전체 시행 중 30%는 파란 원판에 불이 들어오는 것이 사실이기는 하지만, 만일 두 원판을 왔다 갔다 하는 것을 포기하고 항상 빨강을 예언한다면 더 잘 해낼 수 있다는 사실을 실험참가자들이 깨닫는 경우는 거의 없다. 어떻게 이것이 가능한 것인가?

 이 상황의 논리를 따져보도록 하자. 만일 참가자들이 70%의 시행에서 빨강을 그리고 30%의 시행에서 파랑을 예언하며 불빛이 무선적으로 70 : 30의 비율로 들어온다면 얼마나 정확하게 예언할 수 있는 것인가? 참가자가 빨간 원판에 더 자주 불이 들어온다는 사실을 알아차리고는 대략 70%의 시행에서 빨강을 예언한 100회 시행에 대해 계산을 해보자. 70시행에서 빨간 불빛이 들어오고 참가자는 그 70시행의 대략 70%를 맞출 것이다(왜냐하면 참가자는 70%의 시행에서 빨강을 예언하기 때문이다). 즉, 70시행 중 49시행에서(70×0.70) 빨간 불빛이 들어온다는 것을 정확하게 예언하게 된다. 나머지 30시행에서는 파란 불빛이 들어오고, 참가자는 그 30시행의 대략 30%를 맞추게 된다(왜냐하면 참가자는 30%의 시행에서 파랑을 예언하기 때문이다). 즉, 30시행 중 9시행에서(30×0.30) 파란 불빛이 들어온다는 것을 정확하게 예언하게 된다. 따라서 참가자는 전체 100시행 중에서 58번을 맞춘다(빨간 불빛 시행에서 49번의 정확 예언 그리고 파란 불빛 시행에서 9번의 정확 예언). 그런데 이러한 성과는 만일 참가자가 단지 어느 원판에 불이 더 자주 들어오는지를 확인하고는 모든 시행에서 그렇게 예언한다면, 달성할 수 있는 성과에 비해서 열등하다는 사실에 주목하기 바란다. 이 경우에는 빨간 불빛이 더 빈번하다는 사실을 알아차리고는 매 시행에서 빨강이라고 예언하는 것이 되겠다(이것을 100% 빨강 전략이라고 부르자). 100시행 중에서 70번은 빨간 원판에 불이 들어오며, 참가자는 이 모든 시행에서 정확하게 예언하게 된다. 30번의 파랑 시행에서는 한 번도 정확하게 예언하지 못하지만 아무튼 70%의 예언 정확도를 갖게 되는 것이다. 이 결과는 모든 시행에서 정확하게 예언하기 위해서 두 선택지를 왔다 갔다 할 때 달성하게 되는 58%의 정확도에 비해서 12%나 우수한 것이다!9)

그렇지만 100% 빨강 전략이라는 최적 전략은 파랑이 출현할 때마다 틀려야 한다는 사실을 함축하고 있다. 파란 불빛도 가끔씩은 나타나기 때문에, 파란 불빛을 전혀 예언하지 않는 것은 올바른 반응이 아닌 것처럼 보일 수 있다. 그렇지만 이것이 바로 정확한 확률적 사고가 요구하는 것이다. 정확한 확률적 사고는 매번 빨강이라고 예언할 때 달성하게 되는 최적의 적중률을 얻기 위해서 파랑 시행에서 범하게 되는 오류를 받아들일 것을 요구한다. 요컨대, 전반적으로 적은 오류를 범하기 위해서는 파랑 오류를 받아들여야만 한다. 상당한 정도의 정확도를 가지고 인간 행동을 예언하려면 흔히 오류를 감소시키기 위한 오류의 용인을 수반할 수밖에 없다. 즉, 보편 원리에 의존하여 보다 우수한

---

9) 이렇게 사건들의 출현 확률에 특정 사건을 예언하는 반응의 확률을 맞추는 전략을 확률 대응(probability matching)이라고 부른다. 본문의 예에서처럼 발생확률민 디르면시 무식직으로 발생하는 사건늘의 경우에는 확률 대응이 바람직하지 못하다. 그러나 실제로 사건들의 발생에 어떤 패턴이 있으며, 반응하는 사람이 완벽하지는 않더라도 그 패턴을 파악하고 있다면, 이 전략이 열등한 것이라고만 말할 수는 없다. 이러한 경우에는 오히려 우수할 수 있다. 확률 대응은 사람들만이 사용하는 전략이 아니다. 동물들도 선택 반응에서 이 전략을 사용한다는 많은 실험 증거들이 존재한다. 그리고 사건들의 출현 확률이 등가적일 때에는 확률 대응과 (본문에서의 '100% 빨강 전략'과 같이) 한 가지만을 선택하는 전략이 결과에서 차이를 보이지 않게 된다.

예언을 하게 되지만 동시에 모든 단일 사례에서 정확할 수는 없다는 사실을 인정해야 한다.

그러나 보다 적은 오류를 범하기 위하여 오류를 인정하는 것이 그렇게 쉬운 일은 아니다. 이 사실은 심리학에서 임상적 예언과 집단통계적 예언에 대하여 40여 년 동안 수행한 연구의 역사가 증명하고 있다. **집단통계적 예언**(actuarial prediction)이란 통계 기록, 즉 이 장의 서두에서 논의하였던 유형의 집단 예언으로부터 도출해낸 집단 추세에 근거한 예언을 지칭한다. 한 가지 간단한 집단통계적 예언은 특정 속성을 공유한 모든 사람들에게 동일한 결과를 예언하는 것이다. 따라서 담배를 피우지 않는 사람의 수명을 77.5세로 예언하고 담배 피는 사람의 수명을 64.3세로 예언하는 것은 집단통계적 예언의 한 사례가 될 수 있다. 둘 이상의 집단 속성을 고려한다면, 보다 정확한 예언을 할 수 있다(제5장에서 언급하였던 복잡한 상관기법, 특히 **중다회귀**라고 알려진 기법을 사용함으로써 가능하다). 예컨대, 흡연자이며 과체중이고 운동을 하지 않는 사람의 수명을 58.2세로 예언하는 것은 일련의 변인들에(흡연행동, 체중, 그리고 운동량) 근거한 집단통계적 예언의 한 예이다. 그리고 이러한 예언은 거의 항상 단일변인에 근거한 예언보다 정확하다.

이러한 집단통계적 예언은 경제학, 인력관리학, 범죄학, 경영학과 마케팅, 그리고 의학에서 보편적이다. 예컨대, *Journal of the American Medical Association*과 *Annals of Internal Medicine*에 발표하는 연구들은 다음과 같은 확률적 추세를 보고한다. 중년에 비만인 사람은 그렇지 않은 사람보다 65세 이후에 심장 문제를 일으킬 가능성이 네 배나 높으며, (비만은 아니더라도) 과체중인 사람은 콩팥 문제를 일으킬 가능성이 두 배 높고, 비만인 사람이 콩팥 문제를 일으킬 가능성은 일곱 배나 높다(Seppa, 2006). 그렇지만 확률적 예언은 오류를 받아들인다.

모든 비만인들이 건강문제를 일으키는 것은 아니다. 58세의 나이로 심장마비로 사망한 정치방송인 팀 러서트의 사례를 회상해보라(제10장에서 다루었다). 의사들은 러서트가 향후 10년 동안에 심장마비를 일으킬 가능성은 단지 5%에 불과하다고 예언하였다. 즉, 러서트와 유사한 특성을 가지고 있는 대부분의 사람들(100명 중에서 95명)은 향후 10년 동안 심장마비에서 자유롭다는 것이었다. 러서트는 불행한 5%에 해당하는 한 사람이었다. 그는 보편적 추세에서 벗어난 예외이었던 것이다.

그렇지만 사람들은 때때로 집단통계적 증거에 대처하는 데 어려움을 겪는다. 제대로 대처하기 위해서는 상당한 심적 훈련이 필요하기 때문이다. 예컨대, 2003년에 미국 식품의약청은 널리 사용하고 있는 항우울제와 십대 자살 간의 잠재적 연관성에 관한 건강관련 경고를 내놓았다. 많은 의사들은 집단통계에 근거하여 그 경고가 더 많은 자살을 초래할 수도 있다고 염려하였다. 이들은 그 약물 때문에 자살하는 십대의 수보다 그 약물을 처방하지 않음으로써 더 많은 십대들이 죽음에 이르게 되지나 않을까 걱정하였던 것이다. 실제로 이러한 불상사가 발생하고 말았다. 이 약물로 치료하는 것이 십대들을 일시적으로 위험에 처하게 만들 수도 있지만, 치료하지 않은 우울증이 더 위험하다. 대부분의 의사들은 그 경고가 구하는 생명의 수보다 앗아가는 수가 더 많을 것이라고 생각하였던 것이다(Dokoupil, 2007). 이것은 상황에 관한 수학이다. 아니 '집단통계적 예언에 관한 대수학적 계산이다'라고 표현해야 할는지 모르겠다. 그런네 민속지혜가 "후회보다 안전이 낫다"(어떤 일을 서둘러 망치고 나서 후회하는 것보다 느리지만 성공적으로 마무리하는 것이 낫다)고 말하고 있는 상황에서는 수행하기 어려운 계산일 수 있다. 아무튼 의학 치료의 영역에서는 "후회보다 안전이 낫다"는 민속지혜가 수리 방정식의 절반을 무시하고 있다. 치료를 통해서 해를 입을 수 있는 사람들에게만 초점을 맞추고, 치료를 하지 않음으로써 해를 입을 수 있는 사람들을 철저하게 무시하고 있는 것이다.

　인지심리학, 발달심리학, 조직심리학, 성격심리학, 사회심리학 등과 같은 대부분의 심리학 영역에서는 지식을 집단통계적 예언으로 진술한다. 반면에 몇몇 개업 임상심리학자 집단은 집단통계적 예언을 넘어서서 특정 개인의 결과를 정확하게 예언할 수 있다고 주장하기도 한다. 이것을 **임상적 예언**(clinical prediction) 또는 **사례 예언**(case prediction)이라고 부른다. 임상적 예언은 집단통계적 예언과 정반대의 특성을 가지고 있다:

> 　개업심리학자들은 "사람 일반" 또는 다양한 범주의 사람들에 대한 예언을 넘어서서 각 개인에 대한 예언을 할 수 있다고 주장한다. … 개업심리학자들이 차이를 보이는 것은 그들이 개인을 통계적 일반화가 가능한 집단의 한 구성원으로서가 아니라 독특한 존재로 이해할 수 있다는 주장에 있다. 이들은 "보편적으로" 참인 것이 무엇인가를 진술하는 것이 아니라 개인의 삶에서 "무엇이 무엇을 야기하였는지"를 분석할 수 있다고 주장한다. (Dawes, 1994, 79~80쪽)

　임상적 예언은 집단통계적 예언에 매우 유용한 정보를 첨가해주는 것으로 보인다. 그렇지만 딱 한 가지 심각한 문제가 있다. 임상적 예언은 작동하지 않는 것이다!

　임상적 예언이 유용하려면, 환자에 대한 정보를 단순히 코딩하고 예언을 도출하기 위하여 정량적 데이터를 결합하는 과정을 최적화하도록 설계한 통계 절차를 실시하여 얻을 수 있는 예언에 비해서, 임상가가 환자와 접촉해본 경험 그리고 환자에 관한 정보의 사용이 보다 우수한 예언을 내놓아야만 한다. 요컨대, 개업심리학자들의 경험이 연구를 통하여 밝혀온 집단적 관계를 넘어설 수 있게 해준다는 주장이다. 따라서 임상적 예언이 효과적이라는 주장은 쉽게 검증해볼 수 있다. 실제로 그러한 주장을 검증해왔지만, 불행하게도 계속해서 반증되고 말았다.

임상적 예언 대 집단통계적 예언이라는 논제에 관한 연구는 놀랄 정도로 일관성을 보여 왔다. 오늘날 고전이 된 폴 미일(Paul Meehl, 1954)의 *Clinical Versus Statistical Prediction*(『임상적 예언 대 통계적 예언』)이 출판된 이래, 100회 이상의 연구들을 수행한 60년 동안의 기록을 보면, 연구대상이 되어왔던 거의 모든 임상적 예언 영역에서(심리치료 결과, 집행유예 행동, 대학 졸업률, 전기충격요법에 대한 반응, 상습적 범죄, 정신병동 입원기간, 기타 등등) 집단통계적 예언이 임상적 예언보다 우월하다는 사실이 밝혀져 왔다(Kahneman, 2011 ; Morera & Dawes, 2006 ; Swets et al., 2000 ; Tetlock, 2005).

다양한 임상영역에서 환자에 관한 정보에 근거하여 임상가가 그 환자의 행동을 예언한 것과 동일한 정보를 정량화 한 후에 선행연구들이 밝혀온 통계적 관계에 근거하여 개발한 공식을 가지고 예언한 것을 비교할 때, 하나의 예외도 없이 통계 공식이 우수한 예언을 하였다. 즉, 집단통계적 예언이 임상가의 임상적 예언보다 더 정확한 것이다. 실제로 집단통계 방법에서 사용하는 것보다 더 많은 정보를 임상가들이 가지고 있는 경우조차도, 전자가 우월하다. 다시 말해서 임상가가 통계 공식에 적용하는 정보에 덧붙여서 환자와의 개인적 접촉과 인터뷰를 통한 부가적 정보를 가지고 있을 때도, 임상적 예언은 집단통계 방법만큼의 정확성을 달성하지 못한다. 그 이유는 말할 것도 없이 등식이 정보를 정확하고도 일관성 있게 통합하기 때문이다. 일관성이라는 요인은 임상가들이 비공식적으로 수집한 정보를 통해서 얻는 어떤 장점도 능가할 수 있다.

임상적 예언 대 집단통계적 예언에 관한 문헌에 포함된 마지막 유형의 검증은 임상가에게 통계 공식에 근거한 예언을 제시하고 환자와의 개인적 경험에 근거하여 그 예언을 조정하도록 요구하는 것이다. 임상가가 집단통계적 예언을 조정하였을 때, 그 조정은 실제로 예언의 정확도를 **감소**시키고 만다(Dawes, 1994 참조). 우리는 여기서 "오류를 감소시키기 위하여 오류를 인정하기"에 실패하는 또 다른 사례를 갖게 되는 것이며, 이 예는 앞서 기술하였던 불빛 예언 실험에 직접적으로 유추할 수 있다. 빨간 불빛이 더 자주 나타난다는 통계 정보에 의존하여 매번 빨강을 예언하기보다는(그래서 70%의 정확성을 확보하기보다는), 빨강과 파랑을 왔다 갔다 함으로써 모든 시행에서 정확하게 예언하려다가 결국에는 12%나 덜 정확해지고 만다(전체 시행의 58%에서만 정답을 낸다). 마찬가지로 위의 연구들에 참가한 임상가들은 자신들의 경험이 "임상적 통찰"을 부여하며 임상가의 파일에 처박혀 있는 정량적 정보를 가지고 만들어낼 수 있는 것보다 우수한 예언을 할 수 있게 해준다고 믿었던 것이다. 실제로는 이들의 "통찰"이 존재하지도 않으며, 엉터리 통찰이 공개된 통계 정보에만 의존하였을 때 내놓을 수 있는 예언보다도 열등한 예언을 내놓게 만들어버린다. 아무튼 집단통계적 예언의 우월성은 심리학에만 국한되는 것이 아니다. 예컨대 의학(Groopman, 2007), 재정 서비스(Bogle, 2010 ; Kahneman, 2011), 운동 코치(Moskowitz & Wertheim, 2011) 등과 같은 다른 많은 임상과학에까지 확장된다는 사실을 유념해야만 한다.

임상적 예언보다 집단통계적 예언이 우수하다는 사실을 보여주는 연구들에 관하여, 폴 미일(1986)은 "이처럼 동일한 방향으로 일관성 있는 결과를 내놓는 엄청난 양의 연구들을 보여주는 사회과학에서는 더 이상의 논란의 여지가 없다"(373~374쪽)고 언급하고 있다. 그런데 당황스러운 것은 심리학이라는 분야가 이 지식에 근거하여 작동하지 않는다는 사실이다. 예컨대, 심리학과에서는 대학원 입학 과정과 정신건강훈련 허가 과정에서 개인적 인터뷰를 계속해서 사용하고 있다. 많은 양의 증거는 이러한 인터뷰의 타당성이 거의 없다는 사실을 시사하고 있는데도 말이다. 오히려 임상가들은 보다 우수하게 작동하는 집단통계적 예언 대신에 "임상적 직관"에 의존하고 있는 것을 정당화하기 위하여 계속해서 허울 좋은 주장을 하고 있다. 예컨대, 도스 등(Dawes, Faust, & Meehl, 1989)은 다음과 같이 지적하고 있다.

> 통계적 예언에 반대하는 공통적 주장 또는 잘못된 생각은 집단 통계가 개인이나 개별 사건에는 적용되지 않는다는 것이다. 이 주장은 확률의 기본 원리를 오용하고 있다. … 집단통계에 반대하는 입장을 내세우는 사람은 논리적 일관성을 유지하기 위해서 만일 러시안 룰렛 게임을 단 한번 해야 하며 총알이 하나 또는 다섯 개가 장전된 권총을 선택하도록 허용한다면 사건의 단일성으로 인해서 선택은 임의적인 것이 되어버린다고 주장해야만 한다. (1672쪽)

바로 위의 주장에 대한 한 가지 유추는 외과수술의 성공 확률이 그러한 유형의 외과수술을 많이 집도한 외과의사에게서 높다는 과학적 발견에 여러분이 어떻게 반응할 것인지를 자문해보는 것이 되겠다(Grady, 2009; Groopman, 2007). 여러분은 이 유형의 수술 경험이 많고 실패 확률이 낮은 외과의사 A에게 수술을 받겠는가 아니면 그러한 수술 경험이 없으며 실패할 확률이 높은 외과의사 B에게 수술을 받겠는가? 만일 여러분이 "확률은 단일 사례에 적용되지 않는다"고 믿고 있다면, 후자의 외과의사에게 수술을 받게 되어도 개의하지 않아야만 한다.

심리치료의 결과를 예언하는 것과 같은 영역에서 집단통계 판단이 임상 판단보다 우수하다는 사실을 인정한다고 해서 심리학이라는 영역의 권위가 손상될 것은 하나도 없다. 의학, 경영학, 범죄학, 회계학, 그리고 가축의 판단과 같이 다양한 많은 전문영역도 마찬가지이기 때문이다. 심리학 분야 전체로서는 잃을 것이 거의 없다고 하더라도, 여러 방면에서 "전문가"로 활동하고 있으며(예컨대, 법정의 증언) 개별 사례들에 관한 독특한 임상 지식을 가지고 있다는 점을 암시하고 있는 개별 임상가들은 권위를 상실하고 수입도 줄어들 수 있다.

실제로 심리학 그리고 우리 사회는 "오류를 감소시키기 위하여 오류를 용인하기"의 습관을 형성해야 이득이 된다. 모든 이례적 사례에 대한 독특한 개별 설명(우리의 현재 지식 상태를 감안할 때 가능하지도 않은 독특한 설명)을 찾아내려고 시도하게 되면, 보다 일상적 사례에 대한 예언 정확도를 상실하기 십상이다. 다시 한 번 빨강-파랑 실험을 회상해보자. "100% 빨강 전략"은 소수의 이례적 사건(파란 불빛이 들어오는 사건)을 모두 틀리게 예언하게 만든다. 만일 "70% 빨강-30% 파랑 전략"을 채택함으로써 소수 사건에도 주의를 기울이게 되면 어떻게 되겠는가? 30개의 이례적 사건 중에서 9개의 사건을 정확하게 예언할 수 있게 된다(30×0.30). 그렇지만 21개나 되는 다수 사건을 정확하게 예언하는 능력을 상실하게 되는 대가를 치르게 된다. 70개의 빨강 사건을 정확하게 예언하게 되는 대신에, 49개의 빨강 사건만을 정확하게 예언할 수 있게 된다(70×0.70). 임상 장면에서의 행동 예언도 동일한 논리를 따른다. 모든 사례에 대하여 복잡한 설명을 꾸미는 과정에서 몇 개의 이례적 사례들을 포착할 수 있다. 그러나 단순한 집단통계적 예언이 보다 잘 작동하는 대다수 사례에서의 예언 정확도를 상실하는 대가를 치르게 된다.

웨이지나르와 케렌(W. A. Wagenaar & G. Keren, 1986)은 개인 지식의 과신 그리고 통계 정보의 평가절하가 사람들로 하여금 "나는 다르다. 나는 안전하게 운전한다"고 생각하게 만들어서는 안전벨트 사용을 권장하는 안전 캠페인을 무력화시키게 되는 사례를 보여주고 있다. 문제는 85% 이상의 사람들이 자신은 "보통 운전자보다 우수하다"고 생각하고 있다는 데 있으며(De Craen, Twisk, Hagenzieker, Elffers, & Brookhuis, 2011), 이것이야말로 뻔뻔하리만큼 어리석은 생각인 것이다.

"통계는 개별 사례에 적용되지 않는다"고 믿는 오류는 노름 중독에 빠진 사람들의 생각에서도 중요한 요인이 된다. 웨이지나르(1988)는 노름 행동에 관한 연구에서 다음과 같이 지적하고 있다:

> 노름꾼들과의 논의에서 그들도 장기적으로는 부정적인 결과가 초래된다는 사실을 자각하고 있다는 사실이 너무나도 명백해졌다. 그들은 돈을 따기보다는 잃기 쉽다는 사실을 알고 있으며, 미래에도 마찬가지라는 사실도 알고 있다. 그런데 이러한 통계적 판단을 다음 판, 다음 시간, 또는 다음 날 밤에는 적용하지 못하는 것이다. 자기발견법의 풍부한 레퍼토리가, … 통계는 다음 판이나 다음 시간에 적용되지 않으며, 다음 결과를 예언할 수 있다는 암시를 이들에게 제공하고 있는 것이다. (117쪽)

웨이지나르는 강박적 노름꾼들이 "오류를 감소시키기 위하여 오류를 받아들이지 않으려는" 강력한 경향성을 가지고 있다는 사실을 밝혀냈다. 예컨대, 블랙잭(blackjack)[10]을 하는 노름꾼들은 카지노 측의 어드밴

---

10) 블랙잭(Blackjack)은 카지노에서 플레잉 카드를 가지고 가장 널리 행하는 도박게임이다. 기본적으로 에이스는 1 또는 11로, 그림 카드는 모두 10으로, 숫자 카드는 숫자대로 계산하는데, 21 이하의 범위에서 자기 패의 숫자 합이 딜러의 숫자 합보다 클 경우 이기는 게임이다. 에이스 한 장과 그림 카드 한 장을 가지게 되면 그것을 블랙(또는 내추럴)이라고 부르는데, 이 경우가 가장 좋은 패가 된다. 매우 단순해 보이지만, 기본 규칙 이외에 다양한 부가적 규칙들이 있으며, 패를 받는 과정에서 다양한 전략을 짤 수 있기 때문에 노름꾼들이 선호하는

티지를 6 내지 8%에서 1% 이하로 확실하게 낮추어주는 소위 **기본**(basic)이라는 전략을 거부하는 경향이 있었다. 블랙잭에서 기본이란 장기적 통계 전략인데, 강박적 노름꾼들은 "효율적인 전략은 모든 단일 사례에서도 효과적이어야만 한다"(110쪽)고 믿기 때문에 이 전략을 거부하는 경향이 있었다. 웨이지나르 연구에서 노름꾼들은 "예외 없이 그러한 전략의 보편적 처방은 각각의 독특한 상황의 개별 특수성을 무시하기 때문에 작동할 수 없다고 말하였다"(110쪽). 이 노름꾼들은 엄청난 돈을 잃지 않도록 보장해주는 통계 전략을 사용하는 대신에, 무모하게 각 상황의 개별 특수성에 근거한 임상적 예언을 할 수 있는 방법을 추구하고 있었다.

집단통계적 예언이 임상적 예언을 능가하기 십상인 또 다른 영역이 스포츠이다. 많은 사람들은 2011년에 마이클 루이스(Michael Lewis, 2004)의 책에 근거한 영화 <머니볼(Moneyball)>[11]을 관람하였을 것이다. 이 영화는 미국 메이저리그 야구팀인 오클랜드 애슬래틱스 단장 빌리 빈에 관한 이야기인데, 그는 자기 팀에 데리고 올 선수들을 평가하는 데 있어서 (가시적인 신체 특성에 지나치게 의존하는 경향이 있는)

게임이다. 아무튼 독자들이 카지노에서 이 게임을 할 기회가 생긴다면, 정말로 재미 삼아 해보는 정도로 그쳐야 할 것이다. 운이 좋아 잠시 돈을 따는 경우도 있겠지만, 궁극적으로는 딜러(카지노)가 이길 확률이 높기 때문이다.

11) 영화 <머니볼(Moneyball)>은 미국 메이저리그의 역사를 다시 쓰게 만든 빌리 빈의 성공 실화를 영화화한 작품이다. 그는 메이저리그 만년 최하위 팀이었던 오클랜드 애슬래틱스를 다섯 번이나 포스트시즌에 진출시켰다. 오직 경기 데이터 만을 바탕으로 선수들의 재능을 평가하고(예컨대, 외모나 인기보다는 출루율과 같은 데이터) 적은 비용으로 높은 효과를 거둔 선수 트레이드로 140년 메이저리그 역사상 최초로 20연승이라는 최대 이변이자 혁신을 만들어내 야구계의 스티브 잡스로 불리기도 한다. 영화에서는 우리에게도 친숙한 브래드 피트가 주인공 빌리 빈으로 열연을 펼치는데, 스포츠를 좋아하는지에 관계없이 독자들도 관람하기를 권한다. 요즘 젊은이들의 표현을 빌자면, "강추"다.

자기 팀 스카우트들의 "임상" 판단을 기각하고 과거 성적 통계에 의존하였다. 그의 팀은 선수 스카우트에 투자한 돈의 액수에 비해서 엄청난 성과를 이룩하였으며, 그 이후 다른 많은 팀들도 야구 통계학자에게서 빌려온 집단통계 방법을 흉내 내었다. 다른 많은 스포츠에서도 통계기법들이 "코치들의 판단"보다 우월한 것으로 나타났다(많은 사례들을 보려면 Moskowitz & Wertheim, 2011을 참조하라).

임상적 예언과 집단통계적 예언을 다룬 문헌들에 대한 지금의 논의가 심리학에서 사례연구는 아무런 역할도 하지 못한다는 사실을 함축하기 위한 것은 물론 아니다. 행동 예언에 있어서 특정 상황에 관하여 언급해 왔다는 사실을 명심하기 바란다. 제4장에서 다룬 사례연구의 역할에 관한 논의를 회상해보라. 사례 정보는 중요하고 측정할 필요가 있는 변인들에 주의를 기울이게 하는 데 매우 유용하다. 이 절에서 우리가 논의해온 것은 일단 관련 변인들을 결정하고 그 변인들을 사용하여 행동을 예언하고자 원한다면, 그 변인들을 측정하고 통계 방정식을 사용하여 예언하는 것이 기본절차가 된다는 사실이다. 첫째, 우리는 통계적 접근을 사용하여 보다 정확한 예언을 할 수 있다. 둘째, 통계적 접근은 통계 방정식이 공개적 지식이라는 점에서, 즉 모든 사람이 사용하고 수정하며 비판하고 논쟁을 벌일 수 있도록 개방된다는 점에서 임상적 예언에는 없는 장점을 갖는다. 이와는 반대로 임상적 예언을 사용하는 것은 공개적 비판을 벗어나는 권위자의 평가에 의존하는 것에 해당한다. 권위자의 판단은 개별적이고 특수한 것이기 때문이다.

요약

　일반대중과 개업 임상가들은 심리학에서 우연의 역할을 오해하기 십상이다. 사람들은 행동에서 나타나는 변산의 일부분을 우연요인이 결정한다는 사실을 인식하는 데 어려움을 겪는다. 즉, 행동의 변산성은 부분적으로 무선 요인의 함수이며, 따라서 심리학자들은 모든 사례의 행동을 예언할 수 있다고 주장해서는 안 된다. 오히려 심리학 예언은 확률적인 것으로써 집단 경향성에 관한 예언이다.

　심리학 예언이 개인 수준에서 이루어질 수 있다는 사실을 암시하는 오류는 흔히 임상심리학자들 자신들이 만들어낸다. 때때로 이들은 임상 훈련이 개별 사례를 예언하는 "직관" 능력을 부여해준다는 잘못된 암시를 준다. 수십 년에 걸친 연구는 인간 행동을 설명하는 데 있어서 집단통계적 예언(집단통계적 경향성에 따른 예언)이 임상적 예언보다 우수하다는 사실을 일관성 있게 지적해왔다. 통계 경향성이 특정 사례에서 발현될 것인지의 여부를 예언할 수 있는 임상 직관에 관한 증거는 전혀 없다. 따라서 행동을 예언할 때 통계 정보를 뒤켠에 밀어놓아서는 절대로 안 된다. 통계적 예언은 인간 행동을 예언할 때 오류와 불확실성이 항상 존재하기 마련이라는 메시지도 정확하게 전달하고 있는 것이다.

12

이중고난의 과학

로드니 데인저필드(Rodney Dangerfield, 1921~2004)는 지난 30여 년에 걸쳐 미국의 유명한 코미디언이었으며, 그의 대표적인 표현은 "나는 도대체 존경을 받을 수가 없어요!"라고 말하는 구슬픈 울음소리이다. 어느 면에서 이 표현은 일반대중의 마음속에 자리 잡고 있는 심리학의 위상을 적절하게 요약한 것이라고 할 수 있다. 이 장에서는 왜 심리학이 과학의 로드니 데인저필드로 보이게 되는지 그 몇 가지 원인을 다루고자 한다.

심리학 주제들에 관한 일반대중의 엄청난 환호가 있음에도 불구하고, 심리학 분야 자체 그리고 심리학의 성과에 관한 판단은 철저하게도 부정적이다. 심리학자들은 이러한 이미지 문제를 자각하고 있지만, 대부분은 어찌 할 수 없다고 느끼고는 그저 무시하고 있을 뿐이다. 이것은 잘못이다. 심리학의 이미지 문제를 무시하는 것은 사태를 악화시킬 뿐이다.

심리학의 이미지 문제

심리학의 이미지 문제에 대한 몇 가지 원인은 이미 논의한 바 있다. 예컨대, 제1장에서 논의하였던 프로이트 문제가 심리학을 경시하는 데 공헌하고 있음에 의심의 여지가 없다. 일반대중이 유명한 심리학자들을 알고 있는 범위는 프로이트와 스키너 정도이다(Overskeid, 2007).[1] 프로이트 정신분석의 많은 측면들은 정말로 비과학적이며, 제1장에서 기술한 바와 같이 이렇게 반증 불가능한 아이디어들은 현대심리학 연구에서 아무런 역할도 담당하지 못한다. 가장 널리 알려진 심리학자 중의 한 사람인 스키너가 사람은 마음을 가지고 있지 않으며 쥐와 다를 바 없다고 주장하였다고 일반대중이 알고 있는 한, 그 분야에는 아무런 희망도 없는 것으로 보일 수 있다. 물론 스키너는 그렇게 언급한 적이 **결코** 없지만(Gaynor, 2004), 그의 아이디어를 왜곡시킨 생각들이 널리 퍼져 있으며, 동물을 대상으로 수행한 연구에서 발전시킨 조작적 조건형성(operant conditioning)의 많은 원리들이 인간 행동에 일반화되어왔다는 사실을 알고 있는 사람은 거의 없다. 아무튼 일반대중은 이러한 사실들을 거의 깨닫고 있지 못하다.

---

[1] 고등학교 교과과정에 심리학이 선택과목으로 포함되어 있는 미국에서도 이 모양이니, 대학에 입학하여 비로소 교양과목으로나 심리학을 접해볼 수 있는 우리나라의 경우는 더 심할 가능성이 높다. 그나마 다행스러운 것은 21세기 들어서 EBS를 비롯한 여러 매체들이 정통 심리학자들의 연구를 자주 소개하고 있다는 사실이다. 그러나 제4장에서 소개하였던 오프라 윈프리 쇼에서 벌어지고 있는 일들과 마찬가지로, 시청률이 상대적으로 높은 연예오락프로그램에서 사이비심리학을 진정한 심리학인 것처럼 소개하는 경우도 적지 않기 때문에 오히려 심리학에 대한 오해를 증폭시키는 경우도 없지 않다.

심리학과 사이비심리학[2])

　유명한 심리학 연구에 대한 일반대중의 지식은 그나마 스키너와 프로이트의 연구를 제외하면 거의 존재하지도 않는다. 이 사실을 경험적으로 확인해보는 한 가지 방법은 여러분이 살고 있는 지역의 서점에 들러서 어떤 심리학 관련서적들이 일반대중에게 가용한지를 보는 것이다. 서점의 심리학 서가를 훑어보면, 책들이 일반적으로 세 가지 범주로 나뉜다는 사실을 알게 된다. 첫째, 거기에는 몇 가지 "고전"에 해당하는 서적들이 있을 것인데(프로이트, 스키너, 프롬, 에릭슨, 융 등), 이것들은 현대심리학을 전혀 대표하지 못하는 낡은 스타일의 정신분석 견해로 심하게 편향된 것들이다. 심리학자들을 좌절시키는 것은 심리학 분야에서 정말로 가치 있는 책들이 과학이나 생물학 서가에 진열되어 있기 십상이라는 사실이다. 예컨대, 심리학자 스티븐 핀커의 유명하고 존경받는 저서인 *How the Mind Works*(1997. 『마음은 어떻게 작동하는가』. 제1장 각주 10을 참조하라)는 심리학 서가보다는 과학 서가에 꽂혀 있기 십상이다. 따라서 그가 논의하고 있는 인지과학의 중요한 연구들이 심리학보다는 생물학, 신경생리학, 아니면 컴퓨터과학 등과 연합된다.

　대부분의 서점에서 발견할 수 있는 두 번째 유목의 책은 심리학을 가장한 사이비과학이라고 부를 만한 것으로서, 텔레파시, 천리안, 염력, 미래 예언, 영혼 재래, 바이오리듬, 점성학, 피라미드의 비밀, 식물과의 의사소통, 심령치료 등과 같은 소위 심령현상들의 끝이 없어 보이는 목록늘이다. 서점의 심리학 서가에 이러한 책들이 엄청나게 존재한다는

---

2) 심령현상들을 내세우는(그렇지만 결코 연구하는 것은 아니다) 분야를 영어로는 parapsychology라고 부르고, 흔히 이것을 초심리학(超心理學)이라고 번역하기도 한다. 이 용어는 현대심리학 연구를 뛰어넘는 또 다른 세계의 심리학인 것처럼 오해할 수 있기에, 이 책에서는 직설적으로 사이비심리학이라고 표현하였다.

사실은 심리학자들이 그러한 현상의 존재를 인정하는 사람들이라는 광범위하게 퍼져 있는 오해에 기여하고 있음에 틀림없다. 이러한 오해 속에는 심리학에 관한 씁쓰름한 역설이 들어 있다. 실제로 심리학과 심령현상 간의 관계는 쉽게 진술할 수 있다. 그러한 현상들은 현대심리학이 적극적인 연구관심을 가지고 있지 않은 분야일 뿐이다. 그러나 그 현상들이 관심의 대상이 되지 못하는 이유가 많은 사람들에게는 놀라운 것이다.

초감각지각(ESP)이나 다른 심령현상의 연구를 심리학의 한 분야로 인정하지 않는다는 진술이 많은 독자들의 화를 돋울 것임에 틀림없다. 사회조사 연구들은 일반대중의 40% 이상이 그러한 현상의 존재를 믿고 있으며, 그러한 믿음에 상당한 열정을 가지고 있는 경우가 많다는 사실을 일관성 있게 보여주어 왔다(Farha & Steward, 2006 ; Kida, 2006 ; Shermer, 2011). 역사적 고찰과 사회조사 연구들은 그러한 신념이 완강하게 유지되는 원인들을 제안하여왔다(Begley, 2008 ; Humphrey, 1996 ; Park, 2008 ; Stanovich, 2011). 대부분의 종교와 마찬가지로, 소위 많은 심령현상들은 사후세계를 약속하는 것처럼 보이며, 혹자에게 있어서는 초월의 욕구를 만족시키는 기능을 한다. 그렇기에 심리학 연구가 ESP와 같은 것을 확증해주지 않는다는 기분 나쁜 소식을 전달하는 사람을 열렬하게 환영하지 않는다는 사실이 놀라울 것도 없다.

심리학은 ESP를 실행 가능한 연구영역으로 간주하지 않는다는 진술은 ESP 신봉자들을 경악하게 만들며, 심리학자들은 자신들의 영역에서 특정 주제를 추방하는 독단적인 사람들이라는 다급한 항의를 불러일으키는 경우가 많다. 만일 심리학자들이 이러한 항의에 백기를 들고 이 항의를 심각하게 다루는 데 실패하고 만다면, 일반대중의 이해에 아무런 공헌도 하지 못하게 된다. 오히려 심리학자들은 그러한 항의의 기반이 잘못된 이유를 세심하고도 명백하게 설명해주어야만 한다. 그러한 설명은 과학자들이 연구하는 주제를 칙령에 근거하여 결정하지 않는다는 사실을 강조해야 할 것이다. 어떤 선언도 어느 주제는 연구할 수 있고 어느 주제는 연구할 수 없는 것인지를 천명하지 않는다. 연구영역은 아이디어와 연구방법에 작동하는 자연선택 과정에 따라서 출현하고 확장되거나 종결되는 것이다. 유용한 이론과 경험적 발견으로 이끌어가는 영역은 수많은 과학자들이 받아들인다. 이론적으로 막다른 골목으로 이끌어가거나 반복 불가능하고 흥미를 끌지 못하는 관찰을 내놓는 영역은 탈락하고 만다. 아이디어와 연구방법의 이러한 자연선택이야말로 과학을 진리에 접근하도록 이끌어가는 것이다.

예컨대, ESP를 현대심리학에서 실행가능한 주제로 간주하지 않는 이유는 단지 이 연구가 유용하지 않은 것으로 판명되었기 때문이다. 따라서 이 주제에 관심을 기울이는 심리학자는 거의 없다. 그런데 여기서 현대(contemporary)라는 단어를 강조하는 것이 중요하겠다. ESP라는 주제는 오늘날처럼 부정적 증거가 상당히 누적되기 전까지는 심리학자들에게 대단한 흥밋거리이었기 때문이다. 역사적으로 고찰해보면 탈락한 연구영역은 주도적인 권위자들이 가치 없는 것으로 선언하였기 때문이 아니다. 단지 아이디어의 경쟁적인 환경에서 탈락한 것뿐이다.

ESP가 심리학에서 무가치한 주제로 선언된 적은 결코 없었다. 그 증거는 명백하고 공개적으로 가용하다(Farha, 2007 ; Hines, 2003 ; Kelly, 2005 ; Marks, 2001 ; Milton & Wiseman, 1999 , Park, 2008 ; Wiseman, 2011). ESP를 연구한 수많은 논문들이 오랫동안 권위 있는 심리학 전문잡지에 게재되어왔다. 2011년만 하더라도, APA의 주요 저널 중의 하나인 *Journal of Personality and Social Psychology*는 사이비심리현상 효과에 관한 논문을 게재하였다(Bem, 2011). 불행하게도 늘 그렇듯이, 보고한 효과는 신뢰할 수 없는 것으로 나타났다(Rouder & Morey, 2011 ; Wagenmakers, Wetzels, Borsboom, & van der Maas, 2011).

　대중매체 출연을 열렬히 갈망하는 사이비심리학자들은 자신들의 영역이 새로운 것이라는 인상을 주기 좋아하며, 따라서 놀랄 만한 새로운 발견이 도래하고 있다는 점을 함축하려고 애쓴다. 진실은 전혀 그렇지 못하다. ESP 연구는 실제로 심리학 자체만큼이나 오랜 역사를 가지고 있다. ESP는 새로운 연구 분야가 아니다. 오늘날 심리학 문헌에서 다루고 있는 많은 주제들 못지않게 많은 연구를 수행해왔다. 합법적인 심리학 전문잡지에 게재되었던 많은 연구들의 결과는 압도적으로 부정적인 것이었다. 90년 이상의 연구를 수행한 후에도 아직 통제된 상황에서 반복 가능한 ESP 현상의 사례가 하나도 없다. 수십 년에 걸쳐 수행한 수많은 연구들에도 불구하고, 반복 가능성이라고 하는 간단하고도 기본적인 과학의 기준을 만족시키지 못하였던 것이다. 많은 사이비심리학자들과 신봉자들 자신도 이 사실에 동의한다. 요컨대, 과학적 설명이 필요한 입증된 현상이 하나도 없다. 이 이유만으로도 오늘날 이 주제는 심리학에서 관심을 끌지 못한다.

　이제 역설적 사실을 보자. 심리학자들은 심령현상에 관한 주장을 평가하는 데 있어서 중차대한 역할을 담당해왔다. 그렇지만 심리학자들의 공헌이 가지고 있는 중요성은 전문적인 마술사들의 공헌에 비하면 부차적인 것에 불과하다. 이들은 심령현상에 관하여 소문난 대부분의 증명이 가지고 있는 사기성 본질을 폭로하는 데 주도적인 역할을 수행해왔다(Randi, 2011). 심령현상에 관한 증거의 속사정을 다룬 많은 중요한 저서들은 심리학자들이 집필해왔다.

　그렇다면 역설은 명백하다. ESP의 주장을 정확하게 평가하는 데 가장 크게 공헌해온 분야인 심리학이 일반대중의 마음속에서는 그러한 사이비과학과 가장 밀접하게 연합된 분야로 자리 잡고 있다는 사실이다. 심리학은 이러한 연좌제(guilt-by-association) 현상으로 크게 고통을 받고 있다. 나중에 상세하게 논의하겠지만, 흔히 심리학은 "이중고난" 현상의 희생양이다. 한 가지 사례를 보자. 심리학에서는 무엇이든지 가능하다는 가정, 즉 심리학은 지식의 주장을 판단할 만한 과학적 기제가 없는 분야라는 가정은 심리학이 ESP와 같은 사이비과학과 연합되어 있는 분야라고 간주하게 만든다. 그러나 만일 심리학자들이 일반대중들로 하여금 사이비과학의 실체를 인식시키는 데 성공한다고 해도, 사이비과학이 심리학을 연상시키기 때문에 심리학은 진정한 과학이 아니라는 사실을 확증하는 것으로 간주될 수 있는 것이다!

자조 문헌

서점의 심리학 서가에 꽂혀 있는 책들 중 세 번째 범주는 소위 자조 문헌(self-help literature)이다. 물론 이 범주에는 다양한 장르들이 들어 있다(Lilienfeld, Lynn, & Lohr, 2003 ; Meyers, 2008). 어떤 책은 일반적으로 자기 가치감과 유능감을 고취시키려는 목적으로 집필한 영적 고양을 추구하는 책자들이다. 다른 책들은 인간 행동에 대해 잘 알려진 케케묵은 생각들을 마치 새로운 것처럼 보이는 방식으로 짜 맞추려는 것들이다. 소수의 책만이(그렇지만 지극히 소수에 불과하다) 일반대중을 위해 책임 있는 심리학자들이 집필한 것이다. 후자의 범주에 속하지 않는, 즉 정통 심리학자들이 집필하지 않은 많은 책들은 행동의 특정 문제점을 교정할 뿐만 아니라 보편적인 인간의 욕구를 만족시키는 데 도움을 주도록 설계된 새로운 "치료법"을 주장하는 방식으로(삼대 요소는 '돈벌이', '체중 감소', 그리고 '보다 나은 성생활'이다) 책의 독특함을 내세워서는 판매량을 늘리려고 한다. 이러한 소위 새로운 치료법들이 어떤 유형이든 통제된 실험연구에 근거한 것은 거의 하나도 없다. 일반적으로 개인 경험에 의존하며, 만일 저자가 임상가라면 소수의 사례사에 의존할 뿐이다. 소위 대체의학이라고 부르는 치료법의 경우에도 그렇기 십상이다.

각고의 노력을 기울인 심리학 연구 끝에 그 효용성을 입증하게 된 많은 행동치료법과 인지치료법들이 서점의 서가를 장식하고 있는 경우는 거의 없다. 릴리엔펠트(2012)는 매년 출판되는 3,500여종의 자조 서적들 중에서 오직 5% 정도만이 과학적 타당성을 가지고 있다고 추정하고 있다.

전자매체와 인터넷에서는 상황이 더욱 나쁘다. 라디오와 텔레비전은 합법적 심리학에 대하여 거의 보도하지 않으며, 대신에 사이비 "치료법"의 조달자들 그리고 실제 심리학 분야와 아무런 연계도 없이 인기만을 추구하는 사람들을 소개한다. 가장 큰 이유는 정당한 심리치료법들은 어느 것도 즉각적인 치료 효과나 개선을 주장하지 않으며, 성공을 보장하지도 않고, 그 효과가 상당한 일반성을 가지고 있다고 주장하지도 않기 때문이다(예컨대, "당신은 담배를 끊게 될 뿐만 아니라 삶의 모든 측면에서 개선될 것이다"와 같은 주장).

인터넷의 경우도 마찬가지이다. 동료 연구자의 개관을 수반하지 않는다는 사실은 인터넷에서 찾아볼 수 있는 치료법들이 사기일 가능성이 농후하다는 사실을 확신시켜준다. 한 가지 사례를 보자. 2008년에 폴 오핏(Paul Offit)은 *Autism's False Prophets*(『자폐증의 엉터리 예언자들』)라는 제목의 중요한 책을 출판하였는데, 그는 이 책에서 과학 연구들이 사기라는 사실을 밝혀냈지만 자폐증 자녀를 도와줄 수 있는 치료법을 갈망하는 부모들 사이에서 인기를 끌어왔던 많은 사이비 치료법들을 상세하게 논의하고 있다. 한 가지가 제6장에서 논의하였던 촉진적 의사소통이다. 오핏은 헛되이 부모들의 희망을 불러일으켜서는 사기 "치료"를 쫓아다니느라 엄청난 돈과 시간 그리고 에너지를 낭비하도록 만들어 온 다른 많은 사이비과학 치료법을 기술하고 있다. 2012년 1월 5일에 필자는 오핏의 책에서 논의한 자폐증의 엉터리 화학 "치료" 중의 하나를 찾아내서는(이 치료의 광고에 일조하지 않기 위하여 이름을 말하지는 않겠다) 구글에 그 이름과 "autism"(자폐증)이라는 단어를 입력해보았다. 탐색 결과 가장 먼저 나타난 10개의 링크 중에서, 세 개가 이 엉터리 화학 치료를 옹호하는 웹사이트이었다. 웹 서치가 과학적 정확성을 보장하지 못하는 까닭은 웹사이트들이 동료 연구자들의 개관을 받지 않기 때문이다. 따라서 웹사이트는 관심 주제에 관한 과학 문헌 지식이 충분하지 않은 채 무작위로 웹 서치를 하는 소비자를 보호해주지 않는다.

 자조 문헌은 미국의 책 시장에서 상당한 비율을 점유하고 있는데, 심리학에 대한 일반인의 지각에 여러 가지 불행한 효과를 초래한다. 첫째, 프로이트의 문제와 마찬가지로, 심리학자들의 주의를 끌고 있는 문제 영역에 관해 혼란을 야기한다. 예컨대, 비만과 성문제 치료법을 제공하며 그러한 문제를 연구하는 데 종사하는 심리학자들이 적지 않게 많이 있기는 하지만, 실제 숫자는 자조 문헌의 양이 시사하는 것에 비하면 훨씬 적다. 이 사실도 일반대중으로 하여금 대부분의 심리학자들은 이상(비정상) 행동의 치료와 연구에 종사하고 있다고 생각하도록 만드는 데 일조한다. 실세로는 대부분의 심리학 연구가 모든 인간에게 있어서 전형적인 비병리적 행동(즉, 정상적 행동)을 지향하고 있다.

 자조 문헌은 심리학의 내용(주제)에 관한 혼란 이외에도 연구방법과 목표에 대해 부정확한 인상을 초래한다. 제4장에서 보았던 것처럼,

심리과학은 한 가지 치료법의 효용성을 평가하는 데 있어서 소수의 사례연구, 증언서, 그리고 개인적 경험들을 적절한 경험적 증거로 간주하지 않는 반면, 대부분의 자조 치료는 이것들만을 데이터베이스로 사용한다. 자조 문헌은 대부분의 심리학 결론이 이러한 데이터베이스에 의존한다고 암시함으로써 일반대중을 오도하는 것이다. 제8장에서 예증한 바와 같이, 한 이론의 확증은 각기 다른 여러 유형의 증거에 의존해야만 하며, 사례연구 증거는 가장 취약한 유형의 데이터이다. 이러한 데이터가 특정 이론이나 치료의 결정적 증거를 제공한다고 간주하는 것은 치명적인 잘못인 것이다.

처방전 지식

마지막으로 자조 문헌은 심리학의 목표에 대한 혼란, 보다 구체적으로 표현하면 대부분의 심리학 연구가 추구하는 지식의 유형에 관한 혼란을 야기한다. 자조 문헌은 심리학자들이 소위 "처방전 지식"을 추구한다고 강력하게 암시한다. 처방전 지식이란 그 지식이 어떻게 기능하는 것인지에 대한 근본 원리는 알지도 못한 채 사용 방법에 관한 지식만을 가지고 있는 것을 말한다. 예컨대, 대부분의 사람들은 컴퓨터를 사용하는 방법에 대해 많은 것을 알고 있지만, 컴퓨터가 실제로 **어떻게** 작동하는 것인지에 관해서는 아는 것이 거의 없다. 이것이 컴퓨터에 관한 처방전 지식이다. 오늘날의 사회에서 많은 테크놀로지 제품에 관한 우리의 지식들도 처방전 지식이다.

물론 처방전 지식이 전적으로 부정적인 것은 아니다. 실제로 대부분의 테크놀로지 제품들은 그것이 작동하는 모든 원리에 관한 지식이 없이도 사용할 수 있도록 설계된 것들이다. 처방전 지식이라는 아이디어는 기초연구와 응용연구 사이의 차이를 개념화하는 한 가지 방법을 제공해 준다. 기초연구자들은 세상의 근본 원리를 밝혀내고자 하는 것이며, 그 원리가 세상을 보다 효율적으로 조작할 수 있는 처방전 지식으로 바뀔 수 있을 것인지에 대해 걱정하지 않는다. 응용연구자들은 기본 원리들을 단지 처방전 지식만이 필요한 제품으로 변화시킬 수 있을 것인지에 관해 더 많은 관심을 기울인다.

대부분의 자조 문헌은 인간 행동에 관한 처방전 지식만을 제공할 뿐이다. 자조 문헌은 일반적으로 "X를 하시오. 그러면 당신은 보다 Y처럼 될 것입니다" 또는 "Z를 하시오. 그러면 사람 A가 더욱 B라는 반응을 보이게 될 것입니다"와 같은 형식으로 요약할 수 있다. 이제 제공한 처방이 옳다고 가정한다면(일반적으로 이것은 안전을 보장하는 가정이 아니다), 여기에는 본질적으로 잘못된 것이 하나도 없다. 많은 합법적 심리치료법도 많은 처방전 지식을 제공한다. 그러나 사람들이 모든 심리학 연구의 궁극적 목표가 처방전 지식이라고 잘못 생각할 때 문제가 발생한다. 심리학에는 기본적 행동 원리들을 사용가능한 심리치료 기법으로, 건강유지 행동 프로그램으로, 또는 효율적인 기업 조직 모델로 변환시키는 작업 등을 수행하는 많은 연구자들이 있기는 하지만, 심리학 연구는 전반적으로 인간 행동에 관한 보편 사실과 이론을 밝혀내는 것을 목표로 삼고 있는 기초연구인 것이다. 여기서 우리는 심리학 연구가 제3자들에게 낯설게 보이게 되는 또 다른 이유를 보게 된다. 기본 원리의 연구는 흔히 응용의 개발에 조점을 두고 있는 연구들과는 매우 다른 것처럼 보이기 십상이다.

만일 한 사람이 분자생물학 실험실에 들어와서는 연구자에게 두통이 있으니 아스피린을 두세 알 먹어도 되겠느냐고 묻는다면, 우리는 그 사람을 바보 같다고 생각할 것이다. 그 이유는 분자생물학이 통증 완화와 무관하기 때문이 아니다. 아마도 통증 완화제의 후속 개발은 이 과학 분야의 지식을 요구할 것이다. 이러한 물음을 던지는 것이 바보 같이 보이는 이유는 분자생물학이 단지 아스피린 두 알을 먹을 것인지 아니면 세 알을 먹을 것인지와 같은 처방전 수준의 일을 하지 않는다는 데 있다. 연구자들은 생명체의 실체에 있어서 분자 수준에 관한 근본 사실에 관심을 가지고 있는 것이다. 이러한 근본 사실은 수많은 영역에서 처방전 지식으로 이끌어갈 수 있지만, 분자 수준에서 기본 사실들을 밝혀낸 바로 그 연구자들이 처방전 지식으로의 변환을 수행하는 것은 아니며, 원래의 발견을 이끌어내었던 연구방법들을 사용하여 변환을 달성하는 것도 아니다.

따라서 자조 문헌은 사람들로 하여금 대부분의 심리학자들이 처방전 지식을 개발하는 일에 종사한다는 생각으로 이끌어가기 때문에, 심리학자들이 수행하는 많은 기초연구들이 이상하게 보이는 경우가 많은 것이다. 암실에서 빨간 불빛을 바라다보는 실험참가자로부터 헤크트가 얻어낸 데이터(제7장 참조)는 실세계 사건들과 무슨 관계가 있는 것인가? 표면상으로는 아무 것도 없다. 헤크트는 시각 시스템이 어둠에 적응하는 방식에 대한 기본 법칙을 찾아내는 데 관심이 있었던 것이다. 그 기본 원리는 결국 비타민 부족에 의한 야맹증과 같은 특정 문제에 대처하는 방법이라는 처방전 지식으로 전환되었다. 그렇기는 하지만 헤크트 자신이 이러한 전환을 이룩한 것은 아니며, 몇 년이 지나서야 비로소 다른 응용연구자들이 그 작업을 해냈던 것이다.

따라서 자조 문헌은 심리학에 대한 일반대중의 지각에 두 가지 불행한 부작용을 가지고 있다. 이러한 문헌에서 언급하는 문제 영역은 현대심리학의 관심사를 반드시 대표하는 것이 아니다. 오히려 사람들이 무엇을 읽고 싶어 하는지를 반영하고 있는 것이다. 텔레비전, 라디오, 웹기반

콘텐츠의 논리도 동일하다. 그렇지만 여론조사 결과가 과학의 관심사를 결정하지는 않는다. 모든 과학에는 일반적으로 과학자들에게 생산적인 아이디어와 일반대중에게 팔아먹기 위해 포장한 아이디어 간에 괴리가 있게 마련이며, 특히 심리학에서 그렇다. 예컨대, 심리학에는 "긍정적 사고의 위력"에 관한 합법적인 연구들이 존재하지만(Sharot, 2011), 오프라 윈프리 쇼와 같은 토크쇼에서 보게 되는 자조적 처방과는 전혀 닮은 곳이 없다. 오히려 진정한 심리학 연구문헌은 수렴적 증거에 관한 경고와 관심사 그리고 여러 연구방법들에 걸친 연계성의 탐색으로 가득 차 있다. 요컨대, 이 책에서 논의한 모든 연구 관심사들로 충만해 있는 것이다.

체중감소 처방이라는 영역을 생각해보자. 과학자들은 체중 조절에 도움이 되는 몇 가지 가벼운 처방에 관한 증거들을 서서히 누적해오기는 하였지만(Brody, 2008), 어느 것도 획기적 치료법은 아니다. 비만의 문제는 복잡하며 중다 원인이 존재한다는 이 책의 경고에 해당하는 문제인 것이 확실하다(Bartoshuk, 2009). 마법의 탄환이라는 단 하나의 해결책을 가지고 있는 문제가 아니다. 예컨대, 많은 과학자들은 섭식 환경 자체의 복잡성(광고, 1회 식사량, 아동 대상 마케팅 등)이 국가적 비만 문제에 어떻게 기여하고 있는지를 강조해왔다(Brownell, 2011).

반면에 과학에 기초한 의학 블로그를 운영하고 있는 은퇴한 의사인 해리엣 홀(Harriet Hall, 2008)의 글을 보자. 그녀는 어떤 체중감소 제품을 기술하고 있는데, 이 제품은 "원하는 것을 모두 먹으면서도 체중을 감소한다는 평범한 주장을 하고 있다. 그런데 '만일 이 사실이 참이 아니라면, 이렇게 활자화 할 수 있겠는가!'라는 지금까지 가장 멋진 광고 슬로건을 내걸고 있었다. 나는 웃음을 참을 수 없었다. 누구든지 들통이 나지 않는 한에 있어서 무엇이든지 글로 표현할 수 있다. 다이어트 광고들은 너나 할 것 없이 모두 참이 아닌 이야기를 하고 있는데, 공정거래위원회가 이 모든 것들을 추적·조사할 수는 없는 것이다"(47쪽). 홀의 핵심은 훌륭한 과학과 (텔레비전부터 웹사이트에 이르기까지) 대중매체들이 광고하는 것 간에는 철저한 괴리가 존재한다는 점이다.

대중매체는 "대중의 관심사"인 질문에 신속한 답변을 원하는 반면에, 과학은 과학적으로 답할 수 있는 질문에만 느릿느릿 답변을 내놓는다. 그리고 일반대중이 흥미를 느끼는 모든 질문들은 답할 수 있는 것이 아닐 수 있는 것이다.

심리학과 다른 학문 분야들

인간 행동을 연구하는 데 있어서 심리학이 독점권을 가지고 있는 것은 물론 아니다. 다른 많은 관련분야들도 다양한 기법과 이론적 조망을 사용하여 지식에 보탬을 준다. 인간 행동과 관련된 많은 문제들은 학제적 접근을 요구한다. 그러나 대부분의 심리학자들이 견디어내야 하는 당혹스러운 사실은 학제적 문제에 대한 연구결과를 발표할 때 흔히 심리학자들의 공헌을 다른 분야에게 강탈당하기 일쑤라는 점이다.

심리학자들의 과학적 공헌을 무시하거나 축소하거나 아니면 편파적으로 다른 분야로 돌려버리는 상황의 사례를 찾아보는 것은 어려운 일이 아니다. 예컨대, 아동 행동에 미치는 텔레비전의 영향에 관한 증거를 찾으려는 최초의 대규모 조사연구는 미국 공중보건국의 지원을 받아 수행되었다. 따라서 미국의학협회(American Medical Association : AMA)가 인과적 연계를 시사하는 조사결과를 재확인하고 그 결론을 보다 대중화시킬 것을 결의하였다고 해서 놀라울 것이 없다. 여기서도 잘못된 것은 없다. 그러나 텔레비전 폭력에 관한 결과를 AMA와 반복적으로 연합시킴으로써 초래된 의도하지 않은 결과는 의사들이 마치 그 결과를 입증하는 과학 연구를 수행한 것과 같은 인상을 만들어냈다는 것이다. 실제로 아동 행동에 미치는 텔레비전 폭력의 효과에 관한 거의 모든 연구는 심리학자들이 수행하였는데도 말이다.

심리학자들의 연구 업적이 흔히 다른 학문으로 돌아가게 되는 한 가지 이유는 **심리학자**(psychologist)라는 용어가 오랜 세월에 걸쳐 모호해졌기 때문이다. 일반적으로 많은 기초연구 심리학자들은 자신을 명명할 때 **심리학자**라는 단어 앞에다 자신의 전문 연구영역을 첨가한다. 예컨대, 생리심리학자, 인지심리학자, 산업심리학자, 진화심리학자 또는 신경심리학자 등이다. 어떤 심리학자들은 **심리학**이라는 단어를 전혀 포함하지 않은 이름을 사용하기도 한다. 예컨대, 신경과학자, 인지과학자, 인공지능 전문가, 그리고 동물행동학자 등이다. 이렇게 두 가지 방식으로 이름을 붙이는 것이, "심리학은 과학이 아니다"라는 대중매체의 편견과 결합하여, 심리학자들의 업적을 잘못 귀인하게 만들어간다. 생리심리학자의 연구는 생물학으로 치부되고, 인지심리학자의 연구는 컴퓨터과학과 신경과학으로, 산업심리학자의 연구는 공학과 경영학으로 치부되는 식이다. 심지어 오늘날 가장 뛰어난 심리학자 중의 한 사람인 다니엘 카네만이 2002년에 노벨 경제학상을 수상하였다는 사실조차도 심리학에 도움이 되지 못한다! 물론 노벨 심리학상은 없기 때문이나(Benjamin, 2004 ; MacCoun, 2002).

실제로 심리학을 간과하는 경향성이 얼마나 터무니없는 것인지를 보여주는 사례가 있다. *New York Review of Books*(NYR)는 2008년 4월 17일자에서 86쪽에 다음과 같은 정정 기사를 내보냈다 : "수 헬펀 기자가 행복에 관한 서적들을 개관하는 과정에서[NYR, 4월 3일], 경제학자 다니엘 카네만이 선구자적인 연구를 수행한 분야를 쾌락주의적 심리학(hedonistic psychology)이 아니라 쾌 심리학(hedonic psychology)이라고 지칭하였어야 하였다." 처음에 우리는 잡지사에 몇 가지 오류를 지적하였다. 잡지사는 hedonic이라는 용어 대신에 hedonistic이라는 용어를 사용한 실수를 수정하였다. 그렇지만 이 정정 기사를 내보내기에 앞서 편집장은 또 다른 심각한 오류를 범하였다는 사실을 알아채지 못하였다. 즉, 다니엘 카네만은 경제학자가 아니라 인지심리학자인 것이다!

미국 에모리 대학교 여크스 영장류 연구센터(Yerkes Primate Research Center) 소장인 심리학자 프레데릭 킹(Frederick King, 1993)은 기자에게 인간의 신경 장애를 연구하는 데 있어서 동물 모형의 중요성을 설명하느라 엄청 어려움을 겪었다고 토로하였다. 간질의 신경학적 문제와 행동적 문제에 관한 연구에 오랫동안 공헌해온 킹 박사의 장시간에 걸친 설명을 듣고 나서, 기자는 "간질에 대해서 어떻게 알게 된 것인가요? 소장님은 그저 심리학자 아닙니까?"라고 질문하였던 것이다.

마지막으로 2007년 전 백악관 보좌관이었던 루이스 리비(Lewis Libby)의 재판에서 일어났던 일을 생각해보자. 이 재판에서 권위 있는 한 기억심리학자의 전문가 증언이 기각되었는데, 그 까닭은 재판관이 기억은 부정확한 것이라는 사실이 잘 알려져 있으며 배심원들은 상식에 근거하여 기억의 작동방식을 확인할 수 있다고 판결하였기 때문이었다. 실제로 연구들은 미국민의 대략 30%가 인간 기억은 '녹음기와 같이 작동한다'고 믿고 있다는 사실을 보여주고 있다(Lilienfeld, 2012). 재판관이 생각하였던 것과는 정반대로, 배심원들의 30%는 전문가의 의견을 들어보는 것이 절실하게 필요하였던 것이다!

우리 자신의 최대의 적

심리학의 이미지 문제에 대해서 다른 사람들만을 비난하고 있다는 인상을 주지 않기 위해서, 이제 심리학자들 자신도 심리학 영역에 대한 혼란을 초래하는 데 일조하였다는 사실을 인정할 시점이 되었다. 대부분의 기초연구 심리학자들은 일반대중과의 소통을 거의 하지 않는다. 일반대중에게 심리학의 실체를 알리고자 시도하는 정통 심리학자에게 주어지는 보상이 전혀 없기 때문이다.

그렇기는 하지만, 미국심리학회(APA)와 심리과학회(APS)는 대중 소통을 촉진시키려는 보다 많은 노력을 경주하고 있다(West, 2007). APS는 이러한 목적을 위한 새로운 저널인 *Psychological Science in the Public Interest*를 출판하기 시작하였다. 또한 이 목적을 위한 블로그인 "We're Only Human"도 지원하고 있다(http://www.psychologicalscience.org/onlyhuman/). 심리학은 이 영역에서 더 많은 노력을 경주할 필요가 있다. 만일 그렇게 하지 않는다면, 심리학 영역에 대한 오해는 자업자득이 될 것이며 스스로를 비난할 수밖에 없을 것이다.

APA의 전 회장이었던 로날드 폭스(Ronald Fox, 1996)는 회장 취임 연설에서 심리학의 소통 문제를 역설하면서 어떻게 심리학자 자신이 이러한 소통 문제를 초래하여왔는지에 대해서 일침을 가하고 있다.

> 대중매체에 얼굴을 내밀고 있는 몇몇 개업심리학자들은 비전문가적인 방식으로 행동하고 있으며, 기껏 최소한의 윤리성만을 보이고, 대부분의 동료들을 철저하게 당황스럽게 만들고 있다. … 심리학에는 무책임하고 터무니없는 공개적 주장에 대처할 효과적인 조치가 결여되어 있다. … 오늘날의 세계에서는 일반대중들이 너무나 자주 합리적인 임상가보다는 (최근 텔레비전 토크쇼에서 한 심리학자가 수십 명의

환자들이 전생에서 고통 받은 외상을 기억해내도록 도와주었다고 주장하였던 것처럼) 사기꾼들의 견해와 의견에 직면해 있다. (779~780쪽)

심리학 자체 내에도 반과학적 태도가 존재한다. 예컨대, 몇몇 심리치료사 집단은 전통적으로 자신들의 치료법을 과학적으로 평가하는 것에 반대하여왔다. 칼럼니스트이자 심리치료사인 찰스 크라우싸머(Charles Krauthammer, 1985)는 이러한 태도가 어떻게 심리치료의 통합성에 심각한 위협을 초래하는지에 대해서 적고 있다. 첫째, 작동하지도 않는 치료법들을 추려내는 데 주저함으로써 사이비 치료법들이 번창하고 있다. 이러한 번창은 소비자 보호를 결정적으로 불가능하게 만들뿐만 아니라, 심리치료 분야의 혼란을 촉진시킨다. 크라우싸머는 반증 전략을 사용하는 데 실패함으로써 과학 진보가 방해받고 있다는 사실을 정확하게 꿰뚫고 있는 것이다.

마지막으로 크라우싸머는 한 심리치료사 집단이 한편으로는 자신의 치료가 "과학이라기보다는 예술이기 때문에" 과학적 평가에 반대한다고 주장하는 반면에 "800 파운드 고릴라"라고 명명한 것에는 엄청난 관심을 보이는 비일관성을 지적하고 있다. "800 파운드 고릴라"란 정부와 건강보험 회사들이 자신들의 서비스 대가를 보존해주는 것을 말한다. 크라우싸머는 만일 심리치료가 과학이기보다는 예술이라면, 건강보험이 아니라 자선기부금의 지원을 받아야만 한다는 사실을 지적하면서, 심리치료사 집단 내에 존재하는 비일관적인 태도를 폭로하였다.

이 책의 이전 판을 읽었던 몇몇 독자들은 저자가 심리학자 자신들의 비전문적 행동과 반과학적 태도가 심리학 이미지 문제에 크게 공헌한다는 사실을 보다 강력하게 강조하지 않음으로써 "심리학자들이 너무 안이하게 대처하도록" 만들었다는 사실을 지적하였다. 균형 잡힌 입장을 취하려고 노력하는 과정에서 저자는 로빈 도스(Robyn Dawes, 1994)와 스콧 릴리엔펠트(Scott Lilienfeld, 2012)의 연구에 상당히 의존하였다. 만일 심리학자 자신들이 심리학의 딜레마에 크게 기여했다는 사실에 의심을 품는 사람이 있다면, 두 연구자의 연구들을 읽어볼 필요가 있다. 도스는 용감하게 심리학의 치부를 드러내는 데 망설이지 않았으며, 동시에 진정한 심리학의 핵심이라고 할 수 있는 인간 문제를 향한 과학적 태도가 사회에 엄청나게 유용한 것이라고(비록 그 잠재력의 대부분이 아직 밝혀지지는 않았다고 하더라도) 주장하였다. 예컨대, 도스는 다음과 같이 주장하였다. "오랜 세월에 걸쳐서 많은 연구자들이 수행한 엄청난 연구를 통해서 발달해온 심리학이라는 과학이 정말로 존재하지만, 전문가를 **자처하는** 사람들의 행동으로 인해서 계속해서 무시되고 비하되며 반박되고 있다. 물론 이들은 말만 앞세우는 사람들이다"(1994, vii쪽). 마찬가지로 릴리엔펠트(2012)는 다음과 같이 주장한다. "심리학자들은 자기 분야의 손상된 이미지에 대한 비난을 모두 일반대중의 광범위한 오해로 돌리려는 얄팍한 유혹을 억제해야만 한다. 심리학 내의 큰 집단, 특히 심리치료와 관련된 집단이 비과학적 관행으로 혼탁한 상태로 남아 있는 한에 있어서, 적어도 심리학에 대한 몇 가지 부정적 평판은 받아 마땅한 것으로 보인다"(122~123쪽).

도스와 릴리엔펠트가 반대하고 있는 것은 심리학 분야가 심리학의 과학적 위상에 근거한 자격증 요구조건을 정당화하고는 개업심리학자들의 비과학적 행농을 보호하는 데 바로 그 자격증을 사용하고 있다는 사실이다. 예컨대, 잘 훈련받은 심리학자가 알고 있어야만 하는 한 가지 사항은 집단적 예언만이 유일하게 확신할 수 있다는 점이다. 반면에 특정 개인의 행동을 예측하는 것은 불확실성으로 가득 차있으며(제10장과 11장 참조), 어떤 유능한 심리학자라도 강력한 단서조항을 달지 않는다면 결코 시도해서는 안 되는 것이다. 도스(1994)는 다음과 같이 지적하였다.

> 특정 개인의 가능한 미래 행동에 대해서 자신 있는 견해를 피력하는 (예컨대, 폭력행동을 보일 것이다) 정신건강 전문가가 있다면, 그는 정의상 무능한 사람이다. 연구결과들이 정신건강 전문가이든 누구이든 지 간에 상당한 자신감을 보장할 수 있을 만큼 충분한 정확도를 가지고 그러한 예측을 할 수 있는 사람은 아무도 없다는 사실을 증명해왔기 때문이다. (전문가를 자처하는 사람들은 수반되는 불확실성을 개인적으로 얼마나 이해하고 있든지 간에, 자신들의 전문가 역할이 그러한 판단을 하도록 "요구한다고" 말한다. 결코 아니다. 그들에게 요구하는 것이 아니다. 그들이 자원해서 그렇게 하는 것이다.) (vii쪽)

요컨대, 미국심리학회는 임상심리학을 둘러싸고 있는 한 가지 조직풍토를 조장해왔는데, 이 조직풍토는 개인의 행동에 관한 "직관적 통찰력"을 획득할 수 있도록 심리학자들을 훈련시킬 수 있다고 암시하지만, 연구결과는 이것을 전혀 지지하지 않는다. 자격증의 요구조건이 영업허가 이상의 것이라는 사실을 입증하도록 압박을 받을 때 미국심리학회는 그 자격증의 과학적 인증을 무기로 사용한다(한 APA 회장은 APA에 대한 공격을 방어하는 과정에서 "우리의 과학적 기반이 우리를 사회복지사, 상담자, 그리고 집시들과 구분해주는 것이다"라고 말하였다 ; Dawes, 1994, 21쪽). 그런데 심리학이 과학적 위상을 정당화하기 위하여 견지하고 있는 바로 그 방법들이 자격증을 가지고 있는 심리학자들은 독특한 "임상적 통찰력"을 가지고 있다는 함의가 엉터리라는 사실을 밝혀왔던 것이다. 도스의 저서가 출판되도록 촉발하였으며 과학보다는 의료보험에 더 많은 관심을 가지고 있는 미국심리학회(APA)에 식상한 심리학자들이 1980년대에 심리과학회(APS)를 창설하도록 만들어간 것이 바로 APA의 지적 표리부동이었던 것이다.

임상심리학에 공헌한 사람에게 수여하는 데이비드 샤코우 상(David Shakow Award)의 수상자인 스콧 릴리엔펠트(1998)는 수상 연설에서 이 모든 문제를 되짚어가면서, "임상심리학에 종사하고 있는 우리는 우리 자신의 뒷마당에서 곪아가고 있는 사이비과학의 문제에 대해서 놀라우리만치 무관심한 것으로 보인다"(3쪽)고 경고하였다. 릴리엔펠트(1998)는 1990년대에 임상심리학에서 확산되어온 사이비과학의 여러 범주를 나열하고 있는데, 여기에는 타당화 되지도 않고 괴상망측한 정신적 외상에 대한 치료법, 촉진적 의사소통과 같이 명명백백하게 비효과적인 자폐증 치료법(제6장 참조), 부적절하게 타당화 된 평가도구의 지속적인 사용(예컨대, 많은 투사법 검사), 역치하 자조 테이프들, 그리고 아동학대의 기억을 되살린다는 매우 암시적인 치료기법의 사용 등이 포함되어 있다.

릴리엔펠트는 저명한 임상연구자인 폴 미일(Paul Meehl, 1993)의 "만일 우리가 우리의 임상 행위를 깨끗하게 정화하지 못하고 학생들에게 과학적 사고에 대한 역할모델을 제공하지 못한다면, 국외자들이 우리를 대신하게 될 것이다"(728쪽)라는 경고를 인용하고 있다. 여기서 미일이 언급하고 있는 것은 임상가들이 경험적 증거와는 정반대로 사람들에 대하여 "특별한" 지식을 가지고 있다고 암시하는 경향성이며, 그 내용은 제11장에서 논의한 바와 있다. 이들이 주장하는 특수 지식이란 반복 검증할 수 있는 과학 지식과 같이 공개적으로 가용한 보편적 행동 경향성을 넘어서는 것이다. 미일(1993)은 임상심리학자들이 경험적으로 그리고 공개적으로 검증할 수 있는 지식에 더 많은 관심을 가져야만 한다고 주장하면서, "박사학위를 획득하였다고 해서 우리 마음이 범할 수밖에 없는 표집 오류, 지각 오류, 기록 오류, 파지 오류, 인출 오류, 그리고 추론 오류에서 벗어난 것처럼 위세를 떠는 것은 건방지기 짝이 없는 행동일 뿐만 아니라 어리석은 짓이다"(728쪽)라고 경고하였다.

 그럼에도 불구하고 의심스러운 관행들이 여전히 임상심리학 분야에 만연하고 있다. 예컨대, 많은 지역에서는 결정적 사건 스트레스 디브리핑(critical incident stress debriefing : CISD)이 폭발물 투척, 총격, 전투, 테러, 지진 등과 같은 재앙적이고 외상적인 사건의 목격자를 치료하는 표준 절차가 되어왔다(Groopman, 2004 ; McNally, Bryant, & Ehlers, 2003). 이 디브리핑 절차에는 내담자로 하여금 "가능한 한 동일한 사건을 경험한 동료들이 함께 있는 상황에서 사건에 관하여 이야기함으로써 정서를 정화시키게 하는 것"(McNally et al., 2003, 56쪽)을 수반하는데, 그 목적은 외상후 스트레스 장애(PTSD)의 발생을 감소시키려는 것이다. 디브리핑을 받은 대부분의 내담자들은 도움이 되었다고 보고한다. 물론 이 책을 읽은 독자라면 그 증거가 설득적이지 않다는 사실을 알고 있을 것이다(제4장에서 논의한 가짜약 효과를 회상해보라). (CISD를 받지 않는) 통제집단이 마땅히 필요하다. 실제로 "상당한 외상에서 살아남은 대부분의 사람들은 전문가의 도움 없이 초기의 외상 반응에서 회복한다"(McNally et al., 2003, 45쪽). 따라서 CISD를 사용하면 회복률이 높다는 사실을 증명할 필요가 있는 것이다. 제대로 통제를 가한 연구들은 그렇지 않다는 사실을 보여주어 왔다(Groopman, 2004 ; McNally et al., 2003). 그럼에도 불구하고 이 절차를 계속해서 사용하고 있는 것이다.

 에머리 등(Emery, Otto, & O'Donohue, 2005)도 상당한 증거에 근거한 최근 개관에서 자녀 양육권 평가를 둘러싼 임상심리학이 사이비과학으로 가득 차있다는 사실을 보여주었다(Novotney, 2008). 예컨대 이들은 이러한 양육권 논쟁에서 아동에게 최선이 되는 이득을 평가하기 위하여 임상심리학자들이 사용하는 것으로 알려져 있는 여러 가지 평가도구들을 기술하고 있다. 관계의 지각과 부모의 자각기술을 평가하는 것으로 알려져 있는 척도와 같은 여러 도구들을 개관한 후에, 에머리 등(2005)은 그 어느 측정도구도 신뢰도와 타당도를 입증하지 못하였다고 결론 내리고 있다. 이들은 "동료연구자 개관이 이루어지는 전문잡지에 발표하는 것이야 말로 과학의 핵심 기준임에도 불구하고, 이러한 측정도구의 특징을 밝힌 어떤 연구도 그러한 전문잡지에 발표된 적이 없었다"(8쪽)는 사실을 지적하면서, "이러한 측정도구들에 관한 우리의 핵심적 평가는 가혹한 것이다. 즉, 이러한 측정도구들은 제대로 정의되지도 않은 구성체들을 평가하는데, 그나마도 평가 자체도 형편없기 때문에, 자녀 양육권 평가에 사용할 과학적 정당성은 전혀 없다"(7쪽)고 결론 내리고 있다.

에머리 등(2005)은 자녀 양육권 평가에서 엉터리이기 십상인 것이 단지 평가도구에 국한된 것이 아니라고 지적한다. 임상심리학자들이 사용하는 개념 자체도 엉터리라는 것이다. 이들은 한 가지 사례로 소위 부모 소외 증후군(parental alienation syndrome)을 제시한다. 이 증후군은 단 한 사람의 "임상 경험"에 근거한 것으로 수렴적인 과학연구에서 타당성이 전혀 없는데도 불구하고, 임상심리학자들은 양육권 평가에서 마치 진정한 과학적 구성체나 되는 것처럼 이 증후군을 퍼뜨리고 있다. 성범죄자들을 평가하는 몇 가지 잘 알려진 측정도구의 경우에도 마찬가지이다. 임상심리학자들은 예언타당도가 결여되었음에도, 즉 재범 가능성을 차별석으로 예언할 수 있는 입증된 능력을 가지고 있지 못함에도 불구하고, 계속해서 이 도구를 사용하고 있다(Ewing, 2006). 마찬가지로 정신병질자의 폭력을 예측하기 위하여 임상가들이 가장 많이 사용하는 도구도 실제로는 주장하는 것만큼의 정확도를 가지고 있지 못하다(Skeem, Polaschek, Patrick, & Lilienfeld, 2011; Yang, Wong, & Coid, 2010).

그렇기는 하지만, 다행스럽게도 사태는 호전되고 있는 것으로 보인다. 2002년에 *The Scientific Review of Mental Health Practice*라는 새로운 저널이 출판되기 시작하였다(Lilienfeld, 2002, 2007 ; Lilienfeld et al., 2008도 참조). 이 저널은 과학적 치료와 사이비과학 치료를 판별하고자 시도하는 연구들을 위한 것이며, 과학 정신건강 실행위원회(Council of Scientific Mental Health Practice)가 승인해왔다. 더욱 고무적인 사실은 적어도 몇몇 심리학회들이 임상적 관행을 단속하고 "무엇이든지 괜찮다"는 유해한 태도를 견지하는 잘못된 관행을 제거하겠다는 결연한 자세를 보이고 있다는 점이다. 릴리엔펠트와 로르(Lilienfeld & Lohr, 2000)는 미국 애리조나 심리사 위원회가 신체 부위를 사전에 결정해놓은 순서대로 두드리는 사이비과학 치료법으로 공포증을 치료하고자 시도한 심리학자에게 어떻게 제재를 가하였는지에 관하여 소개하고 있다. 이 치료법의 효능성에 관한 통제된 연구가 전혀 없음은 말할 필요조차 없으며, 애리조나 위원회는 그 치료법의 사용을 중지하도록 명령하고 그 임상가에게 근신하라는 징계를 내렸다. 회원으로 활동하는 임상가들이 관행적으로 사용하는 사이비과학을 심리학회가 단속한 지극히 이례적인 사례이다.

   심리과학회는 2009년에 임상심리학의 불안한 상태에 관한 중요한 보고서를 작성하였는데, 이 보고서는 다음과 같이 결론 내리고 있다 : "임상심리학은 의학의 역사에서 의료 시술자들이 대부분 과학 이전의 비과학적 방식으로 활동하고 있었던 당시의 의학을 빼닮았다. 20세기 초반 의학이 과학적 개혁을 달성하기 이전에, 전형적으로 의사들은 오늘날의 많은 임상심리학자들이 가지고 있는 태도, 예컨대 과학 연구보다는 개인 경험을 더 중시하는 태도를 공유하고 있었다. … 많은 임상심리학 박사학위 프로그램들, 특히 PsyD[3] 프로그램과 영리목적 프로그램

---

3) PsyD(Doctor of Psychology)는 연구보다는 임상가로 활동하고자 대학원에서 응용심

들은 대학원 입학 기준이 형편없이 낮으며, 교수 1인당 학생 수가 매우 많고, 훈련에서 과학을 경시하며, 과학 지식을 적용하거나 생성할 능력이 없는 학생들을 양산하고 있다"(Baker, McFall, & Shoham, 2009, 67쪽). 이 보고서가 상당한 관심을 끌기는 하였지만, 대중매체의 몇몇 보도들은 논지를 명확하게 만들어주기는커녕 오히려 혼란스럽게 만들고 말았다. 제목만 아니었더라면 정확한 것이었을 *Newsweek*의 기사는 불행하게도 "Ignoring the Evidence : Why do Psychologists Reject Science?"(증거 묵살하기 : 왜 심리학자들은 과학을 거부하는가?)라는 제목을 달고 있었다 (Begley, 2009). 이 제목은 문제점이 있는 하위분야인 임상심리학이 아니라 모든 심리학 분야가 과학을 거부한다는 잘못된 의미를 함축하고 있다. APS 보고서의 논리는 심리학의 나머지 모든 분야가 과학적 방법에 충실하다는 것이며, 수많은 하위분야 중에서 그렇지 않은 단 하나(임상심리학)에 관하여 언급한 것이라는 사실을 감안할 때, 이렇게 혼란스러운 제목은 씁쓸한 아이러니가 아닐 수 없다.

요컨대, 심리학은 일종의 "지킬박사와 하이드"같은 이중성격을 가지

리학 특히 임상심리학을 전공한 사람들이 받은 박사학위이다. 반면에 PhD(Doctor of Philosophy)는 연구를 이해하고 적용하기도 하지만 연구의 수행에 일차적인 관심을 가지고 대학원에서 기초과학 분야를 전공한 사람들에게 수여하는 박사학위이다. 모든 기초과학 분야에서 수여하는 박사학위는 모두 PhD이기 때문에, 'PhD in Psychology', 'PhD in Physics'처럼 전공분야 이름을 뒤에 붙이기도 한다. 미국에서는 PsyD 프로그램을 1970년대 초부터 시작하였으며, 연구자보다는 임상가가 되기를 희망하는 많은 대학원생들을 위한 것이다. 따라서 과학 연구를 수행하는 능력보다는 치료기법의 훈련과 임상훈련을 강조하며, 연구결과들을 자신의 응용분야에 적용하는 일종의 과학지식 소비자로 훈련시키는 것이다. 매사가 그렇듯이 이 프로그램도 좋은 의도를 가지고 출발하였으나, 교육내용이 부실해지고 소위 학위 장사를 하는 경우가 자주 발생하여 문제를 일으키기도 한다. 미국에서 취득한 박사학위 명이 PhD이면, 기초과학 분야를 전공한 것이고, PsyD(Doctor of Psychology)와 같이 특정 학문분야 이름이 붙어 있으면, 응용분야를 전공한 것이라고 생각하면 된다.

고 있다. 극단적이리만치 엄격한 과학이 사이비과학적 태도와 반과학적 태도와 함께 공존하고 있다. 이렇게 지킬박사와 하이드의 측면은 지난 20년에 걸친 "회복된 기억-날조된 거짓기억" 논쟁에서 명백하게 나타났다(Brainerd & Reyna, 2005 ; Gardner, 2006 ; Lilienfeld, 2007 ; Loftus & Guyer, 2002 ; McHugh, 2008). 오래 전에 일어났지만 망각하고 있었던 아동학대의 사례들을 기억해냈다고 주장하는 사람들의 많은 사례가 보고되었다. 이러한 많은 기억들이 치료적 중재라는 맥락에서 되살아난 것이다. 몇몇 기억들은 실제에 대한 기억이 아니라 치료 자체가 유도해낸 허구인 것이 확실하다(Gardner, 2006 ; Lilienfeld, 2007 ; Loftus & Guyer, 2002 ; Lynn, Loftus, Lilienfeld, & Lock, 2003). 어떤 사람들은 그러한 기억이 결코 신뢰할 수 없는 것이라고 주장하였다. 다른 사람들은 그 기억이 항상 신뢰할 수 있는 것이라고 주장하였다. 그렇게 폭발성이 강한 사회적 문제가 가지고 있게 마련인 정서적으로 고양된 분위기 속에서 심리학자들이 몇 가지 균형 잡힌 코멘트를 제공하였는데, 무엇보다도 중요한 것은 회복된 기억과 날조된 기억이라는 논제에 감정이 섞이지 않은 경험적 증거를 제공하였다는 점이다(Brainerd & Reyna, 2005 ; McNally & Geraerts, 2009 ; Moore & Zoellner, 2007).

여기서 우리는 심리학이 가지고 있는 지킬박사와 하이드의 특징을 적나라하게 보고 있는 것이다. 치료과정에서 유도되어 날조된 거짓기억의 몇몇 사례들은 심리학자이기는 하지만 무능하고 과학에 무지한 치료자들이 초래한 것이다. 따라서 거짓기억 자체도 논란의 여지가 있는 현상이다. 반면에 완벽하지 않고 부분적이기는 하지만 그나마 논쟁의 해결책을 가질 수 있게 된 것은 거의 전적으로 관련 현상들을 경험적으로 연구한 실험심리학자들의 노력 덕분이다. 마지막으로 심리학만이 이러한 문제점들로 고통 받고 있는 분야가 아니라는 사실을 확실하게 해두어야겠다. 실제로 의학은 마치 도살장으로 끌려가는 소처럼, 완전한 증거기반 접근을 향하여 끌려나올 수밖에 없었는데, 아직도 목적지에는 도착하지 못하고 있다(Gawande, 2010 ; Kenney, 2008).

이 장의 서두에서 코미디언 로드니 데인저필드의 유명한 표현을 사용함으로써 심리학이 벗어나게 되기를 소망했던 난국을 해소하는 데 이 절의 내용이 도움을 주었기를 희망한다. 심리학자 더글러스 무크(Douglas Mook, 2001)는 자신의 연구방법론 책에서 저자가 사용한 데인저필드의 농담을 인용하면서 "너무나도 자주 심리학자들은 존경을 받지 못한다. 그렇지만 때로는 엉뚱한 이유로 필요 이상의 존경을 받기도 한다"(473쪽)고 언급하였다. 필자는 이 생각에 전적으로 동의한다. 심리학도는 심리학이라는 분야를 둘러싸고 있는 역설을 이해할 필요가 있다는 점에서 무크는 옳은 것이다. 이 책 전반에 걸쳐서 제시하였던 바와 같이, 인간 행동의 과학으로서 심리학이라는 분야는 너무나 존경을 받지 못하고 있다. 그런데 심리학이 일반대중에게 자주 보여주는 얼굴, 즉 연구 증거에 근거하지 않은 "독특한" 통찰력을 주장하는 임상가의 얼굴은 너무나도 많은 존경을 받기 십상이다. 과학의 방법을 사용함으로써 인간 행동에 관한 진술을 검증한다는 심리학의 정의 자질을 존경하지 않은 특정 심리학 분야가 일반대중에게는 심리학을 대표하기도 하는 것이다.

모두가 심리학자 아닌가? 행동의 임묵 이론

우리는 모두 인간 행동에 관한 이론을 가지고 있다. 만일 그렇지 않다면 어떻게 삶을 영위해나가는 것인지를 이해하기 어렵다. 이러한 의미에서 우리 모두는 심리학자이다. 그렇기는 하지만 이러한 개인 심리학과 과학으로서의 심리학이 생성하는 지식의 유형을 구분하는 것은 매우 중요하다. 앞으로 논의하겠지만, 이러한 구분이 중요한 이유는 심리학에 대한 일반대중용 글에서 흔히 이 둘을 **고의적으로** 혼용하고 있기 때문이다.

개인적인 심리학 지식은 행동의 과학 연구들이 누적해온 지식과 어떤 면에서 차이가 나는 것인가? 이미 여러 가지를 논의한 바 있다. 개인 지식의 대부분은 처방전 지식이다. 우리가 특정한 행동을 하는 이유는 그 행동이 다른 사람으로 하여금 우리가 원하는 방식으로 행동하도록 이끌어갈 것이라고 생각하기 때문이다. 그 행동이 우리가 달성하려고 시도하는 목표를 획득하는 데 도움을 줄 것이라고 생각하기 때문이다. 그러나 개인 심리학을 과학 심리학으로부터 구분해주는 것이 처방전 지식의 존재만은 아니다(과학 심리학도 처방전 지식을 가지고 있다). 무엇보다도 중요한 차이는 과학으로서의 심리학이 처방전 지식을 경험적으로 검증하고자 시도한다는 데 있다.

과학적 평가는 개인적 검증 절차가 결코 이룰 수 없는 체계적이고 통제적인 방식을 취한다. 실제로 의사결정에 관한 심리학 연구는 사람들이 환경 속에서 자신의 신념에 위배되는 상관관계를 탐지하는 데 어려움을 겪는다는 사실을 지적해왔다(Baron, 2008 ; Stanovich, 2009 참조). 사람들은 자기가 보고 싶어 하는 것을 본다. 심리학자들은 이러한 일이 일어나는 많은 이유들을 발견해왔지만, 그것이 지금 우리의 관심사일 필요는 없겠다. 비록 사람들이 처방전 지식을 개인적인 수준에서 평가하기를 원한다고 하더라도, 행동에 대한 적합한 관찰자가 되지 못하도록 만드는 생득적 편향이 그러한 평가를 지극히 어렵게 만들어버린다. 과학적 방법은 개별 관찰자의 편향을 제거하도록 진화해온 것이다. 여기서의 함의는 간단하다. 과학 심리학이 생성하는 처방전 지식이 더 정확한 것일 가능성이 큰 까닭은 개인적 처방전 지식에 비해서 훨씬 엄격한 검증 절차를 거쳐 왔기 때문이다.

 이 책 전반에 걸쳐서 논의하였던 것처럼, 개인 심리학과 과학 심리학 사이의 차이는 처방전 지식의 검증을 넘어선다. 과학은 항상 자연세계에 관한 처방전 지식 이상의 것을 희구한다. 과학자들은 처방전이 작동하는 이유를 설명하는 보편적인 기저원리를 추구한다. 그런데 어떤 사람들이 가지고 있는 개인 심리학은 근본적인 심리학 원리와 이론을 추구한다는 점에서 과학 심리학과 유사하다. 그렇지만 이러한 개인 이론은 흔히 몇 가지 중요한 점에서 과학 이론과 차이를 보인다. 개인 이론은 흔히 반증 불가능하다는 사실을 이미 언급한 바 있다. 많은 개인 심리학 이론들은 응집된 형태를 취하기보다는 흔히 상호 모순적인 여러 상황에 적용하는 진부하고 상투적인 표현들의 복합체일 뿐이다. 그렇기 때문에 그 이론들은 사람들로 하여금 설명이 가능하며, 나아가서 개인적 신념을 뿌리째 뒤흔들어버릴 정도로 심각하게 모순되는 사건이 일어날 위험성은 없다고 재확신하도록 만들어준다. 제2장에서 논의한 바와 같이, 이러한 사실이 실제로 편안할 것일 수도 있지만, 그 편안함이란 이러한 방식으로 구성한 모든 이론들이 제공하는 것이다. 사후약방문 식으로 모든 것을 설명하는 과정에서 이 이론들은 아무 것도 예언하지 못한다. 아무런 예측을 내놓지 못하기 때문에, 알려줄 수 있는 것이 아무 것도 없다. 심리학 분야의 이론들은 반증가능성 기준을 만족시켜야 하며, 그렇게 함으로써 많은 일반대중의 개인 심리학 이론과 차별화 된다. 심리학 이론들은 엉터리로 판명날 수 있으며, 바로 그러한 특징을 가지고 있음으로 해서 많은 개인 이론들이 결여하고 있는 성장과 진보의 기제를 가지게 되는 것이다.

심리과학에 대한 저항원

방금 논의한 이유로 인해서, 개인 심리학 이론이라는 생각을 과학 심리학이 생성해온 지식과 혼동하지 않는 것이 중요하다. 일반대중의 마음속에서 심리학의 위상을 깎아내리기 위해서 그러한 혼동을 고의적으로 시도하는 경우가 많다. "모든 사람이 심리학자다"라는 생각을 모든 사람들이 암묵적 심리학 이론을 가지고 있다는 사실만을 의미하는 것이라고 이해한다면, 그 생각은 틀린 것이 아니다. 그러나 이 생각은 심리학은 과학이 아니라는 사실을 함축하도록 교묘하게 왜곡되기 십상이다.

제1장에서 심리과학이라는 생각이 어떤 사람들에게는 위협적인 이유를 논의하였다. 성숙하고 있는 이 행동과학은 심리학 정보의 원천으로 작용하는 개인, 집단, 그리고 조직의 유형을 변화시킬 것이다. 오랫동안 인간의 심리와 행동에 대한 논설자로 자처해온 사람들이 자신들의 권위적 역할이 위협적으로 축소되는 것에 저항하는 것은 당연하다. 제1장에서 우리는 세상의 본질에 관한 주장을 펼치는 집단들의 권위를 어떻게 과학의 진보가 계속해서 되찾아오게 되었는지를 기술하였다. 행성의 운동, 물질의 본질, 그리고 질병의 원인은 모두 한 때는 신학자, 철학자, 그리고 일반 작가의 영역에 들어 있었다. 천문학, 물리학, 의학, 유전학, 그리고 다른 많은 과학들이 점진적으로 이러한 주제들을 빼내서는, 과학 전문가들의 영역 속에 단호하게 배치시켰다.

예컨대, 많은 종교들은 점차적으로 우주의 구조에 관한 특별한 지식을 주장하는 것에서 도태되어왔다. 과학과 종교 사이의 거대한 전쟁은 창조론의 논란과 같은 몇 가지 지엽적인 소란을 제외하고는 역사 속에 파묻혀 버렸다. 과학자들은 자연세계의 구조를 밝힌다. 많은 종교는 이러한 과학적 발견을 사용하는 데 있어서의 도덕적 함의에 대해 지침과 논평을 마련해주지만, 무엇을 발견할 것인가를 결정하는 권한에 있어서는 더 이상 과학자의 경쟁상대가 되지 못한다. 세상의 본질에 대한 주장을 판결할 수 있는 권한도 의심의 여지도 없이 과학자들에게 넘겨졌다.

작가인 나탈리 앤지어(Natalie Angier, 2007)는 여러 해 전에 목재로 만든 교회 첨탑에 벼락이 떨어져서 불타버렸을 때 목사와 일반대중들은 이것이 "신의 천벌"을 암시하는 계시인지를 놓고 뜨거운 논쟁을 벌였던 사실을 생각나게 만들었다. 그런데 그녀는 다음과 같이 진술함으로써 우리를 일깨우고 있다 : "18세기에 벤저민 프랭클린이 번개는 기독교적 현상이 아니라 전기 현상이라는 사실을 증명하였다. 프랭클린은 모든 첨탑과 지붕에 전기 전도장치를 설치할 것을 권장하였으며, 벼락에 관한 논쟁은 사라지고 말았다"(26쪽).

그렇다면 쟁점은 신념 평가의 기준을 변화시키는 것이다. 신문 사설이 토성 고리의 구성성분에 대해 강력한 입장을 내세우는 적은 없다. 왜 그런가? 어떤 검열도 그러한 사설을 금지시키지 않을 터인데도 말이다. 그러한 사설을 쓰지 않는 이유는 분명 기사로서의 효용성이 없는 것이기 때문일 것이다. 토성 고리의 구성성분을 결정하는 사람은 논설위원이 아니라 과학자라는 사실을 사람들은 알고 있다. 겨우 100년 전만 하더라도 신문과 교단의 설교자들이 종의 기원에 대해 큰 소리로 떠들어댔었다. 그러한 논평은 대부분 사라지고 말았는데, 그 이유는 합리적 사고를 하는 사람들이 그러한 논평을 믿게 만들 수도 있는 조건들을 과학이 깨뜨려버렸기 때문이다. 심리학은 자연계의 또 다른 거대 영역에서 그러한 조건들을 깨뜨려버릴 위협을 가하고 있다.

그런데 혹자는 심리학 분야에 있어서만은 사건의 그러한 상황을 받아들이는 데 어려움을 겪고 있다. 이 사람들은 자신들의 견해가 사실과 모순될 때조차도 인간 행동에 관한 견해를 내세울 권리에 집요하게 매달린다. 물론 여기서의 정확한 용어는 "권리"가 아니다. 자유사회에서는 누구나 자신이 원하는 것이라면 정확성 여부에 관계없이 표현할 수 있는 권리를 가지고 있기 때문이다. 많은 사람들이 원하는 것은 인간 행동에 대하여 자신들의 견해를 천명하는 권리 이상의 것이라는 사실을 이해하는 것이 중요하다. 사람들이 진정으로 원하는 것은 **자기들이 말하는 것이 믿을 만하게 되는 데 필요한 조건들**이다. 인간 심리에 대하여 진술할 때, 사람들은 자기 신념이 받아들여지도록 환경이 조성되기를 원한다. 이것이 바로 심리학에는 "무엇이든지 가능하다"는 견해, 즉 심리학 주장은 경험적 수단으로는 결정할 수 없으며 단지 견해의 문제일 뿐이라는 입장을 추종하는 사람들이 항상 있게 되는 이유이다. 그러나 과학은 항상 "무엇이든지 가능하다"는 견해에 위협이 되고 있다. 과학은 어떤 지식의 주장이 믿을 만한 것인지의 여부를 결정하는 일련의 엄격한 요구조건을 가지고 있기 때문이다. 과학에서는 무엇이든지 가능한 것이 아니며, 과학 진보를 설명하는 것은 엉터리 이론과 사실들을 제거하는 능력에 있는 것이다.

요컨대, 과학 심리학에 대한 많은 저항은 **이해의 상충**(conflict of interest)이라고 부를 수 있는 것에 근거한다. 앞의 장들에서 논의한 바와 같이, 많은 사이비과학은 엄청난 액수에 달하는 사업이며, 일반대중은 행동에 관한 진술을 경험적으로 검증할 수 있다는 사실을 자각하고 있지 못하다는 것을 등에 업고 번창하고 있다(미국에는 천문학자의 수보다 점성가의 수가 20배나 많다 ; Gilovich, 1991, 2쪽). 또한 일반대중은 이러한 사업의 기반이 되는 많은 주장들을(예컨대, 점성학적 예언, 역치하 체중감소, 바이오리듬, 촉진적 의사소통 그리고 영적 수술 등등) 검증한 결과,

거짓으로 판명되었다는 사실도 자각하고 있지 못하다. 돌팔이 의술은 합법적 의학 연구에 지출하는 액수보다도 더 많은 돈을 일반대중이 낭비하도록 만들고 있다(Eisenberg et al., 1993; Mielczarek & Engler, 2012).

사이비과학 주장을 어떻게 알아낼 수 있는 것인가? 임상심리학자 스콧 릴리엔펠트(2005, 40쪽)는 경계해야 할 대상의 목록을 제시하고 있는데, 이 책에서 다루었던 많은 것들을 요약한 것이라고 할 수 있다. 사이비과학 주장은 다음과 같은 특징들을 갖는 경향이 있다.

- 주장에 대한 반증을 무력하게 만드는 수단으로 사후약방문 식의 가설을 들먹이는 경향이 있다.
- 반증보다는 확증을 강조한다.
- 주장의 지지자가 아니라 회의론자에게 증명의 부담을 떠넘기는 경향이 있다.
- 주장을 입증하기 위하여 일화 증거나 증언서 증거에 지나치게 의존한다.
- 동료연구자 개관이 제공하는 면밀한 검증을 기피한다.
- 기존 과학지식에 보탬이 되지 않는다(연계성의 결여).

진정한 과학자들은 이러한 기준들을 회피하기보다는 강조하고자 노력을 기울인다. 예컨대, 심리학에 정서지능(emotional intelligence : EI)의 개념을 도입하는데 중요한 역할을 담당하였던 세 과학자들은 때때로 그 개념을 비과학적인 방식으로 사용하는 대중매체, 임상가, 심지어는 다른 연구자들에 대하여 우려를 표명하게 되었다. 세 연구자는 위에서 제시하였으며 이 책에서 논의한 유형의 과학 기준들을 특히 이들에게 환기시키기 위하여 발표한 논문에서 다음과 같이 진술하고 있다 : "우리의 견해에서 볼 때, EI에 관한 대중매체의 통속적 기사는 너무나 자주 부적절하고도 지나치게 광범위한 정의를 사용하고 있으며, 여러 개념들과 연구 일반에 대한 오해로 점철되어 있다. 우리는 연구자들과 개업종사자 모두에게 정서와 지능 그리고 정서지능에 관한 과학 문헌들을 참조하여 자신들의 생각을 만들어갈 것을 촉구한다. 간단하게 말해서, 연구자들은 과학 개념들에 관한 대중매체의 소개보다는 연구 문헌을 인용할 필요가 있는 것이다. 대중매체의 소개는 전혀 다른 목적을 위한 것일 뿐이다"(Mayer, Salovey, & Caruso, 2008, 513~514쪽).

사이비과학과 돌팔이 치료법을 제공하는 자들은 심리학에서는 무엇이든지 가능하다는 분위기에 기생한다. 만일 무엇이든지 가능하다면 일반대중은 소비자 보호 장치를 가지고 있지 못하기 때문에 이것은 일반대중이 속아 넘어가도록 부추기게 되는 완벽한 분위기인 것이다. 검사인 피터 후버(Peter Huber, 1990)가 주장하는 것처럼, "과학의 언저리와 그 너머에는 … 동종요법(homeopathy)[4] 그리고 (점쟁이들이 사용하는) 크리스털 공과 피라미드의 치료효과를 신봉하는 유별난 사람들이 … 자기 자신의 비정통적인 만병통치약을 만들기 위해서 정통과학을 불인정하고 있음에 틀림없다"(97쪽). 사이비과학을 팔아먹는 작자들은 행동에 대한 주장을 검증하는 기제가 존재한다는 사실을 감추려고 한다.

생물학자 마이클 기셀린(Michael Ghiselin, 1989)이 경고하는 것처럼, "여기서 진행되고 있는 것은 명명백백하다. 이 사람들은 이미 알려진 견해를 팔아먹으려고 하고 있는 것이다. 제품을 평가하는 방법을 알고 있는 사람들은 마케팅의 대상이 되는 사람들하고는 차이가 있는 사람들이다"(139쪽). 행동에 관한 주장과 치료라고 하는 영역에서, 심리학자들은 "제품을 평가하는 방법을 알고 있는" 사람들이다. 사이비과학 사업이

---

[4] 대량으로 사용하면 건강한 사람도 환자와 유사한 증세를 일으키는 약물을 환자에게 투약하여 병을 고치겠다는 황당한 치료법.

행동적 주장에 대한 판단을 건너뛰기 위해서 과학 심리학의 권위에 끊임없이 저항하는 이유가 바로 이것이다. 그러나 사이비과학의 공급자들은 심리학과 직접적으로 싸움을 할 필요가 없기 십상이다. 이들은 단지 심리학을 우회하여 자신들의 주장을 들고 대중매체로 직접 뛰어들어가면 된다. 대중매체는 괴짜, 돌팔이, 사이비과학자 등이 과학 심리학을 따돌리기 매우 쉽게 만들어준다. 공중파를 휩쓸고 있는 엄청난 수의 토크쇼들은 자신들의 초대 손님에게 수행한 과학연구의 목록을 제시하도록 요구하지 않는다. 그 초대 손님이 시청자의 흥미를 끌기만 하면, 토크쇼에 출연하게 되는 것이다. 인터넷은 더 심각하다. 누구든지 웹사이트에 어떤 주장이든 올려놓을 수 있으며, 판매할 수 있다. 웹사이트는 동료연구자들이 개관하지 않는다는 사실은 말할 필요조차 없지 않은가!

민속지혜는 흔히 수많은 소망적 사고를 담고 있다. 사람들은 세상이 실제로 존재하는 방식이 아니라 자신들이 소망하는 방식으로 존재한다고 믿고 싶어 한다. 과학은 일반대중에게 세상의 본질이 그들이 소망하는 것과는 다르다는 사실을 말해주어야만 하는 별 매력적이지 않는 일을 자주 해야 한다("그렇습니다. 패스트푸드로 점심을 때우는 것은 건강에 좋지 않아요"). 이 상황에서 (일반대중이 듣고 싶어 하는 것이 아니라 진실이 무엇인지를 알려줌으로써) 도움을 줄 수 있는 대중매체는 무엇을 알려주어야 할 것인지가 아니라 무엇이 더욱 많은 흥미를 끌 것인지에 초점을 맞춤으로써 사태를 더욱 악화시킬 뿐이다.

과학은 필요한 검증을 만족시키지 못하는 진술을 내뱉는 사람들의 특수 지식 주장을 배제시킨다. 법원도 특수 지식의 주장을 배제시킨다. 더버트 대 메럴 도우(Daubert vs. Merrell Dow) 재판[5]으로 널리 알려져

---

5) 1993년에 심각한 장애를 가지고 태어난 제이슨 더버트와 에릭 슐러의 부모가

있는 사건의 판결에서 미국 대법원은 재판에서 전문가 증언을 제시할 수 있는 경우, 즉 전문가 증언에 권위를 부여할 수 있는 경우를 정립하였다. 법원은 전문가 증언을 허용할지에 관하여 심의할 때 판사가 고려해야만 하는 다음과 같은 네 가지 요인을 규정하였다 : (a) 전문가 견해에 관한 이론적 토대의 "검증 가능성"; (b) 만일 알려져 있다면, 이 접근과 관련된 오류율 ; (c) 그 견해가 근거하고 있는 기법이나 접근방법이 동료 연구자들의 개관을 받아왔는지 여부 ; 그리고 (d) 관련 과학계가 그 기법이나 접근방법을 일반적으로 용인하고 있는지 여부(Emery et al., 2005 ; Michaels, 2008). 네 가지 요인은 이 책에서 다룬 다음과 같은 네 가지 주요 주제들과 대응된다: (a) 반증가능성 ; (b) 확률적 예언 ; (c) 동료 연구자들이 개관하는 공개적 지식 ; (d) 수렴과 합의에 근거한 과학 지식. 법원도 과학과 마찬가지로 특수 지식의 주장, 직관, 증언서 등을 적절한 증거에서 배제시키고 있다.

이 책에서 우리는 간략하게나마 과학에서 무엇이 적절한 검증이고 적절하지 않은 검증인지를 다루었다. 내성(introspection), 개인 경험, 그리고 증언서는 모두 인간 행동의 본질에 관한 주장의 부적절한 검증으로 간주한다. 따라서 갈등이 일어난다고 해서 놀랄 것이 없다. 심리학자

메릴 도우 제약회사를 상대로 이 회사가 생산하는 벤덱틴이라는 약이 장애를 초래하였다고 소송을 제기하여 진행된 재판이다. 피고 측(제약회사)의 전문가는 벤덱틴과 출생 장애 간에 관계를 입증하여 발표한 과학연구가 하나도 없다는 사실을 보여주는 문건을 제출하였으며, 원고 측(부모)의 전문가는 벤덱틴이 출생 장애를 유발할 수 있다는 사실을 시사하는 자신의 증거를 제출하였다. 그런데 원고 측이 제시한 증거는 동물 연구, 약물 연구, 다른 발표된 연구의 재분석에 근거한 것이었으며, 그 당시 이 방법론들은 아직 과학계에서 보편적으로 받아들이지 않았던 것들이었다. 법원은 1심과 2심 모두 원고가 제출한 증거는 과학자들이 아직 신뢰로운 기법으로 인정하지 않고 있으며, 그 증거는 소송을 위하여 만들어낸 것이라는 의심이 든다는 이유로 피고의 손을 들어주었다. 원고는 대법원에 상고하였고, 대법원은 본문에서 기술하고 있는 바와 같이 법정에서 전문가가 증언할 수 있는 기준을 새롭게 만들게 되었다.

가 아닌 논평가들이 심리학이라는 분야가 탄생하기 훨씬 오래 전부터 인간 심리에 관한 자기들의 진술을 지지하기 위하여 사용해왔던 유형의 증거들이 바로 이것들이기 때문이다.

그렇다고 해서 내가 심리학이라는 과학에 밉상스럽고 훼방을 놓는 역할을 권장하고 있는 것이라고 생각해서는 안 된다. 오히려 정반대이다. 정통심리학의 실제 결과들은 대중매체에서 반복하고 있는 어처구니없는 사이비과학에 비해서 비교할 수 없을 정도로 흥미진진하고 매혹적인 것이다. 나아가서 과학자들은 판타지와 상상에 반대한다고 생각해서는 안 된다. 영화를 보러 가거나 연극을 관람할 때는 상상과 판타지를 원한다. 그렇지만 병원에 가거나, 보험에 가입하거나, 자식을 유아원에 등록시키거나, 비행기를 타거나, 자동차 수리를 맡길 때는 그렇지 않다. 이 목록에 심리치료사를 찾아가는 것, 학교심리학자에게 학습장애가 있는 자녀를 검사해보도록 요청하는 것, 친구가 자살예방 상담을 받도록 대학교 상담센터에 데리고 가는 것 등을 포함시킬 수 있겠다. 여타 과학과 마찬가지로 심리학은 진리를 탐색하는데 있어서 판타지, 근거 없는 견해, "상식", 상업 광고의 주장, 종교 선각자의 조언, 증언서, 그리고 소망적 사고 등을 배제시켜야만 한다.

어느 과학이든 사회의 여러 구성원들에게 그들의 생각과 견해가 빈약한 것이라고 말하기는 쉽지 않지만, 심리학에서는 그렇지 않다. 심리학은 가장 최근에 시작된 과학이기에 이렇게 미묘한 입장에 처하게 되었다. 심리학의 출현과 발전 시기의 차이가 이 문제와 관련된다. 대부분의 과학은 엘리트들이 사회구조를 통제하던 시대에 출현하였다. 이 시기에는 일반인들의 견해가 아무런 영향을 미치지 않았다. 반면에 심리학은 대중매체가 주도하는 민주주의 시대에 성장하고 있으며, 일반 대중의 의견을 무시했다가는 커다란 위험에 빠지게 된다. 오늘날 많은 심리학자들은 일반대중과의 소통에서 심리학이 가지고 있는 한탄스러운 기록들을 수정하느라 엄청난 어려움을 겪고 있다. 보다 많은 심리학자들이 일반대중과의 소통 역할을 맡게 됨에 따라서 개인 심리학과 과학 심리학을 혼동하는 사람들과의 갈등이 증가하게 되어 있는 것이다.

우리 모두가 직관 물리학 이론을 가지고 있다고 해서 모든 사람이 물리학자인 것은 아니다. 그렇지만 직관 물리학 이론이 과학 물리학을 도용해야만 한다는 주장을 포기함으로써 전자는 후자에게, 즉 우주에 관한 진정한 과학에게 자리를 순순히 양보하게 되며, 과학은 공개적인 것이기 때문에 진정한 과학의 이론들은 우리 모두에게 가용한 것이 된다. 마찬가지로 모든 사람이 심리학자는 아니다. 그렇지만 과학 심리학이 밝혀낸 사실과 이론들은 실제적 목표를 달성하는 데 적용되며 우리 모두의 이해를 풍요롭게 하는데 사용할 수 있는 것이다.

마무리

이제 우리는 심리학을 어떻게 올바르게 생각할 것인지에 대한 스케치를 마무리 지을 때가 되었다. 이것은 개략적 스케치에 불과하지만, 심리학이라는 분야가 어떻게 작동하는 것인지를 이해하고 새로운 심리학 주장을 평가하는 데 상당한 도움이 될 수 있겠다. 우리의 스케치는 다음과 같은 사실들을 밝혀놓았다.

1. 심리학은 해결 가능한 경험적 문제들을 연구함으로써 진보한다. 이러한 진보는 한결같지가 않은데, 그 이유는 심리학이 많은 다양한 하위영역으로 구성되어 있으며, 어떤 영역의 문제는 다른 영역의 문제보다 해결하기가 더 어렵기 때문이다.

2. 심리학자들은 자신들이 찾아낸 결과를 설명하기 위해서 반증 가능한 이론을 제안한다.
3. 이론에 들어 있는 개념들을 조작적으로 정의하며, 이러한 정의는 증거가 누적됨에 따라서 진화한다.
4. 체계적 경험주의에 근거하여 이러한 이론들을 검증하며, 얻어낸 데이터를 다른 과학자들에 의한 반복연구와 비판을 허용하는 방식으로 제시한다는 의미에서 공개된 영역에 들어가게 된다.
5. 심리학자들의 데이터와 이론들은 동료연구자들이 개관하는 과학 잡지에 출판된 후에라야 비로소 공개된 영역에 들어가게 된다.
6. 경험주의를 체계적으로 만들어주는 것은 진정한 실험의 특징인 통제와 처치의 논리를 추구하는 데 있다.
7. 심리학자들은 자신의 결론에 도달하기 위해서 다양한 방법을 사용하며, 이러한 방법의 강점과 단점은 서로 다르다.
8. 궁극적으로 밝혀낸 행동 원리는 거의 항상 확률적 관계들이다.
9. 많은 경우에, 각각은 단점을 가지고 있지만 공통된 결론으로 수렴하는 많은 실험을 통해서 얻게 되는 데이터들이 서서히 누적됨에 따라서 지식을 획득하게 된다.

가장 흥미진진한 시도는 인간 행동의 본질을 이해하고자 탐구하는 것이다. 이 책에서 소개한 개념들을 학습함으로써 여러분은 이러한 탐구를 좇아갈 수 있게 되었으며, 실제로 그 탐구의 일원이 되었을지도 모르겠다.

참고문헌

Abrami, P., Bernard, R., Borokhovski, E., Wade, A., Surkes, M., Tamin, R., & Zhang, D. (2008). Instructional interventions affecting critical thinking skills and dispositions: A stage 1 meta-analysis. *Review of Educational Research, 78*, 1102-1134.

Adler, D. (2009). *Snap judgment*. New York: Financial Times Press.

Adler, J. E. (2006, November 6). Plotting Pluto's comeback. *Newsweek*, 60-61.

American Psychiatric Association. (2000). *Diagnostic and statistical manual of mental disorders* (4th ed.; Text Revision). Washington, DC: Author.

Anderson, C. A., & Anderson, K. B. (1996). Violent crime rate studies in philosophical context: A destructive testing approach to heat and Southern culture of violence effects. *Journal of Personality and Social Psychology, 70*, 740-756.

Anderson, C. A., & Huesmann, L. R. (2005). The evidence that media violence stimulates aggression in young viewers remains 'unequivocal.' *APS Observer, 18*(10), 7.

Angell, M., & Kassirer, J. P. (1998). Alternative medicine: The risks of untested and unregulated remedies. *The New England Journal of Medicine, 339(12)*, 839-841.

Angier, N. (2007). *The canon: A whirligig tour of the beautiful basics of science*. New York: Mariner Books.

Ariely, D. (2008). *Predictably irrational*. New York: HarperCollins.

Asimov, I. (1989). The relativity of wrong. *Skeptical Inquirer, 14*, 35-44.

Associated Press. (2007, April 24). *Can aspirin prevent cancer? The answer is not clear*.

Associated Press. (2010, September 7). Safety board renews call for young to fly in own seats. *Wall Street Journal*, A14.

Attari, S. Z., DeKay, M. L., Davidson, C. I., & Bruine de Bruin, W. (2010). Public perceptions of energy consumption and savings. *Proceedings of the National Academy of Sciences, 107*, 16054-16059.

Ayres, I. (2007). *Super crunchers: Why thinking by numbers is the new way to be smart*. New York: Bantam Books.

Azar, B. (1999, November). Crowder mixes theories with humility. *APA Monitor*, 18.

Baker, T. B., McFall, R. M., & Shoham, V. (2009). Current status and future prospects of clinical psychology: Toward a scientifically principled approach to mental and behavioral health care. *Psychological Science in the Public Interest, 9*, 67-103.

Baker, T. B., & Velez, W. (1996). Access to and opportunity in postsecondary education in the United States: A review. *Sociology of Education, 69*, 82-101.

Banerjee, A., & Duflo, E. (2009). The experimental approach to development economics. *Annual Review of Economics, 1*, 151-178.

Barnes, R., Keilholtz, L., & Alberstadt, A. (2008). Creationism and evolution beliefs among college students. *Skeptic, 14*(3), 13-16.

Barnett, A. (2011, December 20). Is 27 really a dangerous age for famous musicians?: A retrospective cohort study. *British Medical Journal.* Retrieved December 28, 2011, from http://www.bmj.com/press-releases/2011/12/20/27-really-dangerous-age-famous-musicians-retrospective-cohort-study

Baron, J. (1998). *Judgment misguided: Intuition and error in public decision making.* New York: Oxford University Press.

Baron, J. (2008). *Thinking and deciding* (4th ed.). Cambridge, MA: Cambridge University Press.

Baron-Cohen, S. (2005). *Autism: The facts.* Oxford: Oxford University Press.

Bartels, L. M. (2008). *Unequal democracy: The political economy of the new glided age.* Princeton, NJ: Princeton University Press.

Bartoshuk, L. (2009, September). Spicing up psychological science. *APS Observer, 22*, 3-4.

Baumeister, R. F., Campbell, J. D., Krueger, J. I., & Vohs, K. D. (2003). Does high self-esteem cause better performance, interpersonal success, happiness, or healthier lifestyles? *Psychological Science in the Public Interest, 4*, 1-44.

Baumeister, R. F., Campbell, J. D., Krueger, J. I., & Vohs, K. D. (2005). Exploding the self-esteem myth. *Scientific American, 292*(1), 84-91.

Baumeister, R. F., Vohs, K. D., & Funder, D. C. (2007). Psychology as the science of self-reports and finger movements. *Perspectives on Psychological Science, 2*, 396-403.

Beck, D. M. (2010). The appeal of the brain in the popular press. *Perspectives on Psychological Science, 5*, 762-766.

Beck, M. (2008, November 4). And you thought the debate over fluoridation was settled. *Wall Street Journal*, D1.

Begley, S. (2008, November 3). Why we believe. *Newsweek*, 56-60.

Begley, S. (2009, October 12). Ignoring the evidence: Why do psychologists reject science? *Newsweek*, 30.

Begley, S. (2010, February 8). The depressing news about antidepressants. *Newsweek*, 34-42.

Bem, D. (2011). Feeling the future: Experimental evidence for anomalous retroactive influences on cognition and affect. *Journal of Personality and Social Psychology, 100*, 1-19.

Benedetti, F., Carlino, E., & Pollo, A. (2011). How placebos change the patient's brain. *Neuropsychopharmacology, 36*, 339-354.

Benjamin, L. T. (2004). Behavioral science and the Nobel Prize: A history. *American Psychologist, 58*, 731-741.

Benson, E. S. (2006a, June). All that's gold does not glitter: How the Golden Fleece tarnished psychological science. *APS Observer, 19*, 12-19.

Benson, E. S. (2006b, January). Emotion, perception, cognition — it's all part of really intelligent design. *APS Observer, 19*, 22-24.

Benson, H., et al. (2006). Study of the therapeutic effects of intercessory prayer in cardiac bypass patients. *American Heart Journal, 151*, 934-942.

Berkowitz, L., & Donnerstein, E. (1982). External validity is more than skin deep. *American Psychologist, 37*, 245-257.

Berliner, D. E., & Biddle, B. (1995). *The manufactured crisis: Myths, fraud, and the attack on America's public schools*. Reading, MA: Addison Wesley.

Bernstein, L. (2009, November 4). Stretching debate continues. *The Oregonian*, C2.

Bilmes, L. J., & Stiglitz, J. E. (2009, January). The $10 trillion hangover. *Harper's Magazine, 318*, 31-35.

Binga, T. (2009). Skeptical books for children and young adults. *Skeptical Inquirer, 33*(6), 43-44.

Birnbaum, M. H. (1999). Testing critical properties of decision making on the internet. *Psychological Science, 10*, 399-407.

Birnbaum, M. H. (2004). Human research and data collection via the internet. *Annual Review of Psychology, 55*, 803-832.

Bjorklund, D. F. (2011). *Children's thinking: Cognitive development and individual differences* (5th ed.). Stamford, CT: Wadsworth.

Blass, T. (2004). *The man who shocked the world: The life and legacy of Stanley Milgram*. New York: Basic Books.

Blastland, M., & Dilnot, A. (2009). *The numbers game: The commonsense guide to understanding numbers in the news, in politics, and in life*. New York: Gotham Books.

Bloom, P., & Weisberg, D. S. (2007). Childhood origins of adult resistance to science. *Science, 306*, 996-997.

Bluming, A., & Tavris, C. (2009). Hormone replacement therapy: Real concerns and false alarms. *The Cancer Journal, 15*, 93-104.

Bogle, J. C. (2010). *Common sense on mutual funds*. Hoboken, NJ: Wiley.

Borenstein, M., Hedges, L. V., Higgins, J., & Rothstein, H. (2009). *Introduction to meta-analysis* (Vol. 1). Hoboken, NJ: Wiley.

Bower, B. (2009, June 20). Think like a scientist. *Science News, 175*, 20-23.

Boyd, R. (2008, February 7). Do people only use 10 percent of their brains? Scientific American.

Retrieved November 17, 2009, from http://www.sciam.com/article.cfm?id=people-only-use-10-percent-of-brain.

Boyer, P. J. (2010, September 6). The covenant. *The New Yorker*, 60-69.

Brainerd, C. J., & Reyna, V. F. (2005). *The science of false memory.* Oxford: Oxford University Press.

Breitmeyer, B. J., & Ramey, C. T. (1986). Biological nonoptimality and quality of postnatal environment as codeterminants of intellectual development. *Child Development, 57,* 1151-1165.

Broadbent, D. E. (1958). *Perception and communication.* New York: Pergamon Press.

Broadbent, D. E. (1973). *In defense of empirical psychology.* London: Mathuen.

Brody, J. E. (2008, December 10). Weight-loss guides without gimmicks. *New York Times,* D7.

Brody, J. E. (2011, September 13). Attacking the obesity epidemic by first figuring out its cause. *New York Times,* D7.

Brody, J. E. (2012, January 24). Dental exam went well? Thank fluoride. *New York Times,* D7.

Bronfenbrenner, U., & Mahoney, M. (1975). The structure and verification of hypotheses. In U. Bronfenbrenner & M. Mahoney (Eds.), *Influence on human development* (pp. 131-152). Hinsdale, IL: Dryden.

Bronowski, J. (1956). *Science and human values.* New York: Harper & Row.

Bronowski, J. (1973). *The ascent of man.* Boston: Little, Brown.

Bronowski, J. (1974). Science, poetry, and human specificity. *American Scholar, 43,* 386-404.

Bronowski, J. (1977). *A sense of the future.* Cambridge, MA: MIT Press.

Bronowski, J. (1978a). *The common sense of science.* Cambridge, MA: Harvard University Press.

Bronowski, J. (1978b). *Magic, science, and civilization.* New York: Columbia University Press.

Bronson, P., & Merryman, A. (2009). *Nurtureshock.* New York: Twelve.

Brooks, A. C. (2008). *Gross national happiness.* New York: Basic Books.

Brown, M. (2010). *How I killed Pluto and why it hat it coming.* New York: Spiegel & Grau.

Brownell, K. D. (2011, July). Is there the courage to change America's diet? *APS Observer, 24,* 15-16.

Bruck, M., & Ceci, S. (2004). Forensic developmental psychology: Unveiling four common misconceptions. *Current Directions in Psychological Science, 13,* 229-232.

Bryan, C., Walton, G. M., Rogers, T., & Dweck, C. S. (2011). Motivating voter turnout by invoking the self. *Proceedings of the National Academy of Sciences,* 12653-12656.

Buchtel, E. E., & Norenzayan, A. (2009). Thinking across cultures: Implications for dual processes. In J. S. B. T. Evans & K. Frankish (Eds.), *In two minds: Dual processes and beyond.* Oxford: Oxford University Press.

Buckley, C. (2010, December 9). To test housing program, some are denied aid. *New York Times,* A1-A4.

Buhle, J., Stevens, B., Friedman, J., & Wager, T. (2012). Distraction and placebo: Two separate routes to pain control. *Psychological Science, 23*, 1-8.

Burton, R. (2008). *On being certain*. New York: St. Martin's Press.

Buss, D. M. (Ed.). (2005). *The handbook of evolutionary psychology*. Hoboken, NJ: Wiley.

Buss, D. M. (2011). *Evolutionary psychology: The new science of the mind* (4th ed.). Boston: Allyn and Bacon.

Cacioppo, J. T. (2007a). Psychology is a hub science. *APS Observer, 20*, 5, 42.

Cacioppo, J. T. (2007b). The structure of psychology. *APS Observer, 20*, 3, 50.

Card, N. A. (2011). *Applied meta-analysis for social science research*. New York: Guilford.

Carnagey, N. L., Anderson, C. A., & Bartholow, B. D. (2007). Media violence and social neuroscience: New questions and new opportunities. *Current Directions in Psychological Science, 16*, 178-182.

Carnoy, M., Jacobsen, R., Mishel, L., & Rothstein, R. (2005). *The charter school dust-up: Examining the evidence on enrollment and achievement*. New York: Teachers College Press.

Cartwright, J. (2008). *Evolution and human behavior* (2nd ed.). Cambridge, MA: MIT Press.

Chamberlin, J. (2010, November). Type cast. *APA Monitor*, 28-30.

Chernev, A. (2011). The dieter's paradox. *Journal of Consumer Psychology, 21*, 178-183.

Chida, Y., & Hamer, M. (2008). Chronic psychosocial factors and acute physiological responses to laboratory-induced stress in healthy populations: A quantitative review of 30 years of investigations. *Psychological Bulletin, 134*, 829-885.

Cho, H. J., Hotopf, M., & Wessely, S. (2005). The placebo response in the treatment of chronic fatigue syndrome: A systematic review and meta-analysis. *Psychosomatic Medicine, 67*, 301-313.

Churchland, P. M. (1988). *Matter and consciousness*. (rev. ed.). Cambridge, MA: MIT Press.

Claridge, G., Clark, K., Powney, E., & Hassan, E. (2008). Schizotypy and the Barnum Effect. *Personality and Individual Differences, 44*, 436-444.

Claypool, H., Hall, C., Mackie, D., & Garcia-Marques, T. (2008). Positive mood, attribution, and the illusion of familiarity. *Journal of Experimental Social Psychology, 44*, 721-728.

Cleermans, A. (2010). The grand challenge for psychology: Integrate and fire! *APS Observer, 23(8)*, 15-17.

CNN.com (2004, May 1). Nightline airs war dead amid controversy. Retrieved December 30, 2005, from http://www.cnn.com/2004/SHOWBIZ/TV/05/01/abc.nightline/

Cohen, A. (2008, December 29). Four decades after Milgram, we're still willing to inflict pain. *New York Times*, A22.

Cohen, P. (2009, October 20). Field study: Just how relevant is political science? *New York Times*, C1-C7.

Conkle, A., & West, C. (2008, June). Psychology on the road. *APS Observer, 21*, 18-23.

Cozby, P. C. (2012). *Methods in behavioral research* (11th ed.). New York: McGraw-Hill.

Croswell, J., et al. (2009). Cumulative incidence of false-positive results in repeated, multimodal cancer screening. *Annals of Family Medicine, 7*, 212-222.

Currier, J. M., Neimeyer, R., & Berman, J. (2008). The effectiveness of psychotherapeutic interventions for bereaved persons: A comprehensive quantitative review. *Psychological Bulletin, 134*, 648-661.

Dacey, A. (2008). *The secular conscience*. Amherst, NY: Prometheus Books.

Dawes, R. M. (1994). *House of cards: Psychology and psychotherapy built on myth*. New York: Free Press.

Dawes, R. M., Faust, D., & Meehl, P. E. (1989). Clinical versus actuarial judgment. *Science, 243*, 1668-1673.

Dawkins, R. (2010). *The greatest show on earth*. New York: Free Press.

Dawkins, R. (2012). *The magic of reality: How we know what's really true*. New York: Free Press.

Deangelis, T. (2010, November). Getting research into the real world. *APA Monitor*, 60-65.

Deary, I. J., Penke, L., & Johnson, W. (2010). The neuroscience of human intelligence differences. *Nature Neuroscience, 11*, 201-211.

deCharms, R. C., Maeda, F., Glover, G., Ludlow, D., Pauly, J., Soneji, d., Gabrieli, J., & Mackey, S. (2005). Control over brain activation and pain learned by using real-time functional MRI. *Proceedings of the National Academy of Sciences, 102*, 18626-18631.

De Craen, S., Twisk, D., Hagenzieker, M., Elffers, H., & Brookhuis, K. (2011). Do young novice drivers overestimate their driving skills more than experienced drivers? *Accident Analysis and Prevention, 43*, 1660-1665.

Deer, B. (2011, January 5). How the case against the MMR vaccine was fixed. *British Medical Journal, 342*, c5347.

de la Cruz, D. (2007, January 5). FTC fines diet-drug marketers. *The Oregonian*(from Associated Press), A10.

DeLoache, J., Chiong, C., Sherman, K., Islam, N., Vanderborght, M., Troseth, G. L., Strouse, G., & ODoherty, K. (2010). Do babies learn from baby media? *Psychological Science, 21*, 1570-1574.

Demetriou, A., Kui, Z. X., Spanoudis, G., Christou, C., Kyriakides, L., & Platsidou, M. (2005). The architecture, dynamics, and development of mental processing: Greek, Chinese, or universal? *Intelligence, 33*, 109-141.

Dennett, D. C. (1995). *Darwin's dangerous idea: Evolution and the meaning of life*. New York: Simon & Schuster.

Dennett, D. C. (2000). Why getting it right matters: Postmodernism and truth. *Free Inquiry, 20(1)*, 40-43.

Dickenson, D. K., & Neuman, S. B. (Eds.). (2005). *Handbook of early literacy research* (Vol. 2). New York: Guilford Press.

Dietrich, A., & Kanso, R. (2010). A review of EEG, ERP, and neuroimaging studies of creativity and insight. *Psychological Bulletin, 136*, 822-848.

Dingfelder, S. F. (2006, December). Nix the tics. *APA Monitor*, 18-20.

Dingfelder, S. F. (2007, April). Introduction to science. *APA Monitor, 38*, 24-26.

Dobzhansky, T. (1973). Nothing in biology makes sense except in the light of evolution. *American Biology Teacher, 35*, 125-129.

Dodes, J. E. (1997). The mysterious placebo. *Skeptical Inquirer, 21*(1), 44-45.

Dodge, K. A., & Rutter, M. (2011). *Gene-environment interactions in developmental psychopathology*. New York: Guilford Press.

Dokoupil, T. (2007, July 16). Trouble in a black box: Did effort to reduce teen suicides backfire? *Newsweek*, 48.

Dufresne, T. (Ed.). (2007). *Against Freud: Critics talk back*. Stanford, CA: Stanford University Press.

Duncan, J., Parr, A., Woolgar, A., Thompson, R., Bright, P., Cox, S., Bishop, S., & Nimmo-Smith, I. (2008). Goal neglect and Spearman's g: Competing parts of a complex task. *Journal of Experimental Psychology: General, 137*, 131-148.

Durso, F. T., Nicherson, R. S., Dumais, S., Lewandowsky, S., & Perfect, T. (2007). *Handbook of applied cognition*. Hoboken, NJ: Wiley.

Ehrenberg, R. G., Brewer, D. J., Gamoran, A., & Williams, J. D. (2001). Class size and student achievement. *Psychological Science in the Public Interest, 2*, 1-27.

Ehri, L. C., Nunes, S., Stahl, S., & Willows, D. (2001). Systematic phonics instruction helps students learn to read: Evidence from the national reading Panel's meta-analysis. *Review of Educational Research, 71*, 393-447.

Einhorn, H. J. (1986). Accepting error to make less error. *Journal of Personality Assessment, 50*, 387-395.

Eisenberg, L. (1977). The social imperatives of medical research. *Science, 198*, 1105-1110.

Eisenberg, D. M., Kessler, R., Foster, C., Norlock, F., Calkins, D., & Delbanco, T. (1993). Unconventional medicine in the United States. *The New England Journal of Medicine, 328(4)*. 246-252.

Ellis, B. J., & Bjorklund, D. F. (Eds.). (2005). *Origins of the social mind: Evolutionary psychology and child development*. New York: Guilford Press.

Emery, R. E., Otto, R. K., & O'Donohue, W. T. (2005). A critical assessment of child custody evaluations. *Psychological Science in the Public Interest, 6(1)*, 1-29.

Engel, J. (2008). *American therapy*. New York: Gotham Books.

Epstein, A. S. (2008). An early start on thinking. *Educational Leadership, 65(5)*, 38-42.

Ernst, E., & Abbot, N. C. (1999). I shall please: The mysterious power of placebos. In S. Della Sala (Ed.), *Mind myths: Exploring popular assumptions about the mind and brain* (pp. 209-213). Chichester, England: John Wiley & Sons.

Estes, W. (1979). Experimental psychology: An overview. In E. Hearst (Ed.), *The first century of experimental psychology* (pp. 12-38). Hillsdale, NJ: Erlbaum.

Evans, J. St. B. T. (2005). *How to do research: A psychologist's guide*. Hove, England: Psychology Press.

Ewing, C. P. (2006, January). Testing tool in question. *APA Monitor*, 61.

Fackelman, K. (1996, November 9). Gastrointestinal blues. *Science News, 150*, 302-303.

Fancher, R. (1985). *The intelligent men*. New York: W. W. Norton.

Farber, I. B., & Churchland, P. S. (1995). Consciousness and the neurosciences: Philosophical and theoretical issues. In M. S. Gazzaniga (Ed.), *The cognitive neurosciences* (pp. 1295-1306). Cambridge, MA: MIT Press.

Farha, B. (2007). *Paranormal claims: A critical analysis*. Lanham, MD: University Press of America.

Farha, B., & Steward, G. (2006). Paranormal beliefs: An analysis of college students. *Skeptical Inquirer, 30*(1), 37-40.

Ferguson, C. J. (2009). Is psychological research really as good as medical research? *Review of General Psychology, 13*, 130-136.

Fernald, D. (1984). *The Hans legacy*. Hillsdale, NJ: Erlbaum.

Feshbach, S., & Tangney, J. (2008). Television viewing and aggression. *Perspectives on Psychological Science, 3*, 387-389.

Finkel, A. M. (1996, May). Who's exaggerating? *Discover, 17(5)*, 48-54.

Fischer, Greitmeyer, T., Kastenmüller, A., Vogrincic, C., & Sauer, A. (2011a). The bystander effect: A meta-analytic review on bystander intervention in dangerous and non-dangerous emergencies. *Psychological Bulletin, 137*, 517-537.

Fischer, P., Greitmeyer, T., Kastenmüller, A., Vogrincic, C., & Sauer, A. (2011b). The effects of risk-glorifying media exposure on risk-positive cognitions, emotions, and behaviors: A meta-analytic review. *Psychological Bulletin, 137*, 367-390.

Flynn, J. R. (2007). *What is intelligence?* Cambridge: Cambridge University Press.

Foster, E. A., Jobling, M. A., Taylor, P. G., Donnelly, P., Deknijff, P., Renemieremet, J., Zerjal, T., & Tyler-Smith, C. (1998). Jefferson fathered slave's last child. *Nature, 396*, 27-28.

Foster, R. G., & Roenneberg, T. (2008). Human responses to the geophysical daily, annual and lunar cycles. *Current Biology, 18*, R784-R794.

Fountain, H. (2006, January 15). On not wanting to know what hurts you. *New York Times*, WK14.

Fox, R. E. (1996). Charlatanism, scientism, and psychology's social contract. *American Psychologist, 51*, 777-784.

Frank, R. H. (2007). *The economic naturalist*. New York: Basic Books.

Frazier, K. (2009). Pew/AAAS poll. *Skeptical Inquirer, 33*(6), 11-13.

Frazier, K. (2010). Three-country evolution poll. *Skeptical Inquirer, 34*(6), 5-6.

Funder, D. C. (2009). Naive and obvious questions. *Perspectives on Psychological Science, 4*, 340-344.

Galovski, T. E., Malta, L. S., & Blanchard, E. B. (2006). *Road rage: Assessment and treatment of the angry, aggressive driver*. Washington, DC: American Psychological Association.

Gardner, D. (2008). *The science of fear*. New York: Dutton.

Gardner, M. (1972, April). Mathematical games: Why the long arm of coincidence is usually not as long as it seems. *Scientific American, 227*(4), 110-112.

Gardner, M. (2006). The memory wars. *Skeptical Inquirer, 30*(1), 28-31.

Gardner, M. (2010). Oprah Winfrey: Bright (but gullible) billionaire. *Skeptical Inquirer, 34*(2), 54-56.

Gaunt, R. (2006). Couple similarity and marital satisfaction: Are similar spouses happier? *Journal of Personality, 74*, 1401-1420.

Gawande, A. (2010). *The checklist manifesto: How to get things right*. New York: Metropolitan Books.

Gaynor, S. T. (2004). Skepticism and caricatures: B. F. Skinner turns 100. *Skeptical Inquirer, 28*(1), 26-29.

Geary, D. C. (2005). *The origin of the mind: Evolution of brain, cognition, and general intelligence*. Washington, DC: American Psychological Association.

Geary, D. C. (2008). An evolutionarily informed education science. *Educational Psychologist, 28*, 179-195.

Gelman, A. (2008). *Red state, blue state, rich state, poor state*. Princeton, NJ: Princeton University Press.

Gernsbacher, M. A. (2007, May). The value of undergraduate training in psychological science. *APS Observer, 20*, 5-6.

Ghiselin, M. T. (1989). *Intellectual compromise*. New York: Paragon House.

Gigerenzer, G. (2002). *Calculated risks: How to know when numbers deceive you*. New York: Simon & Schuster.

Gigerenzer, G. (2004). Dread risk, September 11, and fatal traffic accidents. *Psychological Science, 15*, 286-287.

Gigerenzer, G. (2006). Out of the frying pan into the fire: Behavioral reactions to terrorist attacks. *Risk Analysis, 26*, 347-351.

Gigerenzer, G., Gaissmaier, W., Kurz-Milcke, E., Schwartz, L. M., & Woloshin, S. (2007). Helping doctors and patients make sense of health statistics. *Psychological Science in the Public Interest, 8*, 53-96.

Gilbert, D. (2006). *Stumbling on happiness*. New York: Alfred A. Knopf.

Gilovich, T. (1991). *How we know what isn't so: The fallibility of human reason in everyday life*. New York: Free Press.

Gilovich, T., Griffin, D., & Kahneman, D. (Eds.). (2002). *Heuristics and biases: The psychology of intuitive judgment*. New York: Cambridge University Press.

Gladwell, M. (2004, December 13). The picture problem. *The New Yorker*, 74-81.

Gladwell, M. (2010, May 17). The treatment. *The New Yorker*, 69-77.

Gleitman, H. (1981). *Psychology*. New York: W. W. Norton.

Goldacre, B. (2008). *Bad science*. London: Fourth Estate.

Gorchoff, S. John, O. P., & Helson, R. (2008). Contextualizing change in marital satisfaction during middle age. *Psychological Science, 19*, 1194-1200.

Gosling, S. D. (2001). From mice to men: What can we learn about personality from animal research? *Psychological Bulletin, 127*, 45-86.

Gosling, S. D., Simine, V., Srivastava, S., & John, O. P. (2004). Should we trust web-based studies? A comparative analysis of six preconceptions about Internet questionnaires. *American Psychologist, 59*, 93-104.

Goswami, U. (Ed.). (2008). *Cognitive development: The learning brain*. London: Psychology Press.

Gould, S. J. (1987). Justice Scalia's misunderstanding. *Natural History, 96*, 14-21.

Grady, D. (2008, June 24). From a prominent death, some painful truths. *New York Times*, D5.

Grady, D. (2009, January, 6). Should patients be told of better care elsewhere? *New York Times*, D1.

Grant, J. (2011). *Denying science*. Amherst, NY: Prometheus Books.

Gray, P. (2008). The value of Psychology 101 in liberal arts education: A psychocentric theory of the university. *APS Observer, 21*, 29-32.

Grice, G. (2001, July 30). Slice of life: How a convicted killer's corpse brought anatomy into the digital age. *The New Yorker*, 36-41.

Griffin, S., Regnier, E., Griffin, P., & Huntley, V. (2007). Effectiveness of fluoride in preventing cares in adults. *Journal of Dental Research, 86*, 410-415.

Griggs, R. A., Proctor, D. L., & Bujak-Johnson, A. (2002). The nonexistent common core. *American Psychologist, 57*, 452-453.

Grissmer, D. (2000). The continuing use and misuse of SAT scores. *Psychology, Public Policy, and Law, 6*, 223-232.

Groopman, J. (2004, January 26). The grief industry: How much does crisis counseling help — or hurt? *The New Yorker*, 30-38.

Groopman, J. (2007). *How doctors think*. Boston: Houghton Mifflin.

Groopman, J. (2009, November 5). Diagnosis: What doctors are missing. *New York Review of Books*, 26-28.

Haack, S. (2007). *Defending science — within reason: Between scientism and cynicism*. Buffalo, NY: Prometheus Books.

Hacohen, M. C. (2000). *Karl Popper: The formative years, 1902-1945*. Cambridge, England: Cambridge University Press.

Hafer, C. L., & Begue, L. (2005). Experimental research on just-world theory: Problems, developments, and future challenges. *Psychological Bulletin, 131*, 128-167.

Haidt, J. (2006). *The happiness hypothesis*. New York: Basic Books.

Hall, H. (2008). 'We couldn't say it in print if it wasn't true': Akavar's version of truth in advertising. *Skeptical Inquirer, 32*(5), 45-49.

Hariri, A. R., & Holmes, A. (2006). Genetics of emotional regulation: The role of the serotonin transporter in neural function. *Trends in Cognitive Sciences, 10*, 182-191.

Harlow, H. F. (1958). The nature of love. *American Psychologist, 13*, 673-685.

Harlow, H. F., & Suomi, S. J. (1970). The nature of love-Simplified. *American Psychologist, 25*, 161-168.

Harrington, A. (2008). *The cure within*. New York: Norton.

Hastie, R., & Dawes, R. M. (2010). *Rational choice in an uncertain world*. Thousand Oaks, CA: Sage.

Hearst, E. (1979). *The first century of experimental psychology*. Hillsdale, NJ: Erlbaum.

Hendrie, C. (2005). Book faults achievement in charter schools. *Education Week*, 3.

Henrich, J., Heine, S. J., & Norenzayan, A. (2010). The weirdest people in the world? *Behavioral and Brain Sciences, 33*, 1-75.

Henriques, G. (2011). *A new unified theory of psychology*. New York: Springer.

Herman, C. P., & Polivy, J. (2005). Normative influences on food intake. *Physiology & Behavior, 86*, 762-772.

Hill, C. A. (2010). What cognitive psychologists should find interesting about tax. *Psychonomic Bulletin & Review, 17*, 180-185.

Hilton, D. J. (2003). Psychology and the financial markets: Applications to understanding and remedying irrational decision-making. In I. Brocas & J. D. Carrillo (Eds.), *The psychology of economic decisions: Rationality and wellbeing* (Vol. 1. pp. 273-297). Oxford: Oxford University Press

Hines, T. M. (1998). Comprehensive review of biorhythm theory. *Psychological Reports, 83*, 19-64.

Hines, T. M. (2003). *Pseudoscience and the paranormal* (2nd ed.). Buffalo, NY: Prometheus Books.

Hitsch, G., Hortacsu, A., & Ariely, D. (2010). Matching and sorting in online dating. *American Economic Review, 100*, 130-163.

Holton, G., & Roller, D. (1958). *Foundations of modern physical science*. Reading, MA: Addison-Wesley.

Honda, H., Shimizu, Y., & Rutter, M. (2005). No effect of MMR withdrawal on the incidence of autism: A total population study. *Journal of Child Psychology and Psychiatry, 46*, 572-579.

Huber, P. W. (1990). Pathological science in court. *Daedalus, 119*, 97-118.

Hulme, C., & Snowling, M. J. (2011). Children's reading comprehension difficulties: Nature, causes, and treatments. *Current Directions in Psychological Science, 20*, 139-142.

Humphrey, N. (1996). *Leaps of faith*. New York: Copernicus.

Immen, W. (1996, August 8). Could you repeat that in Klingon? *Globe & Mail* (Toronto).

Insurance Institute for Highway Safety (2005, July 16). If you drive while phoning you're far more likely to get into a crash in which you'll be injured. *Status Report, 40(6)*, 1-3.

Ioannidis, J. (2004). Contradicted and initially stronger effects in highly cited clinical research. JAMA, 294, 218-228.

Isaacson, W. (2011). *Steve Jobs*. New York: Simon & Schuster.

Jacobson, J. W., Foxx, R. M., & Mulick, J. A. (Eds.). (2004). Controversial therapies for developmental disabilities: Fads, fashion, and science in professional practice. Mahwah, NJ: Erlbaum.

Jaffe, E. (2005). How random is that? Students are convenient research subjects but they're not a simple sample. *APS Observer, 18(9)*, 20-30.

Jaffe, E. (2011, September). Identity shift. *APS Observer, 24*, 12-16.

Johnson, S. (2007). *The ghost map*. New York: Riverhead Books.

Jordan, S. D. (2007, May). Global climate change triggered by global warming. *Skeptical Inquirer, 31*, 32-45.

Joyce, N. (2010, March). Spotting the enemy. *APA Monitor*, 24-25.

Judelsohn, R. G. (2007, November/December). Vaccine safety: Vaccines are one of public health's great accomplishments. *Skeptical Inquirer, 31*(6), 32-35.

Kagan, J. (2006). *An argument for mind*. New Haven, CT: Yale University Press.

Kahneman, D. (1973). *Attention and effort*. Englewood Cliffs, NJ: Prentice Hall.

Kahneman, D. (2011). *Thinking, fast and slow*. New York: Farrar, Straus, & Giroux.

Kalat, J. W. (2007). *Biological psychology* (9th ed.). Belmont, CA: Wadsworth.

Kalb, C., & White, E. (2010, May 24). What should you really be afraid of? *Newsweek*, 64.

Kantrowitz, B., & Kalb, C. (2006, March 13). Food news blues. *Newsweek*, 44-54.

Kaplan, M., & Kaplan, E. (2007). *Chances are: Adventures in probability*. New York: Penguin Books.

Keating, D. P. (2007). Understanding adolescent development: Implications for driving safety. *Journal of Safety Research, 38*, 147-157.

Keith, K. D., & Beins, B. C. (2008, August). *My students believe what? Psychological myths and sound science in the undergraduate classroom*. Paper presented at the meeting of the American Psychological Association, Boston.

Keizer, K. Lindenberg, S., & Steg, L. (2008, November 20). The spreading of disorder. *Science, 322*, 1681-1685.

Kelly, I. W. (1997). Modern astrology: A critique. *Psychological Reports, 81*, 931-962.

Kelly, I. W. (1998). Why astrology doesn't work. *Psychological Reports, 82*, 527-546.

Kelly, L. (2005). *The skeptic's guide to the paranormal*. New York: Thunder's Mouth Press.

Kenney, C. (2008). *The best practice: How the new quality movement is transforming medicine*. New York: Public Affairs Books.

Kida, T. (2006). *Don't believe everything you think: The 6 basic mistakes we make in thinking*. Amherst, NY: Prometheus Books.

King, F. (1993, March). Science literacy and public support of science. *American Psychological Society Observer, 6(2)*, 2-11.

Klein, D. N. (2010). Chronic depression: Diagnosis and classification. *Current Directions in Psychological Science, 19*, 96-100.

Knight, G. P., Johnson, L., Carlo, G., & Eisenberg, N. (1994). A multiplicative model of the dispositional antecedents of a prosocial behavior: Predicting more of the people more of the time. *Journal of Personality and Social Psychology, 66*, 178-183.

Kolata, G. (2009, August 20). One injured hamstring, a string of treatments. *New York Times*, E8.

Kolata, G. (2011, June 21). When running up mileage, 10 percent isn't the cap. *New York Times*, D5

Kolbert, E. (2005, September 19). Storm warnings. *The New Yorker*, 35-36.

Koocher, G. P. (2006, October). Psychological science is not politically correct. *APA Monitor*, 5.

Kosova, W., & Wingert, P. (2009, June 8). Crazy talk. *Newsweek*, 54-62.

Kowalski, P., & Taylor, A. K. (2009). The effect of refuting misconceptions in the introductory psychology class. *Teaching of Psychology, 36*, 153-159.

Krauss, L. M. (2008, October 28). MaCain's science earmark error. Los Angeles Times. Retrieved November 5, 2008, from http://genesis1.asu.edu/~krauss/latimesoct28.html.

Krauthammer, C. (1985, December 29). The twilight of psychotherapy? *Detroit News*.

Kristof, N. (2009, November 29). How can we help? *New York Times Book Review*, 27.

Krueger, J. I., Vohs, K. D., & Baumeister, R. F. (2008). Is the allure of self-esteem a mirage after all? *American Psychologist, 63*, 64-65.

Kruger, J., Wirtz, D., & Miller, D. T. (2005). Counterfactual thinking and the first instinct fallacy. *Journal of Personality and Social Psychology, 88*, 725-735.

Kruglanski, A. W., Crenshaw, M., Post, J. M., & Victoroff, J. (2007). What should this fight be called? *Psychological Science in the Public Interest, 8*, 97-133.

Kruglanski, A. W., Gelfand, M., & Gunaratna, R. (2010, January). Detainee deradicalization: A challenge for psychological science. *APS Observer*, 19-22.

Kunar, M. A., Carter, R., Cohen, M., & Horowitz, T. S. (2008). Telephone conversation impairs sustained visual attention via a cental bottleneck. *Psychonomic Bulletin & Review, 15*, 1135-1140.

Kushner, H. I. (1999). *A cursing brain? The histories of Tourette Syndrome*. Cambridge, MA: Harvard University Press.

Laden, G. (2008). Likely voters prefer evolution over creationism. *Skeptical Inquirer, 32*(4), 13-14.

Landsburg, S. E. (2007). *More sex is safer sex: The unconventional wisdom of economics*. New York: Free Press.

Larrick, R. P., Timmerman, T. A., Carton, A. M., & Abrevaya, J. (2011). Temper, temperature, and temptation: Heat-related retaliation in baseball. *Psychological Science, 22*, 423-428.

Lazarsfeld, P. (1949). The American Soldier — An expository review. *Public Opinion Quarterly, 13*, 377-404.

Lehrer, J. (2010, December 13). The truth wears off. *The New Yorker*, 52-57.

Leibowitz, H. W. (1996). The symbiosis between basic and applied research. *American Psychologist, 51*, 366-370.

Levy, E. (2009, February 13). The maggots in your mushrooms. *New York Times*, A25.

Levy, J., Pashler, H., & Boer, E. (2006). Central interference in driving: Is there any stopping the psychological refractory period? *Psychological Science, 17*, 228-235.

Levy, S. (2005, January 31). Does your iPod play favorites? *Newsweek*, 10.

Lewis, M. (2004). *Moneyball*. New York: Norton.

Li, C. (1975). *Path analysis: A Primer*. Pacific Grove, CA: Boxwood Press.

Li, M., & Chapman, G. B. (2009). "100% of anything looks good": The appeal of one hundred percent. *Psychological Bulletin & Review, 16*, 156-162.

Lilienfeld, S. O. (1998). Pseudoscience in contemporary clinical psychology: What it is and what we can do about it. *The Clinical Psychologist, 51(4)*, 3-9.

Lilienfeld, S. O. (2002). New journal dedicated to distinguishing science from pseudoscience in mental health. *Skeptical Inquirer, 26*(3), 7-8.

Lilienfeld, S. O. (2005). The 10 commandments of helping students distinguish science from pseudoscience in psychology. *APS Observer, 18(9)*, 39-51.

Lilienfeld, S. O. (2006, February). Correlation still isn't causation. *APS Monitor, 19*, 9.

Lilienfeld, S. O. (2007). Psychological treatments that cause harm. *Perspectives on Psychological Science, 2*, 53-70.

Lilienfeld, S. O. (2010). Can psychology become a science? *Personality and Individual Differences, 49*, 281-288.

Lilienfeld, S. O. (2012). Public skepticism of psychology: Whe many people perceive the study of human behavior as unscientific. *American Psychologist, 67*, 111-129.

Lilienfeld, S. O., & Lohr, J. M. (2000). Thought field therapy practitioners and educator sanctioned. *Skeptical Inquirer, 24*(2), 5.

Lilienfeld, S. O., Lynn, S. J., & Lohr, J. M. (Eds.). (2003). *Science and pseudoscience in clinical psychology*. New York: Guilford Press.

Lilienfeld, S. O., Lynn, S. J., Ruscio, J., & Beyerstein, B. L. (2010). *50 great myths of popular psychology*. Malden, MA: Wiley-Blackwell.

Lilienfeld, S. O., Ruscio, J., & Lynn, S. J. (Eds.). (2008). *Navigating the mindfield: A guide to separating science from pseudoscience in mental health*. Buffalo, NY: Prometheus Books.

Loftus, E. F., & Guyer, M. J. (2002, May/June). Who abused Jane Doe: The hazards of the single case history. *Skeptical Inquirer, 26*(3), 24-32.

Long, B. (2007). The contributions of economics to the study of college access and success. *Teachers College Record, 109*, 2367-2443.

Lutsky, N. (2006, March). Teaching quantitative reasoning. *APS Observer, 19*, 35-36.

Lynn, S. J., Loftus, E. F., Lilienfeld, S. O., & Lock, T. (2003). Memory recovery techniques in psychotherapy: Problems and pitfalls. *Skeptical Inquirer, 27*(4), 40-46.

Lyubomirsky, S., & Boehm, J. K. (2010). Human motives, happiness, and the puzzle of parenthood. *Perspectives on Psychological Science, 5*, 327-334.

MacCoun, R. (2002, December). Why a psychologist won the Nobel Prize in economics. *APS Observer, 15(10)*, 1-8.

Madrick, J. (2006, January 12). The way to a fair deal. *New York Review of Books*, 37-40.

Magee, B. (1985). *Philosophy and the real world: An introduction to Karl Popper*. LaSalle, IL: Open Court.

Maizels, M. (2005). Why should physicians care about behavioral research? *Headache, 45*, 411-413.

Malabre, A. (1994). *Lost prophets: An insider's history of the modern economists*. Cambridge, MA: Harvard Business Press.

Malkiel, B. G. (2011). *A random walk down Wall Street*. New York: Norton.

Mamudi, S. (2009, October 8). Active management loses in risk study. *Wall Street Journal*, C9.

Manjoo, F. (2008). *True enough: Learning to live in a post-fact society*. Hoboken, NJ: Wiley.

Marks, D. F. (2001). *The psychology of the psychic*. Buffalo, NY: Prometheus Books.

Martin, L., et al. (2011). The "distressed" personality, coping and cardiovascular risk. *Stress and Health, 27*, 64-72.

Martin, R., & Hull, R. (2006). The case study perspective on psychological research. In R. J. Sternberg, H. L. Roediger & D. F. Halpern (Eds.), *Critical thinking in psychology* (pp. 90-109). New York: Cambridge University Press.

Matthews, K. A. (2005). Psychological perspectives on the development of coronary heart disease. *American Psychologist, 60*, 783-796.

Matute, H., Yarritu, I., & Vadillo, M. (2011). Illusions of causality at the heart of pseudoscience. *British Journal of Psychology, 102*, 392-405.

Mayer, J. D., Salovey, P., & Caruso, D. R. (2008). Emotional intelligence: New ability or eclectic traits? *American Psychologist, 63*, 503-517.

Mazur, J. E. (2010). *What's luck got to do with it?* Princeton, NJ: Princeton University Press.

McBride-Chang, C., & Kail, R. V. (2002). Cross-cultural similarities in the predictors of reading acquisition. *Child Development, 73*, 1392-1407.

McCabe, D. P., & Castel, A. D. (2008). Seeing is believing: The effect of brain images on judgments of scientific reasoning. *Cognition, 107*, 343-352.

McCloskey, M. (1983, April). Intuitive physics. *Scientific American, 248(4)*, 122-130.

McEvoy, S. P., Stevenson, M. R., McCartt, A. T., Woodword, M., Haworth, C. Palamara, P., & Cercarelli, R. (2005, August 20). Role of mobile phones in motor vehicle crashes resulting in hospital attendance: A case-crossover study. *British Medical Journal, 331*(7514), 428.

McHugh, P. (2008). *The memory wars: Psychiatry's clash over meaning, memory, and mind.* Washington, DC: The Dana Foundation.

McNally, R. J., Bryant, R. A., & Ehlers, A. (2003). Does early psychological intervention promote recovery from post-traumatic stress? *Psychological Science in the Public Interest, 4(2)*, 45-79.

McNally, R. J., & Geraerts, E. (2009). A new solution to the recovered memory debate. *Perspectives on Psychological Science, 4*, 126-134.

Medawar, P. B. (1967). *The art of the soluble.* London: Methuen.

Medawar, P. B. (1979). *Advice to a young scientist.* New York: Harper & Row.

Medawar, P. B. (1984). *The limits of science.* New York: Harper & Row.

Medawar, P. B. (1990). *The threat and the glory.* New York: HarperCollins.

Medawar, P. B., & Medawar, J. S. (1983). *Aristotle to zoos: A philosophical dictionary of biology.* Cambridge, MA: Harvard University Press.

Medin, D. L., & Atran, S. (2004). The native mind: Biological categorization and reasoning in development and across cultures. *Psychological Review, 111*, 960-983.

Meehl, P. E. (1954). *Clinical versus statistical prediction: A theoretical analysis and review of the literature.* Minneapolis: University of Minnesota Press.

Meehl, P. E. (1986). Causes and effects of my disturbing little book. *Journal of Personality Assessment, 50*, 370-375.

Meehl, P. E. (1993). Philosophy of science: Help or hindrance? *Psychological Reports, 72*, 707-733.

Meier, B., Robinson, M., & Wilkowski, B. (2007). Aggressive primes activate hostile information in memory: Who is most susceptible? *Basic and Applied Social Psychology, 29*, 23-34.

Meyers, L. (2008, January). Recommended reading: Psychologists share the contents of their self-help shelves. *APA Monitor*, 26-27.

Michaels, D. (2008). *Doubt is their product: How industry's assault on science threatens your health*. New York: Oxford University Press.

Mielczarek, E., & Engler, B. (2012). Measuring mythology: Startling concepts in NCCAM grants. *Skeptical Inquirer, 36*(1), 35-43.

Miller, K. R. (2008). *Only a theory: Evolution and the battle for America's soul*. New York: Viking.

Milton, J., & Wiseman, R. (1999). Does psi exist? Lack of replication of an anomalous process of information transfer. *Psychological Bulletin, 125*, 387-391.

Mineka, S., & Zinbarg, R. (2006). A contemporary learning theory perspective on the etiology of anxiety disorders. *American Psychologist, 61*, 10-26.

Mischel, W. (2008, December). The toothbrush problem. *APS Observer, 21*, 5.

Mlodinow, L. (2008). *The drunkard's walk: How randomness rules our lives*. New York: Pantheon.

Monk, R. (1990). *Ludwig Wittgenstein: The duty of genius*. New York: Free Press.

Mook, D. G. (1982). *Psychological research: Strategies and tactics*. New York: Harper & Row.

Mook, D. G. (1983). In defense of external invalidity. *American Psychologist, 38*, 379-387.

Mook, D. G. (1989). The myth of external validity. In L. W. Poon, D. C. Rubin, & B. A. Wilson (Eds.), *Everyday cognition in adulthood and late life* (pp. 25-43). Cambridge, England: Cambridge University Press.

Mook, D. G. (2001). *Psychological research: The ideas behind the methods*. New Your: Norton.

Moore, S. A., & Zoellner, L. (2007). Overgeneral autobiographical memory and traumatic events: An evaluative review. *Psychological Bulletin, 133*, 419-437.

Morera, O. F., & Dawes, R. M. (2006). Clinical and statistical prediction after 50 years: A dedication to Paul Meehl. *Journal of Behavioral Decision Making, 19*, 409-412.

Moskowitz, T., & Wertheim, L. (2011). *Scorecasting*. New York: Crown.

Mulick, J., Jacobson, J., & Kobe, F. (1993, Spring). Anguished silence and helping hands: Autism and facilitated communication. *Skeptical Inquirer, 17*, 270-280.

Munro, G. (2010). The scientific impotence excuse: Discounting belief-threatening scientific abstracts. *Journal of Applied Social Psychology, 40*, 579-600.

Murchinson, C. (1934). *Handbook of general experimental psychology*. Worcester, MA: Clark University Press.

Myers, D. G. (2006). *Social psychology*. Columbus, OH: McGraw-Hill.

National Reading Panel: Reports of the Subgroups. (2000). *Teaching children to read: An evidence-based assessment of the scientific research literature on reading and its implications for reading instruction*. Washington, DC.

National Safety Council. (2001). Report on Injuries in America, 2001. Retrieved March 29, 2002, from www.nsc.org/library/rept2000.htm

Nickerson, R. S. (1998). Confirmation bias: A ubiquitous phenomenon in many guises. *Review of General Psychology, 2,* 175-220.

Nickerson, R. S. (2004). *Cognition and chance: The psychology of probabilistic reasoning.* Mahwah, NJ: Erlbaum.

Nijhuis, M. (2008, June/July). The doubt makers. *Miller-McCune,* 26-35.

Nolen-Hoeksema, S., Wisco, B., & Lyubomirsky, S. (2008). Rethinking rumination. *Perspectives on Psychological Science, 3,* 400-424.

Novella, S. (2007, November/December). The anti-vaccine movement. *Skeptical Inquirer, 31*(6), 25-31.

Novella, S. (2010, November). The poor, misunderstood placebo. *Skeptical Inquirer, 34*(6), 33-34.

Novotney, A. (2008, July). Custody collaborations. *APA Monitor,* 49-51.

Oberman, L. M., & Ramachandran, V. S. (2007). The simulating social mind: The role of the mirror neuron system and simulation in the social and communicative deficits of autism spectrum disorders. *Psychological Bulletin, 133,* 310-327.

Obrecht, N. A., Chapman, G. B., & Gelman, R. (2009). An encounter frequency account of how experience affects likelihood estimation. *Memory & Cognition, 37,* 632-643.

O'Conner, A. (2011, December 27). Really? *New York Times,* D5.

Offit, P. A. (2008). *Autism's false prophets.* New York: Columbia University Press.

Olivola, C. Y., & Oppenheimer, D. M. (2008). Randomness in retrospect: Exploring the interactiions between memory and randomness cognition. *Psychonomic Bulletin & Review, 15,* 991-996.

Olson, R. K. (2004). SSSR, environment, and genes. *Scientific Studies of Reading, 8,* 111-124.

Oreskes, N. (2004). Beyond the ivory tower: The scientific consensus on climate change. *Science, 306,* 1686.

Oreskes, N., & Conway, E. (2011). *Merchants of doubt.* London: Bloomsbury.

Overskeid, G. (2007). Looking for Skinner and finding Freud. *American Psychologist, 62,* 590-595.

Paloutzian, R. F., & Park, C. L. (Eds.). (2005). *Handbook of the psychology of religion and spirituality.* New York: Guilford Press.

Park, R. L. (2008). *Superstition: Belief in the age of science.* Princeton, NJ: Princeton University Press.

Parker, I. (2010, May 17). The poverty lab. *The New Yorker,* 79-89.

Parker-Pope, T. (2009, January 13). A problem of the brain, not the hands. *New York Times,* D5.

Parker-Pope, T. (2011, October 10). Prostate test finding leaves a swirl of confusion. New York Times Wellness Blog, 1-4. Retrieved October 12, 2011, from, http://well.blogs.nytimes.com/2011/10/10/prostate-test-finding-leaves—a-swirl-of-confusion/

Pashler, H., McDaniel, M., Rohrer, D., & Bjork, R. (2009). Learning styles: Concepts and evidence.

Psychological Science in the Public Interest, 9, 105-119.

Paulos, J. A. (2001). *Innumeracy: Mathematical illiteracy and its consequences*. New York: Hill and Wang.

Pennington, B. F., & Olson, R. K. (2005). Genetics of dyslexia. In M. J. Snowling & C. Hulme (Eds.), *The science of reading: A handbook* (pp. 453-472). Malden, MA: Blackwell.

Peterson, C. (2009). Minimally sufficient research. *Perspectives on Psychological Science, 4*, 7-9.

Petry, N. M. (2005). *Pathological gambling: Etiology, comorbidity, and treatment*. Washington, DC: American Psychological Association.

Pigliucci, M. (2010). *Nonsense on stilts*. Chicago: University of Chicago Press.

Pinker, S. (1997). *How the mind works*. New York: W. W. Norton.

Pohl, R. (Ed.). (2004). *Cognitive illusions: A handbook on fallacies and biases in thinking, judgment and memory*. Hove, England: Psychology Press.

Popper, K. R. (1959). *The logic of scientific discovery*. New York: Harper & Row.

Popper, K. R. (1963). *Conjectures and refutations*. New York: Harper & Row.

Popper, K. R. (1972). *Objective knowledge*. Oxford, England: Oxford University Press.

Popper, K. R. (1976). *Unended quest: An intellectual biography*. La Salle, IL: Open Court.

Postman, N. (1988). *Conscientious objections*. New York: Vintage Books.

Powell, B. (1993, December). Sloppy reasoning, misused data. *Phi Delta Kappan, 75(4)*, 283, 352.

Powell, B., & Steelman, L. C. (1996). Bewitched, bothered, and bewildering: The use and misuse of state SAT and ACT scores. *Harvard Educational Review, 66*, 27-59.

Pressley, M. (2005). *Reading instruction that works: The case for balanced teaching* (3rd ed.). New York: Guilford Press.

Price, E. (2009, July). Behavioral research can help curb swine flu. *APA Monitor*, 11.

Rabin, R. (2009, June 16). Alcohol's good for you? Some scientists doubt it. *New York Times*, D1.

Radcliffe Richards, J. (2000). *Human nature after Darwin: A philosophical introduction*. London: Routledge.

Radford, B. (2005). Ringing false alarms: Skepticism and media scares. *Skeptical Inquirer, 29*(2), 34-39.

Radford, B. (2006). Geller revisited. *Skeptical Inquirer, 30*(1), 27.

Radford, B. (2009). Psychic exploits horrific abduction case. *Skeptical Inquirer, 33*(6), 6-7.

Radford, B. (2010). The psychic and the serial killer. *Skeptical Inquirer, 34*(2), 32-37.

Radford, B. (2011). Left brained or right brained. *Skeptical Inquirer, 35*(1), 22.

Raine, A. (2008). From genes to brain to antisocial behavior. *Current Directions in Psychological Science, 17*, 323-328.

Rajendran, G., & Mitchell, P. (2007). Cognitive theories of autism. *Developmental Review, 27*, 224-260.

Randall, L. (2005, September 18). Dangling particles. *New York Times*, WK13.

Randi, J. (1995). *An encyclopedia of claims, frauds, and hoaxes of the occult and supernatural exposed by James Randi.* New York: St. Martin's Press.

Randi, J. (2005). Fakers and innocents: The one million dollar challenge and those who try for it. *Skeptical Inquirer, 29*(4), 45-50.

Randi, J. (2011). Twas brillig: Trying to give away a million dollars. *Skeptic Magazine, 16*(4), 8-9.

Redberg, R. (2011, May 26). Squandering Medicare's money. *New York Times*, A27.

Redelmeier, D. A., & Tibshirani, R. J. (2001). Car phones and car crashes: Some popular misconceptions. *Canadian Medical Association Journal, 164*(11), 1581-1582.

Regnier, P. (2010, January). Can You outsmart the market? *Money*, 86-91.

Reis, H. T., Maniaci, M. R., Caprariello, P. A., Eastwick, P. W., & Finkel, E. J. (2011). Familiarity does indeed promote attraction in live interaction. *Journal of Personality and Social Psychology, 101*, 557-570.

Riener, C., Proffitt, D. R., & Salthouse, T. (2005). A psychometric approach to intuitive physics. *Psychonomic Bulletin & Review, 12*, 740-745.

Rind, B. (2008). The Bailey affair: Political correctness and attacks on sex research. *Archives of Sexual Behavior, 37*, 481-484.

Robins, R. W., Gosling, S. D., & Craik, K. H. (1999). An empirical analysis of trends in psychology. *American Psychologist, 54*, 117-128.

Rosenthal, R. (1990). How are we doing in soft psychology? *American Psychologist, 46*, 775-776.

Ross, L., & Nisbett, R. E. (1991). *The person and the situation: Perspectives of social psychology.* Philadelphia: Temple University Press.

Rouder, J., & Morey, R. (2011). A Bayes factor meta-analysis of Bem's ESP claim. *Psychonomic Bulletin & Review, 18*, 682-687.

Rozin, P. (2006). Domain denigration and process preference in academic psychology. *Perspectives on Psychological Science, 1*, 365-376.

Rozin, P. (2007). Exploring the landscape of modern academic psychology: Finding and filling the holes. *American Psychologist, 62*, 754-765.

Rozin, P. (2009). What kind of empirical research should we publish, fund, and reward? *Perspectives on Psychological Science, 4*, 435-439.

Ruse, M. (1999). *Mystery of mysteries: Is evolution a social construction?* Cambridge, MA: Harvard University Press.

Russo, F. (1999, May). The clinical-trials bottleneck. *The Atlantic Monthly*, 30-36.

Rutter, M. (1979). Maternal deprivation, 1972-1978: New findings, new concepts, and new approaches.

Child Development, 50, 283-305.

Sagan, C. (1996). *The demon-haunted world: Science as a candle in the dark*. New York: Random House.

Salthouse, T. A. (2012). Consequences of age-related cognitive declines. *Annual Review of Psychology, 63*, 201-226.

Saul, S. (2010, July 20). Prone to error: Earliest steps to find cancer. *New York Times*, A1-A14.

Scahill, L., et al. (2006). Contemporary assessment and pharmacotherapy of Tourette syndrome. *NeuroRx, 3*, 192-206.

Schaie, K. W., & Willis, S. (Eds.). (2010). *Handbook of the psychology of aging* (7th ed.). San Diego: Academic Press.

Scholl, S. G., & Greifeneder, R. (2011). Disentangling the effects of alternation rate and maximum run length on judgments of randomness. *Judgment and Decision Making, 6*, 531-541.

Schwartz, M. (2008, December). The golden touch. *Harper's Magazine, 317*, 71-78.

Scott, E. C. (2005). *Evolution vs. creationism*. Berkeley, CA: University of California Press.

Scott, S. (1999, January 2). Risking all on alternative cancer therapies. *National Post* (Toronto), B1.

See, J. (2006, May). When 007 meets Ph.D. *APS Observer, 19*(5), 15.

Seethaler, S. (2009). *Lies, damned lies, and science*. Upper Saddle River, NJ: Pearson Education.

Seife, C. (2010). *Proofness: The dark arts of mathematical deception*. New York: Viking.

Senechal, M. (2006). Testing the home literacy model: Parent involvement in kindergarten is differentially related to Grade 4 reading comprehension, fluency, spelling, and reading for pleasure. *Scientific Studies of Reading, 10*, 59-88.

Seppa, N. (2006, Janurary 14). Put down that fork: Studies document hazards of obesity. *Science News, 169*, 21.

Shadish, W. R., & Baldwin, S. A. (2005). Effects of behavioral marital therapy: A meta-analysis of randomized controlled trials. *Journal of Consulting and Clinical Psychology, 73*, 6-14.

Shaffer, R., & Jadwiszczok, A. (2010). Psychic defective: Sylvia Browne's history of failure. *Skeptical Inquirer, 34*(2), 38-42.

Shapin, S. (2006, November 6). Sick city. Maps and mortality in the time of cholera. *The New Yorker*, 110-115.

Shapiro, A., Shapiro, E., Bruun, R., & Sweet, R. (1978). *Gilles de la Tourette syndrome*. New York: Raven Press.

Sharot, T. (2011). *Optimism bias*. New York: Pantheon.

Shaywitz, S. E., & Shaywitz, B. A. (2004). Neurobiologic basis for reading and reading disability. In P. McCardle & V. Chhabra (Eds.), *The voice of evidence in reading research* (pp. 417-442). Baltimore: Paul Brookes.

Sheese, B. E., & Graziano, W. G. (2005). Deciding to defect: The effects of video-game violence on cooperative behavior. *Psychological Science, 16*, 354-357.

Shepard, R. (1983). "Idealized" figures in textbooks versus psychology as an empirical science. *American Psychologist, 38*, 855.

Shermer, M. (2005). *Science friction: Where the known meets the unknown*. New York: Times Books.

Shermer, M. (2006). *Why Darwin matters: The case against intelligent design*. New York: Times Books.

Shermer, M. (2011). *The believing brain*. New York: Times Books.

Sielski, M. (2010, November 17). Rethinking quarterback stats. *Wall Street Journal*, D6.

Simmons, J., Nelson, L., & Simonsohn, U. (2011). False-positive psychology. *Psychological Science, 22*, 1359-1366.

Simmons, R., Burgeson, R., Carlton-Ford, S., & Blyth, D. (1987). The impact of cumulative change in early adolescence. *Child Development, 58*, 1220-1234.

Simonton, D. K. (2004). Psychology's status as a scientific discipline: Its empirical placement within an implicit hierarchy of the sciences. *Review of General Psychology, 8*, 59-67.

Sinaceur, M., Heath, C., & Cole, S. (2005). Emotional and deliberative reactions to a public crisis: Mad cow disease in France. *Psychological Science, 16*, 247-254.

Singer, P. (2008). The tragic cost of being unscientific. *Project syndicate*. Retrieved December 31, 2008, from http://www.project-syndicate.org/commentary/singer

Singh, K., Spencer, A., & Brennan, D. (2007). Effects of water fluoride exposure at crown completion and maturation on caries of permanent first molars. *Caries Research, 41*, 34-42.

Sivak, M., & Flannagan, M. J. (2003). Flying and driving after the September 11 attacks. *American Scientist, 91*, 6-7.

Skeem, J. L., Polaschek, D., Patrick, C. J., & Lilienfeld, S. O. (2011). Psychopathic personality: Bridging the gap between scientific evidence and public policy. *Psychological Science in the Public Interest, 12*, 93-162.

Skenazy, L. (2009). *Free-range kids*. San Francisco: Jossey-Bass.

Skenazy, L. (2010, October 27). 'Stranger danger' and the decline of Halloween. *Wall Street Journal*, A19.

Skitka, L., & Sargis, E. (2006). The internet as psychological laboratory. *Annual Review of Psychology, 57*, 529-555.

Slovic, P. (2007). "If I look at the mass I will never act": Psychic numbing and genocide. *Judgment and Decision Making, 2*, 79-95.

Smith, T., Polloway, E., Patton, J., & Dowdy, C. (2008). *Teaching students with special needs in inclusive settings* (5th ed.). Boston: Allyn & Bacon.

Snowling, M. J., & Hulme, C. (Eds.). (2005). *The science of reading: A handbook*. Malden, MA:

Blackwell.

Spellman, B. A., & Busey, T. A. (2010). Emerging trends in psychology and law research. *Psychonomic Bulletin & Review, 17*, 141-142.

Spitz, H. H. (1997). *Nonconscious movements: From mystical message to facilitated communication*. Mahwah, NJ: Erlbaum.

Stahl, S. A., & Kuhn, M. (1995). Does whole language or instruction matched to learning styles help children learn to read? *School Psychology Review, 24*, 393-404.

Standing, L. G., & Huber, H. (2003). Do psychology courses reduce belief in psychological myths? *Social Behavior and Personality, 31*, 585-592.

Stanovich, K. E. (2000). *Progress in understanding reading*. New York: Guilford Press.

Stanovich, K. E. (2004). *The robot's rebellion: Finding meaning in the age of Darwin*. Chicago: University of Chicago Press.

Stanovich, K. E. (2009). *What intelligence tests miss: The psychology of rational thought*. New Haven, CT: Yale University Press.

Stanovich, K. E. (2010). *Decision making and rationality in the modern world*. New York: Oxford University Press.

Stanovich, K. E. (2011). *Rationality and the reflective mind*. New York: Oxford University Press.

Sternberg, R. J. (Ed.). (2005). *Unity in psychology: Possibility or pipedream?* Washington, DC: American Psychological Association.

Sternberg, R. J., & Kaufman, S. B. (Eds.). (2011). *Cambridge handbook of intelligence*. New York: Cambridge University Press.

Sternberg, R. J., & Roediger, H. L., & Halpern, D. F. (Eds.). (2006). *Critical thinking in psychology*. New York: Cambridge University Press.

Strayer, D. L., & Drews, F. A. (2007). Cell-phone-induced driver distraction. *Current Directions in Psychological Science, 16*, 128-131.

Strayer, D. L., & Johnston, W. A. (2001). Driven to distraction: Dual-task studies of simulated driving and conversing on a cellular telephone. *Psychological Science, 12*, 462-466.

Suls, J., & Bunde, J. (2005). Anger, anxiety, and depression as risk factors for cardiovascular disease: The problems and implications of overlapping affective dispositions. *Psychological Bulletin, 131*, 260-300.

Surowiecki, J. (2010, August 16). Soak the very, very rich. *The New Yorker*, 33.

Swanson, D. (2001). *Nibbling on Einstein's brain: The good, the bad & the bogus in science*. Toronto: Annick Press.

Swanson, D. (2004). *Turn it loose: The scientist in absolutely everybody*. Toronto: Annick Press.

Swets, J. A., Dawes, R. M., & Monahan, J. (2000). Psychological science can improve diagnostic decisions. *Psychological Science in the Public Interest, 1*, 1-26.

Tager-Flusberg, H. (2007). Evaluating the theory-of-mind hypothesis of autism. *Current Directions in Psychological Science, 16,* 311-315.

Tait, R., Chibnall, J., & Kalauokalani, D. (2009). Provider judgments of patients in pain: Seeking symptom certainty. Pain Medicine, 10, 11-34.

Talbot, M. (2005, December 5). Darwin in the dock. *The New Yorker,* 66-77.

Taleb, N. (2007). *The black swan: The impact of the highly improbable.* New York: Random House.

Tanaka, H., et al. (2011). The brain basis of the phonological deficit in dyslexia is independent of IQ. *Psychological Science, 22,* 1442-1451.

Taylor, A. K., & Kowalski, P. (2004). Naive psychological science: The prevalence, strength, and sources of misconceptions. *Psychological Record, 54,* 15-25.

Taylor, B. (2006). Vaccines and the changing epidemiology of autism. *Child Care, Health, and Development, 32,* 511-519.

Tetlock, P. E. (2005). *Expert political judgment.* Princeton, NJ: Princeton University Press.

Thaler, R. H., & Sunstein, C. R. (2008). *Nudge: Improving decisions about health, wealth, and happiness.* New Haven, CT: Yale University Press.

Thornton, E. (1986). *The Freudian fallacy.* London: Paladin Books.

Tilburt, J. C., Emanuel, E. J., Kaptchuk, T. J., Curlin, F. A., & Miller, F. G. (2008, October, 23). Prescribing placebo treatments: Results of national survey of US internists and rheumatologists. *BMJ, 337,* a1938 (doi:10.1136/bmj.a1938).

Todd, A. (2010, May). Behavioral science is the new green. *APS Observer,* 23-24.

Toplak, M., Liu, E., Macpherson, R., Toneatto, T., & Stanovich, K. E. (2007). The reasoning skills and thinking dispositions of problem gamblers: A dual-process taxonomy. *Journal of Behavioral Decision Making, 20,* 103-124.

Trout, J. D. (2008). Seduction without cause: Uncovering explanatory necrophilia. *Trends in Cognitive Science, 12,* 281-282.

Tuerkheimer, D. (2010, September 20). Anatomy of a misdiagnosis. *New York Times.* Retrieved November 22, 2010, from http://www.nytimes.com/2010/2009/2021/opinion/2021tuerkheimer.html

Tversky, A., & Kahneman, D. (1974). Judgment under uncertainty: Heuristics and biases. *Science, 185,* 1124-1131.

Twachtman-Cullen, D. (1997). *A passion to believe.* Boulder, CO: Westview.

University of California, Berkeley. (1991, January). The 18-year gap. *Berkeley Wellness Letter,* p. 2.

Vanderbilt, T. (2008). *Traffic: Why we drive the way we do (and what it says about us).* New York: Knopf.

Vazire, S., & Gosling, S. D. (2003). Bridging psychology and biology with animal research. *American Psychologist, 58,* 407-408.

Vellutino, f., Fletcher, J. M., Snowling, M., & Scanlon, D. M. (2004). Specific reading disability (dyslexia): What have we learned in the past four decades? *Journal of Child Psychology and Psychiatry, 45*, 2-40.

Waber, R., Shiv, B., Carmon, Z., & Ariely, D. (2008). Commercial features of placebo and therapeutic efficacy. *JAMA, 299*, 1016-1017.

Wachs, T. D. (2000). *Necessary but not sufficient: The respective roles of single and multiple influences on individual development.* Washington, DC: American Psychological Association.

Wade, C., & Tavris, C. (2008). *Psychology* (9th ed.). Upper Saddle River, NJ: Pearson Education.

Wagenarr, W. A. (1988). *Paradoxes of gambling behavior.* Hove, England: Erlbaum.

Wagenarr, W. A., & Keren, G. (1986). The seat belt paradox: Effect of adopted roles on information seeking. *Organizational Behavior and Human Decision Processes, 38*, 1-6.

Wagenmakers, E. J., Wetzels, R., Borsboom, D., & van der Maas, H. (2011). Why psychologists must change the way they analyze their data. *Journal of Personality and Social Psychology, 100*, 426-432.

Wagner, R. K., & Kantor, P. (2010). Dyslexia deciphered. In D. Preiss & R. J. Sternberg (Eds.), *Innovations in educational psychology* (pp. 25-47). New York: Springer.

Wainer, H. (1999). The most dangerous profession: A note on nonsampling error. *Psychological Methods, 4*, 250-256.

Wang, L. (2009). Money and fame: Vividness effects in the National Basketball Association. *Journal of Behavioral Decision Making, 22*, 20-44.

Wargo, E. (2007). Aiming at happiness and shooting ourselves in the foot. *APS Observer, 20*, 13-15.

Wargo, E. (2008, October). The many lives of superstition. *APS Observer, 21*, 18-24.

Wargo, E. (2011, November) From the lab to the courtroom. *APS Observer, 24*, 10-33.

Watts, D. J. (2011). *Everything is obvious — Once you know the answer.* New York: Crown Business.

Wegner, D. M., Fuller, V. A., & Sparrow, B. (2003). Clever Hands: Uncontrolled intelligence in facilitated communication. *Journal of Personality and Social Psychology, 85*, 5-19.

Weisberg, D. S., Keil, F. C., Goodstein, J., Rawson, E., & Gray, J. R. (2008). The seductive allure of neuroscience explanations. *Journal of Cognitive Neuroscience, 20*, 470-477.

Welch, H. G., Schwartz, L. M., & Woloshin, S. (2012). *Overdiagnosed: Making people sick in the pursuit of health.* Boston: Beacon Press.

Wellman, H. M., Fang, F., & Peterson, C. C. (2011). Sequential progressions in a theory of mind scale: Longitudinal perspectives. *Child Development, 82*, 780-782.

Wells, G. L., Memon, A., & Penrod, S. D. (2006). Eyewitness evidence: Improving its probative value. *Psychological Science in the Public Interest, 7*, 45-75.

West, C. (2007, May). From findings to front page: APS engages the public in psychological science. *APS Observer, 20*, 15-19.

West, S. G. (2009). Alternatives to randomized experiments. *Current Directions in Psychological Science, 18*, 299-304.

Whitson, J. A., & Galinsky, A. D. (2008). Lacking control increases illusory pattern perception. *Science, 322*, 115-117.

Wickens, C. D., Lee, J., Liu, Y., & Gordon-Becker, S. (2003). *Introduction to human factors engineering* (2nd ed.). Upper Saddle River, NJ: Prentice Hall.

Wilkinson, L. (1999). Statistical methods in psychology journals: Guidelines and explanations. *American Psychologist, 54*, 595-604.

Wilkowski, B., & Robinson, M. (2008). The cognitive basis of trait anger and reactive aggression: An integrative analysis. *Personality and Social Psychology Review, 12*, 3-21.

Willingham, D. T. (2009). *Why don't students like school?* San Francisco: Jossey-Bass.

Wilson, D. S. (2007). *Evolution for everyone: How Darwin's theory can change the way we think about our lives*. New York: Delacorte Press.

Wiseman, R. (2011). *Paranormality: Why we see what isn't there*. London: Macmillan.

Wolf, M. (2007). *Proust and the squid*. New York: Harper.

Wolff, C. (2011, August 2). Baseballs' weight problem. *Wall Street Journal*, D6.

Wood, J. M., Nezworski, M. T., Lilienfeld, S. O., & Garb, H. N. (2003). *What's wrong with the Rorschach?* San Francisco: Jossey-Bass.

Woodcock, R. W. (2011). *Woodcock Reading Mastery Tests, revised normative update*. San Antonio, TX: Pearson Education.

Wright, R. (1988). *Three scientists and their gods*. New York: Harper & Row.

Yang, M., Wong, S. C. P., & Coid, J. (2010). The efficacy of violence prediction: A meta-analytic comparison of nine risk assessment tools. *Psychological Bulletin, 136*, 740-767.

Zebrowitz, L. A., White, B., & Wieneke, K. (2008). Mere exposure and racial prejudice: Exposure to other-race faces increases liking for strangers of that race. *Social Cognition, 26*, 259-275.

Zill, N., & Winglee, M. (1990). *Who reads literature?* Cabin John, MD: Seven Locks Press.

Zimbardo, P. G. (2004). Does psychology make a significant differences in our lives? *American Psychologist, 59*, 339-351.

Zimmer, B. (2010, October 10). Truthiness: The fifth anniversary of Stephen Colbert's introduction of a zeitgeisty word. *New York Times Magazine*, 22.

Zvolensky, M. J., Vujanovic, A. A., Bernstein, A., & Leyro, T. (2010). Distress tolerance: Theory, measurement, and relations to psychopathology. *Current Directions in Psychological Science, 19*, 406-410.

Zweig, M. (2008). *Your money and your brain*. New York: Simon & Schuster.

찾아보기

| ㄱ |

가설(hypothesis)　66
가설적 설명(hypothesized explanation)　208
가외변인(extraneous variable)　197
가짜약 효과(placebo effect)　131, 132, 133, 134, 136, 137, 198, 276
간상체(rod)　241
거짓기억(false memory)　394
검사-재검사 신뢰도(test-retest reliability)　103
결정 지능(crystallized intelligence)　114
경로분석(path analysis)　171
경제성(parsimony)　122
고전적(파블로프식) 조건형성(classical conditioning)　243, 262
공개적으로 검증 가능한 지식(publicly verifiable knowledge)　46
공정한 세상 가설(just-world hypothesis)　344
구성타당도(construct validity)　103
긍정 오류율(false positive rate)　319, 321
기저율(base rate)　320
기초연구(basic research)　235, 236, 239
기회비용(opportunity cost)　151

| ㄴ |

난독증(dyslexia)　262

내적 타당도(internal validity)　194
노름꾼의 오류(gambler's fallacy)　326, 327, 328

| ㄷ |

대학 2년생 문제(college sophomore problem)　248, 249, 250, 251, 253, 255
독립변인(independent variable)　192, 196
동료연구자 개관(peer review)　46
동시발생(coincidence)　346, 347, 353

| ㄹ |

로르샤 검사(Rorschach Test)　342, 343

| ㅁ |

메타분석(meta-analysis)　289, 291
무기효과(weapons effect)　251, 252
무선성(randomness)　336, 337, 344
무선 표본(random sample)　232, 233, 255
무선 표집(random sampling)　233, 234
무선 할당(random assignment)　194, 195, 196, 197, 198, 201, 204, 233, 234, 274
미국심리학회(American Psychological Association : APA)　28
미국정신의학회(American Psychiatric

Association) 111
민속지혜(folk wisdom) 52, 78, 84

| ㅂ |

바넘효과(Barnum effect) 149, 150
반복가능성(replicability) 251
반복검증(replication) 45
반증가능성(falsifiability) 69, 70, 72, 76, 78, 79, 80, 84, 87, 122, 130, 192, 270, 397
반증가능성 기준(falsifiability criterion) 49, 64, 65
방향성문제(directionality problem) 166, 174, 176
법칙(law) 87
베이즈 정리(Bayes' theorem) 320
본질주의(essentialism) 95, 97, 98
부분상관(partial correlation) 171
비교(comparison) 191

| ㅅ |

사례연구(case study) 128, 129, 131, 136
사이비과학(pseudoscience) 151, 152, 153, 261
사이비상관(spurious correlation) 170, 177, 190, 276
사이비심리학(parapsychology) 74, 371
사전편향(preexisting bias) 301
사전편향 문제(preexisting-bias problem) 110
사회인지신경과학(social cognitive neuroscience) 35
상호작용(interaction) 296, 304
생생함 효과(vividness effect) 137
선택 위협(selection threat) 194
선택 편향(selection bias) 166, 177, 179, 182, 183, 185, 189
수렴적 증거 원리(principle of converging evidence) 266, 267, 270, 271, 277
수렴조작 원리(principle of converging operation) 266
신뢰도(reliability) 102, 104
신호탐지 이론(signal detection theory) 247
실험집단(experimental group) 195, 196, 233
심리과학회(Association for Psychological Science : APS) 28, 248

| ㅇ |

아무개 통계(man-who statistics) 311, 313
아인슈타인 증후군(Einstein syndrome) 260, 261, 264
암순응(dark adaptation) 241, 242
역사심리학(psychohistory) 345
연계성 원리(connectivity principle) 258, 259, 260, 261, 262, 265
외적 타당도(external validity) 194
우울증(depression) 305
원추체(cone) 241
유기체 변인(organismic variable) 284
유동 지능(fluid intelligence) 114
응용연구(applied study) 235, 239
의미기억(semantic memory) 252
이론(theory) 66
이상대응(oddmatch) 348, 352
인지적 착시(cognitive illusion) 321
인포머셜(Infomercial) 153
일화기억(episodic memory) 252
임상적 예언(clinical prediction) 360, 361, 362, 366, 367

| ㅈ |

자동점화(automatic priming) 252
자발적 완화(spontaneous remission) 134
자조 문헌(self-help literature) 375, 377, 379, 380
자폐증(autism) 70, 210, 262
점진적 종합 모형(gradual-synthesis model) 263
정신분석학(psychoanalysis) 69, 70, 71
제3변인 문제(third-variable problem) 166, 167, 170, 176
조작적 정의(operational definition) 95, 98, 100, 101, 102, 104, 105, 106, 107, 108, 109, 111, 114, 117, 118, 122, 285, 286
조작적 조건형성(operant conditioning) 243, 262, 370
조작주의(operationism) 98, 110, 111, 114, 115, 117, 119, 122
종단적 설계(longitudinal design) 273
종속변인(dependent variable) 192, 196
주제통각 검사(Thematic Apperception Test : TAT) 342
준실험(quasi-experiment) 284
중다회귀(multiple regression) 171, 358
중심와(fovea) 241
증언서(testimonial) 129, 131, 135, 136
직관물리학(intuitive physics) 220
직관심리학(intuitive psychology) 223
진화론(theory of evolution) 67
집단통계적 예언(actuarial prediction) 315, 358, 359, 360, 362, 364, 366, 367
집합적 예언(aggregate prediction) 315

| ㅊ |

착각상관(illusory correlation) 341, 343, 345
처방전 지식(recipe knowledge) 378, 380,
396
처치(manipulation) 191
체계적 경험주의(systematic empiricism) 42
초감각지각(extrasensory perception : ESP) 74, 372
촉진적 의사소통(facilitated communication) 210, 211, 212, 213, 214, 217, 219, 262, 377, 389
측정(measurement) 101

| ㅋ |

클레버 한스(Clever Hans) 206, 209, 211, 214, 217, 219

| ㅌ |

타당도(validity) 103, 104
통계적 추리(statistical inference) 331
통제(control) 191
통제집단(control group) 195, 196, 198, 200, 201, 203, 204, 224, 233
통제착각(illusion of control) 343
투렛 증후군(Tourette syndrome) 70, 71, 72, 136, 224
투사법 검사(projective test) 342, 343, 389

| ㅍ |

평정자 간 신뢰도(interrater reliability) 103
표본크기(sample size) 322, 323, 324
표집 오류(sampling error) 325

| ㅎ |

학습장애(learning disabilities) 304
한국심리학회(Korean Psychological Association : KPA) 32

해결 가능한 문제(solvable problem) 49, 64
현장실험(field experiment) 202, 205, 274, 275
혼입변인(confounding variable) 196, 197
확률 대응(probability matching) 357
확률적 추리(probabilistic reasoning) 311, 314, 317, 319, 352
효과크기(effect size) 290
흔들어댄 아기 증후군(Shaken Baby Syndrome) 214

■

A유형 성격(Type A personality) 285
A유형 행동패턴(Type A behavior pattern) 106
DSM(Diagnostic and Statistical Manual of Mental Disorder) 111
ICD(International Statistical Classification of Diseases and Related Health Problems) 111

| 지은이 | **키이스 스타노비치**(Keith E. Stanovich)

1950년 출생하여 미시간 대학교에서 실험심리학으로 박사학위를 취득하였다. 실험심리학과 인지심리학을 전공하였고, 언어 처리에 관한 논문을 다수 발표하였으며, 특히 1986년에 발표한 읽기에서의 매튜효과(Matthew effect)에 관한 논문과 다른 22개의 관련 논문들은 오늘날에도 광범위하게 인용되고 있다. 1982~1992년 동안 다른 연구자들이 가장 많이 인용한 읽기 장애 연구자로 선정되기도 하였다. 현재 캐나다 토론토 대학교 인간발달 및 응용심리학과 교수로 활동하고 있다.

| 옮긴이 | **신 현 정**

1953년 서울에서 출생하여 서울대학교 심리학과 문학사, 문학석사를 거쳐 미국 인디애나 대학교 심리학과에서 인지심리학으로 박사학위를 취득하였다. 개념과 범주적 사고, 단어의미 처리, 한국인의 사고패턴 등에 관한 많은 논문을 발표하였으며, 현재 부산대학교 심리학과 교수로 재직하고 있다. 저서로 『개념과 범주화』(2002), 『개념과 범주적 사고』(2011), 『인지심리학』(2009), 『언어심리학』(2003) 등이 있으며, 역서로 『시각심리학』(2000), 『역동적 기억』(2000), 『문화와 심리학』(2013) 등 외 다수가 있다.

심리학의 오해 10판

키이스 스타노비치 지음 | 신현정 옮김

2013년 7월 30일 초판 1쇄 발행

펴낸이 | 오일주
펴낸곳 | 도서출판 혜안

등록번호 | 제22-471호
등록일자 | 1993년 7월 30일

주소 | ㉾ 121-836 서울시 마포구 서교동 326-26번지 102호
전화 | 3141-3711~2 / 팩시밀리 | 3141-3710
E-Mail hyeanpub@hanmail.net

ISBN 978-89-8494-470-1 03180

값 14,000 원